Josef Reuter

DIE WIEDERERRICHTUNG DES BISTUMS AACHEN

Meinen Eltern

VERÖFFENTLICHUNGEN
DES BISCHÖFLICHEN DIÖZESANARCHIVS AACHEN
Band 35

Die Wiedererrichtung des Bistums Aachen

JOSEF REUTER

1976

B. KÜHLEN VERLAG MÖNCHENGLADBACH

Umschlag: Ernst Hamacher, Eschweiler

Herstellung: Druckhaus B. Kühlen KG, 4050 Mönchengladbach 1

Gedruckt mit freundlicher Unterstützung der
Aachener und Münchener Versicherung Aktiengesellschaft

ISBN 3-87 448-089-5

INHALTSVERZEICHNIS

Vorwort

In Aachen ist zweimal ein Bischöflicher Stuhl errichtet worden. Das erste, französische Bistum Aachen bestand zwar nur von 1802–1821, die Erinnerung an diese Zeit jedoch ist in der Stadt Karls des Großen stets lebendig geblieben und wirkte als Stimulanz für neue Initiativen, die schließlich durch das Preußische Konkordat (1929) zur Wiedererrichtung eines Bistums in Aachen führten. Die vorliegende Arbeit geht diesen Bestrebungen nach. Die Anregung gab Herr Prof. Dr. Dr. Karl Delahaye, der bemüht ist, die Pastoralgeschichte der Stadt Aachen sowie seiner und meiner Heimatdiözese zu erhellen.

Die Arbeit entstand seit 1967 während meiner Tätigkeit als Leiter des Studienheims St. Albert in Viersen-Dülken fast ausschließlich in den Schulferien. Sie soll der studierenden Jugend bezeugen, daß Lernen ein lebenslanger Prozeß ist und beharrliche, intensive, selbständige wissenschaftliche Arbeit echte Freude bereiten kann.

Dank schulde ich den Leitern, Mitarbeitern und Mitarbeiterinnen der verschiedenen Archive und Bibliotheken, die mir freundlich und hilfsbereit ihre Zeit und ihr Wissen zur Verfügung stellten. Herrn Hermann-Josef Debye vom Bischöflichen Diözesanarchiv danke ich für die Besorgung der Herausgabe meiner Arbeit, seinen Mitarbeitern Frl. Marita Hermanns und Herrn Dipl.-Ing. Günter Gerr für das Lesen der Korrekturen sowie für die Ausarbeitung der anliegenden Bistumskarte. Wertvolle Hinweise und Anregungen verdanke ich Herrn Prof. Dr. Erwin Gatz, Rektor des Campo Santo Teutonico im Vatikan, sowie Herrn Dr. Herbert Lepper, Direktor des Aachener Stadtarchivs. Zu ganz besonderem Dank bin ich Herrn Prof. Dr. Dr. Delahaye verpflichtet, der diese Arbeit anregte und sie umsichtig begleitete, der mich auf Durststrecken ermutigte und stets Verständnis für meine besondere berufliche Situation aufbrachte.

Kempen, im November 1976 Josef Reuter

Abkürzungen und Siglen

AA	=	Politisches Archiv des Auswärtigen Amtes in Bonn
AAS	=	Acta Apostolicae Sedis, Rom 1909 ff.
AAV	=	Aus Aachens Vorzeit, Aachen 1888 ff.
Abg.	=	Abgeordneter
ADB	=	Allgemeine Deutsche Biographie, 5 Bde., Leipzig 1875—1910, Register-Bd. 1912
AEK	=	Historisches Archiv des Erzbistums Köln
AHVN	=	Annalen des Historischen Vereins für den Niederrhein, insbesondere das alte Erzbistum Köln, Köln 1855 ff.
AkathKR	=	Archiv für katholisches Kirchenrecht (Innsbruck), Mainz 1857 ff.
ausw.	=	auswärtig
AVZ	=	Aachener Volkszeitung
Bd.	=	Band
BDA	=	Bischöfliches Diözesanarchiv Aachen
bek.	=	bekannt
Coll. Lac.	=	Collectio Lacensis
DAA	=	Domarchiv Aachen
dat.	=	datiert
Dek.	=	Dekanat
dt.	=	deutsch
EB	=	Erzbischof
EdG	=	Echo der Gegenwart, Aachen 1848 ff.
GAiD	=	Geschichte Aachens in Daten, hrsg. v. B. Poll, Aachen 1960
HJb	=	Historisches Jahrbuch der Görresgesellschaft, Köln 1880 ff., München 1950 ff.
HKG	=	Handbuch der Kirchengeschichte, hrsg. v. H. Jedin, 6 Bde., Freiburg, Basel, Wien 1962 ff.
hrsg.	=	herausgegeben
Hs	=	Handschrift
HSTAD	=	Hauptstaatsarchiv Düsseldorf
KA	=	Kirchlicher Anzeiger für die Erzdiözese Köln, Köln 1851 ff.
KP	=	Pastoralblatt (später Kölner Pastoralblatt), Monatszeitschrift für katholische Theologie und Seelsorge, Köln 1867 ff.
Kpl.	=	Kaplan
LThK	=	Lexikon für Theologie und Kirche, 10 Bde., Freiburg i. Br. 1957 bis 1967^2, Registerbd. 1967
Mitgl.	=	Mitglied
MK	=	Archiv des Metropolitankapitels Köln
Ms	=	Manuskript
NDB	=	Neue Deutsche Biographie, Berlin 1953 ff.
NRW	=	Nordrhein-Westfalen
OB	=	Oberbürgermeister
OB Reg.	=	Registratur der Aachener Oberbürgermeister im STAA
Pfr.	=	Pfarrer
Prof.	=	Professor
Reg.	=	Regierung
Rel.	=	Religion
rh.	=	rheinisch
STAA	=	Stadtarchiv Aachen
STAK	=	Landeshauptarchiv Koblenz

Sten. Ber.	=	Stenographische Berichte der Sitzungen des Preußischen Landtags, Berlin 1893/94 ff.
StL	=	Staatslexikon, hrsg. v. H. Sacher, Freiburg i. Br. 1957 ff.[6]
Tit.	=	Titular
Vat.	=	Vatikanisch
Vers.	=	Versammlung
Verw.	=	Verwaltung
Vors.	=	Vorsitzender
vortr.	=	vortragend
Westf.	=	Westfalen
ZAGV	=	Zeitschrift des Aachener Geschichtsvereins, Aachen 1879 ff.
Zs	=	Zeitschrift

Quellen

UNGEDRUCKTE QUELLEN

AA

Abt. IA, Preußen 2, Nr. 2b: Das Erzbistum Köln, Bd. 3: 24. 12. 1888 – 30. 4. 1893; Bd. 4: 1. 5. 1893 – 30. 6. 1895; Bd. 5: 1. 7. 1895 – 31. 10. 1899; Bd. 6: 1. 11. 1899 bis 31. 8. 1902; Bd. 7: 1. 9. 1902 – 31. 8. 1904; Bd. 9: 1. 1. 1912 – April 1920.
Abt. IA, Preußen 2, Nr. 2r: Das Bistum Aachen Juli 1899 – Febr. 1920, s. Gatz, Zur Vorgeschichte des zweiten Bistums Aachen, Ein Schriftwechsel 1899–1902, in: ZAGV (1975), Nr. 83, S. 143 ff.
Abt. IA, Kirchliche Angelegenheiten, II, E 11, Bd. 1–3: Acta betr. den Erzbischof von Köln, Dr. Paulus Melchers. – Bd. 2 ist verlorengegangen.
Abt. IIA, Pol. 20, Vatikan: Erzbistümer und Bistümer in Deutschland – Allgemeines, März 1920 – Mai 1936.
Abt. IIA, Pol. 20, Vatikan, Köln: Erzbistum Köln, März 1920 – Dezember 1935.

AEK

CR, II, 13: Gefangennehmung des Erzbischofs Paulus Melchers und sonstige auf den Kulturkampf sich beziehende Akten. Facultates apostolicae aus der Kulturkampfzeit.

BDA

Ala Aachen, Bistum 1: Bemühungen um Wiedererrichtung eines Bistums Aachen, 1899–1919.
Ala Aachen, Dom 8: „De salute animarum" – Statuta und Vermögen – St. Foillan – Erzbischof Spiegel.
Ala Aachen, Dom 86: Eingabe des Stiftskapitels zu Aachen an den König von Preußen (1837).
Ala Aachen, Dom 87: Begrüßungsgedicht der Aachener Domherren für den Kölner Erzbischof Graf Ferdinand August von Spiegel (1825).
Ala Aachen, Stadt 9: Amtliche Drucksachen zum 59. deutschen Katholikentag in Aachen 1912.
Ala Aachen, Stadt 18: Gedicht von Dr. J. Müller für Bischof Johann von Geissel bei seiner Anwesenheit in Aachen im August 1842.
Bag 9: Die päpstliche Bulle „De salute animarum" vom 16. Juli 1821 und die Verkündigung in der Aachener Kathedralkirche.
Bag 25: Fonck und de Caspars machen dem Domkapitel zu Aachen Mitteilung über die Verkündigung der Bulle „De salute animarum".
Gvs B 5 I: Bischof Dr. Vogt.
Gvs C 13 I: Das neue Bistum.
Pfa Herzogenrath, St. Gertrud 1.

DAA

Nr. 19: Briefbuch 1902 (21. 4. – 29. 12. 1902). Nr. 20: Briefbuch 1903–1906. Nr. 22: Briefe des Propstes M. Claessen an den Erzbischof (1826–1835). Nr. 23: Briefbuch (Abschriften) 1846–1859.
A 1 a II: Acta generalia: Allgemeine Angelegenheiten, Errichtung des Bistums Aachen (27. 11. 1919 – 8. 9. 1930).
A 1 a III: Acta generalia: Die Errichtung des Bistums Aachen (10. 8. 1927 – 22. 3. 1931).
A 1 d I: Acta generalia: Besuche hoher Persönlichkeiten (1881–1927).
M 4 O s I: Bemühungen um eine Bischofswohnung.

HSTAD

RWN, 93 – Nachlaß Alois Lammers.

MK

A II 8 VI: Protokollbuch vol. VI: 1887–1911.
A II 8 VII: Protokollbuch vol. VII: 1912–1946.
A XXVIII: Die Errichtung von Dekanaten, Pfarreien, Knabenkonvikten und sonstigen Anstalten.

STAA

OB Reg. 1/5, Vol. 1–5: Besuch des Kaisers am 19. Juni 1902.
OB Reg. 1/7b, Vol. 1–7: Besuch Kaiser Wilhelms II. am 18. 10. 1911 und Enthüllung des Denkmals Kaiser Friedrichs III.
OB Reg. 2/1, II: Reisen hoher Persönlichkeiten.
OB Reg. 44/1c, Vol. 1–6: Vertrauliche Angelegenheiten des Oberbürgermeisters.

OB Reg. 81/6, Vol. 1: Katholisches Kirchenwesen – Geistliche Handlungen – Firmung usf.
OB Reg. 81/6, Vol. 2: Kath. Kirchensachen.
OB Reg. 81/8: Acta betr. Bistümer, Geistliche und Kirchensachen.
OB Reg. 81/9: Acta betr. Errichtung eines Bistums Aachen (1899–1932).
OB Reg. 84/1, Vol. 1: Acta betr. Bistum und Domstift, die Kathedralkirche in Aachen und derselben Angelegenheiten.
OB Reg. 84/1, Vol. 2: Acta betr. Domstift und Kathedralkirche.
Nachlaß Stiftpropst Dr. Kaufmann (C14), Aufzeichnungen des Stadtarchivars Friedr. Ludw. Kraemer von 1814–1861 (Handschrift 371), zitiert: Aufz. Kraemers.

STAK

Abt. 403, Nr. 7480: Die Besetzung der Stelle des Weihbischofs der Erzdiözese Köln (1831–1906).
Abt. 403, Nr. 15839: Anträge auf Änderung der Diözesanzirkumskription in der Rheinprovinz.
Abt. 403, Nr. 15924: Wahl des Erzbischofs von Köln nach dem Tod von Kardinal Krementz.
Abt. 403, Nr. 15925: Wahl des Erzbischofs von Köln nach dem Tod von Erzbischof Simar.
Abt. 403, Nr. 15929: Wahl des Erzbischofs von Köln nach dem Tod von Erzbischof von Hartmann.
Abt. 403, Nr. 15965: Anderweitige Organisation der Diözesanverwaltungen und Jurisdiktionsbehörden.
Abt. 403, Nr. 16002: Wahl des Erzbischofs von Köln nach dem Tod von Kardinal Fischer.
Abt. 403, Nr. 16052: Die Besetzung des erzbischöflichen Stuhles zu Köln (1864–1902).

Nachlaß Janssen

Nachlaß von Landrat Leopold Wilhelm Janssen in Privatbesitz.
Für die Überlassung dieses Nachlasses bedankt sich der Verfasser bei Frl. E. Janssen.

Literatur

Nur einmal zitierte Schriften sind nicht in dieses Verzeichnis aufgenommen. Sie werden in der jeweiligen Anmerkung in vollem Wortlaut genannt.

Acta et Decreta — Acta et Decreta Concilii Provinciae Coloniensis, Coloniae 1862.

Die Adresse der 370 Geistlichen der Erzdiözese Köln und ihre Gegner, Köln 1850.

Arens, Hensel — Eduard Arens, Luise Hensel in Aachen, in EdG, 24. Aug. 1912 Nr. 199, Abendausg., 4. Blatt u. 31. Aug. 1912, Nr. 205, Abendausg., 3. Blatt.

Arens, Dichterin Hensel — Ders., Die Dichterin Luise Hensel in Aachen (1827—32), in: Aachener Heimatgeschichte, Aachen 1924, S. 309 ff.

Arens-Janssen — Eduard Arens - Wilhelm L. Janssen, Geschichte des Club Aachener Casino, 2. Aufl., hrsg. v. E. Janssen u. F. Kuetgens, Aachen 1964.

Bachem — Karl Bachem, Vorgeschichte, Geschichte und Politik der deutschen Zentrumspartei — Zugleich ein Beitrag zur Geschichte der katholischen Bewegung sowie zur allgemeinen Geschichte des neueren und neuesten Deutschland 1815—1914, 9 Bde., Köln 1927—1932.

Bär — Max Bär, Die Behördenverfassung der Rheinprovinz seit 1815, Bonn 1919.

Bäumer — Remigius Bäumer, Die Errichtung der mitteldeutschen Kirchenprovinz und die Erhebung des Bistums Paderborn zum Erzbistum, in: Paderbornensis Ecclesia (Festschrift für Kard. Jäger), München, Paderborn, Wien 1972, S. 591 ff.

Baeumker, Hahn 1930 — Franz Baeumker, Dr. med. Heinrich Hahn — Ein Apostel im Laienkleide, 1800—1882, Aachen 1930.

Baeumker, Heilige — Ders., Heilige und heiligmäßige Christen aus dem Bereich des Bistums Aachen, Aachen 1950.

Baeumker, Hahn 1957 — Ders., Dr. med. Heinrich Hahn, Arzt und Laienapostel, Aachen 1957.

Bartsch-Sieverding, Neuordnung — H. Bartsch — K. Sieverding, Zur Neuordnung der Diözesangrenzen. Überlegungen — Anregungen, in: Diakonia, (1973), Heft 2, S. 108 ff.

Bartsch-Sieverding, Neugliederung/NRW — Dies., Zur Neugliederung der Bistümer in Nordrhein-Westfalen, in: Diakonia (1973), Heft 3, S. 193 ff.

Baudri — Johann Anton Friedrich Baudri, Der Erzbischof von Köln Johannes Cardinal von Geissel und seine Zeit, Köln 1881.

Bergmann — Günther Bergmann, Die Regierungspräsidenten des Regierungsbezirks Aachen in den Jahren 1834—1922, in: Festschrift 150 Jahre Regierung und Regierungsbezirk Aachen, Aachen 1967, S. 309 ff.

Bericht Diözesankonferenz — Bericht über die 3. Diözesan-Konferenz zu Köln am 28. Oktober 1924, Köln 1924.

Bernards, Leitgedanken — Matthäus Bernards, Zu Bischof Simars Leitgedanken und Maßnahmen am Vorabend der Pianischen Neuordnung — Kirchenmusikalische Reform aus dogmatischer Besinnung und pastoraler Sorge, in: Kirchenmusikalisches Jahrbuch, 50 (1966), S. 181 ff.

Bernards, Simar — Ders., Hubert Theophil Simar, in: Bonner Gelehrte — Beiträge zur Geschichte der Wissenschaften in Bonn — Katholische Theologie, Bonn 1968, S. 57 ff.

Bettecken — Wilhelm Bettecken, Bistum zwischen Rhein und Lenne, in: Kreuz über Kohle und Eisen — Unser Bistum Essen, Paderborn o. J. (1958), S. 8 ff.

Bierbaum — Max Bierbaum, Vorverhandlungen zur Bulle „De salute animarum", Paderborn 1927.

Binder — Franz Binder, Luise Hensel, Freiburg i. Br. 1904².

Das Bistum Aachen — Das Bistum Aachen, hrsg. von der Archivgesellschaft für kirchliche und caritative Monographien der Bistümer, Berlin 1933.

Brecher — August Brecher, Oberpfarrer L. A. Nellessen (1783—1859) und der Aachener Priesterkreis, in: ZAGV, 76 (1964), S. 45 ff.

Brosch — Josef Brosch, Mutter der Armen, Franziska Schervier, Leutesdorf 1973.

Buchner — Wolfgang Buchner, Die Kirche und die Ergebnisse der Staatsumwälzung von 1918, Diss. Ms., Würzburg 1954.
Cardauns, Hensel — Hermann Cardauns, Aus Luise Hensels Jugendzeit — Neue Briefe und Gedichte — Zum Jahrhunderttag ihrer Konversion (8. Dez. 1818), Freiburg i. Br. 1918.
Cardauns, Trimborn — Ders., Karl Trimborn — Nach seinen Briefen und Tagebüchern — Eine Sammlung von Zeit- und Lebensbildern, Bd. 31, M.Gladbach 1922.
Coll. Lac. V — Acta et Decreta sacrorum conciliorum recentiorum (Coll. Lac.), V, Freiburgi 1879.
Conzemius — Viktor Conzemius, Die Briefe Aulikes an Döllinger — Ein Beitrag der „Katholischen Abteilung" im Preußischen Kultusministerium, in: Römische Quartalschrift für christliche Altertumskunde und Kirchengeschichte, 32. Supplementheft, Rom, Freiburg, Wien 1968.
Corsten, Sammlung — Wilhelm Corsten, Sammlung kirchlicher Erlasse, Verordnungen und Bekanntmachungen für die Erzdiözese Köln, zusammengestellt und hrsg. v. W. Corsten, Köln 1929.
Corsten, Stadtdekanat — Ders., Stadtdekanat und Stadtdechant im Erzbistum Köln — Ein Beitrag zur neuzeitlichen Entwicklung der Dekanatsverfassung, in: AkathKR, 122 (1947), S. 31 ff.
Corsten, Dekanatsverfassung — Ders., Zur Wiedereinführung der Dekanatsverfassung und Dekanatseinteilung in der Erzdiözese Köln (1827), in: Die Kirche und ihre Ämter und Stände (Festschrift für Kardinal Frings), Köln 1960, S. 538 ff.
Cronenberg — Franz Peter Eduard Cronenberg, Geschichte der Erzdiözese Köln während der letzten 120 Jahre (1761—1881), Aachen 1882.
Croon — Helmuth Croon, Rheinische Städte, in: Das Rheinland in preußischer Zeit, hrsg. v. W. Först, Köln und Berlin 1965, S. 87 ff.
Dellepoort-Greinacher-Menges — J. Dellepoort — N. Greinacher — W. Menges, Die deutsche Priesterfrage, Mainz 1961.
Deuerlein — Ernst Deuerlein, Das Reichskonkordat — Beiträge zur Vorgeschichte, Abschluß und Vollzug des Konkordates zwischen dem Heiligen Stuhl und dem Deutschen Reich vom 20. Juli 1933, Düsseldorf 1956.
Diözesansynode Köln — Die Diözesansynode des Erzbistums Köln 1922 (am 10., 11. und 12. Oktober), Köln 1922.
Diözesansynode Aachen — Erste Diözesansynode des Bistums Aachen, Bd. I—V, Aachen 1955 ff.
Dokumente zu den Diözesanstatuten des Bistums Aachen, Mönchengladbach 1960 ff.
Drucksachen — Sammlung der Drucksachen des Preußischen Landtages.
Düwell — K. Düwell, Gründung und Entwicklung der Rheinisch-Westfälischen Technischen Hochschule Aachen bis zu ihrem Neuaufbau nach dem Zweiten Weltkrieg, in: Rheinisch-Westfälische Technische Hochschule Aachen 1870—1970, Stuttgart 1970, S. 19 ff.
Dumont — Karl Theodor Dumont, Sammlung kirchlicher Erlasse, Verordnungen und Bekanntmachungen für die Erzdiözese Köln, hrsg. v. K. T. Dumont, Köln 1891².
Ebers — Godehard Josef Ebers, Staat und Kirche im neuen Deutschland, München 1930.
Eitner — H. O. Eitner, Zur Errichtung der 1000. Pfarrei in der Erzdiözese Köln, in: KP, März 1917, Nr. 3, 51 Jg., Sp. 65 ff.
Erinnerung — Zur Erinnerung an den Hochwürdigsten Herrn Johannes Theodor Laurent, Aachen 1884. Verf. wahrscheinl. Andreas Fey (s. Schrörs, Quellen, S. 61).
Fassbinder — Heinrich Fassbinder, Mutter Gertrud, Gründerin der Schwestern vom hl. Josef von Trier, Trier 1954.
Foesser — O. Foesser, Johannes Theodor Laurent, Titularbischof von Chersones, Apostolischer Vikar von Hamburg und Luxemburg und seine Verdienste um die katholische Kirche in Deutschland, in: Frankfurter zeitgemäße Broschüren, hrsg. v. Dr. Johann Michael Raich, Bd. XI, Heft 5, Frankfurt a. M. und Luzern 1890, S. 153 ff.
Friedrich — Klaus Friedrich, Marc Antoine Berdolet (1740 bis 1809), Veröffentlichungen des Bischöflichen Diözesanarchivs Aachen, Bd. 32, Mönchengladbach 1973.
Gaspers — J. Gaspers, Die Sakramentsbruderschaft von St. Foillan in Aachen, 1521—1921, Aachen 1921.
Gatz, Volksmission — Erwin Gatz, Rheinische Volksmission im 19. Jahrhundert, dargestellt am Beispiel des Erzbistums Köln — Ein Beitrag zur Geschichte der Seelsorge im

Zeitalter der katholischen Bewegung, 7. Bd. der Studien zur Kölner Kirchengeschichte, hrsg. v. Historischen Archiv des Erzbistums Köln, Düsseldorf 1963.

Gatz, Marienhospital — Ders., Zur Geschichte des Marienhospitals in Burtscheid, in: ZAGV, 79 (1968), S. 35 ff.

Gatz, Krankenpflege — Ders., Kirche und Krankenpflege im 19. Jahrhundert, München, Paderborn, Wien 1971.

Gatz, Krementz — Ders., Bischof Philippus Krementz und die Aufnahme des I. Vatikanischen Konzils im Bistum Ermland, in: Historiae Conciliorum, IV (1972).

Gatz, Istas — Ders., Kaplan Josef Istas und der Aachener Karitaskreis, in: Rheinische Vierteljahresblätter, 36 (1972), S. 207 ff.

Gatz, Sukkursalpfarreien — Ders., Zur Problematik der Sukkursalpfarreien in den linksrheinischen Gebieten des preußischen Staates (1802—1888), in: AHVN, 175 (1973), S. 208 ff.

Gatz, Schervier — Ders., Franziska Schervier (1819—1876), in: Rheinische Lebensbilder, Bd. 5, Bonn 1973, S. 135 ff.

Gatz, Philipp Krementz — Ders., Philipp Krementz (1819—1899), in: Rheinische Lebensbilder, Bd. 6, 1975, S. 121 ff.

Gatz, Neubesetzung — Ders., Zur Neubesetzung der (Erz)bistümer Köln, Ermland und Gnesen — Posen 1885/86, in: Rheinische Vierteljahresblätter, 37 (1973), S. 207 ff.

Gebhard — Bruno Gebhard, Handbuch der Deutschen Geschichte, hrsg. v. Herbert Grundmann, IV, Stuttgart 1959[8].

Gefaeller — Heinz Gefaeller, Kirchenrechtliche Änderungen infolge des Versailler Vertrages, in: Öffentliches Recht, Steuerpolitik und Finanzwissenschaft, hrsg. v. Dr. L. Waldekker, Heft 1, Berlin-Grunewald 1930.

Geschichte Aachens in Daten, hrsg. v. Bernhard Poll, Aachen 1960.

Gesetzes-Sammlung für die Königlichen Preußischen Staaten 1821.

Goedert — Joseph Goedert, Jean-Théodore Laurent, Vicaire apostolique de Luxembourg 1804—1884 — Biographie nationale du pays de Luxembourg depuis ses origines jusqu' à nos jours. VIIlme, Fasc., Luxembourg 1957.

Golombek — Dieter Golombek, Die politische Vorgeschichte des Preußenkonkordats (1929) — Veröffentlichungen der Kommission für Zeitgeschichte bei der Katholischen Akademie in Bayern, Reihe B.: Forschungen, Band 4, Mainz 1970.

Greinacher — Norbert Greinacher, Der Vollzug der Kirche im Bistum, in: Handbuch der Pastoraltheologie — Praktische Theologie der Kirche in ihrer Gegenwart, hrsg. v. F. X. Arnold, F. Klostermann, K. Rahner, V. Schurr, L. M. Weber, Freiburg — Basel — Wien 1968, III, S. 59 ff.

Groner, Weltpriesternachwuchs — Franz Groner, Der Weltpriesternachwuchs in Deutschland statistisch gesehen, in: Kölner, Aachener und Essener Pastoralblatt, 11 (1959), S. 62 ff.

Groner, Klosternachwuchs — Statistik des Klosternachwuchses in Deutschland, in Kölner, Aachener und Essener Pastoralblatt, 11 (1959), S. 183 ff.

Handbuch Aachen — Handbuch des Bistums Aachen, hrsg. v. Bischöflichen Generalvikariat, Aachen 1962.

Handbuch Köln — Hand- und Adreßbuch der Erzdiözese Köln, Köln 1827. Später unter den Titeln: Handbuch der Erzdiözese Köln, Handbuch des Erzbistums Köln, 26 Auflagen, 1827—1966.

Hankamer — Wilhelm Hankamer, Das Zentrum, die politische Vertretung des katholischen Volksteils, Essen 1927.

Hansen — Joseph Hansen, Preußen und Rheinland von 1815 bis 1915 — Hundert Jahre politischen Lebens am Rhein, Bonn 1918.

Hanus — Franziskus Hanus, Die Preußische Vatikangesandtschaft 1747—1920, München 1954. 1954.

Hashagen — Justus Hashagen, Das Rheinland im Wandel der Zeiten, Bonn 1940.

Hecker — Hermann Joseph Hecker, Chronik der Regenten, Dozenten und Ökonomen im Priesterseminar des Erzbistums Köln 1615—1950 — Studien zur Kölner Kirchengeschichte, 1. Bd., Düsseldorf 1952.

Hegel, Vergangenheit — Eduard Hegel, Kirchliche Vergangenheit im Bistum Essen, Essen 1960.

Hegel, Geissel — Ders., Zum 100. Todestag des Kölner Erzbischofs Johannes Kardinal von Geissel, in: Pastoralblatt für die Diözese Aachen, Essen und Köln, 9 (1964), S. 272 ff.

Hegel, Erzbischöfe — Ders., Die Kölner Erzbischöfe — ihr Wirken für das Bistum, die deutsche Kirche und die Weltkirche, in: Pastoralblatt für die Diözesen Aachen-Berlin-Essen-Köln-Osnabrück, 7 (1969), S. 202 ff.

Heimatgeschichte – Aachener Heimatgeschichte, hrsg. v. Albert Huyskens, Aachen 1924.

Hermens – F. P. Hermens, Handbuch der gesamten Staatsgesetzgebung über den christlichen Kultus und über die Verwaltung der Kirchengüter und Einkünfte in den Königl. Preuß. Provinzen am linken Rheinufer, 4 Bände, Aachen und Leipzig 1835–1852.

Heusch – Hermann Heusch, Wilhelm Leopold Janssen, Landrat von Heinsberg 1860–1876, in: Heimatkalender des Selfkantkreises Geilenkirchen-Heinsberg 1960; S. 97 ff.

Heuser – G. Heuser, Bevölkerungsverhältnisse und Entwicklung des Anbaues der Stadt, in: Festschrift zur 72. Versammlung deutscher Naturforscher und Ärzte, Aachen 1900.

Hilling – Nikolaus Hilling, Die Vereinbarungen zwischen dem Heiligen Stuhl und den Regierungen über die Neueinrichtungen der Diözesanverfassung im Deutschen Reich (mit Ausnahme Bayerns), in: Quellensammlung für das geltende Kirchenrecht, 13. Heft, Bonn 1918, S. 9 ff.

Höveler – Peter Höveler, Kardinal Erzbischof Philippus Krementz, Generalvikar Dr. Kleinheidt, Domkapellmeister Koenen und Professor Dr. Scheeben – Vier Charakterbilder aus der jüngsten Kölner Kirchengeschichte, Düsseldorf 1899.

Johannes Höver und seine Stiftung die Genossenschaft der Armen Brüder vom hl. Franziskus Ser. – Festschrift zum 70jährigen Bestehen der Genossenschaft, Düsseldorf o. J. (1927).

Huber, Quellen – Ernst Rudolf Huber, Quellen zum Staatsrecht der Neuzeit, Bd. 1 (1806–1918), Tübingen 1949, Bd. 2 (1919–1951), Tübingen 1951.

Huber, Verfassungsgeschichte – Ders., Deutsche Verfassungsgeschichte seit 1789, Bd. 1 (1789–1830), Stuttgart 1961, Bd. 2 (1830–1850), Stuttgart 1960, Bd. 3 (Bismarck und das Reich), Stuttgart 1963, Bd. 4 (Struktur und Krisen des Kaiserreichs), Stuttgart, Berlin, Köln, Mainz 1969.

Huber, Dokumente – Ders., Dokumente zur deutschen Verfassungsgeschichte, 2 Bände, Stuttgart 1961 und 1964.

Hüffer A. – Alfred Hüffer, Pauline von Mallinckrodt, Stifterin und Generaloberin der Kongregation der Schwestern der christlichen Liebe – Ein Lebensbild, Münster 1902[2].

Hüffer H. – Hermann Hüffer, Forschungen auf dem Gebiete des französischen und rheinischen Kirchenrechts nebst geschichtlichen Nachrichten über das Bistum Aachen und das Domkapitel zu Köln, Münster 1863.

Huyskens, Gründung – Albert Huyskens, Die Gründung der rheinisch-westfälischen polytechnischen Schule, in: Die Technische Hochschule zu Aachen 1870–1920 – Eine Gedenkschrift, hrsg. v. P. Gast, Aachen 1920, S. 1ff.

Huyskens, Bischofssitz – Ders., Aachen als Bischofssitz in Vergangenheit und Zukunft, in: Volksfreund, 4. Dez. 1920.

Huyskens, Geschichtsbild – Ders., Ein kulturhistorisches Geschichtsbild von Karl dem Großen über Napoleon bis zum Preußenkonkordat, in: Kölner Stadtanzeiger, 19. März 1931, Nr. 142.

Immelen – Hubert Immelen, Der Pius-Verein zu Aachen 1848–1898 – Ein Gedenkblatt zum 50jährigen Jubelfest desselben am 24. April 1898, Aachen.

Jahresberichte über die höhere Stiftsschule zu Aachen, veröffentlicht v. Joseph Buschmann, Aachen 1880.

Jansen – Nikolaus Jansen, Die Diözese Aachen in ihrer religiösen, politischen und sozialen Struktur, in: Der Sonntag, Wochenschrift für katholisches Denken und Leben, 26. Jg., Aachen, 22. März 1931, Nr. 12.

Jansen, Missionswerk – Wilhelm Jansen, Das Päpstliche Missionswerk der Kinder in Deutschland. Seine Entwicklung und seine Geschichte bis 1945, Veröffentlichungen des Bisch. Diözesanarchivs Aachen, 30, M.Gladbach 1970.

Janssen – Josef Janssen, Die Marianische Männer-Kongregation in Aachen – Festschrift zur Feier des goldenen Jubelfestes am 3. Februar 1906, Aachen 1906.

Janssen-Lohmann – Joseph Janssen – Friedrich Wilhelm Lohmann, Der Weltklerus in den Kölner Erzbistumsprotokollen 1661–1825, 3 Bände, Köln 1935/36.

Jeiler – Ignatius Jeiler, Die gottselige Mutter Franziska Schervier, Stifterin der Genossenschaft der Armenschwestern vom H. Franziskus, Freiburg i. Br. 1927[4].

Kahlen, Nachwuchs — Josef Kahlen, Der Nachwuchs im Klerus, in: KP (1907), Nr. 1, Sp. 21 ff.
Kahlen, Statistisches — Ders., Statistisches über den Klerus der Erzdiözese Köln, in: KP (1912), Nr. 11, Sp. 324 f.
Kahlen, Klerus — Ders., Der Klerus der Erzdiözese Köln nach seiner Herkunft, in: KP, (1915), Nr. 1.
Kaiser — C. Kaiser, Die katholische Arbeiterbewegung im Aachener Bezirk seit der Mitte des vorigen Jahrhunderts, in: Festschrift aus Anlaß des 30jährigen Bestehens des Bezirksverbandes Aachen der katholischen Arbeitervereine, hrsg. v. der Bezirksleitung, Würselen 1928.
Kaltenbach — H. J. Kaltenbach, Der Regierungsbezirk Aachen, Aachen 1850.
Katholikenversammlung — Aachener Katholikenversammlung 1919, Reden, Vorträge und Beschlüsse, hrsg. v. Lokalkommitee in Aachen, Aachen 1920.
Die Katholische Bewegung in unseren Tagen, Bd. XIII, Würzburg 1851 ff.
Kaufmann — P. Kaufmann, Stiftspropst Dr. Franz Kaufmann, Köln o. J.
Kißling — Johannes Baptist Kißling, Geschichte der deutschen Katholikentage, 2 Bände, Münster 1920/23.
Klauser — Hermann Klauser, Der Erzpriester von Aachen, in: ZAGV, 74/75 (1963), S. 163 ff., auch als Sonderdruck.
Klostermann — F. Klostermann, Gemeinde — Kirche der Zukunft. Thesen, Dienste, Modelle, 2 Bände, Freiburg, Wien, Basel 1974.
Koeniger, Das preußische Konkordat — Albert M. Koeniger, Das preußische Konkordat vom 14. Juni 1929 und die Zirkumskriptionsbulle vom 13. August 1930 mit Übersetzung und Erläuterungen, Bonn und Köln 1931.
Koeniger, Konkordate — Ders., Die neuen deutschen Konkordate und Kirchenverträge mit der preußischen Zirkumskriptionsbulle, Bonn 1932.
Kosch — Wilhelm Kosch, Das katholische Deutschland. Biographisches — Bibliographisches Lexikon, Augsburg 1933 ff.
Kosch-Kuri — Wilhelm Kosch — Eugen Kuri, Biographisches Staatshandbuch, Lexikon der Politik, Presse und Publizistik, 2 Bde., Bern und München 1963.
Koss — Helene Koss, Quellen zur Geschichte des alten Bistums Aachen — Originaldrucke aus den Jahren 1802—1825, in: ZAGV, Beiheft I, Aachen 1932.
Kreuz über Kohle und Eisen — Unser Bistum Essen, Paderborn o. J. (1958).
Krieg — Cornelius Krieg, Wissenschaft der Seelenleitung — Eine Pastoraltheologie in vier Büchern, Freiburg 1919², (1. Aufl. 1903 erschienen).
Lauenroth — Chrysosthomus Lauenroth, Andreas Fey, Paderborn 1938.
Lebensbilder hervorragender Katholiken des neunzehnten Jahrhunderts — Nach Quellen bearbeitet und hrsg. v. Johann Jakob Hansen, Bd. 1, 1901¹, 3. Aufl. hrsg. v. A. Müller, Paderborn 1928.
Lepper, Cronenberg — Herbert Lepper, Kaplan Franz Eduard Cronenberg und die christlich-soziale Bewegung in Aachen 1868—1878, in: ZAGV, 79 (1968), S. 57 ff.
Lepper, Gesetzgebung — Ders., Die kirchenpolitische Gesetzgebung der Jahre 1872—1875 und ihre Ausführung im Regierungsbezirk Aachen — Ein Beitrag zur Geschichte des „Kulturkampfes" in der Erzdiözese Köln, in: AHVN, 171 (1969), S. 200 ff.
Lepper, Generalversammlung — Ders., Die Generalversammlung der Katholiken Deutschlands vom 8.—11. September 1879 in Aachen, in ZAGV, 80 (1970), S. 235 ff.
Ley — Conrad Albrecht Ley, Kölnische Kirchengeschichte, Essen 1917².
Lill, Beilegung — Rudolf Lill, Die Beilegung der Kölner Wirren 1840—42 — Studien zur Kölner Kirchengeschichte, hrsg. v. Historischen Archiv des Erzbistums Köln, 6. Bd., Düsseldorf 1962.
Lill, Bischofskonferenzen — Ders., Die ersten deutschen Bischofskonferenzen, Freiburg — Basel — Wien 1964. Erschien auch in zwei Folgen in der Römischen Quartalsschrift für christliche Altertumskunde und Kirchengeschichte: Bd. 59 (1964) und Bd. 60 (1965).
Lill, Geissel — Ders., Johannes von Geissel (1796—1864), in: Rheinische Lebensbilder, 3 (1968), im Auftrag der Gesellschaft für Rheinische Geschichtskunde hrsg. v. B. Poll, Düsseldorf 1968, S. 133 ff.
Lingens — Joseph Lingens, Die Marienvotivkirche in Aachen, Aachen 1870.
Linneborn, Kirchenpolitik — Johannes Linneborn, Die Kirchenpolitik des Zentrums, in: Nationale Arbeit — Das Zentrum und sein Wirken in der deutschen Republik, hrsg. v. K. A. Schulte, Berlin und Leipzig o. J. (1929), S. 192 ff.

Linneborn, Preußenkonkordat — Ders., Zentrum und Preußenkonkordat, in: Nationale Arbeit — Das Zentrum und sein Wirken in der deutschen Republik, hrsg. v. K. A. Schulte, Berlin und Leipzig, o. J. (1929), S. 225 ff.

Lipgens — Walter Lipgens, Ferdinand August Graf Spiegel und das Verhältnis von Kirche und Staat 1789—1835, 2 Bände, Münster 1965.

Ludwigs — Heinrich Maria Ludwigs, Kardinal Erzbischof Dr. Paulus Melchers und die St. Pauluskirche in Köln — Eine zeitgeschichtliche Erinnerung aus Anlaß ihrer feierlichen Konsekration am 29. April 1909, Köln 1909.

Lüdicke — Reinhard Lüdicke, Das preußische Kultusministerium und seine Beamten im ersten Jahrhundert des Ministeriums 1817—1917, Stuttgart und Berlin 1918.

Mejer — Otto Mejer, Zur Geschichte der römisch-deutschen Frage, 3 Bände, Freiburg i. Br. 1885².

Mendelson — M. Mendelson, Die Bevölkerung der Stadt Aachen, in: Die Gesundheitspflege in Aachen — Festschrift der Stadt Aachen zur 38. Versammlung des Deutschen Vereins für öffentliche Gesundheitspflege, Aachen 1913, S. 3 ff.

Mercati — A. Mercati, Raccolta di Concordati su materie ecclesiastiche tra la Santa Sede e le autoritá civili, 2 Bände, Rom 1919—54.

Möller — Karl Möller, Leben und Briefe von Johannes Theodor Laurent, als Beitrag zur Kirchengeschichte des neunzehnten Jahrhunderts, zusammengestellt und hrsg. v. Josephine Schaffgotsch, 3 Bände, Trier 1887—1889.

Morsey, Vorgeschichte — Rudolf Morsey, Zur Vorgeschichte des Reichskonkordats aus den Jahren 1920 und 1921, in: Zs. der Savigny-Stiftung für Rechtsgeschichte, 75, Kan.Abt., 44 (1958), S. 237 ff.

Morsey, Zentrumspartei — Ders., Die Deutsche Zentrumspartei 1917—1923, hrsg. v. der Kommission für Geschichte des Parlamentarismus und der politischen Parteien — Beiträge zur Geschichte des Parlamentarismus und der politischen Parteien, Bd. 32, Düsseldorf 1966.

Morsey, Trimborn — Ders., Karl Trimborn (1854—1921), in: Rheinische Lebensbilder, 3 (1968), im Auftrag der Gesellschaft für Rheinische Geschichtskunde hrsg. v. B. Poll, Düsseldorf 1968, S. 235 ff.

Müller — Franz August Müller, Das philosophisch-theologische Studium in Aachen 1794—1827 (1837) — Zugleich ein Beitrag zur Vorgeschichte der Kölner Wirren. Ungedr. Bonner theol. Diss. (1945), 160: BDA: Hs. 583.

Müssener — Hermann Müssener, Die finanziellen Ansprüche der katholischen Kirche an den preußischen Staat auf Grund der Bulle „De salute animarum" vom 16. Juli 1821, Mönchengladbach 1926.

Neuß — Wilhelm Neuß, Ein Priester unserer Zeit, Joseph Stoffels, Weihbischof von Köln 1879—1923, Köln 1934.

Nießner — Alois Nießner, Aachen während der Sturmjahre 1848/49, Aachen 1906

Noppel — Constantin Noppel, Aedificatio Corporis Christi — Aufriß der Pastoral, Freiburg 1949².

Pabst, Eupen-Malmedy — Klaus Pabst, Eupen-Malmedy in der belgischen Regierungs- und Parteipolitik 1914—1940, in: ZAGV, 76 (1964), S. 206 ff.

Pabst, Grenze — Ders., Das Problem der deutsch-belgischen Grenze in der Politik der letzten 150 Jahre, in: ZAGV, 77 (1965), S. 183 ff.

Pabst, Neutral-Moresnet — Ders., Neutral-Moresnet — Ein Dorf ohne Staatszugehörigkeit (1815—1915), in: Festschrift 150 Jahre Regierung und Regierungsbezirk Aachen, Aachen 1967, S. 45 ff.

v. Pastor, Kaufmann — Ludwig von Pastor, Stiftspropst Dr. Franz Kaufmann 1862—1920 — Ein Lebensbild, Freiburg i. B. 1921.

v. Pastor, Tagebücher — Ders., 1854—1928, Tagebücher, Briefe, Erinnerungen, hrsg. v. W. Wühr, Heidelberg 1950.

Pesch — Rudolf Pesch, Die kirchlich politische Presse der Katholiken in der Rheinprovinz vor 1848, Mainz 1966.

Pfliegler — Michael Pfliegler, Pastoraltheologie, Wien 1962.

Pfülf, Fey — Otto Pfülf, M. Clara Fey vom armen Kinde Jesu und ihre Stiftung 1815—1894, 2 Bände, Freiburg i. Br. 1913².

Pfülf, Geissel — Ders., Cardinal von Geissel, 2 Bände, Freiburg i. Br. 1895—96.

Pick — Paul Pick, Aachen als Bistum unter Berdolet und Le Camus 1802—1826, Aachen 1893.

Plum — Günter Plum, Gesellschaftsstruktur und politisches Bewußtsein in einer katholischen Region 1928—1933 — Untersuchung am Beispiel des Regierungsbezirks Aachen, Stuttgart 1972.

Podesta — J. Podesta, Sammlung der wichtigsten allgemeinen Verordnungen und Bekanntmachungen, welche seit der Wiedererrichtung des Erzbistums Köln im Jahre 1825 bis zur Hälfte des Jahres 1851 von der geistlichen Oberbehörde an die Diözesan-Geistlichkeit und die Kirchenverwaltungen erlassen worden sind, zusammengestellt und hrsg. v. —, Köln 1851.

Podlech — Ernst Podlech, Geschichte der Erzdiözese Köln, Mainz 1879.

Poll — Bernhard Poll, Aachener Bischöfe, in: Bestellt zum Zeugnis, Festgabe für Bischof Dr. Johannes Pohlschneider, Aachen 1974, S. 321 ff.

Prisac, Bistum — Wilhelm Prisac, Das untergegangene und neu zu erstehende Bistum von Aachen, Aachen 1856.

Prisac, Krönungsstift — Ders., Aus den Tagen des alten Krönungsstiftes, in: EdG, 26. Febr. 1862, Nr. 57.

Rady — J. B. Rady, Die Großstädte und die Seelsorge, in: Der Katholik, 1884 (2), S. 298 ff.

Realschematismus — Realschematismus der Diözese Aachen, hrsg. und verlegt v. Bischöflichen Generalvikariat, Gladbach-Rheydt 1933.

Ein Reichsdeutscher, Die Entwicklung in Eupen-Malmedy, in: Archiv für Politik und Geschichte, VIII, 5. Jg., 1. Teil (1927), S. 239 ff.

Reinick — H. A. Reinick, Statistik des Regierungsbezirks Aachen, 1.—3. Abt., Aachen 1865—1867.

Reinkens — Josef Hubert Reinkens, Luise Hensel und ihre Lieder, Bonn 1877.

v. Reumont — Alfred von Reumont, Jugenderinnerungen, hrsg. v. H. Hüffer, in: AHVN, 77 (1904), S. 17 ff.

Rey — Joseph Gerhard Rey, Die Familie Schervier und deren Sippen, Aachen 1936.

Das Rheinland in preußischer Zeit, hrsg. v. Walter Först, Köln und Berlin 1965.

Ritter — Emil Ritter, Die katholisch-soziale Bewegung Deutschlands im 19. Jahrhundert und der Volksverein, Köln 1954.

Rost — Hans Rost, Die Parität und die deutschen Katholiken (Zeit- und Streitfragen der Gegenwart, Bd. 3), Köln 1914.

Ruppel — Edith Ruppel, Zur Tätigkeit des Eugenio Pacelli in Deutschland, in: Zs. für Geschichtswissenschaft, 7 (1959), S. 297 ff.

Savelsberg — Heinrich Savelsberg, Das alte Bistum Aachen, in: Volksfreund, 29. Jan. 1930.

Schiffers, Kaatzer — Heinrich Schiffers, Peter Kaatzer (1808—1870) und das geistige Aachen seiner Zeit — 75 Jahre Echo der Gegenwart 1848—1924. Aachen 1924.

Schiffers, Bistum — Ders., Das alte und das neue Bistum Aachen, in: Kölnische Volkszeitung, 23. Juli 1929.

Schiffers, Realschematismus — Ders., Vom alten zum neuen Bistum Aachen, in: Realschematismus der Diözese Aachen, Gladbach-Rheydt 1933, S. 7 ff.; in: EdG, 20. Juli 1929, Nr. 168; in: Der Sonntag, Wochenschrift für das katholische Denken und Leben, 26. Jg., 22. März 1931, Nr. 12 — Festausgabe aus Anlaß der Errichtung der Diözese Aachen und der Weihe und Inthronisation des hochwürdigsten Herrn Dr. theol. Dr. jur. can. Joseph Vogt.

Schiffers, Kulturkampf — Ders., Der Kulturkampf in Stadt und Regierungsbezirk Aachen, Aachen 1929.

Schiffers, Echo — Ders., Das Echo der Gegenwart, die älteste katholische Zeitung Preußens, in: EdG, 31. Dez. 1930, Nr. 304.

Schiffers, Höver — Ders., Johannes Höver, Stifter der Genossenschaft der armen Brüder vom hl. Franziskus, Freiburg i. Br. 1930.

Schiffers, Diözesanverhältnisse — Ders., Entwicklung der Diözesanverhältnisse in der Aachener Gegend, in: EdG, 24. März 1931, Er. 70.

Schiffers, Generalvikare — Ders., Die Generalvikare des ersten Bistums Aachen, in: EdG, 1. Juli 1931, Nr. 151.

Schiffers, Diözesangebiet — Ders., Das Aachener Diözesangebiet im Wandel der Jahrhunderte, in: Das Bistum Aachen, S. 12 ff.

Schiffers, Aachen — Ders., Das katholische Aachen im Wandel der Jahrhunderte, Aachen 1934.

Schiffers, Farwick — Ders., Wilhelm Farwick †, Oberbürgermeister i. R. der Stadt Aachen, Aachen 1941.
Schmittdiel — Agnes Schmittdiel, Pauline von Mallinckrodt, Paderborn 1949.
Schmitz H. P. — Hubert Philipp Schmitz, Robert Cremer (1826—1882), Aachen 1969.
Schmitz J. — Johann Schmitz, Antonius Kardinal Fischer, Erzbischof von Köln — sein Leben und Wirken, Köln 1915.
Schmitz I. H. A. — Ignaz Hubert Aloysius Schmitz, Dr. Hubertus Simar, Erzbischof von Köln — Ein Lebensbild, Köln (1899), 1902[3].
Schönig — Cornel Schönig, Anton Josef Binterim (1779—1855) als Kirchenpolitiker und Gelehrter — Veröffentlichungen des Historischen Vereins für den Niederrhein, V, Düsseldorf 1933.
Schreiber, Entwurf — Georg Schreiber, Der erste Entwurf des Reichskonkordats (1920/21), in: Gegenwartsprobleme des Rechts — Veröffentlichung der Sektion für Rechts- und Staatswiss. der Görres-Gesellschaft, NF. H. 2, Paderborn 1950, S. 159 ff.
Schreiber, Kirchenpolitik — Ders., Deutsche Kirchenpolitik nach dem ersten Weltkrieg, Gestalten und Geschehnisse der Novemberrevolution 1918 und der Weimarer Zeit, in: HJb, 70 (1951), S. 296 ff.
Schrörs, Pfarrer — Heinrich Schrörs, Hermesianische Pfarrer, in: AHVN, 103 (1919), S. 76 ff.
Schrörs, Quellen — Ders., Neue Quellen zur kölnischen Kirchengeschichte in der ersten Hälfte des 19. Jahrhunderts (1835—1850), in: AHVN, 104 (1920), S. 1 ff.
Schrörs, Bewegungen — Ders., Kirchliche Bewegungen unter dem kölnischen Klerus im Jahre 1848, in: AHVN, 105 (1921), S. 1 ff.
Schrörs, Fakultät — Ders., Geschichte der katholisch-theologischen Fakultät zu Bonn 1818—1831 — Veröffentlichungen des Historischen Vereins für den Niederrhein, III, Köln 1922.
Schrörs, Katholiken — Ders., Rheinische Katholiken und belgische Parteien zur Zeit der Kölner Wirren (1837), in: AHVN, 107 (1923), S. 1 ff. Fortsetzung: AHVN, 108 (1926), S. 1 ff.
Schrörs, Erzbischofswahl — Ders., Die Kölner Erzbischofswahl nach Geissels Tode (1864—1865), in: AHVN, 108 (1926), S. 103ff.
Schrörs, Wirren — Ders., Die Kölner Wirren (1837) — Studien zu ihrer Geschichte, Berlin und Bonn 1927.
Schrott — Alois Schrott, Seelsorge im Wandel der Zeiten, Graz — Wien 1949.
Schwahn — Lukas Schwahn, Die Bestrebungen der katholischen Rheinlande und Belgiens in den Jahren 1830—1840 — Ein Beitrag zur Vorgeschichte der kirchlichen und politischen Bewegung unter den rheinischen Katholiken — Straßburger Beiträge zur neueren Geschichte, hrsg. v. M. Spahn, Bd. XI, Straßburg 1914.
Seelsorge — Die Seelsorge in den größeren Städten, in: Die katholische Bewegung in unseren Tagen, Bd. XIII, Würzburg 1883, S. 385 ff.
Simon — Paul Simon, Karl Joseph Kardinal Schulte — Ein Bild seines bischöflichen Wirkens, Köln 1935.
Solzbacher — Joseph Solzbacher, Bischof Laurent (1804—1884) als Katechet, in: Zur Geschichte und Kunst im Erzbistum Köln, Festschrift für Wilhelm Neus, hrsg. v. Robert Haaß und Joseph Hoster — Studien zur Kölner Kirchengeschichte, hrsg. v. Historischen Archiv des Erzbistums Köln, Bd. 5, Düsseldorf 1960, S. 275 ff.
Solzbacher, Freundschaft — Ders., Die „Heilige Freundschaft" zwischen Clara Fey und Wilhelm Sartorius. Ein Beitrag zur Geschichte der Frömmigkeit, besonders im Aachen des 19. Jahrhunderts. Veröffentl. des Bisch. Diözesanarchivs Aachen, 31, Mönchengladbach 1972.
Spandau — Fritz Spandau, Zur Geschichte von Neutral-Moresnet, Aachen 1904.
Stadtverordneten-Beschlußbuch der Aachener Stadtverordnetenversammlung, Aachen 1899 (im StAA).
Stadtverordneten-Versammlung, Protokolle der Sitzungen der Aachener Stadtverordneten, Aachen 1902 (im STAA).
Statuta Capituli Ecclesiae Collegiatae Aquisgranensis Beatae Mariae Virginis, quibus accedunt ea diplomata, quae ad institutionem capituli a. 1825 factam spectant, Aquisgrani 1881.
Steinberg — Heinz Günter Steinberg, Phasen der Bevölkerungsentwicklung, in: Das Rheinland in preußischer Zeit, hrsg. v. W. Först, Köln und Berlin 1965, S. 109 ff.

Storz — Hermann Storz, Staat und katholische Kirche in Deutschland im Lichte der Würzburger Bischofsdenkschrift von 1848 — Bd. 8 der Reihe „Kanonistische Studien und Texte", hrsg. v. A. M. Koeniger, Bonn 1934.
Sträter, Sammlung — Hermann Joseph Sträter, Zeitungsausschnittsammlung mit persönlichen Randbemerkungen von Weihbischof Sträter, 2 Bände, I Juli 1925–Jan. 1930, II Jan. 1930–Dez. 1937.
Swoboda — Heinrich Swoboda, Großstadtseelsorge, Regensburg — Rom — New York — Cincinnati 1911².
Synode — Amtliche Mitteilungen der Gemeinsamen Synode der Bistümer in der Bundesrepublik Deutschland, hrsg. v. Sekretär der Gemeinsamen Synode der Bistümer in der Bundesrepublik Deutschland, München 1970–Juli 1973, Bonn Sept. 1973 ff.
Tausend Jahre deutscher Geschichte und deutscher Kultur am Rhein, hrsg. v. Aloys Schulte, Düsseldorf 1925.
Torsy — Jakob Torsy, Geschichte des Bistums Aachen während der französischen Zeit (1802–1814), Bonn 1940.
Trippen — Norbert Trippen, Das Domkapitel und die Erzbischofswahlen in Köln 1821–1929, Bonner Beiträge zur Kirchengeschichte, Bd. 1, Köln–Wien 1972.
Veit — Ludwig Andreas Veit, Zeitalter des Individualismus, in: Kirsch, Kirchengeschichte, IV/2, Freiburg 1933.
Vogel — P. Vogel, Beiträge zur Geschichte des Kölner Kirchenstreites — Studien zur rheinischen Geschichte, Heft 5, Bonn 1913.
Volk — Ludwig Volk, Das Reichskonkordat vom 20. Juli 1933 — Veröffentlichungen der Kommission für Zeitgeschichte, Reihe B: Forschungen, Bd. 5, Mainz 1972.
Waach — Hildegard Waach, Gerader Weg auf krummen Linien, Trier 1968.
Wacker — K. Wacker, Die Bevölkerung Aachens seit dem Ausgang des vorigen Jahrhunderts, in: AAV 3 (1890), S. 65 ff.
Wahrmuth — P. Wahrmuth (Pseudonym), Zur Geschichte des Aachener Bürger- und Wahlvereins „Constantia" aus Anlaß der Jubelfeier seines fünfzigjährigen Bestehens, Aachen 1894.
Walter — Ferdinandus Walter, Fontes Juris Ecclesiastici antiqui et hodierni, Bonn 1862 (Neudruck: Aalen 1966).
Watterott — Ignaz Watterott, Mutter Clara Fey, Stifterin der Genossenschaft der Schwestern vom armen Kinde Jesu, Freiburg 1918.
Weber C. — Christoph Weber, Kirchliche Politik zwischen Rom, Berlin und Trier 1876–1888 — Die Beilegung des preußischen Kulturkampfes — Veröffentlichungen der Kommission für Zeitgeschichte, Reihe B: Forschungen, Bd. 7, Mainz 1970.
Weber W. — Werner Weber, Die deutschen Konkordate und Kirchenverträge der Gegenwart, Göttingen 1962.
Zeitungsausschnittsammlung des STAA, Nr. 7: Bistum Aachen.

Zeitungen:

„Aachener Allgemeine Zeitung", Organ der liberalen Richtung, 1900 gegr., 1934/35 im „Volksfreund" aufgegangen: GAiD, 1900, S. 235.

„Aachener Volkszeitung", an Stelle des „Aachener Volksfreunds" 1946 gegr. v. GmbH Ernst, Maas, Hofmann, Schmitz, „Christlich-Demokratische Tageszeitung": Kosch-Kuri, I.

„Arbeiterwohl", Organ des Verbandes kath. Industrieller und Arbeiterfreunde, redigiert v. Generalsekretär Franz Hitze, Köln 1881 ff., 1895 gehen die „Christlich-sozialen Blätter" im „Arbeiterwohl" auf, Fortsetzung als „Soziale Revue": GAiD, März 1868, S. 183.

„Arbeiter-Zeitung", Organ der KPD, seit 1924, 1933 verboten: GAiD, Nov. 1919, S. 272.

„Berliner Börsenzeitung", erste deutsche Tageszeitung ausschließlich im Interesse von Börse, Handel, Industrie, 1855 gegr. v. Dr. Hermann Killisch von Horn, seit 1856 zweimal täglich, liberal u. national, längere Zeit offizielles Organ des Ausw. Amtes, 1945 Erscheinen eingestellt: Kosch-Kuri, I, S. 99.

„Berliner Tageblatt", liberal, 1872, gegr. v. Rudolf Mosse; erschein seit 1878 zweimal täglich, Weltblatt durch weitverzweigten Auslandsdienst, nach 1933 nationalsozialistisch, 1939 eingestellt: Kosch-Kuri, I, S. 99.

„Berliner Volkszeitung", 1852 v. Franz Duncker als demokratisches Blatt gegr., 1904 v. Verlag Mosse übernommen, 1933 Aufgabe der links-liberalen Haltung, 1939 eingestellt: Kosch-Kurie, I, S. 99.

„Bürgerzeitung", „Aachener Bürgerzeitung", Zentrumsblatt für Reg.-Bezirk Aachen u. Organ zur Vertretung der Interessen des Mittel- u. Arbeiterstandes, seit 1907 täglich, Verlag Carolingia, Aachen.

„Christlich-soziale Blätter", Beiträge zur Lösung der sozialen Frage nach christlicher Auffassung, Redakteur u. Hrsg. Joseph Schings, Nr. 1 am 19. 3. 1868, 1895 Aufgehen in Zeitschrift „Arbeiterwohl": Kaiser, S. 18; Pflips, S. 32 ff.

„Der Katholik", kath. Monatszeitschrift, Zentralorgan der deutschen Katholiken, 1821 gegr. v. Andreas Räß u. Nikolaus Weis, 1850 neue Folge, seit 1895 dritte Folge, 1918 erloschen: Kosch-Kuri, II, S. 637.

„Der Volksfreund", neben „EdG" zweite kath. Zeitung in Aachen, Erstausgabe 27. Febr. 1894, 31. Mai 1941 Erscheinen eingestellt: GAiD, Febr. 1894, S. 222.

„Frankfurter Zeitung", Tageszeitung der demokratischen Linken, 1856 gegr. v. Leopold Sonnemann als „Frankfurter Handelszeitung", erschien bis 1943: Kosch-Kuri, I, S. 343.

„Freie Presse", Volksblatt für den Regierungsbezirk Aachen (SPD), Ableger der „Rheinischen Zeitung", Köln, seit 1919, 1933 verboten: GAiD, Nov. 1919, S. 272.

„Germania", Berlin, zweimal täglich, führendes Zentrumsblatt, 1871 v. Paul Majunke gegr., erschien bis 1938: Kosch-Kuri, S. 386.

„Kölnische Volkszeitung", dreimal täglich, Zentrumszeitung, gegr. v. Joseph Bachem, hervorgegangen aus „Rheinische Volkshalle" (1848–1849), bis 1855 „Deutsche Volkshalle", bis 1869 „Kölnische Bätter", erschien bis 1941: Kosch-Kuri, S. 681.

„Kölnische Zeitung", dreimal täglich, ursprünglich liberal, hervorgegangen aus: „Kaiserliche Reichs-Ober-Post-Amtszeitung zu Cölln" (1762–1794), der „Postamtszeitung" und der „Kölner Zeitung" (bis 1802), 1809–1814 von Napoleon verboten, Aufschwung unter Josef DuMonts Leitung (1831–1861), erschien bis Ende des zweiten Weltkrieges, Lokalausgabe „Stadtanzeiger für Köln und Umgebung" bis 1944: Kosch-Kuri, S. 681 f.

„Niederrheinische Volkszeitung", 1848 in Krefeld gegr., Tageszeitung des Zentrums, spielte während des Kulturkampfes eine führende Rolle: Kosch-Kuri, II, S. 920.

„Rheinisch-Westfälische Zeitung" 1738 gegr. als „Neue Essendische Nachrichten", 1860 „Essener Zeitung", 1883 „Rheinisch-Westfälische Zeitung", 18mal wöchentlich, unabhängig, national, im 2. Weltkrieg Erscheinen eingestellt: Kosch-Kuri, II, S. 1031.

„Tägliche Rundschau", bürgerlich-nationale Tageszeitung, 1880 gegr., 1922 an die „Deutsche Allgemeine Zeitung" verkauft, 1933 Erscheinen eingestellt: Kosch-Kuri, II, S. 1143.

„Westdeutsche Zeitung", gegr. v. OB a. D. Wilhelm Elfes am Tag der Währungsreform, dem 20. Juni 1948.

EINLEITUNG

„In Aachen wird wieder ein Bischöflicher Stuhl errichtet", heißt es im Text des Konkordates, das der Freistaat Preußen nach langwierigen Verhandlungen im Jahre 1929 mit dem Hl. Stuhl abschloß. Diese Wiedererrichtung nahm somit eindeutig Bezug auf die unter französischer Herrschaft gegründete Diözese, die von 1802 bis 1821/25 ihren Sitz in Aachen hatte. Die Erinnerung an dieses erste Bistum ist während des 19. Jahrhunderts in der Kaiserstadt stets lebendig geblieben.

Die vorliegende Arbeit geht der Frage nach, wie es zur Wiedererrichtung des Bistums in Aachen kam. Sie versucht zu beantworten, wer die treibenden Kräfte waren, welche Ereignisse die Initiativen in der Aachener Bistumsfrage beflügelten, welche Hindernisse sich auftürmten und welche Gründe letztlich für die Wiedererrichtung den Ausschlag gaben.

Im ersten Teil werden die vielfältigen Versuche und Initiativen beleuchtet, die schließlich nach einem Jahrhundert zur Wiedererrichtung eines Bistums in Aachen führten.

Im zweiten Teil werden in einem ersten Abschnitt die Gründe geprüft, die für oder gegen eine Wiedererrichtung sprachen. Ein zweiter Abschnitt geht der Frage nach, warum gerade Aachen im Jahre 1929 wieder Sitz eines Bischofs wurde. Das Schlußkapitel befaßt sich mit den Kriterien, die heute bei der Errichtung von Bistümern relevant sind und erhellt die derzeitigen Bemühungen um eine Neuordnung der Diözesangrenzen, soweit das Territorium des Bistums Aachen davon betroffen ist. Die beigefügte Bistumskarte zeigt deutlich die Überschneidung der Grenzen des Bistums und einiger Zivilgemeinden nach der kommunalen Neuordnung von 1975.

Die folgenden Ausführungen fußen hauptsächlich auf noch unveröffentlichten Akten in den Aachener Archiven (Stadtarchiv, Diözesanarchiv, Domarchiv). Die im Stadtarchiv befindliche Registratur der Aachener Oberbürgermeister war am ergiebigsten. Im Archiv des Erzbistums Köln befinden sich keine Akten für dieses Thema. Die Ausbeute im Archiv des Kölner Metropolitankapitels war gering und unbedeutend. Eine in der Erzbischöflichen Registratur zu Köln verzeichnete Akte über die Errichtung eines Bistums in Aachen, die viele wichtige Unterlagen enthalten mußte, ist im letzten Krieg verlorengegangen[1]. Unterlagen über die Behandlung der Aachener Bistumsfrage seitens der Preußischen Staatsregierung müßten sich in der Historischen Abteilung II des Deutschen

[1] Registratur Erzb. Köln: Cab. Reg. I 9a, Vol. I.

Zentralarchivs in Merseburg befinden, konnten aber nicht gefunden werden. Sie sind wahrscheinlich auch dem zweiten Weltkrieg zum Opfer gefallen. Eventuell in Rom vorhandene Akten für den in Frage kommenden Zeitraum wurden — trotz Bemühungen von Bischof Dr. Pohlschneider, Aachen — noch nicht freigegeben. Die im Koblenzer Landeshauptarchiv vorhandenen Akten gaben nur in einigen am Rande liegenden Fragen Aufschluß. Diese Lücken konnten jedoch zum Teil geschlossen werden durch wertvolles Aktenmaterial im Politischen Archiv des Auswärtigen Amtes in Bonn. Besonders aufschlußreich war die dort vorhandene Korrespondenz der Preußischen Gesandten am Vatikan mit dem Berliner Ministerium der auswärtigen Angelegenheiten. Doch auch aus diesem Archiv ist eine wertvolle Akte, die Unterlagen über die Errichtung des Bistums Aachen seit Februar 1920 enthielt, verlorengegangen[2].
Wichtige gedruckte Quellen waren die Stenographischen Berichte und Drucksachen des Preußischen Landtags, die Handbücher, der Kirchliche Anzeiger und das Pastoralblatt der Kölner Erzdiözese.
Für mehrere Fragen waren Zeitungsartikel die einzige Quelle. Das Niveau und die Richtung des jeweiligen Blattes mußten jedesmal berücksichtigt werden, weil die meisten Artikel einseitig aus dem Aachener-, Kölner-, Zentrums- oder dem katholischen Blickwinkel gesehen waren.
Die Literatur über die Wiederrichtung des Aachener Bistums ist äußerst spärlich. Seit der im Jahre 1856 im Selbstverlag des Verfassers erschienenen Broschüre des Aachener Stiftsherrn Wilhelm Prisac „Das untergegangene und neu zu erstehende Bistum Aachen", sind nur noch Berichte in Zeitungen und einige Aufsätze in Zeitschriften und Büchern erschienen, die aber durchweg oberflächlich, unkritisch und wissenschaftlich wenig fundiert sind.
Der Aachener Stadtarchivar Dr. Albert Huyskens hat in mehreren Zeitungsberichten zu der Wiedererrichtung des Bistums Aachen Stellung genommen. Seine Artikel fußen jedoch nicht auf zuverlässigen Quellen. Er schöpft vielmehr aus dem Hörensagen und aus der persönlichen Erinnerung, in die sich viele Ungenauigkeiten eingeschlichen haben. Unbesehen übernahm Dr. Heinrich Schiffers, ehemals Direktor des Bischöflichen Diözesanarchivs, von Huyskens einige ungenaue und unkritische Angaben über die Anfangsbemühungen in der Aachener Bistumsfrage[3].
Wertvolle Informationen verdanke ich einigen Persönlichkeiten, die mir in mehreren Gesprächen bereitwillig ihre Erinnerungen an die Wiedererrich-

[2] AA: Abt. IIA, Politik 20, Aachen: Das Bistum Aachen, März 1920 — März 1931.
[3] Huyskens, Bischofssitz, in: STAA: Zeitungsausschnittsammlung, Nr. 7. Huyskens schreibt, daß seit 1892 in Rom und Berlin über die Aachener Bistumsfrage verhandelt worden sei. Jahreszahl aus einem Artikel des „EdG", 1. 5. 1902, Nr. 313; Verfasser unbekannt. Schiffers übernahm diesen „geschätzten" Termin ohne Quellenangabe in: Bistum; Realschematismus, S. 13; Aachen, S. 98.

tung des Bistums Aachen mitteilten. Der verstorbene Aachener Generalvikar Dr. Hermann Müssener und der ebenfalls verstorbene Staatssekretär a. D. Dr. Wilhelm Rombach, ehemals Regierungspräsident und Oberbürgermeister in Aachen, berichteten viele Einzelheiten, die ihnen in Erinnerung geblieben waren. Weiteren Aufschluß über die letzte Phase der Wiedererrichtung verdanke ich dem ehemaligen Oberbürgermeister von Aachen, Hermann Heusch, der von seinem Vater und aus eigener Erinnerung einige interessante Zusammenhänge zu erhellen wußte.

Viele Mitteilungen aus den Akten und Berichten habe ich wörtlich zitiert. Das schien mir sinnvoller als eine eigene Aktenpublikation.

Auf ein Sachregister wurde verzichtet. Im Personenregister sind hinter jedem Namen die Lebensdaten mit bibliographischen Hinweisen aufgeführt mit Ausnahme der Personen, deren Biographie im Text behandelt wird.

Die Zitate aus den Quellen und der älteren Literatur sind in der Rechtschreibung und Zeichensetzung der modernen Schreibweise angepaßt.

ERSTER TEIL

Geschichte der Wiedererrichtung des Bistums Aachen

DIE AUFHEBUNG DES ERSTEN AACHENER BISTUMS

Das französische Konkordat vom 15. Juli 1801 kündigte eine neue kirchliche Umschreibung Frankreichs an. Die päpstliche Zirkumskriptionsbulle „Qui Christi Domini" vom 29. Nov. 1801 nahm diese Neuregelung und Neugliederung der Bistumssprengel vor, die aber erst am 9. Apr. 1802 durch den Kardinallegaten Caprara veröffentlicht wurde, nachdem das französische Parlament dieser Neuordnung am Vortage zugestimmt hatte[1].

Im Zuge dieser Neuordnung, die sich eng an die staatlichen Verwaltungsbezirke anlehnte, wurde ein Bistum Aachen errichtet und der Erzdiözese Mecheln unterstellt. Dieses französische Bistum Aachen erstreckte sich über das Gebiet der beiden Departements Rur sowie Rhein — Mosel. Es erhielt den linksrheinischen Anteil der bisherigen Kölner Erzdiözese, einen bedeutenden Teil des Bistums Lüttich, an der Mosel und am Mittelrhein Teile der früheren Erzdiözese Trier, sowie kleinere Gebiete des Erzbistums Mainz und der Diözesen Utrecht und Roermond. Als das Gebiet um Wesel im Jahre 1808 in das Bistum Aachen eingefügt wurde, griff diese große Diözese auf rechtsrheinisches Gebiet über[2].

Das in Aachen neu errichtete Bistum sollte die Kölner Erzdiözese auf der linken Rheinseite ersetzen. Die Stadt an der Rheingrenze erschien den neuen Machthabern als Sitz eines französischen Bistums ungeeignet. Zu sehr war die Geschichte der Stadt Köln mit der Geschichte des deutschen Reiches verwoben. Zu sehr hatten deutsches Wesen, deutsche Sprache und deutsches Brauchtum in Köln Wurzeln geschlagen.

Aachen dagegen war nicht so eindeutig geprägt. Durch die Zugehörigkeit zum Bistum Lüttich erschien das französische Wesen dieser Stadt nicht fremd. Die Lage Aachens in der Nähe der Sprachscheide ließ eine leichtere Überbrückung der sprachlichen, kulturellen und nationalen Gegensätze erhoffen. Die Stiftskirche und ihr Kapitel erleichterten die Errichtung eines Bistums in Aachen erheblich. Für Aachen als Sitz der neuen Diözese sprachen auch die Vorliebe der französischen Könige für diese Stadt und die Verehrung, die Napoleon Karl dem Großen entgegenbrachte[3].

[1] Hüffer, S. 193 ff.; Mejer, I, S. 186 ff.; Bär, S. 513 f.; Schiffers, Realschmatismus, S. 8 f.; Koss, S. 1; HKG, VI/1, S. 70, 74; Friedrich, S. 17, 46 ff., 113 ff. Text: Hermens, I, S. 465 ff. (lat und franz.); Walter, S. 187 ff. (franz.); Mercati, I, S. 561 ff. Übersetzung: Cronenberg, S. 306 ff. Text Bulle „Qui Christi Domini": Hermens, I, S. 607 ff.

[2] Hüffer, S. 195.

[3] Cronenberg, S. 316 f.; Schiffers, Realschematismus, S. 9.

Torsy und Friedrich haben die Geschichte dieses ersten Aachener Bistums geschrieben[4], das nur einen rechtmäßigen Bischof gesehen hat: Markus Antonius Berdolet. Als dieser am 13. Aug. 1809 starb, führten die beiden Generalvikare Martin Fonck und Michael Klinkenberg die Amtsgeschäfte weiter[5]. Am 22. Okt· 1810 ernannte Napoleon zwar den Generalvikar von Meaux, Johann Dionysius Franz Camus, zum Nachfolger, aber Papst Pius VII., den Napoleon gefangenhielt, versagte ihm die Bestätigung[6]. Am 4. Jan. 1811 nahm Camus Besitz vom Bistum Aachen, aber er hat nie die Bischofsweihe empfangen. Auf Drängen des französischen Kultusministers fand man in Aachen eine Zwischenlösung. Camus führte als Administrator die Geschäfte des Bistums zusammen mit den beiden Generalvikaren[7]. Als die Heere der Verbündeten im Januar 1814 in Aachen einrückten, ging Camus mit den französischen Zivilbeamten nach Paris und starb dort schon am 26. Apr. 1814[8].

Der Wiener Kongreß vereinigte die linksrheinischen Gebiete mit dem Königreich Preußen. Der Regierungswechsel hatte jedoch zunächst keine Auswirkung auf das Bistum Aachen. Fonck und Klinkenberg führten die Amtsgeschäfte weiter. Die Grenzen und die Einkünfte blieben im wesentlichen bestehen. Einen neuen Bischof jedoch erhielt Aachen nicht. Den künftigen Verhandlungen sollte nicht vorgegriffen werden[9].

Die Hoffnung, der Wiener Kongreß würde die kirchlichen Angelegenheiten regeln, wurde enttäuscht. Man begnügte sich in Wien mit der Aufstellung allgemeiner Prinzipien[10]. Deshalb ernannte der Staatskanzler Fürst von Hardenberg schon am 28. Juli 1815 den Geheimen Staatsrat Barthold Georg Niebuhr zum Preußischen Gesandten am Päpstlichen Stuhl, um mit der Kurie über die Neuordnung der Diözesaneinteilung in den Preußischen Staaten das Gespräch aufzunehmen. Alleine konnte die Kirche dieses Problem nicht lösen. Die staatliche Kirchenhoheit forderte ein Mitwirken der weltlichen Macht bei diesen Fragen der kirchlichen Organisation[11].

Am 25. März 1821 erfolgte in Rom der Abschluß dieser langwierigen Verhandlungen, deren Ergebnisse am 9. Juni 1821 vom Preußischen

[4] Vgl. Torsy und Friedrich.

[5] Vgl. Schiffers, Generalvikare; Müller, S. 165; Friedrich, S. 168.

[6] Hüffer, S. 207 ff., 231 ff.; Mejer, I, S. 453, II/B, S. 15 f.; Cronenberg, S. 343 ff.; Müller, S. 163.

[7] A. Pauls, Bischof Baron Le Camus und sein Gegensatz zum Generalvikar Fonck, in: ZAGV, 61, (1940), S. 218 ff.

[8] Cronenberg, S. 348; Schiffers, Generalvikare; Realschematismus, S. 12; Koss, S. 48; Torsy, S. 101 ff., Handbuch Aachen, S. 30; Brecher, S. 63.

[9] Hüffer, S. 213; Bär S. 86 ff.

[10] Vgl. HKG, VI/1, S. 164; Huber, Verfassungsgeschichte, I, S. 409 ff.; A. K. Huber, Kirche und deutsche Einheit im 19. Jahrhundert, Königstein/Taunus 1966, S. 23 ff.

[11] Mejer, II/B, S. 34 ff.; Zu den Vorverhandlungen der Bulle „De salute animarum“: Bierbaum.

König genehmigt wurden[12]. Als überzeugter Protestant hatte sich Friedrich Wilhelm III. (1797—1840) gegen ein Konkordat ausgesprochen, weil er sich nicht zu sehr an Rom binden wollte und einen Nuntius in Berlin ablehnte. Daraufhin nahm die päpstliche Bulle „De salute animarum" vom 16. Juli 1821 die Neuumschreibung der preußischen Diözesen vor[13].

Gelegentlich wurde diese Bulle als Konkordat" bezeichnet. „Die nach Zustandekommen und Inhalt der päpstlichen Kundgebung nicht zulässige Bezeichnung setzte sich jedoch nicht allgemein durch. Zwar wurden ihre Bestimmungen im innerpreußischen Staatsrecht in der Anwendung gleichgestellt, doch entbehrte die Bulle ‚De salute animarum' nach Form und Inhalt des strengen Konkordatscharakters[14]."

Die Kabinettsorder vom 23. Aug. 1821 übernahm den Inhalt dieser Bulle als staatliches Recht[15].

Diese Zirkumskriptionsbulle hob das Bistum Aachen auf und verfügte die Wiedererrichtung der Kölner Erzdiözese. Der Papst und der Preußische König aber waren bereit, der Stadt Aachen einen angemessenen Ersatz zu leisten. Deshalb bestimmte die Bulle: „Weil Wir die Herstellung des berühmten, uralten Erzbischöflichen Stuhles zu Köln, der Erhaltung des vor 20 Jahren, gleichsam an seiner Statt errichteten Bistums Aachen vorgezogen haben, aber auch, in Übereinstimmung mit des Durchlauchtigsten Königs von Preußen Wunsch und geneigtem Willen, der Stadt Aachen etwas Angenehmes erweisen wollen: so beschließen und verfügen Wir, daß die bisherige Kathedrale zur hl. Jungfrau Maria daselbst in ein Kollegiatstift umgewandelt werden soll, bestehend aus der einzigen Würde eines Propstes und aus sechs Kanonikaten, deren Verleihung, was die Propstei betrifft, dem Heiligen Stuhl ausschließlich, was hingegen die Kanonikate angeht, ihm in Abwechslung mit dem Erzbischof zu Köln gebühren wird[16]."

Nachdem diese Bulle die königliche Billigung und Sanktion erhalten hatte, richteten Bürgermeister Daniels und die Mitglieder des Rates der Stadt Aachen am 4. Sept. 1821 ein Schreiben an den Preußischen König, in dem sie für die Errichtung eines Kollegiatsiftes am Dom zu Aachen dankten und dem König bestätigten, daß bei der Regelung der Verhältnisse der katholischen Kirche in den Rheinlanden alles geschehen sei, was zugunsten des Aachener Domes geschehen konnte[17].

[12] Mejer, III, S. 88 ff.; Huber, Verfassungsgeschichte I, S. 444.

[13] Mejer, III, S. 178 ff.; Bär, S. 521 f.; Hansen, S. 53; Schrörs, Wirren, S. 57 ff.; Bachem, I, S. 162 ff.; Huber, Verfassungsgeschichte, I, S. 444 f.; Lipgens, S. 277 ff.; HKG, VI/1, S. 166 f.

[14] Deuerlein, S. 71. Vgl. Bierbaum, S. 5; Gatz, Krankenpflege, S. 38.

[15] Lat. Text und amtliche deutsche Übersetzung: Gesetzes-Sammlung, 1821, Nr. 12, S. 113 ff. Hermens, II, S. 697 ff.; lat. Text: Walter, S. 239 ff.; Acta et decreta concilii Coloniensis, p. 188 ff.; Hilling, S. 9 ff.; Mercati, I, S. 648 ff. Deutsche Übersetzung Erzd. Köln betr.: Cronenberg, S. 360 ff.; Podlech, S. 538 ff. Text der Kabinettorder vom 23. August 1821: Walter, S. 264.

[16] Amtl. Übersetzung: Hermens, II, S. 725 f.; Podlech, S. 539 f.; vgl. BDA: Bag 9.

[17] STAA: OB Reg. 84/1, Vol. 1.

Zum Exekutor der Bulle ernannte der Papst den Fürstbischof von Ermland, Prinz Joseph von Hohenzollern. Obwohl dieser sofort mit den notwendigen Vorverhandlungen begann, verzögerte sich die Durchführung der Bestimmungen der päpstlichen Bulle und damit die Aufhebung der Diözese Aachen noch um mehrere Jahre. Schon vor der endgültigen Regelung fielen die nördlichen Teile des Bistums Aachen am 20. Apr. 1823 an die Diözese Münster. Die südlichen Gebiete, soweit sie zum Regierungsbezirk Koblenz gehörten, wurden am 12. Sept. 1824 mit dem Bistum Trier vereinigt[18]. Die beiden Generalvikare Fonck und Klinkenberg führten die Geschäfte in Aachen gemeinsam weiter, nach dem Tode Klinkenbergs am 12. März 1822 Fonck allein.

Am 10. Juli 1823 wurde der Domdechant von Münster, Ferdinand August von Spiegel, Graf zum Desenberg und Canstein, zum Erzbischof von Köln designiert[19]. Daraufhin betraute ihn der Exekutor Prinz Joseph von Hohenzollern am 4. Aug. 1824 mit der Durchführung der päpstlichen Bulle für den Bereich des Kölner Erzbistums[20]. Der designierte Erzbischof verhandelte in Berlin vom 31. Okt. bis zum 31. Dez. 1824 mit Kultusminister Altenstein und den beiden Geheimräten Schmedding und von Seydewitz über Grundfragen der Organisation der Kölner Erzdiözese[21], unter anderem auch über die Errichtung des Kollegiatstiftes in Aachen[22].

Am 24. Dez. 1824 ernannte der Papst Spiegel zum Erzbischof von Köln[23]. Stellvertretend für ihn nahm der Aachener Kanoniker Johannes Hüsgen am 24. März 1825 Besitz vom Erzbischöflichen Stuhl in Köln[24]. Am folgenden Tag trat das Aachener Domkapitel zu seiner letzten Sitzung zusammen. Fonck teilte dem Kapitel die am Tage vorher erfolgte Besitznahme von der Kölner Metropolitankirche durch den neuen Erzbischof mit und legte die Verwaltung der Diözese Aachen vor dem Kapitel nieder[25]. Somit erfolgte die endgültige Aufhebung des Bistums Aachen erst knapp vier Jahre nach der Veröffentlichung der Bulle „De salute animarum“. Bis zur förmlichen Errichtung des neuen Metropolitankapitels verwaltete Fonck noch den linksrheinischen Teil der Erzdiözese. Wegen seiner hervorragenden Verdienste ernannte ihn Spiegel zum Dompropst von Köln.

Das Bistum Aachen war aufgehoben, die Kölner Erzdiözese wieder errichtet. Fonck hatte angenommen, daß die Aachener Diözese auch nach

[18] Schiffers, Diözesangebiet, S. 52.
[19] Vgl. Lipgens, S. 313.
[20] Text der Urk.: Hüffer, S. 236; Lipgens, S. 319.
[21] Schrörs, Wirren, S. 61 f.; Lipgens, S. 322 ff.
[22] Müssener, S. 72.
[23] Podlech, S. 546 f.; Hanus, S. 187 f.; Lipgens, S. 321 f.
[24] Protokoll: Hüffer, S. 237 ff.; vgl. Cronenberg, S. 362 ff.
[25] BDA: Ala Aachen Dom 8.

der Neuordnung weiterbestehen würde[26]. Im Interesse der Seelsorge und einer überschaubaren kirchlichen Verwaltung wäre es sicherlich besser gewesen, das noch sehr große Erzbistum zu teilen und Aachen als Sitz einer kleineren Diözese zu belassen. Zu groß jedoch war das Mißtrauen der Preußischen Regierung gegen diese französische Schöpfung und zu kostspielig die Dotation eines weiteren Bistums[27].
In Aachen hatte man im allgemeinen nicht damit gerechnet, das unter französischem Einfluß errichtete Bistum bei der Neuordnung erhalten zu können. Dies zeigt ein Dankschreiben, das der Aachener Oberbürgermeister und der Stadtrat an den Preußischen König richteten[28]. Dennoch bedauerte Aachen, nicht mehr Bischofsstadt zu sein. Eine gewisse Wehmut spricht aus dem Begrüßungsgedicht, das die beiden letzten Domkapitulare Johann Adam Schumacher und Anton Wilhelm Deboeur, beide in Aachen geboren, Spiegel überreichten, als dieser am 28. Sept. 1825 Aachen besuchte.
Die 13. und 14. Strophe dieses herzlich gehaltenen Willkommengrußes, der die geschichtliche Bedeutung der alten Kaiserstadt hervorhebt, lauten[29]:

Jüngst wurden gar ein Bischofssitz
und Domstift hier gefunden.
Jetzt sind sie leider! wie ein Blitz
und wie ein Traum verschwunden.

An deren Stelle treten ein
der Propst und sein Kapitel.
Das wirft noch einen Sonnenschein
und gibt Versorgungsmittel!

Andererseits war man in Aachen froh, daß mit der Neuregelung wieder kirchlich geordnete Zustände eintraten. Nach dem Tode Camus' am 26. Apr. 1814 und Klinkenbergs am 12. März 1822 war das Kathedralkapitel allmählich ausgestorben. Die vakanten Stellen wurden nicht mehr besetzt. Die Verwaltung der Diözese lag mehrere Jahre lang ausschließlich in Händen von Generalvikar Fonck. Kanonikus Schumacher war allein für die Vermögensverwaltung der Kathedralkirche verantwortlich. „Der Zustand der Dinge läßt sich hieraus leicht ermessen", so heißt es in einer Beschreibung des provisorischen Zustandes der Aachener Diözese nach dem Tode Camus'[30]. Deshalb wurde eine Neuordnung in Aachen begrüßt. Nur so ist die Einladung des Aachener Domkapitels an die führenden Männer der Stadt zur feierlichen Verkündigung der päpstlichen Bulle „De salute animarum" am 4. Adventssonntag, dem 23. Dez. 1821, zu verstehen. In dieser Einladung heißt es, gleich nach der Verkündigung dieser Bulle soll „zur Danksagung für dieses glückliche Ereignis ein musikalisches Te Deum abgesungen werden"[31].
Nach der endgültigen Aufhebung des Bistums trat in Aachen die Neuerrichtung des Stiftskapitels in den Vordergrund. Der Fürstbischof von

[26] s. Brief von Fonck an Pfr. Ernst von Afden 17. 5. 1817: BDA: Pfa. Herzogenrath, St. Gertrud, 1, 84; vgl. Müller, S. 168 f.
[27] Cronenberg, S. 351; Müller, S. 229.
[28] STAA: OB Reg. 84/1, Vol. 1.
[29] BDA: Ala Aachen Dom 87; vgl. Aufz. Kraemer, S. 12.
[30] BDA: Ala Aachen Dom 8.
[31] BDA: Bag 9.

Ermland als Exekutor der päpstlichen Bulle hatte den Kölner Erzbischof mit dieser Aufgabe betraut. Als Spiegel sein Metropolitankapitel errichtet hatte, wandte er seine Aufmerksamkeit der Neuregelung in Aachen zu. Das Errichtungsdiplom des neuen Aachener Kollegiatstiftes vom 8. Dez. 1825 wurde am 14. Dez. vom Preußischen Minister Altenstein genehmigt[32]. Daraufhin erfolgte am 28. Jan. 1826, am Karlsfest, die feierliche Einführung des neuen Stiftskapitels durch den Kölner Erzbischof[33].
Der Gedanke an ein neues Bistum Aachen trat zu dieser Zeit noch nicht auf. Wohl aber war Aachen bemüht, einen Teil des alten Glanzes und seiner Selbständigkeit zu erhalten, um nicht ganz in den Schatten Kölns zu geraten. Spiegel kam diesem Wunsch der traditionsbewußten Aachener Bevölkerung weitgehend entgegen.
Die Aachener Bürger befürchteten, den Erzbischof nur zuweilen und für kurze Zeit in ihrer Stadt zu sehen. Deshalb wollten sie ihm in Aachen eine Wohnung zur Verfügung stellen und fragten diesbezüglich in Köln an. In einem Brief vom 25. Okt. 1825 an den Aachener Regierungspräsidenten von Reiman begrüßte der Erzbischof diesen Plan. Er trug sich mit dem Gedanken, jährlich einige Monate in Aachen als zweiter Residenz des Erzbistums zu wohnen[34]. Diese Idee eines zweiten Bischofssitzes griff der Rat der Stadt Aachen sofort auf und trat am 11. Jan. 1826 zu einer außerordentlichen Sitzung zusammen. Vorbehaltlich der Genehmigung durch die königliche Regierung wollte die „Stadt Aachen als zweite Metropole der Erzdiözese Köln" den Kapitelgarten an der Jakobstraße von den Stiftsherren erwerben, um an dieser Stelle für den Erzbischof eine Sommerresidenz zu erbauen, in der er oder der Weihbischof jährlich einmal für längere Zeit wohnen sollte[35]. In der Versammlung vom 10. Febr. 1826 wiederholte der Gemeinderat diesen Vorschlag. Doch schon in dieser Sitzung wurde darüber diskutiert, ob es sich nicht wesentlich billiger stellen würde, einen Altbau zu mieten oder zu renovieren[36]. Ob dieser Plan letztlich an finanziellen Schwierigkeiten der Stadt, oder an der Zustimmung des Erzbischofs scheiterte, ist aus den vorhandenen Unterlagen nicht zu ersehen.
Wie die Stadt Aachen, so wollte auch das neue Stiftskapitel nicht ganz im Schatten Kölns stehen. Das alte Krönungsstift und das nachfolgende Domkapitel hatten gewichtige Rechte und eine verhältnismäßig weitgehende Selbständigkeit genossen. Diese Zeiten waren jetzt vorbei. Dennoch hing das neue Stiftskapitel mit vielen Fäden an der noch unbewältigten Vergangenheit. Diese Hypothek übernahm der kluge und ge-

[32] Vgl. Statuta Capituli Ecclesiae Collegiatae Aquisgranensis.
[33] BDA: Ala Aachen Dom 8; STAA: OB Reg. 81/8; Aufz. Kraemer, S. 13; Lipgens, S. 344.
[34] DAA: A 1a III.
[35] STAA: OB Reg. 81/8.
[36] Ebd.

schäftstüchtige erste Propst Johann Matthias Claessen, der bisher Kantonspfarrer in Geilenkirchen gewesen war. Er zählte zur gemäßigt liberalen Richtung im Klerus und stand bei kirchlichen und staatlichen Behörden in hohem Ansehen. Als erzbischöflicher Kommissar und Stadtdechant von Aachen hatte er in vielen Fragen entscheidenden Einfluß. Sogar in der Diözesanverwaltung war er einer der treuesten und erfahrensten Berater Spiegels, der viele Verfügungen erst dann erließ, wenn er die Meinung Claessens dazu erfragt hatte[37]. Dieser freundschaftlichen Beziehung und intensiven Zusammenarbeit war es zu verdanken, daß Spiegel den Wünschen des Aachener Stiftskapitels nach Selbständigkeit sehr entgegenkam. Der Erzbischof beließ dem Klerus der Stiftskirche althergebrachte Rechte bei feierlichen Prozessionen, öffentlichen Andachten, Taufen und in der Seelsorge. Claessen entschied keine Frage eigenmächtig. Jedesmal fragte er beim Erzbischof an, weil er mit dessen Wohlwollen rechnen konnte. Das zeigt besonders die Auseinandersetzung um Ritus, Brevier, Eigenfeste und Kirchenkalender. Auf eine Anfrage Claessens antwortete der Erzbischof am 16. Febr. 1827, er lege Wert darauf, daß sich das Aachener Kollegiatstift in diesen Fragen dem Brauch der Kölner Kathedralkirche anschließe, um die Gleichförmigkeit in kirchlichen Handlungen zu bekunden. Aus diesem Grunde solle der Aachener Ritus aufgegeben und der Kölner eingeführt werden. Als Claessen dem Erzbischof am 2. März 1827 von den Schwierigkeiten berichtete, die an der Stiftskirche mit der Einführung des Kölner Ritus verbunden waren, zog Spiegel seinen Antrag vom 16. Febr. zurück und äußerte sich am 4. März: „Wenn die Einführung des Ritus Coloniensis so großes Beschwer für den Chordienst in Aachen hat, so ist es anrätlich, das Bestehende solange beizubehalten, als nicht eine allgemeine Vorschrift erscheint, und dazu ist beim besten Willen meinerseits keine Aussicht[38]."
Dieses Entgegenkommen und Wohlwollen begründeten vorerst freundliche Beziehungen zwischen Aachen und Köln, die — soweit sie die kirchlichen Verhältnisse betrafen — auch unter den Nachfolgern Claessens und Spiegels fortdauerten.
Dennoch blieb die Rivalität Köln — Aachen, wenn auch latent, erhalten. Die Aachener wachten fast eifersüchtig über die Stellen und das Ansehen ihres Stiftskapitels. Das zeigt ein Artikel im „Echo der Gegenwart"[39] vom 23. Okt. 1851[40]. Auf Ersuchen des Erzbischofs hatte der Hl. Vater

[37] Vgl. Vorwort des Aachener Kanonikus Dr. Kessel zu den gesammelten Briefen des J. M. Claessen an den Kölner EB. Etwa 180 Briefe in: DAA: Nr. 22. Vgl. Lipgens, S. 344 f., 524, 699; Müller, S. 230. Als Stiftspropst wollte Cl. die Rolle des ehem. Aachener Erzpriesters übernehmen. Vgl. Klauser, S. 289, Anm. 14.

[38] BDA: Ala Aachen Dom 8.

[39] Vgl. S. 206 f.

[40] „EdG", 23. 10. 1851, Nr. 155.

den Kölner Domherren die Auszeichnung verliehen, für ihre kirchliche Kleidung die violette (bischöfliche) Farbe zu wählen. Zudem hatte er die beiden Kölner Würdenträger, den Propst und den Domdechanten, zu Prälaten erhoben und ihnen gestattet, die Inful zu tragen[41]. In der Bulle „De salute animarum" hatte Papst Pius VII. den Aachener Stiftsherrn eine besonders vornehme kirchliche Kleidung zugestanden[42]. Von dieser Auszeichnung aber hatte das Aachener Kapitel keinen Gebrauch gemacht, weil der Erzbischof am 8. Dez. 1825 eine Verfügung erlassen hatte, wonach Propst und Kanoniker in Aachen die gleiche Chorkleidung tragen sollten wie das Metropolitankapitel. Der unbekannte Verfasser des Artikels im „Echo der Gegenwart" sah deshalb in dem Zugeständnis des Hl. Vaters eine Bevorzugung des Kölner Metropolitan- und ein eindeutige Benachteiligung des Aachener Stiftskapitels. Fast wehmütig erinnert er an die Zeiten des ersten Aachener Bistums, als der Dom Bischofskirche war. Dann fährt er fort: „Nachdem sie (die Münsterkirche) später eine einfache Kirche geworden, wird es niemand unbillig finden, wenn die Bürgerschaft Aachens das begehrt, was Köln drei- ja vierfach gewährt worden ist, die Inful nämlich für den Würdenträger des Münsters".

Der Gedanke der Wiedererrichtung des Bistums Aachen aber tauchte in den ersten drei Jahrzehnten nach der Neuordnung von 1821 noch nicht auf. Zu sehr lähmte die staatliche Kirchenhoheit zu dieser Zeit die Kirche in Preußen und legte ihr Fesseln an, die eine äußere und innere Entfaltung verhinderten. Ermutigt durch die hochschlagenden Wellen des Kölner Ereignisses opponierten die Katholiken immer lauter gegen die Preußische Kirchenpolitik.

Das „Kölner Ereignis" ist der erste Höhepunkt im Kampf um die Freiheit der katholischen Kirche in Preußen. Am 20. Nov. 1837 ließ die preuß. Regierung den Kölner EB Clemens August von Droste zu Vischering gefangennehmen und auf die Festung Minden bringen.

Mit dem Regierungsantritt von Friedrich Wilhelm IV. (1840–1861) trat zwar eine Verbesserung ein im Verhältnis des Staates zur katholischen Kirche in Preußen[43], weitgehende Freiheit und Selbständigkeit aber erreichte sie erst durch die oktroyierte Verfassung vom 5. Dez. 1848 und die revidierte Verfassungsurkunde vom 31. Jan. 1850[44]. Die nächsten zwanzig Jahre standen unter der glücklichen Auswirkung der neu gewonnenen Freiheit. Während dieser Periode, die eine fruchtbare Wiederbelebung und eine reiche Entfaltung des kirchlichen Lebens ermöglichte, konnte auch der Gedanke an die Wiedererrichtung des Bistums Aachen auftauchen. Dieser Idee begegnen wir zum ersten Male im Jahre 1856.

41 Vgl. Pfülf, Geissel, II, S. 155.

42 „Diesen Kapitularen verleihen wir aus besonderer Gnade die Erlaubnis, violettseidene Großtalare zu tragen, mit seidenen Schnüren aufgeschnürt, und im Winter Hermelinfell, im Sommer Mozetten über die Chorhemden." BDA: Bag 9.

43 Vgl. Conzemius, S. 19; Huber, Verfassungsgeschichte, II, S. 256 ff.

44 Storz, S. 85. Text: Huber, Dokumente, I, S. 385 ff.; vgl. Conzemius, S. 20.

FRAGE DES KANONIKUS PRISAC NACH EINER WIEDERERRICHTUNG DER DIÖZESE AACHEN

Im Jahre 1856 erschien im Selbstverlag des Aachener Stiftsherrn Wilhelm Prisac eine Broschüre mit dem Titel: „Das untergegangene und neu zu erstehende Bistum von Aachen". Diese Schrift des bekannten Kanonikus eröffnete die Diskussion um die Wiedererrichtung der Diözese Aachen.
Prisac war eine markante Persönlichkeit. In seiner vorzüglichen Arbeit über „Die kirchlich-politische Presse der Katholiken in der Rheinprovinz vor 1848" hat Rudolf Pesch die Bedeutung, das Werk und den Einfluß Prisacs in das rechte Licht gerückt[1].
Geboren war Wilhelm Prisac am 10. März 1803 in Neuß. In Bonn studierte er Theologie und empfing am 21. April 1829 die Priesterweihe. Nach einer Tätigkeit als Hausgeistlicher an der Strafanstalt in Werden wurde er Pfarrer in Rheindorf im Dekanat Solingen[2]. Hier fand er Kontakt zu den Geistlichen, die sich Mitte der vierziger Jahre um die Gründung eines religiösen Volksblattes mühten. „Das Rheinische Kirchenblatt", eine katholische Zeitschrift zur Belehrung und Erbauung, die seit 1844 im Verlag Roschütz & Comp. in Düsseldorf und seit 1846 bei Schwann in Neuß erschien, zählte den Rheindorfer Pfarrer zu seinen Mitarbeitern. Seit Beginn des 4. Jahrgangs (1847) führte Prisac hauptverantwortlich die Redaktion. Er bestimmte die neue Richtung des Blattes, das fortan die religiös-erbaulichen Beiträge einschränkte und sich immer mehr mit aktuellen kirchenpolitischen Fragen auseinandersetzte[3]. Auch an der Gründung der „Katholischen Blätter" im Jahre 1845 war Prisac beteiligt. Dieses Schwesternblatt des „Rheinischen Kirchenblatts" erschien auch zuerst bei Roschütz in Düsseldorf. Mit dem Verkauf des Rheinischen Kirchenblatts" gingen auch die „Katholischen Blätter" im Jahre 1846 an den Verlag Schwann in Neuß über. Auch diese „Zeitschrift für alle Stände" redigierte Prisac vom 3. Jahrgang an bis zur Vereinigung mit dem „Rheinischen Kirchenblatt" im April 1848[4].
Pesch nennt Wilhelm Prisac „die bedeutendste Gestalt aus der rheinischen Kirchenblattpresse"[5]. „Prisac selbst hat es als seine Lebensaufgabe bezeichnet, der Wahrheit in der öffentlichen Meinung durch die Presse zum Sieg zu verhelfen, er hat sich zur Journalistik berufen gefühlt"[6]. Seine publizistische Begabung, seine Kenntnisse in Geschichte und Literatur sowie sein kunstgeschichtliches Wissen brachten ihm Anerkennung und Widerspruch. Aus echter Sorge um die Kirche begründete und verteidigte er immer wieder seine streng konservative Haltung[7].

[1] Pesch, S. 55 ff.
[2] Ebd. S. 56.
[3] Ebd. S. 46, 219.
[4] Ebd. S. 83, 221.
[5] Ebd. S. 55.
[6] Ebd. S. 56.
[7] Ebd. S. 55.

Neben der umfangreichen Arbeit für seine Zeitschriften arbeitete Prisac auch noch an anderen Blättern mit[8]. Mehrmals verweigerte ihm die Regierung die Konzession zur Gründung einer katholischen Tageszeitung. Um seine Meinung darzulegen, verfaßte er deswegen einige Broschüren und Bücher mit mehr oder weniger Erfolg[9].

Neben seiner journalistischen Tätigkeit unternahm Prisac zahlreiche Reisen. Nach einem Besuch des Heiligen Landes im Jahre 1854 gründete er mit dem Konservator Ramboux vom Wallraf-Richartz-Museum und einigen anderen Kölnern den „Verein vom Hl. Grabe", zu dessen stellvertretendem Präsidenten er gewählt wurde[10].

Prisac genoß die Gunst von Kardinal Geissel. Dieser berief ihn als Kanonikus nach Aachen. Am 28. Jan. 1856, dem Karlsfest, wurde er installiert. Als Vertreter von Propst Grossman nahm er im Jahre 1860 an der Kölner Provinzialsynode teil[11]. Mehrere Jahre wirkte er als Scholaster an der höheren Stiftsschule. Prisac starb in Aachen am 16. Mai 1870. Auf seinem Totenzettel[12] heißt es: „Er war der erste in der Erzdiözese Köln, welcher Sammlungen veranstaltete zur Unterstützung des Heiligen Vaters in Rom, und hat bedeutende Summen dorthin gesandt...". Hiermit wird auf den „Michaelsverein" angespielt, dessen Gründung wesentlich auf die Initiative Prisacs zurückgeht[13].

In Aachen fand der neue Kanonikus bald Anschluß an die führenden und tatkräftigsten Männer der Stadt, die sich im Bürgerverein Constantia[14] zusammengeschlossen hatten, um die katholischen Belange zu vertreten. Nach seiner Teilnahme an der katholischen Generalversammlung zu Prag im Jahre 1860[15] brachte Prisac die Anregung zur Gründung eines Michaelsvereins für Deutschland zur Unterstützung des Hl. Vaters von dort mit in die Kaiserstadt. Auf der Generalversammlung der Constantia am 10. Okt. 1860 trug er dieses Anliegen vor und fand ein begeistertes Echo. Dr. Hahn[16] regte an, sofort einen Verein zur Sammlung des sogenannten Peterspfennigs zu beschließen. Prisac aber bat, fünf Mitglieder der Constantia zu benennen, die Statuten dieses Vereins entwer-

8 Ebd. S. 59 f.

9 Ebd. S. 60 ff.; Prisac, Die akatholische Tendenz der „Kölnischen Zeitung", Koblenz 1844; Ders., Zeichen der Zeit, Düsseldorf 1846²; Ders., Die päpstlichen Legaten Commendone und Cappacini in Berlin und ihre Aufgabe, Neuß 1846; Ders., Geschichte des deutschen Reiches und des deutschen Volkes von den ältesten Zeiten bis auf die Gegenwart. Ein Lehr- und Handbuch, Regensburg 1857. Dieses Werk zeigt am deutlichsten Prisacs Grenzen auf.

10 Pesch, S. 57.

11 Coll. Lac., V, p. 247.

12 BDA, STAA; abgedruckt bei Pesch, S. 58.

13 Vgl. S. 216.

14 Vgl. S. 214 ff.

15 Verhandlungen der zwölften Gen.-Vers. der kath. Vereine Deutschlands und Österreichs am 24., 25., 26. und 27. Sept. 1860 zu Prag in Böhmen, Prag 1861, S. 40, Nr. 256; vgl. Kißling, I, S. 379.

16 Zu Dr. Hahn: vgl. auch S. 207.

fen und sie dem Erzbischof zur Genehmigung vorlegen sollten. Schon 17 Tage später, am 27. Okt. 1860, wurde Geissel eine Satzung vorgelegt. Dieser würdigte die Initiative der Constantia und übernahm die ausgearbeiteten Statuten für die ganze Erzdiözese. Zur Konstituierung des Zentralvorstandes am 4. Dez. 1860 waren die Aachener Mitglieder der Constantia Bürgermeister Contzen, Hahn und Prisac vom Erzbischof nach Köln berufen worden[17].

Das „Echo der Gegenwart", die katholische Tageszeitung Aachens, schätzte Prisac als Mitarbeiter. In den sechziger Jahren hatte er einen solchen Einfluß auf dieses Blatt, daß das „Echo" im Jahre 1861 in der „Berliner Volkszeitung" „Organ des Kanonikus Prisac" genannt wurde[18]. Schon im ersten Jahr seiner Aachener Tätigkeit griff Prisac zur Feder, um einem ernsthaften Wunsch seiner neuen Umgebung Gehör zu verschaffen. Er hat das Verdienst, die Diskussion um die Wiedererrichtung des Bistums Aachen mit seiner Schrift eröffnet zu haben.

Diese Idee war plötzlich da. Der Gedanke eines neuen Bistums war nicht planmäßig vorbereitet und erarbeitet worden. Prisac selbst war überrascht von dieser Idee, griff sie aber bereitwillig auf, durchdachte sie und wollte mit seiner Broschüre der Öffentlichkeit eine Grundlage für die weitere Diskussion unterbreiten. „Wie aber die Sache immer in die Welt gekommen sein mag, wir haben bis dahin nicht im mindesten damit zu schaffen gehabt. Aber da sie doch einmal da ist, ja das Gerücht sich immer wiederholt, so halten wir dafür, daß es doch immer interessant sei, zur Prüfung der Gründe überzugehen, welche jenem Gerücht einen, wenn auch nur augenblicklichen, Glauben verschafft; und da einem jeden auch das am meisten zur Hand ist, was ihm am nächsten liegt, so wollen wir hier vorzüglich die Gründe prüfen, welche namentlich für ein neues Bistum Aachen sprechen"[19].

Prisac ging aus von Zeitungsnachrichten und Gerüchten, die eine Neuordnung der preußischen Diözesen in Aussicht stellten. Wo die Wurzel für diese Gerüchte lag, blieb unklar. Die einen vermuteten die Initiative in Rom, andere sahen den Grund in der Erwerbung der Hohenzollernschen Lande[20], die in den Verband der preußischen Bistümer eingegliedert werden sollten. Bei dieser Neuregelung sprach man besonders von einer Teilung der beiden großen Sprengel Köln und Breslau und von der Wiedererrichtung des untergegangenen Bistums Aachen[21]. Zu dieser aktuellen Frage wollte Prisac mit seiner Broschüre einen Diskussionsbei-

[17] Wahrmuth, S. 62 f.; Pfülf, Geissel, II, S. 423; Pesch, S. 59.
[18] Schiffers, Kaatzer, S. 75.
[19] Prisac, Bistum, S. 3.
[20] Die Fürstentümer Hohenzollern-Sigmaringen und Hohenzollern-Hechingen waren 1802 aus den alten katholischen Grafschaften Zollern, Sigmaringen, Veringen und anderen kleineren Herrschaften entstanden; beide kamen am 12. März 1850 an Preußen.
[21] Prisac, Bistum, S. 3.

trag leisten. Zuerst untersuchte er die Gründe, die zum Untergang des ersten Aachener Bistums geführt hatten und kam zu folgendem Ergebnis: „Das alte Bistum von Aachen ging unter und mußte zu Grunde gehen, weil es

1. zu groß,
2. nicht organisch verbunden war,
3. bei allen ausgezeichneten Persönlichkeiten doch auf die Dauer nicht die gehörige Selbständigkeit und
4. nicht den innigen Zusammenhang mit dem Oberhaupte der Kirche hatte"[22].

Dann prüfte Prisac, ob die Wiedererrichtung eines neuen Bistums Aachen mehr Aussicht auf Bestand haben könnte. Er unterbreitete einen Vorschlag für die Neugliederung der westlichen Diözesen, in dem er versuchte, der politischen Einteilung, dem Willen des Volkes und der Tradition Rechnung zu tragen. Demnach sollte Köln als Metropole die beiden Regierungsbezirke Köln und Düsseldorf umfassen, einschließlich der acht Dekanate des Düsseldorfer Regierungsbezirks, die auf dem linken Rheinufer lagen, aber 1821 der Diözese Münster einverleibt worden waren. Das Bistum Münster sollte für diese acht Dekanate „im alten Sassenland"[23] nach Norden hin entschädigt werden. Für ein Bistum Aachen blieben dann das Gebiet des Aachener Regierungsbezirks und Teile in der Eifel, die bisher zum Bistum Trier gehörten. Als Ersatz für diese Gebietsverluste in der Eifel sollte die Diözese Trier um die Hohenzollernschen Lande erweitert werden.

Den Hauptgrund für eine Neuordnung und die Teilung der Kölner Erzdiözese sah Prisac in den angewachsenen Bedürfnissen und in der stark vermehrten Bevölkerungszahl, die eine Dezentralisierung erforderlich machten. Bei der von Prisac vorgeschlagenen Einteilung fielen auf das Erzbistum Köln über 500 Pfarren mit 600 000 Seelen, auf das Bistum Aachen etwa 350 Pfarren mit 415 700 Seelen[24].

Für Aachen als Bischofssitz verwies Prisac besonders auf die ruhmreiche Vergangenheit dieser Stadt und auf die überaus günstigen Voraussetzungen, die hier für das Zentrum einer neuen Diözese gegeben waren. In Aachen bestand schon ein Stiftskapitel, das den Chordienst versehen und bei der Verwaltung der neuen Diözese mitarbeiten konnte. Hierin sah Prisac die Möglichkeit, das Ansehen dieses Stiftes zu heben, dessen Stellen zu seiner Zeit zumeist als Invalidenposten für alte, verdiente Geistliche angesehen wurden. Zudem führte er den hinreichenden Fabrikfond des Aachener Stiftes an, weil er in der Frage nach dem Kostenpunkt und der Dotation den größten Widerstand erwartete[25]. In diesem

[22] Ebd. S. 27.
[23] Ebd. S. 31.
[24] Ebd. S. 31.
[25] Ebd. S. 32.

Zusammenhang verwies er auf die augenscheinliche Bevorzugung der Protestanten und auf die finanziellen Ansprüche der katholischen Kirche an den Preußischen Staat, der die im Jahre 1821 gegebenen Versprechen immer noch nicht eingelöst hatte[26]. Für die Stadt Aachen sollte das neue Bistum zudem eine ehrenvolle Entschädigung sein für einen bedeutenden materiellen Verlust[27]. Hiermit spielte Prisac auf die Schließung der Aachener Spielbank im Jahre 1854 an, die zur Folge hatte, daß die Zahl der Kurgäste in den nächsten Jahren um durchschnittlich 50% gesunken war[28]. Mit der Aufhebung der Spielbank wurden gleichzeitig die Zuschüsse des Staates für den schon begonnenen Umbau der Rathausfassade gestrichen, so daß die schon aufgestellten Gerüste wieder abgebrochen werden mußten[29]. Die von Prisac gewünschte Entschädigung erhielt die Stadt einige Jahre später in der Technischen Hochschule, wie Huyskens in seiner Arbeit über die Gründung der Hochschule in Aachen ausgeführt hat[30].
Das „Echo der Gegenwart" druckte um die Jahreswende 1856/57 die Schrift Prisacs in sieben Fortsetzungen ab und trug damit diesen Wunsch in die breitere Öffentlichkeit[31]. Wahrscheinlich sollte das Interesse der Bevölkerung für die Errichtung eines Bistums in Aachen geweckt werden, denn zu dieser Zeit wurde der erste Versuch unternommen, diesen Plan zu realisieren.
Leider sind wir über diese Initiative nur durch eine Randbemerkung informiert. Als der Preußische Kultusminister Studt am 11. Nov. 1902 in einem Schreiben an Reichskanzler von Bülow auf die Aachener Bistumsfrage einging, schlug er vor, die in der Kaiserstadt gewünschte Bistumsgründung abzulehnen, weil er an den Bestimmungen der Bulle „De salute animarum" unverändert festhalten und keinen Präzedenzfall schaffen wollte. In diesem Zusammenhang wies er auf ein Schreiben seines Amtsvorgängers vom 21. Febr. 1857 hin, in dem dieser in Übereinstimmung mit dem damaligen Ministerpräsidenten und Außenminister aus den gleichen Gründen „für die Abweisung etwaiger päpstlicher Anregungen auf Errichtung eines Bistums Aachen" plädiert habe[32]. Demnach

26 Vgl. hierzu Ausführungen von Müssener.
27 Prisac, Bistum, S. 3.
28 19 631 Kurgäste in Aachen von Mai bis Sept. 1854: GAiD, 1854, S. 166.
29 GAiD, 1854, S. 166.
30 Huyskens, Gründung; vgl. „Volksfreund", 4. Dez. 1920; „Stadtanzeiger", 19. März 1931, Nr. 142; Schmitz, Robert Cremer, passim.
31 „EdG", 17. Dez. 1856, Nr. 347; 20. Dez. 1856, Nr. 350; 23. Dez. 1856, Nr. 353; 25. Dez. 1856, Nr. 355; 28. Dez. 1856, Nr. 357; 1. Jan. 1857, Nr. 1; 3. Jan. 1857, Nr. 3.
32 AA: Abt. IA, Preußen 2, Nr. 2r: Schreiben Studts an Bülow 11. 11. 1902. St. gibt sogar die Journalnr. (Nr. 3013) dieses Schreibens vom 21. Febr. 1857 an und verweist auf ein Schreiben des Außenministers vom 10. Febr. 1857 (Nr. 1712) und dessen Anlagen. Im Original sind die erste Journalnr. und Hinweis auf das Schreiben vom 10. Febr. – wahrscheinl. von Bülow – durchgestrichen, am Rand korrigiert, das Korrig. wieder durchgestrichen.

erwartete man in Berlin aus Rom die Anregung, in Aachen ein Bistum zu errichten. Leider konnten zu diesem Vorgang keine Akten gefunden werden. Somit bleibt nur zu vermuten, von wo der Impuls ausgegangen ist. Unklar bleibt, wer federführend war, wer diesen Plan unterstützte, ob und wie in Rom und Berlin interveniert wurde und warum die Aachener Bemühungen erfolglos blieben.
Blitzartig war diese Idee von der Wiedererrichtung des Bistums Aachen aufgeleuchtet, aber ebenso schnell wieder verschwunden. Für die Verwirklichung dieses Wunsches war die Zeit noch nicht reif. Aachen sah sich weiter als die zweite Stadt der Kölner Erzdiözese. So jedenfalls empfanden es die Mitglieder des Aachener Stadtrats in einem Glückwunschschreiben, das sie am 13. Aug. 1862 an Geissel richteten[33]. Auch Prisac griff in seinen späteren Beiträgen im „Echo der Gegenwart" den Gedanken der Wiedererrichtung des Bistums Aachen nicht mehr auf.
Die Zeit war für ein solches Anliegen nicht günstig. Aus dem anfangs ruhigen Verhältnis zwischen Köln und Aachen war inzwischen — nicht im kirchlichen, wohl aber im politischen Bereich — eine erbitterte Rivalität geworden. In den Jahren 1833—37 hatte Köln versucht, Aachen von der Eisenbahnverbindung Köln — Belgien auszuschließen, um den gesamten belgischen Transit an sich zu ziehen. Nur das energische Eingreifen des Präsidenten der Aachener Handelskammer David Hansemann hatte das verhindert. Zahlreiche kleinere Zwischenfälle hatten die Stimmung nicht gebessert. Der erbitterte Kampf zwischen Köln und Aachen um den Sitz der geplanten rheinisch-westfälischen-polytechnischen Schule verschärfte noch die Kontroverse in den fünfziger und sechziger Jahren[34]. Köln fühlte sich ohnehin in der preußischen Zeit benachteiligt. Und weil das jahrelange Tauziehen um den Sitz der Technischen Hochschule zugunsten Aachens ausging, hätte Köln in der Teilung der Erzdiözese einen weiteren Prestigeverlust gesehen[35]. Auch in Berlin hätten die Bemühungen um die Errichtung eines Bistums in Aachen zu dieser Zeit sicherlich keinen Erfolg gehabt. Mehrere Mitglieder der Regierung sahen in Aachen den Sitz der unpreußischen, ultramontanen Richtung und waren bemüht, diesen Einfluß nicht größer werden zu lassen[36].
Wilhelm Prisac starb 1870. In diesem Jahr schrieb der Aachener Historiker Alfred von Reumont seine Jugenderinnerungen nieder[37]. Reumont, der als preußischer Diplomat in Italien großen Einfluß auf den Papst und auf König Friedrich Wilhelm IV. hatte, befürwortete die Wiedererrichtung der Diözese Aachen, wie aus einem Abschnitt seiner Jugenderinnerun-

[33] STAA: OB Reg. 81/6, Vol. 1.
[34] Huyskens, Gründung, S. 24 ff.; Nießner, S. 30 f.; Düwell, S. 32.
[35] Vgl. S. 197.
[36] Huyskens, Gründung, S. 36 f., 49, 80.
[37] Veröffentlicht von Hüffer in: AHVN, 77, (1904), S. 17 ff.

gen hervorgeht, in dem er auf die kirchlichen Verhältnisse in seiner Vaterstadt nach der Neuregelung durch die Bulle „De salute animarum" eingeht. Dort heißt es: „Aachen verlor sein Bistum und wurde nun dem wiederhergestellten Erzbischöflichen Stuhle von Köln untergeordnet, während es in alten Zeiten vom Lütticher Fürstbistum abhängig gewesen war. Daß man damals von der Beibehaltung einer Aachener Diözese absah, ist begreiflich, wenn man die geringe Entfernung von Köln in Anschlag bringt. Nach dem heutigen Stand der Dinge (1870) und der immensen Zunahme der Bevölkerung in dem übergroßen Kölner Sprengel würde jedoch ein Bistum Aachen seine volle Berechtigung haben. Auch die alte Würde des einst so reichen und großen Krönungsstiftes, an welchem selbst ein nachmaliger deutscher König, Philipp von Schwaben, Propst war, und um dessen Präbenden die vornehmsten Geschlechter sich mühten, weist darauf hin. Es dürfte nicht schwer sein, das durch die gedachte Bulle eingesetzte Kollegiatstift mit seinem Propst und seinen sechs Stiftsherrn zum Domkapitel zu erweitern, eine Veränderung, deren gesteigerte Kosten um so weniger ein ernstes Hindernis bieten sollten, wenn man bedenkt, welche Vorteile der Regierung aus dem gesteigerten Ertrag der Domänen erwachsen, die gemäß der Vereinbarung von 1821 der katholischen Kirche zur Dotation bestimmt waren, während dieselbe gegenwärtig nur den nach dem früheren Stande berechneten Ertrag bezieht"[38].

Aber auch dieser Zeitpunkt war ungünstig, um den Plan eines neuen Bistums in Aachen zu verwirklichen. Der drohende Kulturkampf versprach wenig Hoffnung auf Erfolg. Wenn auch die staatlichen Behörden im Aachener Raum in dieser verhängnisvollen Auseinandersetzung zwischen Staat und Kirche vielfach Milde walten ließen, so erwachte doch durch diese Bedrohung das Massenbewußtsein der katholischen Bevölkerung. Die beiden Heiligtumsfahrten der Jahre 1874 und 1881 waren machtvolle Demonstrationen der treukirchlichen Gesinnung der Bevölkerung im Aachener Raum. Allein im Jahre 1881 zählte die Polizei über eine Million auswärtiger Pilger[39]. Aachen galt als Hochburg des rheinischen Katholizismus. Nicht zufällig fand hier vom 8.—11. Sept. 1879 die 26. Generalversammlung der Katholiken Deutschlands statt[40].

Dennoch schränkten die Kulturkampfmaßnahmen die Entfaltung eines regen kirchlichen Lebens beträchtlich ein. Am Ende des Jahres 1885 waren von den acht Aachener Pfarrstellen fünf unbesetzt. Das Stiftskapitel zählte nach dem Tod von Propst Schlünkes am 20. Aug. 1884 noch zwei Kanoniker[41]. Trotz der äußeren Mißstände verdichtete sich zu

[38] AHVN, 77, (1904), S. 82; vgl. Schiffers, Vom alten zum neuen Bistum Aachen, in: „EdG", 19. März 1921.

[39] Schiffers, Kulturkampf, S. 135; Vgl. S. 220.

[40] Vgl. S. 220.

[41] GAiD, Dez. 1885, S. 211; Schiffers, Aachen, S. 93.

dieser Zeit in der Aachener Bevölkerung der Wunsch, die übergroß gewordene Kölner Erzdiözese zu teilen und in Aachen ein eigenes Bistum zu errichten.

Der am 8. Mai 1866 inthronisierte Erzbischof Paulus Melchers wurde bei seinem ersten Besuch in Aachen vom 2.—4. Juni 1872 von der Bevölkerung besonders herzlich empfangen[42]. Die Verehrung ihres Erzbischofs bekundeten die Gläubigen Aachens besonders im März 1874, als dieser mit seiner Verhaftung rechnete. Am 4. März überreichte die Aachener Gesellschaft Constantia dem Erzbischof eine Ergebenheitsadresse als Ausdruck entschiedener Glaubenstreue. Am 20. März 1874 fuhren 300 Katholiken aus Aachen und Eilendorf nach Köln, um dem Erzbischof ihre besondere Liebe und Treue zu versichern[43], und am 28. März, drei Tage vor der am 31. März 1874 erfolgten Inhaftierung, empfing Melchers eine Abordnung von über 100 Frauen aus Aachen, die ihm zu dieser Zeit der Verfolgung ihre Treue, Anhänglichkeit und Verehrung aussprachen[44].

In der folgenden Zeit kam Melchers gelegentlich inkognito nach Aachen. In den Jahren 1880 und 1881 fanden hier unter seiner Leitung ganz vertraulich Bischofskonferenzen statt[45]. Auch sein 25jähriges Bischofsjubiläum erlebte Melchers im Jahre 1883 in der Emigration. Aus diesem Anlaß ließ der Aachener Bürger- und Wahlverein Constantia eine prachtvoll gestaltete Ergebenheitsadresse ausarbeiten und von allen 23 katholischen Vereinen der Stadt unterschreiben. Da der Erzbischof in seinem Exil keine Besuche empfing, wollte der Präsident der Constantia diese Adresse durch Vermittlung des ebenfalls in Holland lebenden Bischofs Brinkmann von Münster überreichen. Präsident Heinrich Oster begab sich nach Houtem bei Valckenburg, dem Verbannungsort des Bischofs von Münster, und traf dort zufällig den Kölner Erzbischof. So konnte er ihm die Adresse persönlich überreichen[46].

Melchers war deshalb der Aachener Bevölkerung sehr zugetan und hatte für ihre Wünsche ein offenes Ohr. Er erachtete es für notwendig, seine übergroß gewordene Kölner Erzdiözese zu teilen und war den Aachener Wünschen nicht abgeneigt. Diese Ansicht des Erzbischofs zur Frage des Bistums Aachen wird erwähnt in einem Brief, den der einflußreiche Aachener Land- und Reichtstagsabgeordnete Dr. jur. Adam Bock[47] am 8. Dez. 1900 an Kardinalstaatssekretär Rampolla sandte[48]. Melchers war

42 GAiD, Juni 1872, S. 189.

43 „EdG", 24. März 1874, Nr. 82; vgl. S. 222.

44 „EdG", 31. März 1874, Nr. 89.

45 Actenstücke betr. Fuldaer Bischofs-Conferenzen 1867—1888, Köln 1889: zu den Daten 20. Mai 1880 und 13. Juli 1881. Anlaß zur Bischofskonferenz vom 20. Mai 1880 waren die beginnenden Vorverhandlungen über den Abbau der Kulturkampfgesetze. Am 13. Juli 1881 bot die Aachener Heiligtumsfahrt die Gelegenheit zu einer Konferenz im Kind-Jesu-Kloster. Hinweis verdanke ich der freundl. Auskunft von E. Gatz. Vgl. Weber, S. 49.

46 Wahrmuth, S. 78.

47 Über Dr. Bock: vgl. S. 45.

mit Bock befreundet. Am 2. Juli 1885 kam der Erzbischof heimlich aus seinem Exil in Holland in das Bocksche Haus am Theaterplatz, um sich hier vor seiner Reise nach Rom vom Kölner Domkapitel zu verabschieden[49]. Melchers war nach seiner Resignation auf den Kölner Stuhl von Papst Leo XIII. als Kardinal an die Kurie nach Rom berufen worden. Wegen der Ungunst der Zeitverhältnisse konnte er als Erzbischof von Köln keine Initiative in der Aachener Bistumsfrage ergreifen. Als Kurienkardinal aber sollte er bald wieder mit dieser Frage betraut werden.
Am 30. Juli 1885, drei Tage nach der Ernennung Melchers zum Kardinalspriester, präkonisierte (ernannte) der Papst den Bischof von Ermland, Philippus Krementz, zum neuen Erzbischof von Köln. Damit endete in Köln die zehnjährige Sedisvakanz, die eine Antwort auf die Aachener Bistumsfrage verhindert hatte. Der neue Erzbischof aber mußte sich mit diesem Problem befassen. Neue Bemühungen schienen erfolgversprechend, zumal der Kulturkampf abgebrochen wurde und die kirchlichen Kreise mit neuem Mut an die Wiederaufbauarbeit gingen[50].

[48] Eine von Janssen geschriebene Kopie des Briefes von Bock an Rampolla bei Herrn Hermann Heusch, Aachen, Verf. bedankt sich für die Überlassung.
[49] Schiffers, Aachen, S. 94; Ludwigs, S. 75 ff.; Gatz, Neubesetzung, S. 218, 240. Schilderung dieses Ereignisses gibt Bock in: Festblatt der 59. Generalversammlung der Katholiken Deutschlands, Nr. 2, Abendausgabe vom 11. Aug. 1912.
[50] Huber, Verfassungsgeschichte, IV, S. 767 ff.

INITIATIVE EINFLUSSREICHER BÜRGER

Im letzten Jahrzehnt des vorigen Jahrhunderts bemühten sich einige einflußreiche Männer aus Aachen und Umgebung ganz intensiv um die Wiedererrichtung des Bistums. Besondere Verdienste erwarben sich Landrat Janssen, Bürgermeister Mooren, Dr. Adam Bock, Propst Dr. Buschmann und Oberbürgermeister Veltman.

Wilhelm Leopold Janssen

Wilhelm Leopold Janssen wurde am 16. Juli 1830 in Krefeld geboren, siedelte aber früh mit der Familie nach Aachen über, besuchte hier das Kaiser-Karls-Gymnasium und bestand dort am 13. Aug. 1849 die Reifeprüfung. Nach dem Studium der Rechtswissenschaft in Bonn war er mehrere Jahre in Aachen und Potsdam als Regierungsreferendar tätig. Als Assessor arbeitete er für die Regierung in Stettin. Im Jahre 1860 wurde er Landrat des Kreises Heinsberg[1]. Er war Landtagsabgeordneter der freikonservativen Partei, wechselte aber später zum Zentrum über. Mitten im Kulturkampf, im Jahre 1874, wurde er zum Oberbürgermeister

[1] Heusch, S. 97 ff.

von Aachen gewählt. Die Regierung aber versagte dem überzeugten Katholiken die Bestätigung. Das hatte zur Folge, daß Janssen auch von der Verwaltung des Landratsamtes entbunden wurde. Nach seinem Austritt aus dem Staatsdienst wählte der Rheinische Provinziallandtag ihn zum Vorsitzenden des Provinzialausschusses. Seit 1882 war Janssen im Burtscheider Stadtrat und seit der Eingemeindung am 31. März 1897 führendes Mitglied des Aachener Stadtverordnetenkollegiums bis zu seinem Tode.

Janssens Hauptverdienst aber lag in seinen Bemühungen zur Wahrung der katholisch-deutschen Interessen im Hl. Land. Er war Präsident des „Palästina-Vereins der deutschen Katholiken", der seinen Sitz in Aachen hatte[2]. Nach der 1895 erfolgten Verschmelzung mit dem „Verein vom Hl. Grab", der seinen Sitz in Köln hatte, blieb er Vizepräsident des „Deutschen Vereins vom Hl. Land". Dieses Aufgabengebiet brachte ihn in Verbindung mit führenden Persönlichkeiten in Köln, Berlin und auch in Rom. Er korrespondierte häufig mit dem Kölner Erzbischof. Janssens Einfluß war es zu verdanken, daß Kaiser Wilhelm II. die Kirche vom Hl. Grab auf dem Sionsberg in Jerusalem den deutschen Katholiken schenkte. Im Jahre 1898 hatte er eine Unterredung mit Leo XIII. und Rampolla über die orientalische Protektionsfrage[3].

Diese ausgezeichneten Beziehungen benutzte Janssen, um die Aachener Bistumsfrage an den entscheidenden Stellen immer wieder ins Gespräch zu bringen. Bis zu seinem Tode am 16. Dez. 1900 war er der einflußreichste Förderer dieses Anliegens der Aachener Bürgerschaft.

Theodor Mooren

Neben Janssen erwarb sich Theodor Mooren besondere Verdienste um die Wiedererrichtung des Bistums Aachen. Geboren war er am 20. April 1833 in Oedt. Bei seinem Tode am 29. Aug. 1906 hatte er nahezu 40 Jahre im parlamentarischen Leben gestanden. Als Vertreter des Zentrums trat er immer wieder für die Rechte und Anliegen der katholischen Kirche ein. Von 1867—1870 war er Mitglied des Preußischen Landtags für Kempen und Geldern. Im Jahre 1876 wurde er als Bürgermeister von Kempen von seinem Amt suspendiert und zwei Jahre später aus demselben entlassen. Seit dem Jahre 1879 vertrat Mooren als Zentrumsabgeordneter den Wahlbezirk Köln II (Landkreis Köln, Kreis Bergheim und Kreis Euskirchen) im Preußischen Landtag. Dieses Mandat behielt er bis zu seinem Tode. Im Jahre 1881 wurde er zum Bürgermeister von Eupen gewählt und auch von der Regierung bestätigt. Somit kam er in die Nähe von Aachen. Er faßte schnell Fuß und prägte das politische Leben

[2] Kißling, II, S. 132 f.

[3] Heusch, S. 97 ff.; „EdG", 18. Dez. 1900, Nr. 940; vgl. Nachlaß Janssen, in Privatbesitz, dem Verf. von Frl. E. Janssen freundlicherweise zur Einsicht überlassen.

entscheidend mit. Von 1887–1898 vertrat er den Wahlkreis Aachen im Reichstag[4]. Mooren galt in Berlin als „Dolmetsch der Besorgnisse der Aachener Bürgerschaft“[5]. Er hat das Verdienst, die Aachener Bistumsfrage erstmals vor den Preußischen Landtag gebracht zu haben. Mehrmals griff er in seinen Reden dieses Thema auf. Sogar gegen den Willen mehrerer Kollegen seiner Fraktion brachte er dieses Anliegen der Aachener Bevölkerung bei jeder Gelegenheit zum Ausdruck.

Adam Bock

Auch der päpstliche Geheimkämmerer Dr. jur. Adam Bock setzte sich unermüdlich für die Wiedererrichtung des Bistums Aachen ein. Als langjähriges Mitglied des Reichstags und des Preußischen Abgeordnetenhauses hatte er großen Einfluß. In seinem Haus am Theaterplatz waren höchste kirchliche Würdenträger zu Gast. Hier verabschiedete sich, wie bereits erwähnt, Erzbischof Melchers am 2. Juli 1885 von seinem Metropolitankapitel[6]. Krementz nahm im Juni 1893 zum Abschluß seines Besuches in Aachen auf dem Balkon des Bockschen Hauses einen Fackelzug entgegen. Anläßlich der Heiligtumsfahrt im Juli 1895 besuchte Erzbischof Sambucetti von Korinth, der erste Zeremoniar des Papstes und spätere Münchener Nuntius, die Stadt Aachen. Auch er wohnte bei Bock. Wegen seiner hervorragenden Verdienste um die Stadt wurde Bock am 21. Nov. 1910 zum Ehrenbürger ernannt[7].

Johannes Joseph Buschmann

Mehr im Hintergrund als die drei Erstgenannten wirkte Stiftspropst Dr. theol. Johannes Joseph Buschmann für die Errichtung des Bistums Aachen. Buschmann wurde am 7. April 1833 in Köln geboren und kam schon bald nach seiner Priesterweihe am 3. Sept. 1860 als Schulvikar an die Aachener Stiftsschule. Im Jahre 1865 übernahm er die Leitung dieser Anstalt[8]. 1870 wurde er zum Stiftsherrn ernannt. Nach dem Tode des Propstes Schlünkes am 20. Aug. 1884 wurde diese Stelle während des Kulturkampfes nicht mehr besetzt. Erst nach sechs Jahren erhielt das Aachener Kollegiatstift in Buschmann einen neuen Propst. Am 2. Aug. 1890 wurde er feierlich eingeführt. Er war in Aachen sehr beliebt und unterstützte bis zu seinem Tode am 22. April 1902 die Bemühungen der führenden Männer um die Aachener Bistumsfrage[9].

[4] „EdG“, 31. Aug. 1906, Nr. 200.
[5] Sten. Ber., (1898/99), II, S. 1102.
[6] Ludwigs, S. 75 ff.; Schiffers, Aachen, S. 94; Gatz, Neubesetzung, S. 218, 240.
[7] Rey, S. 225 ff.; GAiD, Nov. 1910, S. 253.
[8] Vgl. die „Jahresberichte über die höhere Stiftsschule zu Aachen“ für die Schuljahre 1865–1880, veröffentlicht von Joseph Buschmann, Rector.
[9] „EdG“, 1. Aug. 1890, Nr. 178; 2. Aug. 1890, Nr. 179; 3. Aug. 1890, Nr. 180; 23. April 1902, Nr. 293; GAiD, Aug. 1890, S. 218.

Philipp Veltman

Wesentliche Initiativen in dieser Frage gingen seit Ende der neunziger Jahre von OB Philipp Veltman aus. Dieser war am 15. Dez. 1859 in Rogasen/Posen geboren. Im Jahre 1891 kam er nach Aachen. Am 7. April wurde er als erster Beigeordneter der Stadt eingeführt. Bis dahin war er zweiter Beigeordneter in Essen gewesen. Am 15. März 1896 führte ihn der Aachener Regierungspräsident von Hartmann, ein Stiefbruder des späteren Kölner Erzbischofs, als Oberbürgermeister von Aachen ein. Im Jahre 1907 wurde Veltman auf weitere 12 Jahre gewählt. Er starb am 13. Febr. 1916. Durch sein kluges und erfolgreiches Wirken nahm das städtische Leben einen großen Aufschwung. Aachen als Bischofsstadt und Mittelpunkt einer eigenen Diözese war das Ziel, das der ehrgeizige Veltman immer wieder und unermüdlich ansteuerte[10].

[10] GAiD, April 1891, S. 219; März 1896, S. 225; Febr. 1916, S. 264; BDA: Totenzettel.

ERSTE ERNSTHAFTE BEMÜHUNGEN IN DEN NEUNZIGER JAHREN

Die erste Aachener Denkschrift

Zuständig für die Errichtung, Umgrenzung, Vereinigung, Teilung und Aufhebung von Kirchenprovinzen, Bistümern und bistumsähnlichen Gebilden ist ausschließlich der Hl. Stuhl[1]. Dieser nimmt dann mit den zuständigen Vertretern des jeweiligen Staates Kontakt auf, damit die staatlichen Interessen gebührend berücksichtigt werden. Für die geplante Errichtung eines Bistums in Aachen waren demnach die Kurie und die Preußische Regierung die entscheidenden Instanzen.

Die ersten ernsthaften Bemühungen um die Errichtung eines Bistums in Aachen liegen im dunkeln. Über die konkreten Anfänge schweigen die Quellen. Aus der dürftigen und durchweg unkritischen Literatur ergibt sich folgendes Bild:

Zu Beginn der neunziger Jahre begannen in Rom und Berlin die ersten ernsthaften Verhandlungen in der Aachener Bistumsfrage. Sie gingen aus von den einflußreichsten Kreisen der Aachener Bürgerschaft. Nach dem Beispiel Berlins sollte Aachen zunächst Mittelpunkt eines Erzbischöflichen Delegaturbezirks werden. Man dachte daran, die Würde des Aachener Stiftspropstes mit dem Amt eines Kölner Weihbischofs zu verbinden. Die Verhandlungen wurden vorerst geheim gehalten. In die Öffentlichkeit drangen sie erst, als Papst Leo XIII. dem ehemaligen Kölner Erzbischof, Kurienkardinal Melchers, eine Aachener Denkschrift

[1] vgl. Mörsdorf, Artikel „Bistum“, in: StL, Freiburg i. Br. 1957 ff.[6], II, S. 65.

zur Begutachtung vorlegte. So schreiben es Huyskens und Schiffers, allerdings ohne Quellenangabe[2].

Der Zeitpunkt für den Beginn der ernsthaften Verhandlungen wird von Huyskens und Schiffers um 1890 vermutet[3]. Dann legen sich beide ohne ersichtlichen Grund auf das Jahr 1892 fest[4]. Sowohl Huyskens als auch Schiffers scheinen ihre ungenauen Angaben über den Beginn der Verhandlungen dem Artikel „Die Errichtung eines Aachener Bistums" entnommen zu haben[5], den das „Echo der Gegenwart" im Mai 1902 nach dem Tode des Stiftspropstes Buschmann veröffentlichte[6]. Dieser Artikel enthält alle wesentlichen Punkte über den Beginn der Verhandlungen, die auch Huyskens und Schiffers anführen.

„. . . die Verhandlungen über die Teilung des allzu großen und volkreichen Kölner Sprengels und die Errichtung eines Bistums Aachen . . gingen von den einflußreichen Kreisen der katholischen Aachener Bürgerschaft aus und sind namentlich seit dem Jahre 1892 in Rom und Berlin eifrig betrieben worden. In die Öffentlichkeit drangen die Nachrichten erst, als der Hl. Stuhl eine aus Aachen eingegangene Denkschrift über die Gründung eines Bistums Aachen dem damaligen Kardinal und vorherigen Kölner Oberhirten Paulus Melchers zur Begutachtung und Äußerung vorlegte. Um dieselbe Zeit schnitt der damalige Abgeordnete für Aachen, der in der Bistumsfrage hochverdiente Bürgermeister Mooren aus Eupen, die Frage im Landtag bei der Beratung des Kultusetats an . . [7]"

Der unbekannte Verfasser dieses Artikels, wie auch Huyskens und Schiffers, betonen, daß der Eupener Bürgermeister Mooren die Aachener Bistumsfrage zu dieser Zeit im Preußischen Landtag zur Sprache gebracht habe[8]. Das aber geschah erstmals am 7. März 1894[9].

Der Wortlaut, der konkrete Anlaß und der oder die Verfasser dieser ersten Denkschrift sind nicht bekannt. Es steht aber fest, daß die Verfasser über den ersten Plan eines Erzbischöflichen Delegaturbezirks hinausgingen und die Errichtung eines eigenen Bistums Aachen wünschten.

[2] Huyskens, Bischofssitz; Ders., Geschichtsbild; Schiffers, Aachen, S. 98; Ders., Realschematismus, S. 13 f.; vgl. Einleitung.

[3] Huyskens, Geschichtsbild: „in den Jahren nach 1890 betrieb man von Aachen aus sowohl in Rom, wie in Köln und Berlin den Plan, eine erzbischöfliche Delegatur in Aachen zu errichten." Schiffers, Bistum: „In den neunziger Jahren taucht der Plan auf, Aachen soll zunächst Sitz eines Kölner Weihbischofs und zum Mittelpunkt eines von Köln abgezweigten Delegaturbezirks werden." Ders., „Vom alten zum neuen Bistum Aachen, in: „EdG", 20. Juli 1929, Nr. 168: Erst 1890 scheint es wieder zu ernsthaften Verhandlungen gekommen zu sein. Damals tauchte zuerst der Plan auf, Aachen zunächst zum Mittelpunkt eines erzbischöflichen Delegaturbezirks zu machen.

[4] Huyskens, Bischofssitz: „Seit dem Jahre 1892 sind in Rom und Berlin Verhandlungen über die Bistumsfrage geführt worden." Schiffers, Realschematismus, S. 13 legt sich nicht fest: „Erst im Jahre 1892 scheint es dann wieder zu ernsthaften Verhandlungen in der Aachener Bistumsfrage gekommen zu sein."

[5] Vgl. Einleitung.

[6] „EdG", 1. Mai 1902, Nr. 313.

[7] Ebd.

[8] Huyskens, Geschichtsbild; Schiffers, Realschematismus, S. 14.

[9] Sten. Ber., (1893/94), II, S. 930 ff.

Nach dem Bericht im „Echo der Gegenwart" soll Melchers diesem Wunsche sehr wohlwollend begegnet sein. Er hielt eine Zweiteilung seiner früheren Erzdiözese für notwendig und unabweisbar, eine Dreiteilung aber für noch besser. Nach dem Bericht im „Echo" war auch der Hl. Vater diesem Plan gewogen. In mehreren Audienzen soll er an die Bistumsgründung erinnert haben, wenn von Aachen die Rede war[10].

Eine römische Quelle spricht von einer entgegengesetzten Haltung des ehemaligen Kölner Erzbischofs zu der Errichtung eines Bistums in Aachen. Als Rampolla am 25. Juli 1899 die Preußische Staatsregierung über den Vatikangesandten Rotenhan offiziell bat, mit dem Hl. Stuhl wegen der Aachener Bistumsfrage in Verhandlungen zu treten, besprach sich Rotenhan anschließend mit Msgr. Montel. Dieser erinnerte sich an ähnliche Aachener Bestrebungen vor ein paar Jahren, die aber seiner Meinung nach wahrscheinlich erfolglos geblieben seien, weil Melchers widersprochen habe[11].

Montel jedoch war befangen. Aus der weiteren Geschichte der Aachener Bistumsfrage geht hervor, warum er die Errichtung eines Bistums in der Stadt Karls des Großen ablehnte und zu verhindern suchte. Melchers stand diesem Plan keineswegs ablehnend oder reserviert gegenüber. Der frühere Kölner Erzbischof, der seit 1885 als Kurienkardinal in Rom lebte, befürwortete vielmehr die Errichtung eines Bistums in Aachen, weil die Kölner Erzdiözese seiner Meinung nach viel zu groß war.

Darin stimmte Melchers mit seinem Nachfolger Philippus Krementz überein. Diesen bedrückte die Last der übergroßen Diözese so sehr, daß er schon früh daran dachte, einen Koadjutor zu erbitten. Dieses Ansinnen teilte er seinem Vorgänger, mit dem er befreundet war, am 29. Dez. 1890 mit. In seiner Antwort vom 7. Jan. 1891 bezweifelte Melchers, daß e i n Priester das „wirklich unerträgliche Amt" des Kölner Erzbischofs ausüben könnte und schlug vor, das Übel bei der Wurzel zu fassen: „Für die Kölner Erzdiözese wäre meiner Meinung nach nichts mehr wünschenswert als eine Teilung derselben in drei Diözesen. Von der Ausführung solcher Pläne kann zur Zeit in Preußen noch keine Rede sein. Wenn aber der Koadjutor, den Sie bestellen zu lassen denken, nicht eine Last und Sorge übernehmen soll, welche ihn bald überwältigen und aufreiben würde, dann scheint es mir das einzige Mittel zu diesem Zweck zu sein, daß Sie statt eines sich zwei Koadjutoren oder Weihbischöfe anstellen lassen, um unter diesen beiden das Arbeitspensum nach Ihrem Arbitrium zu verteilen. Dazu ist in der Kölner Erzdiözese ein nicht bloß augenblickliches sondern ein fortdauerndes Bedürfnis... Wenn es sich künftig ausführen ließe, daß von den beiden Hilfsbischöfen einer zu Aachen

[10] „EdG", 1. Mai 1902, Nr. 313.
[11] AA: Abt. IA, Preußen 2, Nr. 2r; Schreiben Rotenhans an Außenminister Fürst zu Hohenlohe-Schillingsfürst, 29. Juli 1899.

residiere, so würde dadurch manchem Wunsche entgegengekommen werden"[12].
Die Anstellung eines zweiten Weihbischofs griff Krementz in einem späteren Brief an Melchers auf, in dem er bat, dieses Anliegen in Rom vorzutragen. Diesen Brief beantwortete Melchers am 5. Nov. 1891. Der Kurienkardinal erklärte das Einverständnis des Hl. Vaters und betonte auch seinerseits die Notwendigkeit eines weiteren Weihbischofs, „solange die dortige Erzdiözese in ihrem jetzigen, übergroßen Bestande verbleibe, welcher eigentlich für drei große Diözesen eine völlig genügende Ausdehnung und Seelenzahl katholischer Einwohner enthalte"[13].
Diese Meinung von Melchers und Krementz spiegelt sich in der ersten Aachener Denkschrift, die sicherlich nicht entstanden wäre, wenn der ehemalige und der amtierende Kölner Erzbischof eine Bistumsgründung in der Kaiserstadt nicht unterstützt hätten.
Wie Melchers war auch Krementz der Stadt Aachen gut gesonnen. Nach seiner Inthronisation am 15. Dez. 1885 besuchte er Aachen als erste von allen Städten seiner Erzdiözese vom 14.—23. Juni 1886. Auch der erste Besuch nach seiner Ernennung zum Kardinal am 16. Jan. 1893 führte ihn vom 4.—8. Juni 1893 wieder nach Aachen[14]. Anläßlich dieses Besuches sprach Krementz bei der Entgegnung auf die Begrüßungsrede des Aachener OB Pelzer von den Sorgen, die den Oberhirten einer so gewaltig großen Diözese beschwerten[15]. Beim Empfang der kirchlichen Vereine und Kongregationen im Karlshaus nannte er Aachen die zweite Hauptstadt der Diözese[16]. Krementz wurde in Aachen begeistert gefeiert. Zum Abschluß seines Besuches nahm er auf dem Balkon des Bockschen Hauses einen Fackelzug entgegen[17]. Wahrscheinlich ist bei dieser Gelegenheit über die Aachener Bistumsfrage gesprochen worden, zumal Bock einer der glühendsten Verfechter dieser Idee war. Unterlagen aber sind nicht vorhanden.
Einige Jahre später wurden sogar in den öffentlichen Blättern Vermutungen laut, daß Krementz in Rom über die Errichtung von Bistümern in Aachen und Xanten verhandele. Das jedenfalls berichtete der preußische Vatikangesandte Otto von Bülow am 5. April 1894 aus Rom an den Preußischen Minister der auswärtigen Angelegenheiten Caprivi. Bülow ging diesen Gerüchten nach, fand aber keinen wahren Kern. Nach Informationen, die ihm unter der Hand mitgeteilt worden waren, wußte man an der Kurie nichts von diesem Vorschlag. Der preußische Gesandte war der Meinung, daß sich der Hl. Stuhl sicherlich über die Gesandt-

[12] AEK: CR, II, 13: Brief Melchers an Krementz, 7. Jan. 1891.
[13] Ebd.: Brief Melchers an Krementz, 5. Nov. 1891.
[14] „EdG", 4. Juni 1893, Nr. 127.
[15] „EdG", 6. Juni 1893, Nr. 128; vgl. Höveler, S. 28.
[16] „EdG", 7. Juni 1893, Nr. 129.
[17] „EdG", 9. Juni 1893, Nr. 131; Wahrmuth, S. 81 f.; vgl. S. 45.

schaft am Vatikan mit der Berliner Regierung in Verbindung gesetzt hätte, wenn dieses Anliegen vorgetragen worden wäre. Damit zeigte Bülow den vorschriftsmäßigen Weg auf. In einer Schlußbemerkung vermutete der preußische Gesandte, daß der Plan, die Kölner Erzdiözese zu teilen, auf erheblichen Widerstand stoßen würde. Nach seiner Meinung sollte das Gewicht der Erzdiözese durch eine solche Maßnahme nicht vermindert und ihr Ansehen nicht geschwächt werden[18].

Leider läßt sich aus den zugänglichen Quellen nicht genau eruieren, ob und welche Schritte der Kölner Erzbischof in dieser Frage unternahm. In seinen letzten Lebensjahren bahnte sich sogar eine Entscheidung an, die aber hinausgeschoben wurde, weil man den alten und oft schwerkranken Erzbischof nicht mehr mit der Durchführung dieser einschneidenden Neuerung behelligen wollte. Noch wenige Monate vor seinem Tod soll er auf dem Krankenbett erklärt haben, man brauche hiermit nicht bis nach seinem Tode zu warten[19]. Im Testament, das Krementz am 8. Dez. 1896 in Königsdorf schrieb, heißt es: „Dir empfehle ich die übergroße, heißgeliebte Erzdiözese, meine treue Herde . . .!"[20].

Es ist nicht bekannt, ob die Kurie die Aachener Eingabe schriftlich beantwortete. Wahrscheinlich wurde den Aachener Mittelsmännern nahegelegt, erst einmal die Haltung der Preußischen Staatsregierung zu dieser Frage in Erfahrung zu bringen, denn ohne vorherige Verhandlung mit der staatlichen Obrigkeit konnte die Kurie keine Entscheidung fällen. Das mußte der erste Schritt sein.

Bistumsfrage im Preußischen Landtag

Daraufhin brachte Theodor Mooren[21] die Aachener Bistumsfrage vor den Preußischen Landtag. Bei der zweiten Beratung des Staatshaushaltsetats für 1894/95 standen am 7. März 1894 die Ausgaben des Ministeriums der geistlichen, Unterrichts- und Medizinalangelegenheiten zur Debatte. Bei der Besprechung des Kapitels 115 (Katholische Bistümer) ergriff Mooren zu Titel 11 (Erzbistum Köln) das Wort[22].

Mooren klagte zuerst über die imparitätische Behandlung der Katholiken[23], besonders hinsichtlich der Ausstattung ihrer kirchlichen Dotation. Er führte aus, daß sich die äußeren kirchlichen Verhältnisse in der Erzdiözese Köln seit Erlaß der Bulle „De salute animarum" vom 16. Juli 1821 wesentlich gewandelt hätten, und bemängelte, daß die Staatskasse den veränderten Anforderungen in keiner Weise Rechnung trüge. Mooren sprach von der Zahl der Diözesanen, die sich seit 1821 zumindest

[18] AA: Abt. IA, Preußen 2, Nr. 2b, Bd. 4; vgl. Trippen, S. 278.
[19] „EdG", 1. Mai 1902, Nr. 313. Inwieweit diese Nachricht den Tatsachen entspricht, ist nicht zu kontrollieren.
[20] Höveler, S. 30.
[21] s. S. 44 f.; vgl. GAiD, Juni 1893, S. 222.
[22] Sten. Ber., (1893/94), II, S. 929 ff.
[23] Vgl. Rost; Bachem, IV, S. 281 ff.

verdoppelt hatte, von dem angewachsenen Geschäftsumfang des erzbischöflichen Generalvikariats und von dem zweiten Weihbischof[24], für den der Etat keine Stellendotation vorsah. Unter diesen Umständen wollte Mooren eine Anregung bezüglich einer besseren finanziellen Ausstattung der Erzdiözese geben. Er schlug deshalb eine neue Zirkumskription dieser Riesendiözese vor und regte an, die Kölner Erzdiözese zu teilen und in Aachen ein Bistum zu errichten. Mooren führte sogar aus, wie er sich demnach den Umfang der beiden Diözesen vorstellte. Das Gebiet des Regierungsbezirks Aachen und des angrenzenden Dekanates Gladbach sollte das neue Bistum Aachen bilden, das dann etwa 650—670 000 Katholiken zählte. Der Erzdiözese Köln verblieben dann noch über anderthalb Millionen Gläubige. Weiter empfahl Mooren, bei einer eventuellen Neuumschreibung in Xanten, das seit 1821 zur Diözese Münster gehörte, ein eigenes Bistum für den Niederrhein zu errichten.
Im Verlauf seiner Rede zählte Mooren die Vorzüge auf, die Aachen als Zentrum einer neuen Diözese aufweisen konnte. Er erwähnte die Tradition dieser alten Kaiserstadt, die Bedeutung Karls des Großen, Alkuins und der Synode von 836. Er wies hin auf den ältesten und ehrwürdigsten Kaiserdom in allen deutschen Landen und führte aus, daß Aachen schon einmal Sitz eines Bistums war und daß das vorhandene Kollegiatstift die Errichtung einer neuen Diözese wesentlich erleichtern und die Kosten in erträglichem Rahmen halten könnte.
Mooren war sich darüber im klaren, daß sein Anliegen die äußere kirchliche Organisation und damit auch die Interessen der Regierung berührte. Er wollte mit seiner Rede lediglich vorfühlen, ob auf Ansuchen der geistlichen Oberbehörde bei der Königlichen Staatsregierung ein guter Wille zu finanziellen Mehrleistungen vorhanden war. Mooren kennzeichnete seine Anregung ausdrücklich als Gedanken und bat die Regierung, dieses Anliegen mit den zuständigen kirchlichen Oberen zu prüfen und in wohlwollende Erwägung zu ziehen.
Damit hatte Mooren den Wunsch der führenden Männer Aachens dem Landtag und damit der Öffentlichkeit zur weiteren Diskussion unterbreitet. Allerdings stieß sein Vorschlag der Zwei- bzw. Dreiteilung der Kölner Erzdiözese auf wenig Verständnis.
Der Minister der geistlichen, Unterrichts- und Medizinalangelegenheiten Bosse antwortete auf Moorens Rede[25]. Er war zwar bereit, die Ausführungen Moorens über die Bulle „De salute animarum" in wohlwollende Erwägung zu ziehen, hob aber ausdrücklich hervor, daß vom staatlichen Gesichtspunkt aus keinerlei Notwendigkeit bestehe, eine neue Zirkumskription der Erzdiözese Köln vorzunehmen. Bosse betonte, daß er nicht daran denke, auf diesen Antrag noch einmal einzugehen.

[24] Seit 1. Mai 1889 Antonius Fischer in Köln zweiter Weihbischof.
[25] Sten. Ber., (1893/94), II, S. 931.

Noch nachteiliger für das von Mooren vorgebrachte Anliegen war die Antwort seines Fraktionskollegen Dauzenberg, der sich nach Bosse zu einer kurzen Entgegnung auf die Rede Moorens zu Wort meldete[26]. Dauzenberg war Priester der Kölner Erzdiözese. Als Pfarrer von Kaiserswerth vertrat er im Landtag für den Regierungsbezirk Köln die Kreise Sieg, Mülheim am Rhein und Wipperfürth. Dauzenberg bezeichnete zwar die von Mooren vorgebrachten Tatsachen als richtig, erkannte auch die wohlwollende Absicht seines Fraktionskollegen an, bestritt ihm aber ganz energisch das Recht, dieses Problem dem Landtag vorzutragen, weil die Initiative in dieser Frage lediglich vom katholischen Kirchenregiment ausgehen dürfe. Nur die Bischöfe könnten sich mit einem solchen Anliegen an die Königliche Staatsregierung wenden. Den Entschließungen des Episkopats dürfe man auf keinen Fall vorgreifen. Ausdrücklich stellte Dauzenberg fest, Mooren habe nur in seinem eigenen Namen gesprochen und nicht die Ansicht der Zentrumspartei wiedergegeben. Lebhafter Beifall im Zentrum bekräftigte diese Ausführungen Dauzenbergs und schien den Vorstoß Moorens schon im Keim zu ersticken.
Der Wunsch der führenden Kreise Aachens war im Preußischen Landtag auf kein Verständnis gestoßen. Selbst die katholischen Abgeordneten lehnten eine Initiative des Landtages in dieser Frage ab, weil sie einen Eingriff in innerkirchliche Angelegenheiten befürchteten. Der erste Versuch in Berlin war also mißglückt.
Das „Echo der Gegenwart", das zu dieser Zeit immer ein kurzes Protokoll über die jeweiligen Verhandlungen im Reichs- bzw. Landtag brachte, berichtete am 9. März nur ganz knapp über die Rede Moorens vom 7. März und über die Entgegnungen Bosses und Dauzenbergs[27]. Zu der Anregung Moorens erschien jedoch kein Kommentar im „Echo". Nicht einmal die Sonntagsausgabe, die in der „Wochenrundschau" alle wichtigen Ereignisse der letzten acht Tage aufgriff, nahm Notiz von dieser Rede Moorens. Das zeigt, daß die Idee eines Bistums Aachen zu dieser Zeit vorwiegend das Anliegen der führenden Männer der Stadt war und die breitere Öffentlichkeit weitgehend noch nicht berührte und auch nicht berühren sollte. Die Männer, die die Errichtung eines Bistums in Aachen förderten, legten Wert darauf, daß die Verhandlungen vorerst geheim blieben, weil sie von der öffentlichen Diskussion eher ein Hemmnis als eine wirksame Hilfe erwarteten. Besonders fürchteten sie die Kritik der liberalen Kreise. Deshalb war auch mit dem „Echo der Gegenwart" abgemacht, die einzelnen Schritte der führenden Kreise in der Aachener Bistumsfrage vorerst geheimzuhalten[28].

[26] Sten. Ber., (1893/94), II, S. 932.
[27] „EdG", 9. März 1894, Nr. 56, 1. Blatt.
[28] „EdG", 6. Aug. 1909, 2. Blatt.

Nach dem mißglückten Vorstoß in Berlin bemühten sich die einflußreichen Männer Aachens nun, die römische Kurie in dieser Frage zu einer Initiative zu veranlassen. Die Hauptimpulse gingen in der Folgezeit von OB Veltman aus. Bei ihm liefen alle Fäden zusammen.
Von Melchers konnte keine Fürsprache mehr erwartet werden. Er war am 14. Dez. 1895 gestorben. Aachen wandte sich jetzt an den deutschen Kardinal Steinhuber von der Gesellschaft Jesu, der als Rektor des Germanikums und als Konsultor mehrerer römischer Kongregationen an der Kurie einen großen Einfluß hatte.
Am 2. Nov. 1897 erhielt Adam Bock, der zu dieser Zeit in Meran weilte, einen Brief Veltmans. Dieser bat ihn, in Rom wegen der Aachener Bistumsfrage vorstellig zu werden. In seinem Antwortschreiben vom 5. Nov. versprach Bock, im Vatikan diskret den gewünschten Aufschluß zu erreichen. Er wollte sich in den nächsten Tagen persönlich nach Rom begeben und dort zuerst mit Steinhuber, dann aber auch mit Rampolla die Bistumsfrage besprechen[29]. Diese Gespräche kamen zustande. Unklar aber bleibt, zu welchem Ergebnis sie führten. Fest steht nur, daß Bock dem OB nach seiner Rückkehr aus Rom darüber Bericht erstatten wollte[30]. Eine Aktennotiz über dieses Gespräch ist leider nicht vorhanden.
Ein halbes Jahr später weilte Janssen in Rom, um mit Leo XIII. und Rampolla die orientalische Protektionsfrage zu besprechen. Anläßlich seines Aufenthalts in der Hl. Stadt schrieb Janssen am 10. Mai 1898 an den Aachener OB, daß er mit Steinhuber die Bistumsfrage besprechen wollte[31]. Auch über das Ergebnis dieser Unterredung ist leider nichts bekannt. Fest steht lediglich, daß Rampolla und auch der Papst das Aachener Anliegen unterstützten, die Teilung der Kölner Erzdiözese befürworteten, aber die bestehende Bistumsverfassung nicht ändern konnten, wenn die Preußische Staatsregierung wegen Fragen der Dotation die Zustimmung verweigerte.
Das „Echo der Gegenwart“ berichtete nichts über diese Initiativen der führenden Männer Aachens und über den derzeitigen Stand der Bemühungen. Dennoch tauchten Gerüchte auf, die von schwebenden Verhandlungen über die Wiedererrichtung des Bistums Aachen wußten. Die „Kölnische Zeitung“ brachte am 15. Okt. 1898 eine Meldung der „Niederrheinischen Volkszeitung“, aus der hervorging, daß die Errichtung eines Bistums in Aachen beschlossene Sache sei. Nur der genaue Zeitpunkt sei noch offen. Dieser Artikel betonte die Notwendigkeit, die übergroße

[29] STAA: OB Reg. 81/9.
[30] Ebd.
[31] Nachlaß Janssen; STAA: OB Reg. 81/9.

Kölner Erzdiözese zu teilen, sah aber nicht die politischen Hintergründe, die die Durchführung erschwerten und vorerst unmöglich machten[32].
Die ganze Problematik dieser verwickelten Angelegenheit wurde mit einem Male offenkundig, und zwar von einer Seite, von der man es am wenigsten erwartet hatte. Im Abgeordnetenhaus des Preußischen Landtags ergriff der Kölner Zentrumsvertreter Pfarrer Dauzenberg in der Sitzung vom 11. März 1899 das Wort. Er sprach zu Kapitel 115 (Katholische Bistümer) des Kultusetats, der in zweiter Lesung auf der Tagesordnung stand. Dauzenberg beklagte sich über die verschiedenartige Behandlung der Angelegenheiten der evangelischen und der katholischen Kirche. Er bemängelte, daß die Etatansätze in den verschiedenen Titeln des Kapitels „Katholische Bistümer" seit vielen Jahren immer gleich geblieben, daß aber bei den vorhergehenden Kapiteln „Evangelische Oberkirchenräte und Konsistorien" die Ansätze von Jahr zu Jahr erhöht worden seien. Dauzenberg wünschte, daß die Preußische Staatsregierung die Anliegen der katholischen Kirche genau so wohlwollend behandele wie die der evangelischen, weil auch in der katholischen Kirche wegen der stark veränderten Verhältnisse die Bedürfnisse gewaltig angewachsen seien. Um das zu belegen, führte er die gesteigerten Auslagen der Erzdiözese als Beispiel an. Er betonte, daß sein Erzbistum mit weit mehr als zwei Millionen Seelen das dritt- oder viertgrößte der ganzen Welt sei. Er wies hin auf die gewaltig angestiegenen Verwaltungskosten und bedauerte, daß der Staat nicht einmal die schreiendsten Bedürfnisse subventioniere. Um diesem Nachteil ein Ende zu bereiten, empfahl Dauzenberg jetzt selbst die Teilung der übergroß gewordenen Erzdiözese, die er noch vor fünf Jahren energisch abgelehnt hatte. Er erkannte das Verdienst Moorens an, die Anregung in dieser Sache gegeben zu haben und erklärte, vor Jahren den Ausführungen Moorens nur formell widersprochen zu haben, weil es nicht Sache der Staatsregierung sondern der Kirchenbehörde sei, in dieser Frage die Initiative zu ergreifen. Dauzenberg wünschte die Errichtung eines Bistums Aachen, weil dort die Voraussetzungen besonders günstig seien. Er bat die Regierung, dieses auf der Hand liegende, ganz offenkundige Bedürfnis durch finanzielle Unterstützung zu befriedigen[33].
Der in Aachen gebürtige Regierungskommissar, Geheimer Oberregierungsrat Dr. Renvers, antwortete auf diese Rede Dauzenbergs[34]. Er führte aus, daß die Leistungen der Preußischen Staatsregierung für die Unterhaltung der katholischen Bistümer seit 1823 feststehende Beträge seien, die deshalb nicht bei gesteigerten Bedürfnissen erhöht werden könnten, weil die Konsequenzen sonst nicht zu übersehen seien. Über die

[32] „Kölnische Zeitung", 15. 10. 1898, Nr. 971. Als Zeitungsausschnitt in STAK: Abt. 403, Nr. 15839.
[33] Sten. Ber., (1898/99), II, S. 1346 f.
[34] Sten. Ber., (1898/99), II, S. 1347.

Abzweigung eines Bistums von der Erzdiözese Köln könnte dann geredet werden, wenn der offizielle Antrag dazu vorliege. Vorerst hielt der Regierungskommissar eine Erklärung zu dieser Frage für verfrüht. Dauzenberg bat noch einmal um paritätische Behandlung der beiden Konfessionen bei berechtigten Anliegen[35]. Renvers verwies dann auf das Entgegenkommen der Regierung bei anderen Wünschen, betonte aber ganz entschieden, daß an den Dotationsbestimmungen der Bistümer nicht gerüttelt werden dürfe.

Daraufhin ergriff Mooren das Wort[36] und sprach von der Notwendigkeit einer Dreiteilung der Erzdiözese Köln. Er meinte, das Bedürfnis, die unüberschaubar gewordene Erzdiözese aufzuteilen, sei so offenkundig, daß man sich eine Begründung ersparen könne[37]. Mooren ging dann auf die Hauptschwierigkeit in dieser Frage ein, die in der Dotation der neuen Diözese bestand. Die Regierung war vorerst nicht bereit, ein neues Bistum zu dotieren, weil sie die Bestimmungen der Bulle „De salute animarum" als starre, feststehende Zahlungen betrachte und eventuelle Mehrleistungen als wohlwollende Unterstützung ansah, nicht aber als Aufwendungen, die auf rechtlicher Verpflichtung beruhten. Diese Verpflichtung hat Müssener in seiner Dissertation später eindeutig nachgewiesen[38]. Mooren rührte an die wunde Stelle, als er ausführte: „Der Herr Regierungskommissar hat sich auf das Abkommen in der Bulle „De salute animarum" gestützt. Warum nur in einem Punkte? Ganz schön, aber in derselben Bulle ist das feierliche Versprechen enthalten: es sollen die katholischen Bistümer mit Staatswaldungen dotiert werden, (sehr richtig! im Zentrum) Staatswaldungen, deren Erträgnisse seit 1821 vielleicht auf das Drei-, Vierfache gestiegen sind. Ein hervorragender Kirchenfürst — ich glaube nicht, den Namen nennen zu dürfen —[39], sagte mir mit vollem Recht vor einiger Zeit: wenn Ihre Staatsregierung sich dieses kontraktlichen, wie mit dem Ehrenschilde der Krone gedeckten Übereinkommens vom Jahre 1821 dahin erinnern wollte[40], daß es endlich zur Ausführung gebracht würde, dann brauchten wir nicht jedesmal um ähnliche rechtlich begründete Subventionen hier zu betteln, dann würden wir in der angenehmen Lage sein, den Anforderungen aus eigenen Mitteln Rechnung zu tragen. Ich resümiere mich dahin: möge die Königliche Staatsregierung endlich durch finanzielle Bewilligungen — das ist die Hauptschwierigkeit in dieser Frage — entgegenkommen und sich mit der allein kompetenten Kurie dahin benehmen, daß endlich die

[35] Ebd. S. 1347.
[36] Ebd. S. 1347 f.
[37] Das Anwachsen der kath. Bevölkerung in der Erzdiözese Köln: vgl. S. 137 f.
[38] Vgl. Müssener; Ebers, S. 224 ff.; Bierbaum, S. 23 ff.
[39] Kardinal Krementz. Vgl. Sten. Ber., (1902), III, Sp. 3006.
[40] Zu den rechtlich verbürgten Staatsleistungen an die kath. Kirche auf Grund der Bulle „De salute animarum" in der Diskussion um das Brotkorbgesetz: Hankamer, S. 62 f.

dringend notwendige Vermehrung der Bistümer am Rhein herbeigeführt werde. (Bravo! im Zentrum)"[41].

Mooren berührte in seiner Rede noch einen zweiten wichtigen Punkt, der die formelle Anregung betraf. Er betonte, aus zuverlässiger Quelle zu wissen, daß man es in Rom begrüßen würde, wenn die Königliche Staatsregierung ihre Hand biete und finanziell entgegenkomme. Darauf entgegnete Renvers, diese Anregung könne von der Staatsregierung nicht ausgehen. Er befürchtete, Rom würde einen solchen Schritt als Einmischen in kirchliche Kompetenzen deuten[42]. Diese Meinung vertrat auch Dr. Sattler, der für seine Ausführungen von den nationalliberalen Fraktionskollegen mit Beifall bedacht wurde[43].

Das „Echo der Gegenwart" berichtete drei Tage später[44] in einem kurzen Auszug von dieser Diskussion, griff auch die Anregung eines Bistums Aachen noch einmal im Kommentar zum Tagesgeschehen auf[45], ohne aber dieser Frage große Bedeutung beizumessen.

Als Mooren am 7. März 1894 die Aachener Bistumsfrage zum ersten Male angeschnitten hatte, war es im Preußischen Landtag zu keiner weiterführenden Diskussion gekommen. Die Mitglieder der eigenen Fraktion hatten sein Anliegen als Privatmeinung abgetan. Ohne Anregung des Episkopats wollten sie dieses Problem nicht vor dem Landtag zur Sprache bringen. Fünf Jahre später sah es anders aus. In der Sitzung vom 11. März 1899 forderten Dauzenberg und Mooren, diesmal mit Unterstützung aller Zentrumsabgeordneten, die übergroß gewordene Kölner Erzdiözese zu teilen und in Aachen ein eigenes Bistum zu errichten. Zu diesem Antrag mußte die Regierung Stellung nehmen. Ihr Vertreter Renvers gab eine ausweichende Antwort, ließ aber erkennen, daß die Regierung nicht gewillt war, die Teilung der Kölner Erzdiözese finanziell zu ermöglichen und ein neues Bistum zu dotieren. Das Zentrum konnte zu dieser Zeit viele berechtigten und dringenden Anliegen der katholischen Bevölkerung nicht durchsetzen, weil die Stimmung und Mentalität der Kulturkampfzeit noch nicht ganz beseitigt waren und die Interessen der evangelischen Kirche in vielen Fällen bevorzugt behandelt wurden.

Nach der zweiten Lesung des Kultusetats zog das „Echo der Gegenwart" in der Wochenrundschau folgendes treffende Fazit: „Die Zentrumsredner brachten ihre zahlreichen Beschwerden und Wünsche vor, die nationalliberalen Redner entgegneten darauf mit allerlei Betrachtungen, Erzählungen und Anekdotenkram, mit dem sie die Gefährlichkeit des Katholizismus beweisen und die Forderungen des Zentrums als unerfüllbar oder unbegründet hinstellen zu können glaubten. Die konser-

[41] Sten. Ber., (1898/99), II, S. 1347 f.
[42] Ebd. S. 1348.
[43] Sten. Ber., (1898/99), II, S. 1348.
[44] „EdG", 14. März 1899, Nr. 186, 1. Blatt.
[45] Ebd. Nr. 187, 2. Blatt.

vativen Redner waren in den Worten etwas freundlicher, in der Sache aber kaum entgegenkommender. Der Kultusminister berief sich auf die Gesetze, die er des Friedens wegen nicht ändern will, sagte sein bestes Wohlwollen bei Handhabung der Gesetze zu und verwies im übrigen das Zentrum auf den Weg der Initiativanträge, auf dem aber bisher auch nichts zu erreichen war"[46].

Initiative der Aachener Stadtverordnetenversammlung

Zweite Denkschrift.

Die Aachener Bistumsfrage drehte sich im Kreise. In Rom wartete man auf ein Entgegenkommen der Preußischen Staatsregierung, während diese den Vorwurf, sich in kirchliche Belange einzumischen, vermeiden wollte. Das hatte die Landtagssitzung vom 11. März 1899 gezeigt. Dies veranlaßte die Aachener Stadtverordnetenversammlung nun ihrerseits, die Initiative zu ergreifen. Der Zeitpunkt war günstig. Krementz, der die Teilung seiner Erzdiözese befürwortete und noch wenige Monate vor seinem Hinscheiden auf dem Krankenbett erklärt haben soll, man brauche diese Angelegenheit nicht bis nach seinem Tode aufzuschieben[47], war am 6. Mai 1899 gestorben.

Am 13. Mai feierte man im Aachener Dom ein Seelenamt für den verstorbenen Erzbischof, zu dem Stiftspropst Buschmann alle katholischen Stadträte eingeladen hatte[48]. Die nächste Zusammenkunft der Stadtverordneten war am 26. Mai 1899. An die öffentliche Sitzung schloß sich noch eine geheime an. In dieser faßte die Stadtverordnetenversammlung folgenden Beschluß: „Da zu erwarten ist, daß jetzt bei Erledigung des Erzbischöflichen Stuhles in Köln die öffentliche, sowohl im Parlament wie in den Zeitungen behandelte Frage der Teilung der übergroßen Erzdiözese Köln zur Entscheidung kommen wird, spricht die Stadtverordnetenversammlung den Wunsch aus, daß der Sitz des neu zu errichtenden Bistums nach Aachen verlegt werde. Die Versammlung erklärt hierbei, daß für diesen Fall seitens der Stadt die Wohnung für den Bischof zur Verfügung gestellt werden soll. Der Oberbürgermeister wird ersucht, den Wunsch, daß die Stadt Aachen Sitz des neuen Bistums werde und die Bereitwilligkeit, dem Bischof eine Wohnung zur Verfügung zu stellen, den zuständigen geistlichen und weltlichen Behörden zur Kenntnis zu bringen"[49].

Dieser Beschluß wurde einstimmig, d. h. auch mit den Stimmen der protestantischen Stadtvertreter gefaßt. Er bleib geheim. Das „Echo der Gegenwart" berichtete am folgenden Tag ausführlich über diese Stadt-

[46] „EdG", 19. März 1899, Nr. 201, Sonntagsausgabe.
[47] „EdG", 1. Mai 1902, Nr. 313.
[48] STAA: OB Reg. 81/6, Vol. 2.
[49] Stadtverordneten-Beschlußbuch1899, Nr. 257; STAA: OB Reg. 81/9.

verordnetenversammlung vom 26. Mai 1899, zählte auch 15 Punkte auf, über die in geheimer Sitzung verhandelt worden war, erwähnte aber nichts von dem Beschluß, der die Errichtung eines Bistums in Aachen betraf[50].

Die Stadt Aachen war also bereit, im entscheidenden Punkt, in der Frage der Finanzierung, einen Beitrag zu leisten und dem Bischof eine Wohnung zur Verfügung zu stellen. Der Vorentwurf zu diesem Beschluß hatte noch die Einschränkung, daß die Stadt die Kosten bis zu einem Höchstbetrag von 250 000 Mark übernehmen wollte[51]. Dieser Satz wurde jedoch gestrichen und steht nicht mehr in der endgültigen Fassung des Beschlusses.

Veltman ergriff nun auftragsgemäß die Initiative. Er sollte den Beschluß der Stadtverordneten an die zuständigen geistlichen und weltlichen Behörden weiterleiten. Veltman beriet sich besonders mit Janssen[52], der seit der Vereinigung der Stadt Burtscheid mit Aachen am 1. April 1897 führendes Mitglied der Aachener Stadtverordnetenversammlung war und sich schon mehrmals für die Errichtung eines Bistums Aachen eingesetzt hatte.

Der Oberbürgermeister veranlaßte die Ausarbeitung einer Aachener Bittschrift und sandte diese mit einer Abschrift des Beschlusses der Stadtverordnetenversammlung vom 26. Mai 1899 am 30. Juni an den Preußischen Minister der geistlichen, Unterrichts- und Medizinalangelegenheiten in Berlin. Diese Bittschrift hatte folgenden Wortlaut: „Eine Teilung der übergroßen Erzdiözese Köln hat sich schon seit langer Zeit als dringend erforderlich erwiesen. Die große Zahl der Angehörigen (2 179 367) und Pfarreien (858), die Schwierigkeit der Verwaltung dieser in ungewöhnlicher Entwicklung begriffenen Diözese hat die geistlichen Behörden in Köln und Rom von der Notwendigkeit einer solchen Teilung überzeugt.

Die Königliche Preußische Staatsregierung dürfte auch das lebhafteste Interesse an der Errichtung einer geordneten Verwaltung dieser ihrer wichtigsten Diözese haben, zunächst zum besten ihrer katholischen Untertanen, sodann aber auch, weil die Teilung eine Geschäftsentlastung der Erzbischöflichen Behörde auf die ihnen unterstellten geistlichen Behörden bewirkt, die der Königlichen Staatsregierung für ihren Verkehr mit den Organen der katholischen Kirche nur erwünscht sein kann.

Bei der Wahl des Bischofssitzes dieser neuen Diözese lenken sich die Blicke naturgemäß auf Aachen, welches für den westlichen Teil der Erzdiözese günstig gelegen, in früherer Zeit bereits Bischofssitz war und in seinem durch Karl den Großen gegründeten Münster und dem Stiftskapitel bereits die ersten Erfordernisse eines Bischofssitzes bietet.

50 „EdG", 27. Mai 1899, Nr. 379.
51 STAA: OB Reg. 81/9.
52 Ebd.

Die überwiegend (91,98%) katholische Bevölkerung der Stadt Aachen und ihre alte geschichtliche Entwicklung sichert einem katholischen Bischof die freudigste Aufnahme ohne irgendeine Verletzung nichtkatholischer Interessen oder Empfindungen.
Nach Erledigung des Erzbischöflichen Stuhles zu Köln hat dann auch die Stadtverordnetenversammlung zu Aachen in ihrer Sitzung vom 26. März einstimmig und unter Mitwirkung ihrer evangelischen Mitglieder den Wunsch ausgesprochen, daß der Sitz eines neu zu errichtenden Bistums nach Aachen verlegt werden möge. In Berücksichtigung der Wichtigkeit der Begründung eines Bistums Aachen für die ganze Rheinprovinz, sowie für die Entwicklung der Stadt Aachen insbesondere, hat die Stadtverordnetenversammlung für die Stadt Aachen die Verpflichtung übernommen, dem Bischof zu Aachen eine Wohnung zur Verfügung zu stellen und ihrerseits zu der Beschaffung der Mittel für die Errichtung des neuen Bistums beizutragen.
Indem ich über den Beschluß der Stadtverordnetenversammlung in dessen Erledigung Bericht erstatte, bitte ich, auf die Errichtung eines Bistums Aachen, welche ich auch beim Hl. Stuhl in Rom angeregt habe, geneigtest hinwirken zu wollen“[53].
Abschriften schickte Veltman an den Reichskanzler, den Finanzminister, den Minister des Inneren, an den Staatssekretär des Auswärtigen Amtes sowie an den Oberpräsidenten der Rheinprovinz in Koblenz und an den Aachener Regierungspräsidenten. In Begleitschreiben bat er, die Ausführung dieser Anregung zu befürworten und zu fördern[54].
Veltman erwähnte in seiner Bittschrift, daß er die Errichtung eines Bistums Aachen auch beim Hl. Stuhl in Rom angeregt habe. Das erfolgte aber erst eine Woche später. Am 8. Juli 1899 wandte sich der Oberbürgermeister mit einem Brief, der die Grundgedanken der angeführten Denkschrift enthielt, an Papst Leo XIII. Er erwähnte den Beschluß der Aachener Stadtverordnetenversammlung sowie das Gesuch an die Regierung und bat den Papst, die Errichtung eines Bistums Aachen während der Sedisvakanz in Köln in die Wege zu leiten[55]. Abschriften gingen am Rampolla, Steinhuber, an den Kölner Domprobst Berlage und an den damaligen Kapitularvikar Dr. Kreutzwald.
Weder aus Rom noch aus Berlin kam je eine schriftliche Antwort. Die Reaktion in Berlin auf die Aachener Bittschrift geht aus einer Aktennotiz des Oberbürgermeisters hervor, dem zuverlässig mitgeteilt worden war, daß die Preußische Staatsregierung es ablehnte, in der Aachener Bistumsfrage die Initiative zu ergreifen. Die Berliner Regierung bekundete aber ihre Bereitschaft, auf Anregung von Rom oder Köln hin, die Errich-

[53] Ebd.
[54] Ebd.; STAK: Abt. 403, Nr. 15839; AA: Abt. IA, Preußen 2, Nr. 2r.
[55] STAA: OB Reg. 81/9; DAA: A 1a III.

tung eines neuen Bistums auf der Grundlage der bestehenden Staatsverträge in wohlwollende Erwägung zu ziehen und keine finanziellen Schwierigkeiten zu bereiten[56].
Als der Koblenzer Oberpräsident von Nasse die Aachener Denkschrift erhielt, ließ er sich das Protokoll der 41. Sitzung des Preußischen Landtags vom 11. März 1899 vorlegen, in der Renvers zu dem von Dauzenberg und Mooren vorgebrachten Antrag Stellung genommen hatte. Wie Nasse das Aachener Anliegen beurteilte, zeigt folgende Aktennotiz, die er am 4. Juli 1899 niederschrieb: „Nach den von dem Regierungskommissar in der Sitzung des Abgeordnetenhauses vom 11. März 1899 abgegebenen Erklärungen ist nicht anzunehmen, daß die Anregung zur Errichtung eines neuen Bistums in Aachen von der Staatsregierung ausgehen wird“[57].
In einem Brief des Aachener Oberbürgermeisters an Bock, der zu dieser Zeit in Bad Kissingen weilte, teilte Veltman mit, daß der inzwischen verabschiedete Kultusminister Bosse ihm erklärt habe, daß die Regierung in dieser Frage prinzipell keinen ablehnenden Standpunkt einnehme und auf Antrag der zuständigen geistlichen Behörden bereit sei, in Verhandlungen einzutreten[58].
Diese Mitteilung an den Aachener OB entsprach keineswegs der Realität, war aber typisch für die Verzögerungstaktik, die von der Regierung in der Aachener Bistumsfrage angewandt wurde. Von Anfang an nämlich stand die Regierung der Errichtung neuer Bistümer grundsätzlich ablehnend gegenüber. Dreieinhalb Jahre jedoch hat sie eine Antwort auf die Aachener Bistumsfrage vor sich hergeschoben und erst Farbe bekannt, als kein Ausweg mehr blieb. Das geht aus dem Schriftwechsel hervor, den die Preußischen Minister der auswärtigen Angelegenheiten mit den Ministern der geistlichen, Unterrichts- und Medizinalangelegenheiten, besonders aber mit dem Preußischen Gesandten am Vatikan über die Errichtung eines Bistums in Aachen führten[59].
Ganz anders war die Einstellung Roms zu dieser Frage. Rampolla stellte sich sofort entschieden hinter die Aachener Bittschrift und erarbeitete daraus schon am 24. Juli 1899 ein Promemoria (Denkschrift), das er am folgenden Tag dem Preußischen Vatikangesandten Rotenhan überreichte. Rampolla besprach mit Rotenhan das Anliegen der Aachener Bevölkerung, das Veltman ihm vorgetragen hatte. Der Hl. Stuhl war sofort bereit, in dieser Frage die Initiative zu ergreifen. Zu diesem Zwecke hatte Rampolla das Promemoria ausgearbeitet, das die „Wiedererrichtung des altberühmten Bistums Aachen“ als wünschenswert und den

[56] STAA: OB Reg. 81/9.
[57] STAK: Abt. 403, Nr. 15839.
[58] STAA: OB Reg. 81/9: Brief vom 12. Sept. 1899.
[59] AA: Abt. IA, Preußen 2, Nr. 2r.

kirchlichen Interessen entgegenkommend erbat. Besonders betont hatte der Kardinal die Ausdehnung und die große Bevölkerungszahl des Kölner Erzbistums sowie die günstigen Vorbedingungen in Aachen. „Mit Rücksicht hierauf und angesichts der Wünsche der Bevölkerung würde es der Hl. Stuhl mit Freude erkennen, wenn die Königliche Regierung mit ihm in Verhandlungen träte, um auf der Grundlage der Bulle „De salute animarum" die Errichtung eines neuen Bistums im westlichen Teile des Erzbistums Köln mit dem Bischofssitz in Aachen zu vereinbaren"[60].
Somit hatte der Hl. Stuhl die Initiative ergriffen und um Verhandlungen über die Aachener Bistumsfrage mit Berlin gebeten.
Als Rotenhan am 25. Juli 1899 den Minister der auswärtigen Angelegenheiten Fürsten zu Hohenlohe-Schillingsfürst über sein Gespräch mit Rampolla und das Promemoria informierte, drückte er seine Verwunderung darüber aus, daß dieser Antrag zur Zeit der Sedisvakanz in Köln gestellt wurde. Rotenhan sprach sich gegen eine Verkleinerung der Kölner Erzdiözese aus, weil er eine Durchlöcherung der Bulle und mit der Zeit die Anträge weiterer Städte befürchtete[61].
Montel verstärkte noch die Bedenken Rotenhans, die dieser schon vier Tage nach seinem letzten Schreiben am 29. Juli 1899 Hohenlohe-Schillingsfürst mitteilte. Ganz vertraulich und geheim berichtete Rotenhan von einem Gespräch mit Montel. Dieser wußte, daß der Wunsch der Stadt Aachen, ein Bistum zu errichten, schon zur Zeit Melchers laut geworden war, wahrscheinlich aber unerfüllt blieb, weil der ehemalige Kölner Oberhirte widersprochen habe. Montel befürchtete weiterhin den Widerstand des neuen Kölner Erzbischofs, wenn man während der Sedisvakanz eine Änderung durchführe. Die größte Gefahr sah Montel jedoch in dem Versuch, die in der Bulle „De salute animarum" festgelegte Zirkumskription der preußischen Diözesen zu ändern. Wenn einmal ein Anfang gemacht sei, würde auch Österreich die Abtrennung des österreichischen Teiles des Breslauer Fürstbistums verlangen.

Diese Befürchtung Montels gewinnt an Gewicht, wenn man bedenkt, daß er mit dem Breslauer Kardinal Kopp befreundet war. Kopp war bemüht, sein Bistum, das wie das Kölner Erzbistum riesengroß geworden war, ungeteilt zu erhalten. Deshalb sprach sich Kopp auch mehrmals gegen eine Teilung der Kölner Erzdiözese aus[62].

Nach Ansicht Montels lag kein dringendes Bedürfnis für ein Bistum Aachen vor. Einen weiteren Kölner Weihbischof mit seinem Amtssitz in der Stadt Karls des Großen schlug Montel für den Fall vor, daß man den Aachener Wünschen unbedingt entgegenkommen wolle[63].

[60] Ebd.
[61] AA: Abt. IA, Preußen 2, Nr. 2r.
[62] AA: Abt. IA, Preußen 2, Nr. 2r: Brief Rotenhans vom 10. Okt. 1899; AA: Abt. IA, Preußen 2, Nr. 2b, Bd. 7: Brief Rotenhans vom 12. Sept. 1902.
[63] AA: Abt. IA, Preußen 2, Nr. 2r.

Auf der Kabinettsitzung vom 15. Aug. 1899 in Berlin tauchte die Aachener Bistumsfrage am Rande auf. Verhandelt wurde über die Aufstellung der Kandidatenliste nach dem Tod von Krementz. Die Regierung wollte nur zwei Kandidaten auf die Liste setzen. Dafür jedoch war eine Dispens aus Rom nötig. Unterstaatssekretär von Bartsch, der für den in Urlaub weilenden Minister Bosse über die Situation in Köln berichtete, war der Meinung, Rom werde sicherlich diese Dispens erteilen, wenn die Staatsregierung in der Aachener Bistumsfrage Entgegenkommen zeige. Finanzminister Miquel jedoch lehnte die Verkoppelung der Kölner Erzbischofswahl mit der Errichtung eines Bistums in Aachen energisch ab. Er betonte, daß es selbst in katholischen Kreisen über diesen Punkt ganz unterschiedliche Meinungen gebe und daß die Regierung sich in dieser Frage einstweilen ganz freie Hand bewahren müsse[64].
Die Preußische Regierung schob das Anliegen der Aachener vor sich her. Am 9. Okt. 1899 jedoch kam Rampolla in einem Gespräch mit Rotenhan wieder auf die Bistumsfrage zurück. Die treibenden Kräfte der Kaiserstadt hatten in ihrer Bittschrift erwähnt, die Königliche Regierung habe gegen die Errichtung eines Bistums in Aachen im allgemeinen nichts einzuwenden. Rampolla wollte wissen, ob diese Behauptung den Tatsachen entspreche. Rotenhan hatte noch keine Stellungnahme seiner Regierung zu dieser Frage. Er vermutete aber, sie wolle zunächst das Ende der Sedisvakanz in Köln abwarten, um die Ansicht des neuen Erzbischofs zu erfahren. In seinem Schreiben vom 10. Okt. an Hohenlohe-Schillingsfürst regte Rotenhan an, den Widerspruch des neuen Erzbischofs gegen die Verkleinerung seiner Erzdiözese nötigenfalls hervorzurufen. „Die Unfreundlichkeit der Ablehnung gegenüber den klerikalen Kreisen Aachens und der Kurie würde dann nicht auf die Regierung fallen“[65]. Der Außenminister leitete seinem Kollegen der geistlichen Angelegenheiten alle Informationen Rotenhans über die Aachener Bistumsfrage zu und erbat eine Stellungnahme. Am 20. Febr. 1900 schickte der Kultusminister eine Denkschrift an das Auswärtige Amt. Diese Ausführungen beantworteten die Frage, ob die Errichtung eines Bistums in Aachen den Staatsinteressen entspreche. Die Antwort des Ministers war ein entschiedenes Nein. In seiner Denkschrift führte er aus, daß die Errichtung eines Bistums in Aachen die erste wesentliche Abweichung von der Bulle „De salute animarum“ sei. Bisher habe die Regierung immer den Standpunkt vertreten, daß die durch die Bulle umschriebenen Bistümer und die hierfür festgesetzten Leistungen als feststehend anzusehen seien und daß es sich hierbei um eine geschlossene Dotation handle, daß also eine Erhöhung oder Erweiterung derselben grundsätzlich aus-

[64] AA: Abt. IA, Preußen 2, Nr. 2b, Bd. 5; Trippen, S. 314 f.
[65] AA: Abt. IA, Preußen 2, Nr. 2r.

geschlossen sei. Der Minister befürchtete, ein Verlassen dieses Standpunktes der „dotatio firma et festa" ziehe weitere Ansprüche der katholischen Kirche nach sich. Die Erhöhung der Gehälter und Bezüge für die Domherren, Domvikare und Geistlichen Räte sowie mehr Mittel zur Anstellung von Bürobeamten für die geistlichen Behörden hätte die Regierung schon mehrmals mit Hinweis auf die vorgenannte Bulle abgelehnt. Der Minister wies darauf hin, daß die Errichtung eines Bistums für die Provinzen Brandenburg und Pommern (bisher Delegaturbezirk von Breslau) vom kirchlichen Standpunkt aus genauso wünschenswert sei wie die Errichtung eines Bistums für den westlichen Teil der Kölner Erzdiözese. Auch der Finanzminister hatte sich entschieden gegen den Wunsch Aachens ausgesprochen. Der Kultusminister empfahl, den Plan auf sich beruhen zu lassen und nicht weiter auf ihn einzugehen[66].

Dieser Meinung schloß sich der Außenminister an, wie aus einer Aktennotiz hervorgeht, die er zur Denkschrift seines Kollegen niederschrieb. Diese Anmerkungen sind ein Meisterstück diplomatischer Verzögerungstaktik. Eine ablehnende Antwort an die Kurie wollte der Außenminister vermeiden, um die Metzer Bischofsfrage und das Problem der Errichtung einer katholischen Fakultät in Straßburg[67] nicht ungünstig zu beeinflussen. Daher war es seiner Meinung nach für Rotenhan bequemer, über die ablehnende Haltung der Regierung vorläufig keine Informationen zu besitzen. Dem Kultusminister wollte er später seine Ansicht mitteilen. Alle zwei Monate ließ sich der Außenminister diese Akte wieder vorlegen. Die Kurie kam auf ihr Anliegen vorerst nicht zurück[68].

In Aachen wartete man vergeblich auf eine Antwort. Veltman ließ sich die Akte „Errichtung eines Bistums" alle vier Wochen vorlegen. Eine Journalnummer folgte der anderen[69]. Aber es geschah nichts. Nach Ansicht des OB war die Preußische Staatsregierung grundsätzlich bereit, auf Antrag der geistlichen Behörden hin in Verhandlungen zu treten. Daß Rom das Anliegen der Aachener Bevölkerung befürwortete, hatte Veltman von Kanonikus Bellesheim erfahren. Papst Leo XIII. selbst hatte das dem Aachener Stiftsherrn und späteren Propst in einer Unterredung beteuert, die am 29. Nov. 1899 in Gegenwart von Steinhuber stattgefunden hatte[70]. Ebenso wußte der Aachener OB, daß auch Rampolla in mehreren Unterredungen mit Bock die Errichtung eines Bistums befürwortete und erstrebte[71]. Aachen mußte weiter warten und hoffen.

[66] Ebd.: Denkschrift des Ministers der geistlichen, Unterrichts- und Medizinalangelegenheiten vom 20. Febr. 1900.
[67] Klerikale und protestantische Kreise waren dagegen; vgl. Hanus, S. 391 f.
[68] AA: Abt. IA, Preußen 2, Nr. 2r.
[69] STAA: OB Reg. 81/9.
[70] STAA: OB Reg. 81/9: Brief Bellesheim an Veltman, 6. Dez. 1902.
[71] Brief an Rampolla vom 8. Dez. 1900 im Besitz von H. Heusch.

Widerstand aus Köln

Zu diesem Zeitpunkt, als in Berlin und Rom über die Aachener Bistumsfrage verhandelt wurde, tauchte eine neue, bisher falsch eingeschätzte Schwierigkeit auf: Der Kölner Erzbischof verweigerte seine Zustimmung zu diesem Plan.

Krementz, der eine Teilung gewünscht hatte, war am 6. Mai 1899 gestorben. Als die Wiederbesetzung des Kölner Stuhles sich über längere Zeit hinzog, vermutete man als Grund dieser Verzögerung die schwebenden Verhandlungen über die Abtrennung eines Bistums Aachen[72].

Diese Meinung vertrat die „Kölnische Zeitung" in einer Meldung vom 14. Aug. 1899, in der sie sich auf Informationen von wohlunterrichteter Seite berief. Der Verfasser dieses Artikels rechnete mit der Neuregelung während der Sedisvakanz und betonte, daß das Kölner Domkapitel die Abtrennung eines Bistums Aachen befürwortete. Genauso wie früher, als das Domkapitel vertraulich mit dieser Sache befaßt wurde, seien auch jetzt keine Schwierigkeiten von dieser Seite zu erwarten[73]. Sofort am nächsten Tag dementierte die in diesen Fragen meist besser informierte „Kölnische Volkszeitung" diese Meldung der liberalen „Kölnischen Zeitung" und betonte, daß das Kölner Metropolitankapitel weder früher noch jetzt, weder vertraulich noch offiziell mit dieser Angelegenheit befaßt worden sei[74]. Am folgenden Tag äußerte sich auch die „Germania" zu dieser Frage. Sie wies auf die langwierigen Dotationsverhandlungen hin, die vor der Errichtung eines Bistums Aachen geführt werden müßten und schlug vor, den Nachfolger des verstorbenen Erzbischofs mit der Durchführung der Abtrennung zu betrauen[75].

Ungewiß ist, ob sich das Kölner Metropolitankapitel gegen die geplante Teilung der Erzdiözese geäußert und in Berlin oder Rom konkrete Schritte unternommen hat. Laut Protokollbuch befaßten sich die Kölner Domkapitulare nie mit der Teilung der Erzdiözese und der Errichtung eines Bistums in Aachen[76]. Ungewiß ist weiter, ob sich die Preußische Staatsregierung oder der Hl. Stuhl in dieser Angelegenheit mit dem Kölner Kapitel in Verbindung setzten. Es ist bedauerlich, daß die für diese Fragen entscheidenden Unterlagen im letzten Krieg vernichtet wurden[77]. Ein direktes Zeugnis, aus dem die Haltung des Kölner Metropolitankapitels zur Aachener Bistumsfrage hervorgeht, gibt es leider nicht. Auf Grund einzelner Hinweise kann man nur vermuten, daß es die Errichtung eines Bistums in Aachen zu diesem Zeitpunkt ablehnte, weil es aus Prestigegründen die Erzdiözese groß und ungeteilt erhalten wollte.

72 „EdG", 1. Mai 1902, Nr. 313.
73 A.a.O., 14. Aug. 1899, Nr. 634, Ausschnitt: STAK: Abt. 403, Nr. 15839.
74 A.a.O., 15. Aug. 1899, Nr. 755. Ausschnitt: STAK: Abt. 403, Nr. 15839.
75 A.a.O., 16. Aug. 1899, Nr. 186 Ausschnitt: STAK: Abt 403, Nr. 15839.
76 MK: A II 8 VI (1887–1911).
77 Akte der Erzb. Registratur Köln: Cab. Reg. I, 9a, Vol. I.

Am 24. Okt. wurde der Paderborner Bischof Hubertus Simar zum Erzbischof von Köln erwählt. Am 14. Dez. wurde er von Papst Leo XIII. präkonisiert und am 20. Febr. 1900 mit dem Pallium bekleidet[78]. In seiner kurzen Amtszeit erlitten die Bemühungen um die Teilung der Erzdiözese einen Rückschlag. Die führenden Kreise der Aachener Bevölkerung hatten in den Bittschriften nach Berlin und Rom die Zustimmung der Kölner Kurie stillschweigend vorausgesetzt. In dem Schreiben an die Minister der Preußischen Staatsregierung vom 30. Juni 1899 heißt es: „Die große Zahl der Angehörigen und Pfarreien, die Schwierigkeit der Verwaltung dieser in ungewöhnlicher Entwicklung begriffenen Diözese hat die geistlichen Behörden in Köln und Rom von der Notwendigkeit einer solchen Teilung überzeugt“[79]. Im Brief des Oberbürgermeisters an Leo XIII. vom 8. Juli 1899 heißt es schon skeptischer: „Ich glaube, daß bei dieser Sachlage auch der Erzbischöfliche Stuhl zu Köln der Notwendigkeit der Teilung der Erzdiözese sich nicht verschließen wird und bin gewiß, daß Eure Heiligkeit bei dem großen Interesse, welches Sie stets der Entwicklung unserer heiligen katholischen Kirche in Deutschland und insonderheit auch in den preußischen Rheinlanden bewiesen haben, schon längst die Neuerrichtung eines Bistums am Niederrhein in Ihrem väterlich fürsorgenden Herzen erwogen haben“[80].

Eins stimmte: Leo XIII. war tatsächlich an dieser Frage interessiert. Die „Berliner Neueste Nachrichten“ griffen am 19. Juni 1900[81] eine Meldung der „Germania“ auf, die von einer Audienz in Rom berichtete. In diesem Artikel heißt es: „Als er (der Hl. Vater) von einem Priester hörte, daß er aus der Nähe von Aachen sei, sagte er: „Die Aachener wollen sich ja von Köln trennen und einen eigenen Bischof haben. Die Kölner Diözese ist auch zu groß“.

Diesen Gedanken griff Bock auf, als er am 8. Dez. 1900 eine Bittschrift an Rampolla richtete[82]. Er wies darauf hin, daß die Richtigkeit dieser Äußerung des Hl. Vaters von Köln aus angezweifelt würde. Bock nahm bezug auf die Unterredung, die er im Vorjahr mit Rampolla über die Aachener Bistumsfrage geführt hatte und zählte noch einmal die wesentlichen Gründe auf, die eine baldige Teilung dieser übergroßen Erzdiözese unbedingt erforderlich machten. Er bat den Kardinal, den Papst zu ermutigen, das berechtigte Anliegen der Aachener Bürgerschaft zu erfüllen. In diesem Bittgesuch heißt es u. a.: „In meiner Vaterstadt Aachen, der berühmten Residenz des großen Frankenkaisers Karl, vertraut man fest auf die Weisheit und auf die Festigkeit des Hl. Vaters, daß er sich nicht von der Durchführung der Errichtung eines Bistums Aachen abbrin-

[78] STAK: Abt. 403, Nr. 15924.
[79] STAA: OB Reg. 81/9.
[80] Ebd.
[81] Nr. 281, Abendausgabe.
[82] Kopie bei Heusch.

gen lasse. Die Stadt ist zu allen Opfern bereit, die behufs Erfüllung dieses ihres sehnlichsten Wunsches von ihr verlangt werden, und die in Berlin vorhandene e i n z i g e Schwierigkeit besteht re vera darin, daß das Domkapitel in Köln der Verkleinerung der Erzdiözese widerstrebt. Hört dieser Widerspruch auf, so wird die Sache in kürzester Zeit mit der Preußischen Staatsregierung zu ordnen sein".

Nicht nur das Metropolitankapitel widersetzte sich dem Gedanken einer Teilung des Erzbistums, auch der neue Erzbischof war gegen die Errichtung eines Bistums Aachen, und sein Widerspruch war gewichtiger als der des Kapitels. Gegen den Willen Simars wollte die Kurie keine Änderung durchführen.

Diese Entscheidung war schon gefallen, als Bock seine Bittschrift an Rampolla richtete. Einen Monat vorher war Simar anläßlich des Heiligen Jahres in Rom gewesen und hatte dort mit Rotenhan, Rampolla und Leo XIII. über die Aachener Bistumsfrage gesprochen. Über diese Unterredungen berichtete Rotenhan am 8. Nov. 1900 an den Preußischen Staatssekretär im Auswärtigen Amt Grafen von Bülow. In seinem Gespräch mit Rotenhan hatte der Kölner Erzbischof erkennen lassen, daß er gegen eine Abtrennung sei, die Stadt Aachen aber nicht verletzen wolle. Simar sah Schwierigkeiten in der finanziellen Ausstattung und besonders in der Zirkumskription einer Diözese Aachen, die bis nahe an die Tore Kölns heranreiche, auch wenn ihr nur ein kleiner Bezirk zugewiesen werde. Auf die Frage des Preußischen Gesandten, ob bei diesem Plan ein religiöses Bedürfnis oder mehr das Aachener Kommunalinteresse im Vordergrund stehe, bejahte Simar das letztere. Bei seinem Gespräch mit Leo XIII. verhielt sich der Kölner Erzbischof – wie Rotenhan berichtet – sehr zurückhaltend. Simar betonte, daß er die Entscheidung dieser Frage dem Hl. Stuhl überlassen müsse. Als Ausweg wies er auf die Möglichkeit hin, nötigenfalls einen Kölner Weihbischof in Aachen residieren zu lassen. Dieser Gedanke fand jedoch nicht die Zustimmung des Papstes, der schließlich meinte, die ganze Angelegenheit sei nicht so drängend und könne einschlafen. Auch Rampolla sprach mit Simar über die Aachener Bistumsfrage und teilte ihm mit, daß der Hl. Stuhl seinerzeit das Anliegen der Aachener Bürgerschaft der Preußischen Regierung vorgetragen habe mit dem Wunsch, diesbezüglich mit der Kurie in Verhandlungen zu treten. Eine Nachricht aus Berlin sei jedoch noch nicht erfolgt[83].

Kurz darauf teilte Leo XIII. Rotenhan mit, daß er mit dem Kölner Erzbischof über die Errichtung eines Bistums Aachen gesprochen habe. Der Papst erkundigte sich nach der Meinung der Preußischen Regierung zu dieser Frage. Rotenhan erwiderte, er habe noch keine Instruktion, vermu-

[83] AA: Abt. IA, Preußen 2, Nr. 2r: Brief Rotenhans vom 8. Nov. 1900. Original: AA: Abt. IA, Preußen 2, Nr. 2b, Bd. 6. Vgl. Trippen, S. 340.

te aber, daß seine Regierung zuerst abwarte, wie sich der neue Erzbischof zu diesem Problem stelle. Daraufhin sagte der Papst, Simar sei kein Freund dieses Plans und die Kurie werde nichts gegen seinen Willen unternehmen. Das beteuerte Leo XIII. mit dem Hinweis auf eine ähnliche Situation in Frankreich. Vor einiger Zeit sei auch in der sehr bevölkerten Gegend von St. Etienne, die zum Erzbistum Lyon gehört, der Wunsch laut geworden, ein Bistum zu gründen. Weil sich aber der Erzbischof von Lyon dagegen aussprach, habe der Hl. Stuhl auch diese Frage fallen lassen[84].

Die treibenden Kräfte der Kaiserstadt erfuhren nie, daß ihrem Anliegen vorerst keine Beachtung mehr geschenkt wurde. Ja, der Widerstand aus Köln rief ein verstärktes Bemühen der Aachener Bevölkerung hervor, die nun in immer größerer Zahl die Errichtung eines neuen Bistums wünschte. Zu Beginn der Neunziger Jahre war dieser Plan nur von einigen führenden Männern verfochten worden. Dieser Kreis wuchs an, als die Stadtverordnetenversammlung in der Sitzung vom 26. Mai 1899 die Errichtung eines Bistums in Aachen wünschte. Einer der Hauptinitiatoren, Leopold Janssen, starb am 18. Dez. 1900 unerwartet an einem Herzschlag. Bis zu seinem Tode war er in der Aachener Bistumsfrage unermüdlich tätig gewesen[85]. Sein großer Wunsch jedoch blieb lebendig. Im März des Jahres 1901 kamen die Vertreter der katholischen Kirchengemeinden der Stadt Aachen zusammen und verfaßten mit dem Oberbürgermeister eine neue Bittschrift an den Hl. Vater, in der sie sich einmütig hinter den Beschluß ihrer Stadtverordneten stellten und die Errichtung eines Bistums Aachen wünschten[86]. Dieses an Leo XIII. persönlich gerichtete Schreiben wurde aus einem unbekannten Grund nicht abgeschickt. Es zeigt aber, wie sich zu dieser Zeit der Gedanke und der Wunsch eines eigenen Bistums in der Aachener Bevölkerung verdichteten.

Der Verwirklichung dieses Wunsches aber stand zu diesem Zeitpunkt die ablehnende Haltung Kölns entgegen. In einem späteren Artikel über die Aachener Bistumsfrage sprach die „Rheinisch-Westfälische Zeitung" von einem „ganz patriotischen Wind", der unter Simar in Köln geweht habe. Dieses Blatt verwies auf einen Ausspruch des Erzbischofs, der erklärt habe, seine Diözese lasse sich in ihrer derzeitigen Größe ganz gut regieren[87].

Dabei zählten zu dieser Zeit schon über 2½ Millionen Gläubige zur Kölner Erzdiözese. Die von früheren Erzbischöfen erkannte Notwendig-

[84] AA: Abt. IA, Preußen 2, Nr. 2r und Abt. IA, Preußen 2, Nr. 2b, Bd. 6: Brief Rotenhans 28. Nov. 1900.

[85] „EdG", 18. Dez. 1900, Nr. 940, 2. Blatt.

[86] STAA: OB Reg. 81/9.

[87] A. a. O., 6. März 1907, Nr. 227, 3. Abendausgabe. Ausschnitt: STAK: Abt. 403, Nr. 15839.

keit einer Dezentralisation hätte man auch nun erkennen müssen. Eine Entlastung aber war auch zu erreichen, ohne in Aachen ein eigenes Bistum zu gründen. Wieder stand eine Ersatzlösung zur Diskussion. Das geht hervor aus einer Meldung des „Echo der Gegenwart" vom 21. April 1901. Von wohlunterrichteter Seite wurde diesem meist gut informierten Aachener Blatt versichert, „daß die Verhandlungen, die auf die Errichtung eines Bischofssitzes in Aachen hinzielten, vorläufig gescheitert seien. Die in Rom günstig aufgenommenen Vorschläge bezüglich der Errichtung eines Bistums Aachen seien bei der Erzbischöflichen Behörde in Köln auf entschiedenen Widerspruch gestoßen. Jedoch hätten die Verhandlungen insofern eine für Aachen erfreuliche Lösung gefunden, als die demnächstige Errichtung einer Erzbischöflichen Delegatur in Aachen ins Auge gefaßt worden sei"[88].

Es wäre falsch, die ablehnende Haltung Kölns dafür verantwortlich zu machen, daß die Aachener Bestrebungen scheiterten. Der entscheidende Widerstand kam vielmehr nach wie vor von der Preußischen Regierung, die an ihrer starren Interpretation der Dotationsbestimmungen sowie an der Unveränderlichkeit der Bulle „De salute animarum" festhielt und nicht davon abgehen wollte, auch wenn sie zuweilen wohlwollende Prüfung und Behandlung zusicherte. Allerdings muß man sagen, daß diese starre Haltung der Regierung, die eine Teilung der Kölner Erzdiözese und die Errichtung eines Bistums Aachen verhinderten, zu diesem Zeitpunkt dem Kölner Erzbischof, dem Metropolitankapitel und mehreren einflußreichen Laien zumindest nicht ganz ungelegen kam. Weil aber die Regierung ihre ablehnende Haltung durch hinhaltendes Taktieren verschleierte, glaubten die treibenden Kräfte Aachens noch immer an das anfangs versprochene Wohlwollen in Berlin und suchten den Herd aller Schwierigkeiten in Köln. Dieses kurzsichtige Aachener Grollen übersah, daß die Ablehnung ihres Anliegens in Köln zu diesem Zeitpunkt letztlich unerheblich war.

[88] „EdG", 21. April 1901, Nr. 287.

DAS JAHR 1902

Das wachsende Interesse der Aachener Bürgerschaft an der Bistumsfrage spornte Veltman und seine Mitarbeiter zu verstärkter Initiative an. Im Jahre 1902 erreichten die Bemühungen ihren Höhepunkt. Wichtige Ereignisse lösten viele Diskussionen aus und weckten neue Hoffnungen.

Zunächst brachte Mooren das Aachener Anliegen wiederum im Preußischen Landtag zur Sprache. Am 10. März 1902 meldete er sich bei der Beratung des Kultusetats zu Wort[1]. Mooren gab seiner Freude darüber

[1] Sten. Ber., (1902), III, Sp. 3005 ff.

Ausdruck, daß bei den Titeln „Evangelischer Oberkirchenrat" und „Evangelische Gemeinden" den wachsenden Bedürfnissen entsprechend stets höhere Summen etatisiert wurden. Er bat, den Wünschen der Katholiken mit dem gleichen Wohlwollen zu begegnen und verwies auf die längst notwendige Neueinteilung mehrerer Diözesen in Preußen. Er forderte diesmal nicht eigens die Errichtung eines Bistums Aachen, sondern sah diese Frage im Zusammenhang mit der Notwendigkeit, mehrere übergroß gewordene Diözesen zu teilen. Mooren nannte zunächst Köln, dann auch Breslau, Gnesen-Posen und Paderborn. Ihm war klar, daß die Initiative in dieser Frage nicht vom Landtag ausgehen konnte, wünschte aber, daß dem berechtigten Anliegen der Katholiken auf eine Anregung Roms hin gebührend Rechnung getragen würde.

Der Regierungskommissar, Ministerialdirektor Schwartzkopff, antwortete auf diese Rede Moorens, die von seinen Zentrumskollegen mit Beifall bedacht worden war. Er legte noch einmal präzise die schon bekannte starre Auffassung der Regierung dar. Er führte u. a. aus: „Die Frage der Bereitstellung von Staatsmitteln für den Unterhalt der katholischen Aufsichtsinstanzen, der Bischöfe und aller der damit zusammenhängenden Institute ist durch Vertrag dahin geregelt, daß eine „firma ac congrua dotatio"[2] gewährleistet ist. Nachdem in Ausführung der Bulle die „congrua dotatio" festgesetzt worden, ist diese als „firma" fest abgeschlossen, während — und darin liegt der Unterschied — die evangelische Kirche ohne jeden Rechtsanspruch rein auf die Liberalität und das Wohlwollen der staatlichen Faktoren bezüglich der Bereitstellung der staatlichen Mittel angewiesen ist. Ich glaube, wenn man der Sache auf den Grund geht, ist es immer noch sehr fraglich, ob bei der Art und in der Form, wie die Staatsmittel zur Verfügung der katholischen Kirche gestellt werden, diese nicht doch in der besseren Situation sich befindet"[3].

Der Zentrumsabgeordnete Dauzenberg lehnte diesen starren Standpunkt der Regierung als unhaltbar ab. Er betonte, daß das Zentrum nicht auf Grund eines Rechtsanspruchs neue, erhöhte Forderungen an die Staatsregierung stelle, sondern lediglich — wie die evangelische Kirche — aus Billigkeitsrücksichten die gesteigerten Bedürfnisse befriedigt sehen wolle[4].

Aber auch diese Diskussion brachte keine neuen Aspekte und zeigte wenig Hoffnung auf Erfolg. Das „Echo der Gegenwart" brachte am 12. März 1902[5] einen kurzen Auszug der Rede Moorens, ging aber nicht weiter auf diese Problematik ein.

[2] Vgl. Ebers, S. 228 f.
[3] Sten. Ber., (1902), III, Sp. 3008.
[4] Ebd. Sp. 3009.
[5] „EdG", 12. März 1902, Nr. 182.

Am 22. April 1902 verstarb der Aachener Stiftspropst Buschmann im Alter von 69 Jahren. Mehr als 40 Jahre hatte er segensreich in Aachen gewirkt[6]. Sein Tod löste erneute Diskussionen über die Aachener Bistumsfrage aus. Das heißt nicht, daß der Verstorbene den Verfechtern dieser Idee bisher im Wege stand. Buschmann hatte vielmehr die Errichtung eines Bistums in Aachen zeit seines Lebens befürwortet. Nach seinem Tod aber tauchte der alte Plan wieder auf, der vorsah, Aachen nach Art des Berliner — oder Frankfurter Delegaturbezirks vom Erzbistum Köln in der Verwaltung abzutrennen und die Würde des Aachener Stiftspropstes mit dem Amt eines Kölner Weihbischofs zu verbinden. Diesen Gedanken brachte das „Echo der Gegenwart", das am 1. Mai 1902[7] zum ersten Male in einem instruktiven Artikel die derzeitige verwickelte Problematik der Aachener Bistumsfrage aufrollte. Der unbekannte, aber gut unterrichtete Verfasser dieses Artikels berichtete zuerst über die Bemühungen, die in den neunziger Jahren von den einflußreichen Kreisen der katholischen Aachener Bürgerschaft ausgegangen waren und in Rom und in Berlin zu Verhandlungen geführt hatten, ohne jedoch den Beschluß der Stadtverordnetenversammlung vom 26. Mai 1899[8] zu erwähnen. Dann wies er auf die wohlwollende Haltung der Kölner Kardinäle Melchers und Krementz hin, sowie auf die positive Stellungnahme des Hl. Vaters zu diesem Anliegen der Aachener Bevölkerung. Der Verfasser hob die Verdienste Janssens hervor und ging dann näher auf die Haltung der Kölner Kurie ein. Er wußte aus zuverlässiger Quelle zu berichten, daß man mit dieser Frage bisher noch nicht offiziell an den Kölner Erzstuhl herangetreten war. „Die Verhandlungen schweben eben nur zwischen Berlin und Rom, und es ist klar, daß bei den jetzigen Verhandlungen über eine eventuelle Neubesetzung der Stiftspropststelle, die bekanntlich ohne die Vermittlung der Kölner Erzbischöflichen Behörde auch nur zwischen Rom und Berlin gepflogen werden[9], die bisherigen vertraulichen Beratungen über die Bistumsfrage wenn auch nicht die Grundlage bilden, so doch mit in Betracht kommen. Erst

[6] Vgl. S. 45.

[7] „EdG", 1. Mai 1902, Nr. 313, 1. Blatt: Die Errichtung eines Bistums Aachen. „Kölnische Volkszeitung", 1. Mai 1902, Nr. 391, diese Meldung ohne Kommentar.

[8] Vgl. S. 57 ff.

[9] Bei der Neubesetzung der Aachener Stiftspropststelle hatte der Kölner EB faktisch keinen Einfluß, im Gegensatz zu dem Verfahren bei der Besetzung der Kanonikate, die bei Erledigung in den geraden Monaten allein vom Kölner EB vergeben wurden. Diese Form der päpstlichen bzw. bischöflichen Kollation (= Besetzung) von Kapitelstellen geht auf Art. XXI der Bulle „De salute animarum" zurück. Bei der sog. „päpstlichen Kollation" ernannte der Preußische König den Propst oder den Domherren, erbat dann vom Bischof das Eignungszeugnis und ersuchte dann den Papst um die kanonische Verleihung der Stelle. Der Bischof durfte dieses Eignungszeugnis, welches nur bescheinigte, daß keine kanonischen Hindernisse für das Amt vorlagen, nicht verweigern. Dadurch hatte es praktisch keine Bedeutung. Vgl. Trippen, S. 6 f.

wenn es zur definitiven Feststellung der für ein Bistum Aachen erforderlichen rechtlichen und sachlichen Unterlagen kommt, wird man mit dem Kölner Erzstuhl in Verbindung treten, einerseits um den Konsens des Metropoliten und des Metropolitankapitels zu erhalten, andererseits um Vereinbarungen über die für ein Bistum Aachen einzustellenden Geldmittel aus den durch die Bulle „De salute animarum" vom Jahre 1821 dem Gesamtbistum zugestellten Fonds zu erzielen"[10].
Hiermit zeigte der Verfasser den juristisch korrekten Weg für die Errichtung eines Bistums auf. Der Hl. Stuhl mußte sich mit der Preußischen Regierung in Verbindung setzen, und erst nach einer grundsätzlichen Klärung und Bereitwilligkeit beider Seiten konnten Verhandlungen mit dem Kölner Erzbischof geführt werden. Die Vorfragen waren noch nicht geklärt. Das schloß aber keineswegs aus, daß Köln eine Aufteilung der Erzdiözese weiterhin ablehnte. Der Verfasser des Artikels im „Echo der Gegenwart" sah in der derzeitigen Vakanz der Stelle des Aachener Stiftspropstes eine neue Möglichkeit zur Lösung dieser Frage, die in Rom und Berlin jetzt wiederum erörtert werden sollte und ohne Zweifel demnächst zu einer Entscheidung über die Abgrenzung eines Bistums Aachen führen müßte. Großes Vertrauen für eine baldige Regelung dieser Frage setzte der Verfasser dieses Artikels auf den bevorstehenden Kaiserbesuch in Aachen. Er hoffte, daß der Kaiser in dieser Angelegenheit „ein gnädiges Machtwort" sprechen und im Einverständnis mit der Kurie eine allseits befriedigende Lösung der Bistumsfrage herbeiführen würde[11].
Am 11. Mai 1902[12] griff das „Echo der Gegenwart" wiederum die Aachener Bistumsfrage auf und berichtete über Pressestimmen zu seinem Grundsatzartikel vom 1. Mai. Die meisten größeren Tageblätter hatten referierend Notiz genommen, und nur wenige namhafte Zeitungen bezweifelten die Richtigkeit dieser Ausführungen. Kritik übte die „Frankfurter Zeitung", die berichtete, „daß diese Angelegenheit seit Jahr und Tag nicht um einen Schritt ihrer Verwirklichung näher gerückt ist und in absehbarer Zeit überhaupt nicht realisierbar erscheint. Weder die Staatsbehörde noch die kirchliche Behörde sind von der Notwendigkeit der Teilung der Erzdiözese Köln überzeugt, die Bejahung der Bedürfnisfrage seitens dieser beiden zunächst in Betracht kommenden Faktoren ist jedoch die unerläßliche Vorbedingung, um in Verhandlungen über die Frage einzutreten ... Einen Machtspruch des Kaisers würde man sich wohl weder in Köln noch in Rom gefallen lassen".
Die „Berliner Börsen-Zeitung" führte aus, „daß der Staat Preußen kein Interesse daran habe, die Zahl der katholischen Bischöfe in seinem

[10] „EdG", 1. Mai 1902, Nr. 313.
[11] Ebd.
[12] „EdG", 11. Mai 1902, Nr. 341; vgl. „Germania", 13. Mai 1902, Nr. 108.

Gebiete vermehrt zu sehen. Die Bewilligung von Staatsmitteln zur Errichtung eines neuen Bistums dürfte aber auf sehr entschiedenen Widerspruch stoßen ... In den bestehenden Verhältnissen lediglich im Interesse gewisser örtlicher klerikaler Aspiranten eine Änderung eintreten zu lassen, liegt kein Grund vor, wohl aber sprechen sehr gewichtige Bedenken dagegen. Der klerikale Einfluß ist so schon übermächtig genug in der Stadt Karls des Großen".

Diese beiden kritischen Pressestimmen zeigten die in Wirklichkeit vorhandenen Schwierigkeiten und die Haltung der Preußischen Staatsregierung auf. In der Aachener Lokalperspektive aber war der Wunsch zu sehr der Vater des Gedankens. Das „Echo der Gegenwart" tat diese Pressemeldungen als unsachlich und falsch informiert ab und glaubte weiterhin an eine baldige Lösung der Aachener Bistumsfrage.

Der plötzliche Tod Simars am 24. Mai 1902 nährte wiederum den Gedanken, während der Sedisvakanz zu einer schnelleren Entscheidung zu kommen. Vorerst aber unternahm man in Aachen keine neuen Schritte, weil man große Hoffnungen auf den bevorstehenden Kaiserbesuch setzte.

Wilhelm II., die Kaiserin, der Kronprinz und zahlreiches Gefolge kamen am 19. Juni 1902 zu einem Besuch nach Aachen. Die Bevölkerung bereitete ihnen einen glanzvollen Empfang. Kanonikus-Senior Prälat Dr. Bellesheim, der nach dem Tode Buschmanns die Geschäfte des Stiftskapitels leitete, begrüßte das Kaiserpaar am Wolfsportal des neuhergestellten Münsters und begleitete den hohen Besuch bei der Besichtigung des Domes. Auch beim Festessen im Kaisersaal des Aachener Rathauses war Bellesheim und das Stiftskapitel geladen. Es ist wahrscheinlich, daß Veltman anläßlich dieses Besuches den Blick des Kaisers auf die Aachener Bistumsfrage lenkte. Aus den vorhandenen Unterlagen[13] geht leider nichts hervor. Weder in den vorliegenden Festreden von Bellesheim und Veltman, noch in den Reden des Kaisers wird die Bistumsgründung erwähnt.

Einen Monat später, anläßlich der Aachener Heiligtumsfahrt vom 8.—24. Juli 1902, veranstaltete die Wahlgesellschaft Constantia am 15. Juli im großen Saal des Karlshauses eine Festversammlung zu Ehren der Reichs- und Landtagsabgeordneten des Zentrums, die in großer Zahl zur Verehrung der Heiligtümer nach Aachen gekommen waren. Aus mehreren Reden dieses Abends klangen deutliche Anspielungen auf die Rivalität zwischen Aachen und Köln in der Bistumsfrage[14]. Als Bellesheim auf die überzeitliche Bedeutung Karls des Großen zu sprechen kam, führte er u. a. aus: „Schlagen Sie seine Kapitularien auf, und Sie werden jenen

[13] DAA: A 1d II; „EdG", 17.—22. Juni 1902, Nr. 432—445.
[14] „EdG", 17. Juli 1902, Nr. 513.

Maßnahmen begegnen, die sich der Unterdrückten annehmen, die für die Waisen Schutz gewähren, die die Pilger in Herbergen führen, die jene Bistümer ins Leben riefen, die der Mittelpunkt der Sittlichkeit, der Kultur, der Religion, der Kunst und der Wissenschaft geworden sind. Und Sie, meine Herren, ist nicht dieser Geist Karls des Großen auf Sie übergegangen?" Auf diese Anspielungen antwortete der Vorsitzende des rheinischen Provinzialausschusses der Zentrumspartei, der Kölner Abgeordnete Justizrat Trimborn, in einer humorvollen, mit Mutterwitz gewürzten Rede. Er bemerkte: „Was kann ein Kölner nicht alles zum Preise von Aachen sagen ... Was sind denn die anderen rheinischen Städte gegen uns beide, Köln und Aachen (Heiterkeit) ... Wir haben uns, jeder auf seine Art, entwickelt. Aachen ist frommer als wir (Heiterkeit), viel frommer, das ist der Ruhm und Preis von Aachen unter allen deutschen Städten, daß sie die frommste ist. Während Aachen seine Heiligtümer feiert, feiern wir Karneval (Stürmische Heiterkeit). Damit ist der Unterschied zwischen uns gegeben, und daraus folgt eins, und das wollen Sie sich wohl merken, daß wir einen Bischof nötig haben, Sie aber keinen (Große Heiterkeit)." Aachens Oberbürgermeister parierte mit außerordentlichem Geschick und großer Schlagfertigkeit. Trimborn hatte von Aachen als dem netten Mädchen an der Grenze gesprochen. Veltman meinte nun, man müsse oft den Eindruck haben, daß dieses nette Mädchen allein in der Ecke stehe, weil man es vergessen habe. Als der Oberbürgermeister seine Befürchtungen äußerte, Aachen könnte hinter den anderen Städten der Rheinprovinz zurückbleiben, führte er aus: „Koblenz ist Sitz der Behörden, Düsseldorf hat die Landesverwaltung ..., Köln hat seinen Bischof, den der Herr Justizrat Trimborn sich ungeteilt erhalten möchte (Große Heiterkeit)." Trimborn war einer der eifrigsten und einflußreichsten Kölner Patrioten, die stolz waren auf die Größe ihrer Erzdiözese. Das geht aus einer Rede hervor, die er am 19. März 1903 anläßlich der feierlichen Inthronisation von Erzbischof Fischer hielt. Er sprach von der allgemeinen Freude, „die heute die ganze Erzdiözese erfüllt, von den Grenzen der Mark bis zum Wallonenland, von den Bergen der Eifel bis zur holländischen Niederung"[15].
Eine Woche nach dieser Festversammlung der Constantia, am 23. Juli 1902, tagte die Aachener Stadtverordnetenversammlung. In der geheimen Sitzung, die sich der öffentlichen anschloß, faßte sie folgenden Beschluß: „Nachdem durch den Tod des hochwürdigsten Herrn Erzbischofs von Köln, Dr. Simar, der Kölner Erzbischöfliche Stuhl abermals erledigt ist, wiederholt die Stadtverordnetenversammlung ihren Beschluß vom 26. Mai, indem sie neuerdings den Wunsch ausspricht, daß der Sitz eines neu zu errichtenden Bistums nach Aachen verlegt wird und erklärt, daß

[15] Ley, S. 578.

für diesen Fall dem Bischof die Wohnung seitens der Stadt Aachen zur Verfügung gestellt werden soll"[16].
Veltman teilte diesen Beschluß nicht zuerst – wie im Juni 1899 – den Ministern der Preußischen Staatsregierung mit, weil diese erst reagieren wollte, wenn vom Hl. Stuhl ein Gesuch um Teilung der Kölner Erzdiözese vorlag. Er wandte sich vielmehr sofort nach Rom, weil er vom Hl. Stuhl eine Anregung dieser Frage in Berlin erreichen wollte. Veltman konnte nicht wissen, daß das schon am 25. Juli 1899 offiziell erfolgt war. Deshalb richtete er noch am gleichen Tag ein Schreiben an Rampolla[17]. Er erinnerte an den Beschluß der Stadtverordnetenversammlung vom 26. Mai 1899 und an die Bittschrift, die er am 8. Juli 1899 an den Hl. Vater persönlich gerichtet hatte. Er zählte wiederum die schon bekannten Vorzüge auf, die Aachen als Sitz eines Bistums aufweisen konnte und führte Zahlen an, die darlegten, daß die Kölner Erzdiözese übergroß und für einen Bischof unüberschaubar geworden war. Der Oberbürgermeister teilte dem Kardinalstaatssekretär mit, daß die Teilung der Erzdiözese bei der derzeitigen Vakanz in öffentlichen und privaten Kreisen besprochen würde und fügte den erneuten Beschluß der Stadtverordnetenversammlung bei. Weiterhin wies Veltman darauf hin, daß eine hochherzige Dame inzwischen der Stadt Aachen ein geräumiges und würdig ausgestattetes Haus in günstiger Lage als Bischöfliches Palais testamentarisch vermacht hatte. Der Oberbürgermeister bat Rampolla, die Teilung der Erzdiözese zu veranlassen und in Aachen ein neues Bistum zu errichten. Zur Bekräftigung des erneuten Beschlusses der Stadtverordnetenversammlung fügte er eine Präsenzliste mit den vollen Titeln aller Mitglieder bei.
Am folgenden Tag, am 24. Juli 1902, wandte sich Veltman an den Geschäftsträger des Hl. Stuhles am Bayerischen Hof in München, Nicotra. Er legte eine Abschrift des Gesuchs bei, das er am 8. Juli 1899 an den Hl. Vater gerichtet hatte, sowie die beiden Beschlüsse der Stadtverordnetenversammlung. Er führte die schon im Schreiben an Rampolla erwähnten Gründe an, die seines Erachtens nach die Errichtung eines Bistums Aachen erforderlich machten, und bat Nicotra, sich wohlwollend für dieses Anliegen der Aachener Bürgerschaft einzusetzen. Die Sedisvakanz hielt Veltman für besonders geeignet, eine baldige Lösung der Bistumsfrage herbeizuführen[18].
Schon drei Tage später, am 27. Juli 1902, antwortete Nicotra[19]. Er versprach, das Anliegen der Aachener Bevölkerung beim Hl. Stuhl zu unterstützen und teilte Veltman mit, daß er diesbezüglich schon persön-

[16] Protokolle der Stadtverordnetenversammlung von 1902: Nr. 324, S. 64; STAA: OB Reg. 81/9.
[17] STAA: OB Reg. 81/9.
[18] STAA: OB Reg. 81/9.
[19] Ebd.

lich an Rampolla geschrieben habe. Nicotra war der Ansicht, daß der Hl. Stuhl trotz der schwerwiegenden Gründe erst dann eine Entscheidung treffen könnte, wenn die Dotation der neuen Diözese gesichert sei.
Eine schriftliche Antwort aus Rom erfolgte nie. Privat jedoch wurde dem Oberbürgermeister die Meinung Nicotras bestätigt. Der Hl. Stuhl wollte erst dann in dieser Angelegenheit eine Entscheidung fällen, wenn die Dotationsfrage geregelt war. Das geht aus einem Brief hervor, den Veltman am 3. Sept. 1902 an den Aachener Regierungspräsidenten von Hartmann schrieb[20].
Nach Ansicht des Aachener Oberbürgermeisters wartete Rom auf eine Klärung dieser Frage in Berlin, Berlin auf eine Anregung aus Rom. Veltman aber wollte nicht untätig zusehen und abwarten. Unermüdlich war er bereit, jetzt in Berlin einen erneuten Vorstoß zu wagen. Willkommener Anlaß dazu bot ihm eine Falschmeldung der „Germania“[21], die am 15. Aug. 1902 eine Notiz des „Berliner Tageblatts“ aufgriff. Demnach sollte in der Aachener Bistumsfrage ein wichtiger Schritt zur Verwirklichung dieses Zieles getan sein, weil die Aachener Stadtverordnetenversammlung zur Bestreitung der Kosten 300 000 Mark bewilligt habe. Diesen Artikel schickte Oberpräsident Nasse am 18. Aug. 1902 an Hartmann und bat ihn, sich zu dieser Meldung zu äußern[22]. Der Regierungspräsident leitete den Zeitungsartikel am 22. Aug. 1902 weiter an Veltman[23]. In seiner Antwort vom 3. Sept. dementierte der OB die Nachricht der „Germania“ und wies darauf hin, daß die Stadt Aachen einem Bischof lediglich die Wohnung zur Verfügung stellen wolle. Er erinnerte an die Bittschrift vom 30. Juni 1899 an den Preußischen Minister der geistlichen, Unterrichts- und Medizinalangelegenheiten. Abschriften dieses Schreibens hatte Veltman damals auch Nasse und Hartmann zugehen lassen. Er erwähnte, daß er auf dieses Schreiben weder aus Berlin noch aus Rom eine schriftliche Antwort erhalten habe. Er unterrichtete Hartmann über die Haltung des Hl. Stuhls, die er privatim erfahren hatte, und war gewillt, jetzt über die Aachener Regierung und den Koblenzer Oberpräsidenten einen neuen Vorstoß in Berlin zu unternehmen. „Mir ist nicht bekannt“, so schrieb Veltman, „ob und inwieweit etwa nach dieser Richtung hin bereits Verhandlungen bei der Königlichen Staatsregierung schweben und erlaube mir deshalb für den Fall, daß es etwa einer diesbezüglichen Anregung noch bedürfen sollte, den Antrag zu stellen, es möge jetzt, nachdem die Vakanz des Erzbischöflichen Stuhles in Köln neuerdings die Gelegenheit und den Anlaß zur Teilung der Erzdiözese bietet, die Dotierung des neuen Bischofs in Aachen festgesetzt und die

[20] Ebd.
[21] A.a.O., 15. Aug. 1902, Nr. 187. Als Ausschnitt: STAA: OB Reg. 81/9 und STAK: Abt. 403, Nr. 15839.
[22] STAA: OB Reg. 81/9 und STAK: Abt. 403, Nr. 15839.
[23] STAA: OB Reg. 81/9.

Errichtung eines Bistums Aachen mit dem Hl. Stuhl vereinbart werden"[24]. Aber auch diese Spur führte nicht zum Ziel. Nasse kam diesem Wunsch Veltmans nicht nach. Er unternahm keine weiteren Schritte[25].
Viel wohlwollender wurden die erneut vorgetragenen Wünsche der Aachener Bevölkerung in Rom aufgenommen. Veltman fand — ohne daß er es wissen und ahnen konnte — in Rampolla einen eifrigen Gesinnungsgenossen, der seinen Plan befürwortete und mit allen ihm zur Verfügung stehenden Mitteln verwirklichen wollte. Wahrscheinlich hat Veltman nie etwas davon erfahren.
Als Rampolla die Aachener Denkschrift vom 23. Juli 1902 erhalten hatte, griff er in seinem nächsten Gespräch mit dem Vertreter der Preußischen Gesandtschaft die Bistumsfrage wieder auf. Flotow, der Rotenhan bei diesem Gespräch vertrat, berichtete am 19. Aug. 1902 darüber an den Staatssekretär des Auswärtigen Amtes von Bülow. Flotow wunderte sich über die entschiedene Haltung und die energische Bestimmtheit, mit der Rampolla die baldige Abtrennung eines Bistums Aachens von der Kölner Erzdiözese als lebhaften Wunsch des Päpstlichen Stuhles darstellte. Nach Flotows Ansicht neigte Rampolla im allgemeinen nicht dazu, neue Pläne zu entwickeln oder bestehende Zustände abzuändern. Bei diesem Gespräch unterrichtete Rampolla den preußischen Vertreter von der erneuten Bittschrift aus Aachen und sprach die Vermutung aus, daß seine Regierung diesem Gedanken anscheinend keine große Neigung entgegenbringe. Rampolla betonte, „der Päpstliche Stuhl halte die Abtrennung für eine unbedingte Notwendigkeit" und „den gegenwärtigen Augenblick für den denkbar geeignetsten zur Ausführung des Gedankens, denn es sei verständlich, daß ein neuer Erzbischof von Köln dem Projekt nicht mit ganz ungeteilten Gefühlen gegenüberstehen könnte"[26].
Bülow leitete diesen Bescheid am 24. Aug. an Kultusminister Studt weiter. Er vermerkte, auf Dauer werde „die Erteilung einer Antwort auf die bereits im Jahre 1899 erfolgte amtliche Anregung der Sache von Seiten der Kurie nicht zu vermeiden sein". Er bat Studt zu erwägen, ob die schwebenden Überlegungen wegen einer Erhöhung der Bezüge für die Domherren im Sinne einer dilatorischen Einrede gegenüber der Aachener Bistumsfrage verwertet werden könnten[27]. Damit war Studt jedoch nicht einverstanden, wie aus seinem Antwortschreiben hervorgeht, mit dem er sich bis zum 11. Nov. Zeit ließ. Studt meinte, Rampolla würde diesem Vorschlag sicherlich sofort zustimmen, ebenso gewiß aber später wieder auf die Bistumsgründung zurückkommen. Der Kultusminister empfahl, eindeutig und klar zu erklären, daß der Aachener Bistums-

[24] Ebd.
[25] STAK: Abt. 403, Nr. 15839.
[26] AA: Abt. IA, Preußen 2, Nr. 2r.
[27] Ebd.

plan der Staatsregierung nicht genehm sei. Er führte diesselben Begründungen an wie in der Denkschrift vom 20. Febr. 1900. Als gewichtigstes Argument zählte wieder, daß kein Präzedenzfall durch eine Änderung der Bulle „De salute animarum" geschaffen werden dürfe. In einem historischen Exkurs wies Studt nach, daß auch die früheren Bemühungen der Stadt Aachen aus diesem Grunde stets abgelehnt worden seien. Die von Aachen vorgebrachten Gründe waren für ihn „wesentlich lokaler Natur" und konnten deswegen für die Entschließung der Regierung nicht maßgebend sein. Studt meinte, bei einer erneuten Anfrage solle der Gesandte dem Kardinalstaatssekretär in diesem Sinne antworten[28].
Dieses Schreiben des Kultusministers schickte Bülow am 20. Nov. 1902 vertraulich an den Breslauer Erzbischof Kopp, von dem er wußte, daß er auch gegen eine Teilung der Kölner Erzdiözese war[29].
Am gleichen Tag sandte Bülow einen Brief an Rotenhan, in dem er ihm zu seiner persönlichen Information die Stellungnahme der Regierung zur Aachener Bistumsfrage darlegte. Nur wenn sich eine Antwort nicht länger umgehen lasse, sollte Rotenhan in mündlicher Form die ablehnende Haltung zum Ausdruck bringen. Als Begründung mußte Rotenhan drei Argumente anführen, die den wahren Hauptgrund verschleiern sollten. Zuerst sollte er darauf hinweisen, daß der weitere Zusammenhang zwischen der rechts- und linksrheinischen Bevölkerung in der Erzdiözese eine staatspolitische Notwendigkeit sei. Zweitens dürfe die historische Bedeutung des Kölner Stuhles nicht herabgemindert werden, und vor allem befürchte die Regierung Ansprüche Österreichs auf Abtrennung von Teilen der Diözese Breslau[30].
Als Rampolla kurz darauf in einem Gespräch mit Rotenhan „wieder mit Wärme von der Errichtung eines Bistums Aachen" sprach, gelang es dem Vatikangesandten noch einmal — getreu seinem Auftrag — die Stellungnahme seiner Regierung zu verschweigen. Er äußerte lediglich, die Wünsche des neuen Erzbischofs seien noch nicht bekannt[31]. Bei einer erneuten Anfrage wollte Rotenhan im befohlenen Sinne verfahren[32].
Als der Papst selbst ihm wenige Tage später wieder die Wünsche des Hl. Stuhls für die Errichtung eines Bistums Aachen darlegte, drückte Rotenhan das Bedauern seiner Regierung aus, diesem Anliegen nicht entsprechen zu können. Er trug die Gründe für die Ablehnung vor und hatte den Eindruck, daß das letzte Argument (die befürchteten Ansprüche Österreichs an das Fürstbistum Breslau) auf den Papst Eindruck machte[33].

[28] Ebd.
[29] AA: Abt. IA, Preußen 2, Nr. 2r.
[30] Ebd.
[31] Weihbischof Dr. Fischer am 6. Nov. 1902 EB. Inthronisation am 19. März 1903.
[32] AA: Abt. IA, Preußen 2, Nr. 2r: Rotenhan an Bülow am 17. Dez. 1902.
[33] Trippen, S. 412, vermutet, daß Kard. Kopp den Hl. Vater an den Erträgen der reichen Besitzungen des Breslauer Stuhls in Österreich und Schlesien zu beteiligen pflegte.

Sofort nämlich, ohne jede weitere Frage und Diskussion habe Leo XIII. geantwortet: „Nun gut! Dann lassen wir die Sache beruhen. Unser Vorschlag entspringt hauptsächlich den Wünschen aus der Rheinprovinz. Allerdings wird es dem Erzbischof schwer, die Arbeit in der großen Diözese zu bewältigen". Rotenhan wies wieder auf die Möglichkeit hin, nötigenfalls einen weiteren Kölner Weihbischof zu ernennen. Auf diesen Vorschlag jedoch ging der Papst nicht ein[34].
Drei Tage später berichtete Rotenhan dem Kardinalstaatssekretär, daß Leo XIII. nach dem Gespräch vom 30. Dez. die Sache auf sich beruhen lassen wolle. Rampolla jedoch versuchte nochmals einen Ausweg und schlug vor, die Erzdiözese Köln im jetzigen Zustand zu belassen, aber einen Weihbischof nach Aachen zu setzen. Dazu bemerkte Rotenhan, „das sei der verschleierte Beginn der Zerstückelung des Erzbistums". Daraufhin lachte der Kardinal und ließ das Gespräch fallen[35].
Mit diesem Gespräch sanken die Hoffnungen der engagierten Kreise der Stadt Aachen. Selbst der Einsatz des Hl. Vaters und seines Kardinalstaatssekretärs für die Errichtung eines Bistums in Aachen waren vergeblich gewesen. Alle Bemühungen waren an der unnachgiebigen Haltung der Preußischen Regierung gescheitert, die noch immer den Wünschen ihrer katholischen Bürger äußerst reserviert gegenüberstand, die nicht gewillt war, ein 80 Jahre altes Gesetz den veränderten Verhältnissen anzupassen und die berechtigte kirchliche Anliegen und Interessen äußerlich stets wohlwollend und entgegenkommend in Erwägung zu ziehen versprach, letztlich jedoch, nach langem taktischem Zögern, nur finanzielle und politische Gesichtspunkte gelten ließ.
Der Hl. Stuhl sah ein, daß weiteres Bemühen sinnlos war und wollte vorerst keine neuen Schritte unternehmen. In seiner Benachrichtigung an Studt deutete Bülow diese Zusicherung des Papstes als Akt des Entgegenkommens[36].
Weder aus Rom noch aus Berlin erhielt der Aachener Oberbürgermeister eine Nachricht vom Scheitern seines Bemühens. Mit dem Ende der Kölner Sedisvakanz jedoch sanken die Hoffnungen in Aachen. Der bisherige Kölner Weihbischof Antonius Fischer war am 6. Nov. 1902 zum neuen Erzbischof erwählt worden. Am 14. Febr. 1903 wurde er vom Papst bestätigt, am 19. März inthronisiert und mit dem Pallium bekleidet[37].
Zum Kölner Weihbischof ernannte Leo XIII. am 30. April 1903 Joseph Müller und nicht — wie vielfach erwartet — den Aachener Stiftspropst. Als solcher war mittlerweile der bisherige Kanonikus-Senior Alphons Bellesheim ernannt und am 10. Dez. 1902 eingeführt worden.

[34] AA: Abt. IA, Preußen 2, Nr. 2b, Bd. 7 (Original); AA: Abt. IA, Preußen 2, Nr. 2r (Kopie): Brief Rotenhans an Bülow 30. Dez. 1902. Vgl. Trippen, S. 412.
[35] Original und Kopie ebd.: Brief Rotenhans an Bülow 2. Jan 1903. Vgl. Trippen, S. 412.
[36] AA: Abt. IA, Preußen 2, Nr. 2b, Bd. 7: Brief vom 15. Jan. 1903.
[37] Schmitz, S. 84 ff.; Trippen, S. 358 ff.

Bellesheim war am 16. Dez. 1839 in Monschau geboren, bestand im Jahre 1858 auf dem Gymnasium in Düren das Abitur, studierte anschließend Theologie in Bonn und Tübingen und wurde am 1. Sept. 1862 in der Kölner Minoritenkirche von Weihbischof Baudri zum Priester geweiht. Sofort nach der Weihe ging er zum weiteren Studium nach Rom und wurde dort im Januar 1865 zum Doktor beider Rechte promoviert. Nach seiner Rückkehr wurde er Domvikar und am 30. Dez. Sekretär am Erzbischöflichen Offizialat. Unter Melchers war Bellesheim Sekretär am Generalvikariat und erster Zeremoniar der Metropolitankirche. Bei der Verhaftung des Erzbischofs in der Karwoche 1874 war er anwesend. 1881 und 1884 erhielt er die Erlaubnis zu mehrmonatigen Aufenthalten in Rom, wo er im Vatikanischen Archiv Stoff sammelte für seine Arbeiten über die Geschichte der katholischen Kirche in Schottland und Irland. Am 6. März 1886 wurde er als Stiftsherr in Aachen installiert, am 7. Juli 1887 in Münster zum Doktor der Theologie promoviert und am 20. Juli 1895 zum Päpstlichen Hausprälaten ernannt[38]. Nach dem Tode des Kölner Domherrn Dubelmann am 10. Nov. 1895 hatte Krementz Bellesheim für diese vakante Stelle vorgesehen. Rampolla befürwortete diese Ernennung, die der Preußische König vornehmen mußte. Als höchst ultramontan wurde der Aachener Stiftsherr jedoch von der Regierung abgelehnt[39]. Bellesheim war einer der eifrigsten Mitarbeiter der kath. Monatszeitschrift „Der Katholik“. Viele Artikel, Briefe und Besprechungen schrieb er für diese Zeitschrift[40].
Bellesheim befürwortete die Errichtung eines Bistums Aachen. Er kannte die Verhältnisse in Rom und Köln und stand mit dem Aachener Oberbürgermeister in regem Gedankenaustausch. Am 29. Nov. 1899 hatte er selbst bei einer Audienz in Rom die Aachener Bistumsfrage mit dem Hl. Vater und Kardinal Steinhuber besprochen und den Papst auf die Notwendigkeit, die Kölner Erzdiözese zu teilen, hingewiesen[41]. Bellesheim hielt auch weiterhin Kontakt mit Steinhuber. Am 6. Dez. 1902, vier Tage vor seiner Installation zum Stiftspropst, schickte er dem Oberbürgermeister einen Brief von Steinhuber zur gefälligen Kenntnisnahme, in dem der Kardinal versicherte, sich weiterhin für die Lösung der Aachener Bistumsfrage einzusetzen. Resignation spricht aus diesen Zeilen des Propstes an den Oberbürgermeister. Nach dem, was schon alles geschehen war, erschienen ihm weitere Empfehlungen in Rom unnütz. Dennoch gab er nicht die Hoffnung auf. Weiterhin vertraute er dem Einfluß Steinhubers. Es klingt so, als wolle der Stiftspropst den Oberbürgermeister trösten, als er schrieb: „Wenn ein Kirchenfürst von den hohen sittlichen Idealen, von der umfassenden theologischen und kanonistischen Gelehr-

[38] „EdG“, 29. Nov. 1902, Nr. 875.
[39] AA: Abt. IA, Preußen 2, Nr. 2b, Bd. 5.
[40] A. a. O., (1912), S. 216.
[41] STAA: OB Reg. 81/9.

samkeit, von der an der ganzen Kurie anerkannten Geschäftsgewandtheit und dem reinen Eifer des Herrn Kardinal Steinhuber sich so warmen Ausdrücken über diese Frage ergeht, dann dürfte dieselbe doch des Schweißes der Edlen wert sein"[42].
Veltman ließ sich seitdem die Akte „Errichtung eines Bistums Aachen" in immer größer werdenden Zeiträumen vorlegen[43].
Allen Bemühungen im Jahre 1902 blieb der Erfolg versagt. Der Tod von Stiftspropst Buschmann und Erzbischof Simar, sowie der Kaiserbesuch schienen verheißungsvolle Möglichkeiten zu eröffnen. Alle Spuren verliefen jedoch im Sande. Offiziell ist weder aus Rom noch aus Berlin je eine Antwort in Aachen angekommen. Wahrscheinlich haben die Vorkämpfer der Bistumsgründung auch nie erfahren, wie sehr Rampolla ihr Anliegen unterstützt hat und mit welcher diplomatischen Hinhaltetaktik die Regierung einen Erfolg verhinderte. Dennoch ahnten Veltman und seine Leute die Hauptschwierigkeit, die sie zurecht darin sahen, daß die Regierung der letztlich entscheidenden Dotationsfrage immer wieder auswich und sich in diesem Punkt nicht einmal auf Verhandlungen einließ[44]. Daß die Kölner Kurie die Erzdiözese nicht teilen wollte, spielte letzlich nur eine untergeordnete Rolle.

[42] Ebd.
[43] Ebd.
[44] Ebd.

RESIGNATION UND NEUE HOFFNUNG 1909 UND 1912

In den folgenden Jahren wurde es ruhig um die Aachener Bistumsfrage. Die bis dahin begangenen Wege hatten zu keinem Ziel geführt. Veltman ergriff vorerst keine neue Initiative. Der Wunsch blieb dennoch lebendig. Deshalb machten sich die führenden Männer Aachens Gedanken, wie man auf andere Weise als bisher zu einem Ergebnis kommen könnte. Das geht hervor aus einer Rede des Eupener Bürgermeisters Mooren, der die Wünsche der Aachener Bevölkerung und insbesondere die Bistumsfrage wiederholt im Preußischen Landtag vertreten hatte.
Am 23. Nov. 1904 wurde dort ein Gesetzentwurf betr. die Errichtung eines Oberlandesgerichts in Düsseldorf diskutiert. Die Kölner Abgeordneten, ganz besonders Justizrat Trimborn, hatten sich energisch gegen die Teilung des Oberlandesgerichts gewehrt, weil sie einen nicht wieder gutzumachenden Prestigeverlust Kölns befürchteten. Theodor Mooren, Zentrumsabgeordneter des Wahlkreises Köln II, begrüßte aber die Teilung sowie die Neuerrichtung in Düsseldorf und versuchte in einer langen Rede, seine Kollegen zu beschwichtigen[1]. Zum Schluß dieser

[1] Sten. Ber., (1904/05), V, Sp. 7372 ff. „EdG", 29. Nov. 1904, Nr. 865.

Ausführungen schnitt er sein Lieblingsthema, die Aachener Bistumsfrage, wieder einmal an. Dabei ließ er durchblicken, daß die Aachener Bemühungen in Zukunft auf einem anderen Weg zum Ziel führen sollten. Mooren führte u. a. aus: „Neue Verhältnisse, neue Verpflichtungen! Nicht scheint der Zeitpunkt ferne zu sein, wo sich Köln auch mit dem Gedanken vertraut machen muß, einen Teil seiner kirchlichen Oberhoheit nach Aachen hin abzugeben (Widerspruch und Lachen im Zentrum). — Heute lachen Sie dazu, lieber Herr Kollege Trimborn; aber die Verhältnisse werden es schon mit sich bringen. Auch hier werden sie stärker sein als die Menschen. Dann haben wir ja glücklicherweise in diesen Hallen darüber keinen neuen Kampf auszufechten, das wird anderswo auf diplomatischem Wege geschehen. Ich führe das nur an, um daraus zu beweisen, daß solche gebieterischen Anforderungen, die sich mit Macht Bahn brechen und heute belächelt, nicht allein durch Kammerdebatten und parlamentarische Einflüsse geregelt werden. Qui vivra verra! So ist die Situation[2]"!

Unklar bleibt, welchen Weg Mooren vor Augen hatte. Aus seinen Worten jedoch spricht eine unerschütterliche Hoffnung, die er aber nicht mehr erfüllt sehen konnte. Theodor Mooren starb am 29. Aug. 1906 in Bad Wildungen im Alter von 73 Jahren. Nahezu 40 Jahre hatte er im parlamentarischen Leben gestanden. Von den Abgeordneten des Regierungsbezirks Aachen brachte in den folgenden Jahren keiner mehr die Bistumsfrage im Preußischen Landtag zur Sprache, nicht einmal der Pfarrer von St. Luzia in Stolberg und spätere Stiftspropst Dr. Franz Kaufmann[3], der am 16. Juni 1908 als Kandidat des Zentrums im Wahlkreis Aachen II (Eupen, Aachen Stadt und Land) in das Abgeordnetenhaus gewählt wurde. Kaufmann betätigte sich im Landtag besonders auf kirchenpolitischem Gebiet. Bei jeder Beratung des Kultusetats ergriff er das Wort. Zur Aufteilung der Kölner Erzdiözese aber hat er kein einziges Mal öffentlich Stellung genommen. Die grundsätzlich ablehnende Haltung der Preußischen Regierung hatte sich nicht geändert. Darum hatte es vorerst keinen Sinn, die alles entscheidende Dotationsfrage noch einmal im Landtag anzuschneiden.

Im August des Jahres 1909 war die Aachener Bistumsfrage wieder für kurze Zeit aktuell. Vom 4. bis zum 8. Aug. feierte man in Köln den Eucharistischen Kongreß. Als päpstlichen Legaten entsandte Pius X. den Kardinal Vincenz Vannutelli. In den ersten Tagen dieses Monats veröffentlichte das den Katholiken nicht wohl gesonnene „Berliner Tageblatt" einen Artikel mit der Überschrift „Vannutellis Mission". Es berichtete, daß der Legat in Köln Verhandlungen führen solle, weil die Kurie ernsthaft beabsichtige, die Kölner Erzdiözese zu teilen und das ehemali-

[2] Sten. Ber., (1904/05), V, Sp. 7377.

[3] Zur Person und Wirksamkeit Kaufmanns: S. 87 f.

ge Bistum Aachen wiederherzustellen[4]. Die katholikenfreundlichen Aachener Blätter dementierten diese Nachricht oder gaben sie nur mit Vorbehalten weiter. Die „Kölnische Volkszeitung" bezeichnete diese Meldung sogar als Unsinn. „Niemand denke an eine Entlastung der Erzdiözese, die übrigens auch kein Bedürfnis sei. Sollte ein solches vorliegen, könnte es auf andere Weise einfacher befriedigt werden"[5].

Trotz dieser Dementis brachte die „Kölnische Zeitung" in der zweiten Morgenausgabe vom 6. Aug. 1909 einen einschlägigen Artikel, der in den Aachener Zeitungen neue Diskussionen auslöste. Diese Meldung hatte folgenden Wortlaut: „Die Anwesenheit des päpstlichen Legaten, des Kardinals Vannutelli, auf dem Eucharistischen Kongreß in Köln dürfte dazu dienen, eine Neuordnung in der Kölner Erzdiözese zu erörtern und vielleicht auch zum Abschluß zu bringen. In einer Denkschrift des Aachener Stadtrats und des Oberbürgermeisters von Aachen an den Vatikan ist die Bitte ausgesprochen, es möchte das alte Aachener Bistum wiederhergestellt werden. Wie wir aus zuverlässiger Quelle erfahren, interessiert sich der Papst außerordentlich für die Aachener Bistumsfrage, da er die Kölner Erzdiözese für zu groß hält, als daß sie in einer von ihm für gut befundenen Weise von einem Bischof verwaltet werde. Man ist in Rom einer Neuregelung auch deshalb näher getreten, weil das Gebiet von Neutral-Moresnet geteilt und der Preußen zufallende Teil der Erzdiözese Köln, speziell dem Dekanat Aachen, zugeteilt werden soll. Da eine diözesanrechtliche Änderung nur durch die römische Kurie geschehen kann, ist gerade Rom mit der Angelegenheit beschäftigt worden"[6].

Neu an diesem Artikel war die Verknüpfung der Aachener Bistumsfrage mit dem Problem Neutral-Moresnet. Neu war weiterhin, daß die breite Öffentlichkeit durch diese Mitteilung zum ersten Male von einer Aachener Denkschrift an den Hl. Stuhl erfuhr. Verwirrend jedoch wirkte, daß der Verfasser dieses Artikels keine Zeitangabe über die Abfassung der Denkschrift machte und somit verschwieg, daß er einen Tatbestand aufrollte, der zehn bzw. sieben Jahre zurücklag. Der erwähnte Hl. Vater war Leo XIII., der schon 1903 gestorben war.

Das „Echo der Gegenwart" reagierte verärgert auf diesen Artikel[7]. Es hatte die letzten Meldungen der liberalen Blätter ignoriert, betonte aber nun, daß eine baldige Entscheidung in der Bistumsfrage durchaus möglich sei. Es wies auf mehrere Artikel hin, die es diesem Problem seit zehn Jahren gewidmet hatte. Bewußt hatte das „Echo" seinerzeit über die Denkschrift des Aachener Stadtrates an den Hl. Stuhl nicht berichtet. Jetzt wurde die Aachener Bevölkerung von einem Kölner Blatt über

4 „Bürgerzeitung", 6. Aug. 1909, Nr. 179. Als Ausschnitt: STAA: OB Reg. 81/9.
5 Ebd.
6 A. a. O., Nr. 832.
7 „EdG", 6. Aug. 1909.

diesen wichtigen Schritt informiert. Das „Echo“ verhielt sich abwartend, freute sich aber über die angeblichen Verhandlungen in der Aachener Bistumsfrage.

Die Meldung der „Kölnischen Zeitung“ veranlaßte die „Aachener Bürger-Zeitung“, sich mit dem Oberbürgermeister in Verbindung zu setzen, der die Denkschrift der Stadt Aachen an den Vatikan bestätigte. Die „Bürgerzeitung“ ging etwas naiv auf die Haltung der verschiedenen Blätter zur Bistumsfrage ein und kam zu dem lapidaren Ergebnis, daß offenbar zwei Strömungen bestünden, „von denen die eine die bestehenden Verhältnisse zu erhalten wünscht, während die andere auf eine Wiederherstellung des alten Bistums Aachen hinzielt“.

Neu an diesen Pressemeldungen war die Tatsache, daß eine bevorstehende Neuregelung betr. Neutral-Moresnet die Lösung der Aachener Bistumsfrage beschleunigen sollte. Dieses Thema war zu diesem Zeitpunkt in Aachen besonders aktuell. Der nationalliberale Abgeordnete Hackenberg hatte bei der dritten Beratung des Etats für das Außenministerium am 11. Mai 1909 im Preußischen Landtag eine baldige Neuregelung in diesem Gebiet gefordert und war von Kaufmann entschieden unterstützt worden. Von seiten der Regierung wurde darauf geantwortet, daß man bald mit einer Verständigung rechnen könne[8].

Das neutrale Gebiet von Moresnet war ein Kuriosum in der Geschichte des Preußischen Staates[9]. Es war ein kleines Gebiet um Altenberg (jetzt: Kelmis) an der Westgrenze, in der Nähe Aachens gelegen, über das man sich beim Aachener Grenzvertrag von 1816 nicht hatte einigen können.

Durch eine rein willkürlich gezogene Demarkationslinie grenzte man dieses Gebiet 1816 ab, fixierte aber keine Grundsätze für die Verfassung und Verwaltung dieses Ländchens, weil eine baldige Einigung erwartet wurde. In diesem Vertrag war eine Bestimmung, die von Preußen und den Niederlanden verschieden ausgelegt wurde. Preußen war überzeugt, daß Neutral-Moresnet zu Preußen gehörte, wie auch die Niederlande und später an ihrer Stelle Belgien der festen Meinung waren, daß es auschließlich zu ihrem Gebiet zählte. So waren fast 100 Jahre vergangen, ohne daß eine Einigung erzielt worden war. Im Jahre 1909 verwaltete der Bürgermeister der benachbarten Gemeinde Preußisch-Moresnet unter der Oberaufsicht der Kommissare beider beteiligter Länder, des Landrats von Eupen und des Präfekten von Verviers, dieses umstrittene Ländchen, das zu dieser Zeit 3400 Bewohner zählte, von denen aber höchstens 500 Einheimische waren. Neutral-Moresnet war ein Dorado zweifelhafter Existenzen geworden. Es genoß vollständige Zollfreiheit und unumschränkte Gewerbefreiheit. Der Schmuggel blühte. Eine Spielbank war nur nach langwierigen Verhandlungen der beiden Regierungen wieder geschlossen worden. Die schulischen Verhältnisse waren katastrophal. Die einheimische Bevölkerung war verbittert.

[8] Sten. Ber., (1908/09), IV, Sp. 6194 ff.

[9] Zur Geschichte von Neutral-Moresnet: Spandau; Bär, S. 97 f.; Pabst, Grenze, S. 191 ff.; Ders., Neutral-Moresnet.

Die seit 1816 schwebenden, immer wieder unterbrochenen Verhandlungen schienen nun eine geeignete Grundlage zur endgültigen Verständigung zu bieten[10]. Der vermeintlich Preußen zufallende Teil sollte dann kirchenrechtlich der Erzdiözese Köln und speziell dem Dekanat Eupen — und nicht, wie die Zeitungen berichteten, dem Dekanat Aachen — angegliedert werden. Da eine diözesanrechtliche Änderung aber nur durch die römische Kurie geschehen konnte, wurde zu diesem Zeitpunkt erwartet, daß Rom die Aufteilung des Kölner Erzbistums und die Errichtung eines Bistums in Aachen gleichzeitig vollzog[11].
Die Verquickung der verschiedenen Tatsachen gab den Förderern der Aachener Bistumsfrage neuen Auftrieb. Die Bekanntgabe der lange geheim gehaltenen Aachener Denkschrift an den Hl. Stuhl, die bald erwartete Neuordnung in Neutral-Moresnet und die Anwesenheit des päpstlichen Legaten in Köln veranlaßten neue Spekulationen und Kombinationen, die zu einem Gemisch von Dichtung und Wahrheit führten. Wunschdenken überrollte wieder weitgehend die Realitäten.
Am meisten überrascht durch die Zeitungsmeldungen vom 6. Aug. 1909 war Veltman. Noch am gleichen Tag schickte er ein Telegramm an Vannutelli. Er fragte an, ob die Zeitungsnachrichten auf Wahrheit beruhten, die von Verhandlungen über die Wiederherstellung des Bistums Aachen berichteten, und bat gegebenenfalls um eine Unterredung[12]. Gleichzeitig schrieb der Oberbürgermeister an Kardinal Fischer, dem er eine Abschrift des Telegramms an Vannutelli beilegte. Veltman bat den Erzbischof, die Wünsche der Stadt Aachen in dieser Frage zu unterstützen und ihn über das Ergebnis dieser Verhandlungen — soweit wie möglich — zu unterrichten. Aus diesem Brief des Oberbürgermeisters geht hervor, daß Fischer als Weihbischof die Errichtung eines Bistums Aachen befürwortet und auch als Erzbischof seine Meinung nicht wesentlich geändert hatte[13]. Eine Aktennotiz des Oberbürgermeisters unterrichtet uns über die Antwort aus Köln. Fischer teilte Veltman privat mit, daß alle Zeitungsnachrichten, die von Verhandlungen des päpstlichen Legaten über die Wiederherstellung des Bistums Aachen wissen wollten, unzutreffend seien[14].
Davon erfuhr die Presse nichts, so daß viele Zeitungen auch weiterhin die Anwesenheit Vannutellis mit Verhandlungen in der Aachener Bistumsfrage in Verbindung brachten. Noch einige Jahre hielt sich dieses Gerücht[15]. Nur die „Aachener Allgemeine Zeitung“ berichtete am 21.

[10] Sten. Ber., (1908/09), IV, Sp. 6194 ff.; vgl. „EdG“, 7. Okt. 1890, Nr. 235: Ein Apell an den Korpsgeist der Katholiken.
[11] Über die kirchenrechtliche Regelung nach dem Versailler Vertrag: Gefäller, S. 19 f., 32 ff.; vgl. Ein Reichsdeutscher, S. 247 f.
[12] STAA: OB Reg. 81/9.
[13] Ebd.
[14] STAA: OB Reg. 81/9.
[15] DAA: A 1a III.

Aug. 1909, daß alle Nachrichten, die von neuen Verhandlungen wissen wollten, vollständig unrichtig seien. Dieses Blatt wies alle Vorwürfe zurück, die gegen die Aachener Stadtvertreter besonders von protestantischen und liberalen Kreisen erhoben worden waren, weil sie eine geheime Denkschrift an den Vatikan gerichtet hatten[16].

Um eine weitere Diskussion dieser Frage zu vermeiden, lehnte der Oberbürgermeister das Gesuch der Redaktion der „Aachener Bürger-Zeitung" ab, die um den Wortlaut der Denkschrift bat[17]. Veltman wußte, daß auch gut gemeinte Meldungen der Aachener Zeitungen in dieser Situation heftige Kritik in den liberalen Blättern provozierten und war davon überzeugt, daß solche unfruchtbaren Diskussionen dem Anliegen mehr schadeten als von Nutzen waren.

Am 18. Okt. 1911 besuchte Wilhelm II. Aachen zum zweiten Male, um das Denkmal seines Vaters, Kaiser Friedrichs III., zu enthüllen. Im Gegensatz zu seinem ersten Besuch am 19. Juni 1902 hegte man diesmal in Aachen keine Hoffnungen auf eine Lösung der Bistumsfrage. In den gehaltenen Reden und in den zahlreichen Artikeln der Presse klang dieses Thema nicht einmal an[18].

Am 5. Febr. 1912 starb der Aachener Stiftspropst Dr. Bellesheim im Alter von 72 Jahren infolge eines Schlaganfalles. Das Ende der umfangreichen Restaurationsarbeiten am Aachener Münster, für die er sich in seinen letzten Lebensjahren sehr eingesetzt hatte, konnte er nicht mehr erleben[19]. Auch sein Wunsch, dieses Münster als Kathedralkirche eines neuen Bistums zu sehen, blieb unerfüllt. Sein Tod aber löste neue Diskussionen um die Aachener Bistumsfrage aus, wie es schon beim Hinscheiden seines Vorgängers Buschmann der Fall gewesen war. Nur waren es diesmal nicht die Aachener Zeitungen, die im Zusammenhang mit der Neubesetzung der Propstei Hoffnungen auf eine Lösung dieser Frage weckten. Die Diskussion wurde jetzt von den liberalen Blättern eröffnet, die durch die Errichtung eines neuen Bistums weiteren unheilvollen Einfluß der Katholiken befürchteten.

Am 2. April 1912 brachte das katholikenfeindliche „Berliner Tageblatt" unter der bezeichnenden Überschrift „Mehr Kirchenregiment in Deutschland" einen Beitrag seines Korrespondenten vom Rhein[20]. Man kann sich des Eindrucks nicht erwehren, daß das Berliner Blatt mit diesem Artikel bewußt eine neue Hetze inszenieren wollte. Obwohl das „Berliner Tageblatt" schon im August 1909 mit seinem Artikel „Vannutellis Mission[21]" anläßlich des Eucharistischen Kongresses in Köln eine Dis-

[16] A. a. O., 21. Aug. 1909, Nr. 413.
[17] STAA: OB Reg. 81/9.
[18] DAA: A 1d II.
[19] STAA: OB Reg. 84/1, Vol. 2.
[20] A.a.O., 2. April 1912, Nr. 171 Abendausgabe. Ausschnitt: STAA: OB Reg. 81/9.
[21] Vgl. S. 81 f.

kussion der Aachener Bistumsfrage ausgelöst hatte, in der die bis dahin geheim gehaltene Denkschrift an den Vatikan eine wesentliche Rolle spielte, meldete es am 2. April 1912, daß dieses Bittgesuch des Aachener Stadtrates erst jetzt allgemein bekannt würde. Es sprach dann davon, daß dieses Vorgehen in protestantischen und liberalen Kreisen Überraschung auslöste und größtes Mißfallen erregte, weil man befürchten müßte, daß der ohnehin schon zu große klerikale Einfluß in Aachen durch ein neues Bistum noch mehr gestärkt würde. Nach Meinung dieser Kreise könnte eine Teilung der Kölner Erzdiözese auch erreicht werden, ohne Aachen in Mitleidenschaft zu ziehen. Dann sprach das Blatt allgemein von einer Neuordnung der rheinischen bzw. westdeutschen Bistümer Köln, Mainz und Freiburg und führte aus, daß die Hauptschwierigkeit zur Zeit in der Personenfrage und nicht in der sicher erwarteten staatlichen Zustimmung liege. In einem weiteren Artikel stellte das „Berliner Tageblatt" weitere unbegründete Spekulationen an[22]. Es behauptete, Prinz Max von Sachsen sei als einer der neuen westdeutschen Bischöfe in Aussicht genommen und nur aus diesem Grunde als Dozent an das Erzbischöfliche Seminar in Köln berufen worden, um dort die Kölner und Aachener Verhältnisse aus der Nähe kennenzulernen.

Er war schon im Jahre 1902 im Gespräch als eventueller Nachfolger von Erzbischof Simar. Seine Wahl wurde besonders vom Volk gewünscht, der Klerus und Adel aber befürworteten die Wahl von Weihbischof Fischer. Am 10. Juni 1902 bat der Preußische Kultusminister Studt den Koblenzer Oberpräsidenten Nasse, dafür zu sorgen, daß Prinz Max von Sachsen nicht als Kandidat auf die Liste gesetzt würde[23]:

Am 12. April 1912 protestierte der „Volksfreund" ganz energisch gegen dieses unbefugte Dreinreden des „Berliner Tageblatts" in Angelegenheiten, die hauptsächlich nur die vorwiegend katholische Bevölkerung des Aachener Landes interessierten[24].

Diese Auseinandersetzungen in der Presse bewirkten zwar, daß die Aachener Bistumsfrage aktuell blieb, täuschten aber über die wahren Schwierigkeiten hinweg, die nach wie vor in der unnachgiebigen Haltung der Preußischen Staatsregierung lagen. Solange in Berlin die Dotationsfrage nicht geklärt war, half auch das Einverständnis des Kölner Erzbischofs nicht weiter.

Kardinal Fischer, der einer Teilung seiner Erzdiözese nicht so ablehnend gegenüberstand wie sein Vorgänger, unternahm keine konkreten Schritte in dieser Frage, weil sie von vornherein aussichtslos und zur Erfolglosigkeit verurteilt gewesen wären. Fischer besuchte Aachen öfter als alle seine Vorgänger, zum letzten Male am 15. März 1912, um sich bei Sanitätsrat Dr. Thier im Marienhospital einer Augenoperation zu unterzie-

[22] STAA: OB Reg. 81/9.
[23] STAK: Abt. 403, Nr. 15925.
[24] A.a.O., 12. Apr. 1912, Nr. 86, Ausschnitt: STAA: OB Reg. 81/9.

hen. Ende April kehrte er nach Köln zurück[25]. Zur 59. Generalversammlung der Katholiken Deutschlands, die vom 11. bis zum 15. Aug. 1912 in Aachen tagte, hatte er seine Teilnahme zugesagt, verstarb aber vorher plötzlich am 31. Juni in Bad Neuenahr, wo er sich im Mariastift der Franziskanerinnen von einem, wie er meinte, vorübergehenden Übelbefinden erholen wollte[26].

Am 28. Sept. 1912 wurde Dr. Franz Kaufmann als neuer Propst des Aachener Kollegiatstiftes eingeführt. Er war eine markante Persönlichkeit mit großem Einfluß im Aachener Raum. Manche sahen in ihm den eventuellen Nachfolger von Fischer. Aber Kaufmann wurde nach dessen Tod vom Kölner Metropolitankapitel nicht auf die Kandidatenliste gesetzt[27]. Geboren war er am 25. März 1862 als Sohn des Bonner Oberbürgermeisters Leopold Kaufmann. Er studierte in Würzburg Theologie und wurde am 19. März 1888 in Köln zum Priester geweiht. Nach einer kurzen Kaplanszeit an St. Gereon in Köln ging er nach Rom und schloß seine Studien in der Ewigen Stadt mit dem Doktorat ab. Im Januar 1895 kam er nach Aachen als Religionslehrer an die höhere Mädchenschule der Ursulinen. Zugleich war er Rektor der Kapelle auf dem Bergdriesch. Zwei Jahre später wechselte er als Religionslehrer zum Städtischen Realgymnasium. Am 19. März 1900 wurde er von Erzbischof Simar als Direktor des Theologenkonvikts Collegium Albertinum nach Bonn zurückgerufen[28]. Erzbischof Fischer aber, der von Theologenkonvikten eine andere Vorstellung hatte als sein Vorgänger, setzte ihn und den gesamten Konviktsvorstand schon einen Monat nach seiner Inthronisation wieder ab[29]. Am Dreifaltigkeitssonntag des Jahres 1903 wurde er als Pfarrer von St. Luzia in Stolberg eingeführt. Bei den Landtagswahlen am 16. Juni 1908 wurde Kaufmann als Kandidat des Zentrums im Wahlkreis Aachen II (Eupen, Aachen Stadt und Land) Mitglied des Preußischen Abgeordnetenhauses. In Berlin betätigte er sich besonders auf kirchenpolitischem Gebiet und in Schulfragen. Im Mai 1910 wechselte er von Stolberg nach Aachen als Pfarrer von St. Adalbert. Die Doppelrolle als Abgeordneter und Pfarrer einer Gemeinde von fast 14 000 Seelen aber war eine Bürde, die er auf Dauer nicht tragen konnte. Deshalb begrüßte er seine Ernennung zum Stiftspropst, weil er dadurch mehr Zeit hatte, sich seiner parlamentarischen Arbeit zu widmen. Wie sein Freund und Vorgänger Bellesheim verstand er es, das Interesse der kirchlichen und weltlichen Behörden für das Aachener Münster zu erhalten. Seine Tätigkeit als Landtagsabgeordneter kam ihm dabei sehr zustatten. Sein

[25] GAiD, März 1912, S. 255; Gatz, Marienhospital, S. 48.
[26] Ley, S. 583; Schmitz, S. 210 ff.; Trippen, S. 423.
[27] STAK: Abt. 403, Nr. 16002.
[28] KA, (1900), Nr. 70, S. 44.
[29] Trippen, S. 395 ff.

Schwager, Ludwig Freiherr von Pastor, der Geschichtsschreiber der Päpste, hat uns über ihn ein treffliches Lebensbild hinterlassen[30].
Kaufmann engagierte sich nicht in der Aachener Bistumsfrage, wie seine Vorgänger es getan hatten. Als Abgeordneter des Preußischen Landtags kannte er die politischen Hintergründe und damit die geringen Erfolgsaussichten. Zudem dachte er vielleicht daran, einmal Erzbischof von Köln zu werden. Deshalb sprach er weder im Preußischen Landtag noch in seinen zahlreichen Reden und Vorträgen über dieses Thema, wahrscheinlich, um das Kölner Domkapitel nicht zu verärgern[31].
Wie im Jahre 1902 so fiel auch 1912 die Vakanz der Aachener Stiftspropstei mit der des Erzbistums zusammen. Im Mai 1899 und im Juli 1902 hatte sich die Aachener Stadtverordnetenversammlung nach dem Tod der Erzbischöfe Krementz bzw. Simar jeweils mit einem besonderen Beschluß um die Lösung der Aachener Bistumsfrage gemüht, weil sie die Zeit der Sedisvakanz für besonders günstig hielt. Beide Versuche jedoch waren ohne Erfolg geblieben. Deshalb wiederholten die Aachener Stadtvertreter diesen Beschluß nach dem Tode Fischers nicht in offizieller Form. Der Aachener Oberbürgermeister bemühte sich vielmehr privatim um den Fortgang der Gespräche. Das geht aus einer Aktennotiz Veltmans vom 26. Nov. 1912 hervor. Demnach sollten die Verhandlungen über die Errichtung eines Bistums nach der Einführung des neuen Erzbischofs sofort wieder aufgegriffen werden[32].
Der bisherige Bischof von Münster, Felix von Hartmann, wurde am 2. Dez. 1912 zum Nachfolger Fischers bestellt und am 9. April 1913 in Köln feierlich inthronisiert[33]. Vom 20. bis zum 24. Okt. weilte er zum ersten Male als Erzbischof in Aachen. Die erwarteten Verhandlungen in der Bistumsfrage aber blieben aus, obwohl Hartmann die Teilung seines unüberschaubar gewordenen Erzbistums für dringend notwendig erachtete. Deshalb half man sich in Köln vorerst mit einer Zwischenlösung. Am 12. Mai 1914 ernannte Papst Pius X. den Präses des Kölner Priesterseminars, Dr. Peter Josef Lausberg aus Hoengen bei Aachen, zum zweiten Weihbischof der Erzdiözese. Am 29. Juni 1914 empfing er die Bischofsweihe.
Nach dieser Enttäuschung für Aachen schloß Veltman seine Akte „Errichtung eines Bistums“ am 8. Juli 1914 mit folgender Notiz: „Nach Mitteilung des Herrn Stiftspropstes Dr. Kaufmann ist die Frage der

30 von Pastor, Stiftspropst Dr. Franz Kaufmann 1862–1920. Ein Lebensbild, Freiburg i. Br. 1921. Von Pastor heiratete am 22. April 1882 in Bonn Dr. Kaufmanns Schwester Konstanze; vgl. von Pastor, Tagebücher, S. 160. Kaufmann, Stiftspropst Dr. Franz Kaufmann, Köln o. J. Ein kurzes Lebensbild Kaufmanns entwirft: Löhr, Stiftspropst Franz Kaufmann (1862–1920), in: Akademische Monatsblätter, Zeitschrift des Kartellverbandes katholischer deutscher Studentenvereine (KV), 86. Jg., (Okt. 1974), S. 195 f.

31 Diese Meinung bestätigte Dr. Müssener in einem Gespräch.

32 STAA: OB Reg. 81/9.

33 Über die Wahl EB von Hartmanns: Trippen, S. 414 ff.

Bestellung eines Bischofs für Aachen auf absehbare Zeit erledigt, nachdem in Köln ein zweiter Weihbischof eingesetzt worden ist"[34].
Gegen Ende des Jahres 1914 verleiteten die kriegerischen Erfolge an der Westgrenze zu neuen Spekulationen. Unverantwortlich denkende Politiker schmiedeten Pläne, die darauf hinausliefen, das Bistum Lüttich aufzuheben und Aachen zum Mittelpunkt einer Diözese zu erheben, die den Regierungsbezirk Aachen und das Gebiet der Diözese Lüttich umfassen sollte. Diese nur auf politischen Erwägungen beruhenden Überlegungen gingen nicht von dem Kreis um Veltman aus und weckten in der Kaiserstadt auch keine neuen Hoffnungen[35].
Veltman starb am 13. Febr. 1916. Zwanzig Jahre lang hatte er mit äußerstem Geschick und großen Erfolgen der Stadt Aachen vorgestanden. Einer seiner liebsten Wünsche, Aachen als Bischofsstadt zu sehen, war unerfüllt geblieben, obwohl er unermüdlich und immer wieder auf dieses Ziel hingearbeitet hatte. Zwei Jahrzehnte lang waren von ihm die entscheidenden Initiativen in der Aachener Bistumsfrage ausgegangen.
Mitten im ersten Weltkrieg verlangten die Verhältnisse einen starken Mann als Nachfolger. Aachen hatte einzigartiges Glück und fand ihn. Aus vielen Bewerbungen wählten die Stadtverordneten am 22. Sept. 1916 einstimmig den „knorrigen Westfalen", Bankdirektor Wilhelm Farwick[36]. Am 24. Nov. 1916 wurde er in sein Amt als Oberbürgermeister eingeführt.
Wilhelm Farwick war am 24. April 1863 in Lüdinghausen/Westfalen geboren. Nach dem Studium der Rechtswissenschaft in Berlin, München und Bonn arbeitete er zuerst beim Magistrat der Stadt Dortmund und auf dem Oberbürgermeisteramt in Gelsenkirchen. Im Jahre 1898 wurde er Bürgermeister in Münster und 1906 erster Beigeordneter der Stadt Köln. Nach drei Jahren schied er aus diesem Dienst aus. Er folgte einem Ruf des Schaaffhausenschen Bankvereins in Köln, der ihn als Direktor für das Dezernat Industrie wählte.
Zwölf Jahre, von 1916—1928, stand der neue Oberbürgermeister souverän an der Spitze der Aachener Stadtverwaltung, in einer äußerst schwierigen Zeit, die gekennzeichnet war durch Krieg, Besatzung, Separatistenputsch und Erwerbslosennot. Vom 29. Juli 1923 bis zum 28. März 1924 wurde er von der Besatzung ausgewiesen.
Farwick war eine volkstümliche Persönlichkeit. Er galt als einer der erfolgreichsten Kommunalpolitiker Westdeutschlands, dessen Weitblick und Einfluß der Stadt oft zugute kam. Vom 17. Juni 1917 bis zu seinem Tode war er Vorsitzender des Aachener Karlsvereins. Im Jahre 1919

[34] STAA: OB Reg. 81/9.
[35] KP, (1915), Nr. 1, Sp. 1.
[36] Schiffers, Farwick; GAiD, Nov. 1916, S. 265, Juni 1917, S. 266, Jan. 1919, S. 270, Mai und Juni 1923, S. 283, Nov. 1925, S. 291; „EdG", 29. Sept. 1928, Nr. 231; „AVZ", 27. Okt. 1966, Nr. 249.

wurde er Abgeordneter der Nationalversammlung. Im Sept. 1924 war er Präsident des deutschen Katholikentages in Hannover. Von 1928–1932 saß er als Abgeordneter im Preußischen Landtag. Wilhelm Farwick starb am 27. Okt. 1941 in Aachen[38].
Mit dem gleichen Eifer wie sein Vorgänger stellte sich auch Farwick als überzeugter Katholik an die Spitze derer, die eine Wiedererrichtung des Bistums Aachen wünschten. Seinem unermüdlichen Wirken blieb der Erfolg trotz mancher Enttäuschungen und Rückschläge nicht versagt.

[38] Ein Totenzettel Farwicks befindet sich im BDA.

VERHANDLUNGEN IM JAHRE 1918

Neue ernsthafte Verhandlungen in der Aachener Bistumsfrage wurden erst wieder im Jahre 1918 aufgenommen[1].
Sie wurden ausgelöst durch den dritten und letzten Besuch Kaiser Wilhelms II., der am 3. Mai 1918 vom Großen Hauptquartier in Spa nach Aachen kam. Der Monarch besichtigte das Münster und nahm an einer Sitzung der Stadtverordneten im Rathaus teil. Anläßlich dieses Besuchs lenkte Farwick das Gespräch auf die übergroß gewordene Kölner Erzdiözese und auf die immer wieder unterbrochenen Verhandlungen über die Errichtung eines Bistums Aachen. Er wies hin auf die günstigen Verhältnisse, welche die alte Kaiserstadt als Zentrum einer neuen Diözese bot, und hob die Bedeutung eines kirchlichen Bollwerkes an der Westgrenze des Vaterlandes besonders hervor.
Der Kaiser zeigte sich von diesem Plan begeistert und beauftragte den katholischen Feldgeistlichen des Großen Hauptquartiers, Professor Dr. Berg, der ihn auf seinem Besuch begleitete, Verhandlungen mit dem Kölner Erzbischof von Hartmann aufzunehmen. Berg, der vor dem Krieg als Religions- und Oberlehrer an der Aachener Oberrealschule tätig gewesen war, setzte sich sofort mit Hartmann in Verbindung. Der Kölner Erzbischof ging auf den Vorschlag des Kaisers bereitwillig ein und begrüßte die längst notwendig gewordene Teilung seiner Diözese. Schon bei seiner Erhebung zum Kardinal (1914) hatte ihn Pius X. aufgefordert, wegen Teilung der Erzdiözese mit der Regierung in Verhandlung zu treten[2]. Der Kardinal kannte auch die Wünsche der Aachener Bevölkerung, weil sein älterer Halbbruder Julian von Hartmann von 1892–1907 dort Regierungspräsident gewesen war[3]. Das Kölner Domkapitel aber

[1] DAA: A 1a III; Savelsberg, Das alte Bistum Aachen; Schiffers, Realschematismus, S. 14; Huyskens, Geschichtsbild.
[2] BDA: Ala Aachen, Bistum 1 (5664): „Pro notitia“ Hartmanns vom 1. 1. 1919.
[3] Bergmann, S. 324 f.

zeigte sich keineswegs begeistert von der Bereitschaft seines Erzbischofs. Es war erbost, daß Berg sich so intensiv in der Bistumsfrage engagierte[4].

Nach den erfolgreichen Verhandlungen mit Hartmann besprach Berg am 15. Mai 1918 die Angelegenheit noch einmal mit Farwick, ehe er dem Kaiser Bericht erstatten sollte. Über die Unterredung mit dem Monarchen berichtete Berg dem Oberbürgermeister am 17. Mai 1918 aus dem Großen Hauptquartier in Spa[5]. Am 16. Mai war der katholische Feldgeistliche vom Kaiser zur Abendtafel geladen worden, um anschließend Sr. Majestät und dem Chef des Zivilkabinetts über die Bistumsfrage und das in Aachen geplante Kaisermuseum Bericht zu erstatten. Der Monarch äußerte sich befriedigt über die Stellungnahme des Kölner Erzbischofs sowie über das Entgegenkommen der Stadt Aachen und „fand besonders begeisterte Worte über die Errichtung dieses kirchlich wie vaterländisch ganz hervorragenden Werkes". Berg war der Meinung, daß Aachen „recht bald einen glänzenden Schlußerfolg" erleben würde[6].

Die Frage der Dotierung und Finanzierung spielte natürlich nach wie vor die Hauptrolle. Der Kaiser soll für das neue Bistum einen jährlichen Staatszuschuß zugesichert haben[7]. Auch die Stadt Aachen hatte versprochen, wirksame Hilfe zu leisten. Auf der Sitzung der Stadtverordneten vom 7. Juni 1918 wurde ein entsprechender Beschluß gefaßt. Die Stadt stellte das Haus Pontdriesch Nr. 16 mit Garten als Wohnung für den Bischof und eine einmalige Summe von 200 000 Mark für den Fall zur Verfügung, daß ein Bistum Aachen mit dem Sitz des Bischofs in der Kaiserstadt errichtet würde. Für die Instandsetzung dieses Hauses wurde außerdem ein einmaliger Betrag bis zur Höhe von 75 000 Mark bewilligt[8].

Sicher ist, daß der Kaiser dem Kölner Erzbischof und auch dem Aachener Oberbürgermeister zugesagt hatte, die Übernahme der Dotationskosten aus dem Staatsetat würde keine Schwierigkeiten machen[9].

Angesichts der schlechten wirtschaftlichen Lage in dieser Zeit des Krieges war es für die Stadtkasse außerordentlich schwer, diese nicht im Etat vorgesehenen Ausgaben aufzubringen. Farwick entschloß sich deshalb zu einem Spendenaufruf und betraute seinen Freund, den Stadtverordneten Albert Heusch, mit der Durchführung dieser Aktion. Weil die Bistumsverhandlungen vorerst noch geheim bleiben sollten, wollte man sich nicht an die Bevölkerung wenden. Nur einige wohlhabende und

4 Nach einer Information H. Müsseners.

5 STAA: OB Reg. 81/9.

6 Ebd.

7 Savelsberg, Das alte Bistum Aachen. Die Summe von 75 000 RM, die S. dort angibt, hat er vermutlich verwechselt mit der Zuwendung der unten angeg. gleichen Summe der Stadtverordnetenversammlung.

8 STAA: OB Reg. 81/9; DAA: A 1a III; Beschlußbuch der Stadtverordnetenversammlung, 1918, Nr. 105; BDA: Ala Aachen, Bistum 1 (5604).

9 „Pro notitia" Hartmanns vom 1. 1. 1919: BDA: Ala Aachen, Bistum 1.

verständnisvolle Geschäftsleute sollten eingeweiht und um Unterstützung angegangen werden. Mit August Thyssen, der auf Schloß Landsberg bei Kettwig wohnte, korrespondierte der Oberbürgermeister selbst. Nach einer Unterredung legte Thyssen mit einer Spende von 25 000 Mark den Grundstock, weil seine Familie aus der Gegend von Aachen stammte und ihn viele Beziehungen mit dieser Stadt verbanden[10].

Am 19. Juni 1918 hatte Farwick eine Besprechung mit Heusch über die bereits eingegangenen oder zugesagten Spenden für die Kosten der Errichtung des Bistums. Die Weingesellschaft des Karlshauses, die Aachener Bank für Handel und Gewerbe, eine Dame, die nicht genannt sein wollte, Justizrat Gatzen sowie Heusch selbst, hatten bis zu diesem Zeitpunkt — einschließlich der 25 000 Mark von Thyssen — Spenden in Höhe von 78 000 Mark zugesagt[11].

Unter Hinweis auf dieses erfreuliche Ergebnis wandte sich Farwick an Hartmann und bat um den Termin für eine Unterredung. Der Erzbischof empfing den Aachener Oberbürgermeister am 8. Juli 1918[12]. Eine Aktennotiz Farwicks unterrichtet uns über das Ergebnis dieser Besprechung[13]. Der Aachener Oberbürgermeister berichtete dem Kardinal über den bisherigen Verlauf der Verhandlungen und legte die Liste der bereits eingegangenen Spenden vor. Hartmann zeigte sich über dieses Ergebnis hocherfreut. Anschließend entwickelte er seinen Plan für die Abgrenzung des neuen Bistums. Demnach sollten außer den Pfarren des Regierungsbezirks Aachen die Pfarreien von Krefeld mit rund 150 000 Gläubigen, von Mönchengladbach mit ebenfalls rund 150 000 Seelen, von Viersen mit 60 000 und von Grevenbroich mit etwa 40 000 Gläubigen zum Bistum Aachen gehören. Hartmann hatte schon Feststellungen über die Zahl der Priester in diesen Gebieten angeordnet und wollte sich demnächst mit der Staatsregierung über die Teilung des Erzbistums in Verbindung setzen. Dem Aachener Oberbürgermeister legte der Kardinal ans Herz, seine Tätigkeit in Zukunft lediglich auf das weitere Sammeln von Spenden zu beschränken und ohne seine ausdrückliche Zustimmung keinerlei Verfügung über die gesammelten bzw. zugesagten Summen zu treffen. Eine Abschrift dieser geheimen Aktennotiz leitete Farwick dem Stiftspropst zur gefälligen Kenntnisnahme zu[14]. Am Sonntag, den 15. Sept. 1918, waren Kaufmann und der Aachener Münsterbaumeister Prof. Buchkremer zur königlichen Frühstückstafel in das Große Hauptquartier

[10] STAA: OB Reg. 81/9; DAA: A 1a III.
[11] STAA: OB Reg. 81/9; DAA: A 1a III.
[12] STAA: OB Reg. 81/9.
[13] Ebd.
[14] STAA: C 14, Nachlaß Dr. Kaufmann: C 9. Statistische Aufzeichnungen über die Zahl der Katholiken bzw. Nichtkatholiken der Dekanate, Pfarreien und besonders über die Zahl und Herkunft der Geistlichen unterbreitete Dr. Eitner dem Kardinal am 27. Juli 1918: BDA: Ala Aachen, Bistum 1 (5664); s. auch nebenstehende Karte.

Vorschlag für die Bistumsgrenzen nach Dr. Eitner, Leiter der Zentralstelle für kirchl. Statistik, aus dem Jahre 1918

eingeladen[15]. Sehr wahrscheinlich wurden weitere Einzelheiten der geplanten Bistumsgründung bei dieser Gelegenheit besprochen.
Durch die sich überstürzenden Ereignisse und den politischen Umschwung im November 1918 wurden diese hoffnungsvollen Verhandlungen jedoch unterbrochen und vorerst nicht mehr aufgenommen. Somit war auch der bis dahin aussichtsreichste Versuch in der Aachener Bistumsfrage gescheitert. Die schon eingegangenen Spenden wurden dem Aachener Stiftskapitel übergeben. Es sollte diesen Fond nach der kanonischen Errichtung des Bistums dem ersten Bischof von Aachen zur Verfügung stellen[16]. Auch der Kardinal ließ diese Angelegenheit nach dem verlorenen Krieg auf sich beruhen[17].

[15] STAA: C 14, Nachlaß Dr. Kaufmann: C 9.
[16] Ebd.
[17] BDA: Ala Aachen, Bistum 1: „Pro notitia“ Hartmanns vom 1. 1. 1919.

DIE ZWISCHENLÖSUNG

Die staatliche Umwälzung von 1918 hatte auch Konsequenzen für die Kirche und die Kirchenpolitik. Die Bemühungen um die Errichtung eines Bistums in Aachen ruhten deshalb vorerst für mehrere Jahre. Zunächst mußten einige Grundsatzfragen über das Verhältnis von Reich und Ländern zur katholischen Kirche neu beantwortet werden. Das Verhältnis von Kirche und Staat war eins der vielen Probleme, welche die junge Republik neu durchdenken und lösen mußte. Artikel 137 der Reichsverfassung sah eine grundlegende Neuregelung dieses Verhältnisses vor[1].
Die Reichsverfassung von 1871 kannte keine kirchenpolitischen Bestimmungen und keine Zuständigkeit des Reiches in Kirchensachen. Die Länder konnten ihr Verhältnis zu den Religionsgemeinschaften nach eigenem Ermessen regeln. Die Weimarer Verfassung ließ diese Zuständigkeit der Länder unangetastet, ging aber doch grundsätzlich auf das Verhältnis von Staat und Kirche ein. Damit nahm das Reich eine prinzipielle Zuständigkeit in kirchenpolitischen Angelegenheiten in Anspruch. Art. 10, Abs. 1 gestattete dem Reich, Grundsätze über Rechte und Pflichten der Religionsgemeinschaften aufzustellen. Der Weg für ein Reichskonkordat war damit frei[2].
Von entscheidender Bedeutung für die Stellung der Kirche war es, daß sie — gemäß der Verfassung — ihre Angelegenheiten selbständig verwal-

[1] Vgl. Linneborn, Kirchenpolitik, S. 197 ff., 209 ff.; Gefaeller; Ebers, S. 116 ff.; Schreiber, Kirchenpolitik, S. 296 ff.; Buchner; Morsey, Zentrumspartei, S. 217 ff.; Golombek, S. XIX ff.; Volk, S. 1 ff. Text der Reichsverfassung: Huber, Quellen, II, S. 26 ff.
[2] Ebers, S. 136 f.

ten und ihre Ämter ohne Mitwirkung des Staates vergeben konnte. Die Katholiken konnten leichter ein positives Verhältnis zum neuen Staat gewinnen als die Protestanten. Das Ende der Monarchie bedeutete für die evangelischen Kirchen das Ende des Summepiskopates mit allen Konsequenzen für das kirchliche Leben. Der Wechsel von der Monarchie zur Republik berührte die innere Struktur der katholischen Kirche jedoch nicht. Deshalb gewann der deutsche Katholizismus in der Weimarer Republik ein viel stärkeres Ansehen und größeren Einfluß als in den Zeiten der Monarchie. Das Hauptverdienst dieser Entwicklung gebührte dem Zentrum, das nach langjähriger Opposition das politische Leben der Weimarer Republik nun mitbestimmte und prägte[3].

Die Zentrumspartei hatte mehrere Jahre lang eine parlamentarische Schlüsselposition, sowohl in Preußen als auch im Reich. Da sie nunmehr zumeist eine Regierungspartei war, gelang es ihr, der katholischen Kirche weitgehende Freiheiten zu sichern und die letzten Kulturkampfgesetze zu beseitigen. „In Abwehr sozialistischer und liberaler Bestrebungen gelang es der Zentrumsfraktion, eine vollständige Trennung von Staat und Kirche zu verhindern und durchzusetzen, daß die Kirchen als Körperschaften öffentlichen Rechts anerkannt wurden"[4].

Bei den Verfassungsberatungen war der Wunsch ausgesprochen worden, die kirchlichen Verhältnisse für ganz Deutschland gemeinsam zu regeln. Der Hl. Stuhl beauftragte Eugenio Pacelli, seit 1917 Apostolischer Nuntius in München, diesbezüglich bei der Preußischen Staatsregierung anzufragen. Der Preußische Landtag debattierte in den Sitzungen vom 3. und 4. Dez. 1919 lebhaft über die Modalitäten der Trennung von Kirche und Staat[5]. Noch im gleichen Monat drückte die Preußische Regierung ihre Bereitschaft aus, mit dem Hl. Stuhl in Verhandlungen zu treten, um die preußische Gesetzgebung in Kirchenfragen mit der Reichsverfassung in Einklang zu bringen, soweit das erforderlich war[6].

Die Bemühungen um ein Reichskonkordat schienen anfangs erfolgversprechend, gerieten dann aber immer mehr in Vergessenheit[7].

Die Zirkumskription der preußischen Diözesen war zu diesem Zeitpunkt fast ein Jahrhundert alt. Die gewaltig angewachsene Seelenzahl sowie die völlig veränderte Wirtschafts- und Sozialstruktur machten eine gene-

[3] Gebhard, IV, S. 113.

[4] Linneborn, Kirchenpolitik, S. 197 ff.; Gebhard, IV, S. 113; Morsey, Zentrumspartei, S. 219.

[5] Sten. Ber., (1919/21), VI, Sp. 7055 ff.

[6] Sammlung der Drucksachen der verfassungsgebenden Preußischen Landesversammlung, Nr. 3530, XIII, Sp. 54; vgl. Koeniger, Konkordate, S. 20; Schreiber, Entwurf, S. 159 ff.; Deuerlein, S. 15 ff., 71 ff.; Morsey, Vorgeschichte, S. 242; Weber, S. 80; Volk, S. 6 f.

[7] Schreiber, Kirchenpolitik, S. 312; Deuerlein, S. 39; Ruppel, S. 297 ff.; Golombek, S. 7 ff.; Volk, S. 1 ff.

relle Neuregelung unbedingt erforderlich[8]. Alle bisherigen Bemühungen in der Aachener Bistumsfrage hatten das Ziel, die übergroß gewordene Kölner Erzdiözese zu teilen. Jetzt, als sich eine allgemeine Neuordnung abzeichnete, mußte Aachen warten.
Schwierigkeiten bereitete vorerst die Frage, wer für eine solche generelle Neuregelung zuständig war und wer sie durchführen sollte. Papst Benedikt XV. ernannte Eugenio Pacelli am 1. Mai 1920 zum Nuntius beim Reich. Sein Beglaubigungsschreiben überreichte er am 30. Juni 1920 dem Reichspräsidenten Ebert[9]. Schon bei dieser Gelegenheit ließ Ebert die Konkordatsbereitschaft des Reiches durchblicken[10].
Der neue Nuntius war beim Reich beglaubigt. Dennoch hatte die Preußische Regierung bei seiner ersten Anwesenheit in Berlin im Dezember 1919 Verhandlungen mit ihm aufgenommen. Obwohl bei den Verfassungsberatungen in Weimar eine allgemeingültige Regelung der kirchlichen Verhältnisse für ganz Deutschland gewünscht worden war, dachte Bayern schon zu Beginn der zwanziger Jahre daran, ein eigenes Konkordat mit der Kurie abzuschließen. In den Sitzungen des Hauptausschusses über den Haushalt des Ministeriums für Wissenschaft, Kunst und Volksbildung für das Rechnungsjahr 1920 wurde dieses Problem aufgegriffen. Gerüchte wußten von einem eigenen Nuntius für Preußen und von einem Konkordat, das im Reichsministerium des Äußeren vorbereitet würde. Der Berichterstatter betonte jedoch, daß das Reichsaußenministerium sich in dieser Angelegenheit mit dem Preußischen Kultusministerium in Verbindung setzen müsse. Er versprach, die Regierung werde prüfen, ob berechtigte Gründe vorlägen, noch vor der Verständigung im Reich ein Konkordat für Preußen zu schaffen. In diesem Fall konnte das Preußische Kultusministerium dann getrennt vorgehen[11].
Die unüberschaubar gewordenen Verhältnisse in der Erzdiözese duldeten jedoch keinen langen Aufschub, den die grundsätzliche Lösung dieser verwickelten Angelegenheit vermuten ließ. Die allgemeine Haltung der Preußischen Regierung gegenüber den Wünschen der Katholiken hatte sich jetzt wesentlich geändert. Das Zentrum, das bis zum Ende des Krieges nur aus der Opposition die Wünsche der Katholiken vorbringen konnte, hatte jetzt als Regierungspartei einen viel wirksameren Einfluß. Bei diesem Wohlwollen war eine Zwischenlösung möglich, die sich schon bald in der Frage der Teilung des Kölner Erzbistums abzeichnete. Vorher aber soll noch ein unerfreuliches Intermezzo erwähnt werden.
Hartmann war am 11. Nov. 1919 gestorben. Auf Betreiben Pacellis dauerte die Sedisvakanz in Köln nicht lange[12]. Dennoch tauchte auch

[8] Vgl. S. 137 ff.
[9] Schreiber, Entwurf, S. 159 ff.; Hanus, S. 409 ff.; Deuerlein, S. 15; Volk, S. 6.
[10] Golombek, S. 7.
[11] Drucksachen, (1919/21), Nr. 3530, XIII, Sp. 53 ff.
[12] Morsey, Vorgeschichte, S. 242 f.

in dieser Zwischenzeit wiederum der Gedanke auf, in Aachen ein Bistum zu errichten. Wer jedoch diesmal die Initiatoren waren und welche Schritte sie unternahmen, ist nicht zu ergründen. Die bisherigen treibenden Kräfte der Aachener Bürgerschaft jedenfalls hatten mit diesen neuen — letztlich unbedeutenden — Bestrebungen nichts zu tun. Das linke Rheinufer war besetzt. Separatistische Gedanken wurden laut. Einige schwärmten von neuen staatlichen und kirchlichen Grenzen. Wahrscheinlich ist das der Hintergrund für die Idee, zu dieser Zeit die Errichtung eines Bistums in Aachen zu betreiben. Der Kölner Regierungspräsident Philipp Brugger machte die Regierung auf diese neuen Bestrebungen aufmerksam. Am 12. Dez. 1919 berichtete er dem Oberpräsidenten von Groote über ein Gespräch mit dem Kölner Dompropts Arnold Middendorf. Hauptsächlich ging es dabei um die Bemühungen des Metropolitankapitels, das Wahlrecht für die bevorstehende Erzbischofswahl zu erhalten. Nebenbei erwähnte Middendorf, daß neuerdings — offenbar von französischer Seite — auf die Wiedererrichtung des Bistums Aachen hingearbeitet werde, mit dem Ziel, Aachen dann Lüttich zu unterstellen. Lüttich sollte demnach Erzbistum werden[13].

Als diese Nachricht in Berlin eintraf, informierte das Auswärtige Amt sogleich seinen Botschafter im Vatikan, von Bergen, und bat ihn, die Aufmerksamkeit der Kurie auf diese Bestrebungen zu lenken und sie zum Kampf dagegen aufzurufen. Die Erhaltung des Erzbistums Köln in seinem derzeitigen Umfang war nach Ansicht der Berliner Regierung als „Bollwerk“ gegen französiche Einflüsse unbedingt erforderlich. Ein selbständiges Bistum Aachen jedoch würde an französische Traditionen anknüpfen und die Geschlossenheit der Abwehr gefährden[14].

Mehr ist über dieses Intermezzo nicht bekannt. Interessant ist nur, daß wiederum eine Sedisvakanz in Köln neue Bestrebungen in der Aachener Bistumsfrage auslöste. Doch diesmal dauerte die Neubesetzung des Erzbischöflichen Stuhles nicht lange[15]. Nachfolger Hartmanns wurde der bisherige Bischof von Paderborn, Joseph Schulte, der am 15. Jan. 1920 gewählt, am 8. März 1920 von Papst Benedikt XV. präkonisiert und am 25. März 1920 feierlich inthronisiert wurde[16].

Schon am 18. April 1920 besuchte der neue Erzbischof Aachen. Bei einem Abendessen im Haus Heusch kam das Gespräch auf die Bistumsgründung, die Schulte zu fördern versprach[17]. Auch dem Stiftspropst stattete der Erzbischof einen Besuch ab. Die revolutionäre Umstellung bei Kriegsende hatte den Schlußstrich unter die parlamentarische Tätig-

[13] STAK: Abt. 403, Nr. 15929; Trippen, S. 495.
[14] AA: Abt. IA, Preußen 2, Nr. 2r: Brief an von Bergen 20. Febr. 1920.
[15] Trippen, S. 467 ff.
[16] Simon, S. 24.
[17] Nach Information des ehem. Aachener OB Hermann Heusch, Sohn von Albert Heusch.

keit Kaufmanns gezogen. Ein Krebsleiden machte sich immer mehr bemerkbar. Zudem hatte ihn ein Gefühl der Enttäuschung schwer angegriffen und innerlich gebrochen. Zur Genesung war er längere Zeit zu Gast auf Burg Dürboslar bei der befreundeten Familie Anton Rey. Von hier kam er auch am 17. April nach Aachen, um den Erzbischof am folgenden Tag zu begrüßen. Bald darauf kehrte er wieder nach Dürboslar zurück. Im Juli 1920 verschlimmerte sich sein Leiden. Als er Anfang August bettlägerig krank wurde, statteten ihm der Erzbischof und der Generalvikar dort einen Besuch ab. Propst Kaufmann starb am 24. Aug. 1920 in Dürboslar im Alter von 58 Jahren. Am 27. Aug. wurde er auf dem Friedhof Vaalserstraße in der Gruft der befreundeten Familie des ehemaligen Oberbürgermeisters Pelzer beigesetzt[18].

Schulte war von Mariawald aus zum Begräbnis nach Aachen gekommen. Farwick hatte ihm für diese Fahrt seinen Dienstwagen zur Verfügung gestellt. Aus einem Dankbrief[19], den der Erzbischof deswegen am 28. Aug. 1920 von Mariawald an den Oberbürgermeister richtete, geht hervor, daß dem verstorbenen Stiftspropst bei der notwendigen Neuregelung eine besondere Rolle zugedacht war. In diesem Brief heißt es u. a.: „Mit ihnen trauere ich ob des frühen Todes des vortrefflichen Herrn Stiftspropstes Kaufmann. Eine große Hoffnung für unsere Erzdiözese, die nach einer gewissen Dezentralisation verlangt, ist mir mit diesem Tode zunichte geworden. Gott gebe, daß ein würdiger Nachfolger für den Entschlafenen gefunden werde".

Farwick war hellhörig. Sofort schrieb er am 30. Aug. an den Erzbischof nach Mariawald und bat um einen Termin, um „über die die Stadt Aachen besonders berührenden Angelegenheiten vertraulich Rücksprache zu nehmen"[20]. Auf diese Anfrage erhielt er aber keine Antwort. Das teilte er am 18. Sept. 1920 dem Geheimsekretär des Erzbischofs mit und legte eine Abschrift seines Briefes vom 30. Aug. bei, weil er vermutete, daß dieser nicht in die Hände des Erzbischofs gelangt sei. Schon am 20. Sept. lud Schulte den Aachener Oberbürgermeister telegraphisch zu einem Gespräch ein[21].

Dabei ging es um die Person des neuen Stiftspropstes, der eventuell Weihbischof von Köln werden sollte. Farwick drängte auf eine baldige Entscheidung. Da die Errichtung eines Bistums Aachen wegen der in Aussicht genommenen Konkordatsverhandlungen nicht möglich war, griff man den alten Plan wieder auf, der die Würde des Aachener Stiftspropstes mit dem Amt eines Kölner Weihbischofs verbinden wollte. Bei der Regierung hoffte man auf wohlwollendes Verständnis. Zuerst jedoch mußte eine geeignete Persönlichkeit gefunden werden. Große

[18] Vgl. von Pastor, Kaufmann, S. 71 ff.; GAiD, Sept. 1912, S. 257.
[19] STAA: OB Reg. 84/1, Vol. 2.
[20] Ebd.
[21] Ebd.

Schwierigkeiten aber bereitete die schlechte Dotation dieser Stelle. Bei dem äußerst geringen Staatsgehalt fehlte das zum Lebensunterhalt Notwendige. Der Erzbischof bat deshalb den Aachener Oberbürgermeister, diesbezüglich mit der Preußischen Regierung Kontakt aufzunehmen[22]. Am 25. Sept. 1920 richtete Farwick eine Bittschrift an den Preußischen Finanzminister und an den Minister für Kunst, Wissenschaft und Volksbildung[23]. Er wies zuerst auf den bedeutenden Einfluß der Aachener Stiftspröpste hin und hob besonders die kirchlichen und parlamentarischen Verdienste des verstorbenen Propstes Kaufmann hervor, der an der umstrittenen äußersten Grenze des Reiches ein „Hort vaterländischer Gesinnung" gewesen sei. Farwick betonte das nationale Empfinden, weil er sich davon am schnellsten Erfolg versprach. Er bezeichnete es als „eine vaterländische, herbe Notwendigkeit, daß auf den Posten des Propstes am Dom zu Aachen ein Mann gestellt wird, der, alle anderen überragend, die Fähigkeit und das Geschick besitzt, seinen Einfluß, sein Ansehen und die Macht seiner Persönlichkeit zu benutzen zur Schaffung eines geistigen Sammelpunktes für die bedrängten Grenzlande". Er bat die Staatsregierung, in Übereinstimmung mit dem Erzbischof eine geeignete Persönlichkeit für diesen Posten zu bestellen. Dann bezeichnete er es als dringend notwendig, die Einkommensverhältnisse des Propstes und der Stiftsherren, ihren großen Aufgaben entsprechend, den derzeitigen Erfordernissen anzupassen. Farwick legte eine Aufstellung bei, aus der hervorging, daß das Jahreseinkommen eines Aachener Stiftsherren nicht einmal das Verdienst eines ungelernten Arbeiters erreichte. Er wies darauf hin, daß mehrere Stiftsherren von amerikanischen Liebesgaben lebten und befürchtete einen Sturm der Entrüstung bei den Besatzungsmächten, wenn diese katastrophalen Zustände bekannt würden. Der Oberbürgermeister drängte auf baldige Erledigung: „Jedenfalls muß die Besoldungsfrage bezüglich des Dompropstes vor Besetzung der Stelle geregelt sein; denn es wird nicht angängig sein, daß die Besetzung dieses für unser Deutschtum an der Grenze so wichtigen Postens an der ungenügenden oder ungeregelten Besoldung dieser Stelle scheitert".
Eine Abschrift dieses Briefes schickte Farwick an mehrere Abgeordnete des Landtags und bat sie, dieses Anliegen nachdrücklich zu unterstützen[24]. Seine Bemühungen hatten Erfolg[25]. Schon am 7. Okt. 1920 konnte Farwick dem Erzbischof mitteilen, daß das Finanz- und das Kultusministerium eine Gehaltserhöhung für die Stiftsgeistlichen grundsätzlich gebilligt hatten. Ministerialrat Prof. Dr. Schellberg aus dem Kultusministerium hatte den Oberbürgermeister anläßlich eines Besu-

[22] STAA: OB Reg. 84/1, Vol. 3.
[23] Ebd.
[24] Ebd.
[25] AA: Abt. IIA, Pol. 20, Vatikan.

ches in Aachen darüber informiert[26]. Als Farwick eine Woche später noch keinen schriftlichen Bescheid hatte, wandte er sich wieder an Schellberg, der ihm daraufhin am 22. Okt. die Summen der beträchtlich erhöhten Gehälter vertraulich mitteilte[27]. Schulte gratulierte dem Oberbürgermeister zu diesem Erfolg. Ein herzlich gehaltenes Dankschreiben erhielt Farwick auch von Kanonikus Richen, der ihn als größten Gönner und wirksamsten Wohltäter des Aachener Stiftes bezeichnete[28].
Schulte führte daraufhin die notwendigen Verhandlungen mit der Kurie und der Preußischen Regierung. An und für sich war für die Ernennung eines Weihbischofs, da rein kirchliche Angelegenheit, keine staatliche Erlaubnis nötig[29]. Weil aber der neue Kölner Weihbischof seinen Sitz in Aachen haben sollte und der Aachener Stiftspropst bisher immer auf Vorschlag des Preußischen Königs vom Papst ernannt worden war[30], setzte sich Schulte mit der Berliner Regierung in Verbindung. Unterlagen über die Verhandlungen liegen nicht mehr vor. Die diesbezügliche Akte der erzbischöflichen Registratur in Köln ist im letzten Krieg vernichtet worden[31], die entsprechende Mappe im Auswärtigen Amt, welche die Korrespondenz zwischen Berlin und Rom enthalten haben mag, ist unauffindbar und wahrscheinlich ebenfalls verlorengegegangen[32].
In Rom verhandelte Schulte persönlich in dieser Sache. Anfang November 1920 war er in der Hl. Stadt und fand die Zustimmung Benedikts XV. für seinen Antrag, den neuen Stiftspropst zum Weihbischof von Köln zu ernennen. Das teilte Bergen am 6. Nov. 1920 seiner Regierung in einem Telegramm streng vertraulich mit. Schulte hatte Bergen über seine Verhandlungen mit dem Hl. Stuhl informiert und gestanden, daß er zuerst die Absicht hatte, in Aachen ein selbständiges Bistum zu errichten. Angesichts der gespannten politischen Lage hatte der Erzbischof jedoch diesen Plan fallengelassen. Bergen begrüßte diesen Schritt des Kölner Oberhirten. Bei diesem Gespräch gab Schulte der Hoffnung Ausdruck, daß ihm bei der Auswahl der Persönlichkeit für dieses wichtige Amt möglichst Freiheit gelassen werde[33].
Schon am 21. Nov. teilte der Erzbischof dem Aachener Oberbürgermeister mit, daß der neue Stiftspropst Kölner Weihbischof würde. Wegen der noch schwebenden Verhandlungen mit der Regierung bat Schulte aber, von einer Veröffentlichung vorerst noch abzusehen[34].

[26] STAA: OB Reg. 84/1, Vol. 3.
[27] Ebd.
[28] STAA: OB Reg. 84/1, Vol. 3.
[29] Vgl. Weber, S. 174.
[30] Vgl. S. 67, Anm. 10.
[31] Cab. Reg., I, 9a, Vol. I.
[32] AA: Abt. IIA, Pol. 20, Aachen: Das Bistum Aachen (März 1920—März 1931).
[33] AA: Abt. IIA, Pol. 20, Vatikan, Köln: Erzbistum Köln: Telegramm von Bergens vom 6. Nov. 1920.
[34] STAA: OB Reg. 84/1, Vol. 3.

Dieses für Aachen erfreuliche Ereignis teilte Farwick einem kleinen Kreise vertraulich mit. Die Tagespresse meldete deshalb nur Gerüchte und irrige Vermutungen. „Der Volksfreund“[35] brachte am 30. Nov. 1920 einen Artikel mit der Überschrift: „Ein Generalvikariat in Aachen?“. Von wohlunterrichteter Seite wußte dieses Blatt von zu Ende gehenden Verhandlungen, die eine Entlastung des Kölner Generalvikariates beabsichtigten. Zwei weitere selbständige Generalvikariate, eins mit dem Sitz in Aachen für den Aachener Regierungsbezirk, das zweite mit dem Sitz in Essen für den rechtsrheinischen Industriebezirk, sollten in ihrem Amtsbereich die Befugnisse des Generalvikariates in Köln übernehmen. Die Internationale Telegraphen-Agentur verbreitete sofort diese Meldung.
Noch am gleichen Tag bezeichnete die „Kölnische Volkszeitung“[36] die Mitteilung des Aachener Blattes als vollständig unrichtig und berichtete von dem Plan, dem Nachfolger des verstorbenen Aachener Stiftspropstes Kaufmann die bischöfliche Würde zu verleihen, um im Aachener Bezirk Pontifikalfunktionen zur Entlastung des Erzbischofs vornehmen zu können. Am 4. Dez. 1920 veröffentlichte Huyskens im „Volksfreund“ einen Aufsatz mit der Überschrift „Aachen als Bischofssitz in Vergangenheit und Zukunft“[37]. Er erhob darin den Ruf nach Dezentralisation und war noch überzeugt, daß in absehbarer Zeit ein neues, selbständiges Bistum Aachen dem ersten folgen werde.
Am 18. März 1921 wurde der Subregens des Kölner Priesterseminars Dr. Franz Rudolf Bornewasser zum Propst am Liebfrauenmünster ernannt[38]. Bornewasser sollte als erster Aachener Stiftspropst gleichzeitig Weihbischof von Köln sein. Er war am 12. März 1866 in Radevormwald geboren. Die Priesterweihe hatte er am 10. März 1894 empfangen. Der neue Stiftspropst kannte die Aachener Verhältnisse. Als Direktor des Gregoriushauses hatte er von 1899—1909 in der Kaiserstadt gewirkt. Am 2. Sept. 1909 wurde er Pfarrer an St. Suitbertus in Elberfeld. Am 9. Mai 1914 erfolgte seine Ernennung zum Pfarrer von Hasselsweiler. Dort wurde er bald Dechant des Dekanates Jülich. Am 3. Juli 1916 war er als Subregens und Professor für Pastoraltheologie an das Priesterseminar in Köln berufen worden.
Am 21. März 1921, drei Tage nach der Ernennung des neuen Aachener Stiftspropstes, starb der Kölner Weihbischof Joseph Müller. Papst Benedikt XV. präkonisierte am 23. April 1921 Bornewasser zum Weihbischof

[35] A. a. O., 30. Nov. 1920, Nr. 274. Ausschnitt STAA: OB Reg. 81/9.

[36] A. a. O. , 30. Nov. 1920, Nr. 938.

[37] A. a. O., 4. Dez. 1920, in: Zeitungsausschnittsammlung des STAA: Nr. 7: Bistum Aachen.

[38] Daten zum Leben und Wirken Bornewassers: Speckner, Die Wächter der Kirche, München 1934, S. 197 ff.; Hecker, S. 246 f.; Heintz, Fels im Sturm, in: Sanctificatio Nostra, 17, (1952), S. 305 ff.; Ders., Erzbischof Dr. Franz Rudolf Bornewasser, in: Archiv für mittelrheinische Kirchengeschichte, 4, (1952), S. 365; NDB, 2, (1955), S. 470; GAiD, März 1921, S. 277.

von Köln[39]. Am 4. Mai besuchte dieser das Aachener Stiftskapitel und besprach seinen Amtsantritt, der in der besetzten Stadt kurz und ohne großen Aufwand vor sich gehen solle[40].
Am Sonntag, dem 29. Mai 1921 konsekrierte Kard. Schulte den neuen Weihbischof im Kölner Dom[41]. Noch am gleichen Tage, nachmittags um 18 Uhr, wurde Bornewasser in Aachen empfangen[42]. Schulte begleitete seinen Weihbischof und blieb auch am folgenden Tag in Aachen, um das neue Verwaltungsgebäude des Franziskus-Xaverius-Missionsvereins auf dem Hirschgraben einzuweihen[43]. Am Abend dieses Tages gab Farwick in seiner Wohnung ein festliches Essen, an dem der Kardinal, der neue Weihbischof, Regierungspräsident Freiherr von Dalwigk, Polizeipräsident von Korff, Landgerichtspräsident Reichartz, der Stadtverordnete Albert Heusch, Sanitätsrat Dr. Winands und Oberpfarrer Husmann teilnahmen[44].
Die Freude der Aachener Bevölkerung war groß. Sie bereitete dem Weihbischof einen herzlichen Empfang. In der alten Kaiserstadt residierte wieder ein Bischof. Dennoch betrachtete man diese Regelung nur als Zwischenlösung. Am 19. März 1921, also am Tag nach der offiziellen Bekanntgabe, daß der neue Stiftspropst als Kölner Weihbischof in Aachen residieren würde, veröffentlichte Heinrich Schiffers im „Echo der Gegenwart" einen Aufsatz „Vom alten zum neuen Bistum Aachen"[45]. Diesen Beitrag schloß er mit der Feststellung: „Wieder hat die Frage der Neuernennung eines Stiftspropstes die Bistumsangelegenheit zur Sprache gebracht. Und wenn wir heute in unserem neu ernannten Stiftspropst auch den Weihbischof von Köln begrüßen dürfen, dann wollen wir uns dessen von Herzen freuen. Aber man wird sich in Aachen mit dieser Regelung nicht begnügen, sondern betrachtet sie lediglich als ein Übergangsstadium zum neuen Bistum Aachen". Dieser Tenor beherrschte auch die Ansprache, die Farwick zur Begrüßung von Schulte und Bornewasser in Aachen hielt. Der Oberbürgermeister sagte u. a.: „Dieser Tag ist lang und heiß ersehnt worden. Er wird, so Gott will, ein wichtiger und glücklicher Merk- und Wendepunkt sein in der Entwicklung der alten Stadt Aachen und ihrer Lande. Den kirchlichen und staatlichen Behörden und besondern Ew. Eminenz sage ich an dieser Stelle herzlichen Dank für die Förderung, welche sie dem großen Endziel haben zuteil werden lassen, welches wir ersehnen und erstreben"[46].
Nur neun Monate residierte der neue Weihbischof in Aachen. Schon am 27. Febr. 1922 wurde er zum Bischof von Trier gewählt, am 12. März vom Hl. Stuhl ernannt und am 17. Mai feierlich inthronisiert. Die Stadt Aachen war „stolz darauf, daß der erste deutsche Bischof von Aachen für würdig

[39] KA, (1921), Nr. 152, S. 81 f.
[40] STAA: OB Reg. 84/1, Vol. 3.
[41] KA, (1921), Nr. 132, S. 75.
[42] STAA: OB Reg. 84/1, Vol. 3.
[43] GAiD, Mai 1921, S. 277.
[44] STAA: OB Reg. 84/1, Vol. 3.
[45] „EdG", 19. März 1921, Nr. 66.
[46] STAA: OB Reg. 84/1, Vol. 3.

befunden wurde, in schwerster Zeit auf den ältesten deutschen Bischofsthron berufen zu werden". So schrieb Farwick in seinem Glückwunschbrief.
Nachfolger wurde Dr. Hermann Joseph Sträter, ein Sohn der Stadt Aachen[47]. Am 21. April 1922 wurde der bisherige Dechant und Pfarrer von St. Joseph in Krefeld zum Stiftspropst und am 19. Juni von Papst Pius XI. zum Titularbischof von Cesaropolis und Weihbischof von Köln ernannt. Schon im Mai 1922 bat Farwick im Namen der Bevölkerung den Kölner Erzbischof, die Weihe des neuen Weihbischofs im Münster zu Aachen vorzunehmen. Schulte erklärte sich bereit, auf diesen Vorschlag einzugehen, wenn die umfangreichen Restaurationsarbeiten am Aachener Dom bis zur Weihe beendet seien[48]. Die seit sechs Jahren unter der Leitung Buchkremers laufenden Sicherungsarbeiten wurden daraufhin vorangetrieben, so daß das Chor des Aachener Münsters am 18. Juni 1922 feierlich wiedereröffnet werden konnte[49].
Am 8. Juli 1922 wurde Sträter als Stiftspropst eingeführt und tags darauf im Aachener Dom von Schulte konsekriert[50]. Diese erste Bischofsweihe im Münster zu Aachen, vollzogen an einem Sohn der Stadt, war trotz der schlechten Zeitverhältnisse ein Glanz- und Höhepunkt in der Geschichte der alten Kaiserstadt[51].
Sträter war am 3. Juni 1866 in Aachen-Forst geboren. Er besuchte das Kaiser-Karls-Gymnasium und wurde nach theologischen Studien in Bonn und Würzburg am 14. März 1891 in Köln zum Priester geweiht. Nach seiner Weihe wurde er Inspektor der Ritterakademie in Bedburg. Kaplan war er von 1892—1895 in Kalk und von 1895—1900 an St. Mauritius in Köln. Drei Jahre nach der Priesterweihe wurde er in Freiburg zum Doktor der Theologie promoviert. Am 21. März 1900 berief ihn Erzbischof Simar als Repetent an das Bonner Theologenkonvikt Collegium Albertinum. Sein Freund Kaufmann, der spätere Aachener Stiftspropst, hatte kurz vorher als Direktor die Leitung dieses Hauses übernommen. Am 1. Mai 1903 berief ihn Erzbischof Fischer zum Pfarrer an St. Joseph in Krefeld. Später wurde er zum Dechant des Dekanates Krefeld ernannt[52]. Der tüchtige und leutselige Seelsorger hatte schon bald in seiner Heimatstadt großen Einfluß. Er befürwortete die Errichtung eines Bistums Aachen, war aber davon überzeugt, daß man nach der erreichten Zwischenlösung erst einmal abwarten mußte[53].

47 KA, (1922), Nr. 173, S. 77.
48 DAA: A 1d I.
49 GAiD, Juni 1922, S. 280.
50 GAiD, Juli 1922, S. 280.
51 „EdG", 10. Juli 1922, Nr. 158; „Politisches Tageblatt", 10. Juli 1922, Nr. 434: Aachener Bischofstage, in: STAA: Zeitungsausschnittsammlung Nr. 7: Bistum Aachen.
52 „EdG", 22. April 1922, Nr. 94; „Volksfreund", 8. Juli 1922, Nr. 157; Poll, S. 333 ff.
53 Nach einer Information Müsseners.

DIE WIEDERERRICHTUNG DES BISTUMS ALS ERGEBNIS DER KONKORDATSVERHANDLUNGEN

Die weitere Geschichte der Wiedererrichtung des Bistums Aachen war eng verknüpft mit den in Aussicht genommenen Konkordatsverhandlungen. In der Tagespresse erschienen seit Beginn der zwanziger Jahre immer wieder Artikel, die sich für oder gegen ein Konkordat aussprachen.

Die eigentlichen Verhandlungen über das Preußische Konkordat begannen 1925[1]. Preußen hatte sich entschlossen, ein eigenes Konkordat mit dem Hl. Stuhl abzuschließen. Nachdem die Neuregelung der Verhältnisse für die evangelische Kirche durch Gesetze vom 8. April 1924 und 15. Okt. 1924 erfolgt war, gewannen die Konkordatsverhandlungen an Interesse. Eine gesetzliche Neuregelung war vom Standpunkt des Staates aus notwendig, um das durch die Reichsverfassung geschaffene Verhältnis zwischen der katholischen Kirche und dem Staat neu zu klären[2].

Das Zentrum nutzte nun als Regierungspartei die Möglichkeit, die Interessen der katholischen Bevölkerung viel wirksamer zu vertreten. Zudem wurde Dr. Lammers[3], der dem Zentrum nahe stand, am 30. Juni 1925 Staatssekretär im Kultusministerium. Er war der erste katholische Staatssekretär dieses Ministeriums seit der Gründung im Jahre 1817. Diese um der Parität willen getroffene Maßnahme wurde von der Zentrumspartei sehr begrüßt[4]. Das Zentrum drängte auf eine baldige Lösung der Konkordatsfrage, besonders weil die Dotation der katholischen Bistümer bei diesen Verhandlungen neu geregelt werden sollte[5].

Am 27. Okt. 1925 sprach Ministerialdirektor Dr. Trendelenburg, der Leiter der katholischen Abteilung im Kultusministerium, in Köln mit Kardinal Schulte über die bevorstehenden Konkordatsverhandlungen. Obwohl Trendelenburg von einer neuen Zirkumskription der Diözesen nichts wissen wollte, hob Schulte die Notwendigkeit hervor, in Aachen und eventuell noch an zwei anderen Orten seines Erzbistums, neue Diözesen zu errichten[6]. Tags darauf führte Trendelenburg ein Gespräch mit Dompropst Dr. Middendorf und Domsyndikus Custodis. Als Trendelenburg den Plan der Errichtung eines Bistums in Aachen beiläufig erwähnte, äußerte sich der Dompropst ablehnend und meinte, in diesem Punkt mit seinem Erzbischof übereinzustimmen[7].

1 Golombek, S. 46 ff.; Koeniger, Konkordate, S. 20; Weber, S. 80; Sten. Ber., (1925/28).
2 Sten. Ber., (1925/28), XII, Sp. 17890.
3 Vgl. den Nachlaß von Lammers: HSTAD: RWN 93.
4 Sten. Ber., (1925/28), IV, Sp. 5657: 90. Sitzung vom 2. Nov. 1925.
5 Ebd.; Sten. Ber., (1925/28), VIII, Sp. 11235; Linneborn, Preußenkonkordat, S. 226 ff.
6 HSTAD: RWN 93, Nr. 2, S. 82 ff.
7 HSTAD: RWN 93, Nr. 2, S. 87 ff.

Die Besprechungen, die Pacelli in der Konkordatsfrage im Kultus- und im Staatsministerium führte, blieben geheim. Die Presse war nur auf Vermutungen und Spekulationen angewiesen. Nicht einmal die Abgeordneten des Landtags wurden über den Inhalt und den Fortgang der Verhandlungen unterrichtet. Nur gelegentliche Dementis und ganz allgemein gehaltene Informationen zeigten an, daß ein Konkordat vorbereitet wurde. Am 8. Mai 1926 dementierte Trendelenburg eine Meldung der „Täglichen Rundschau" vom 16. April, wonach der Entwurf eines Konkordates im Kultusministerium fertiggestellt sei[8].

Am 27. März 1926 hatten – wie Lammers in seinen Lebenserinnerungen erwähnt – die offiziellen Konkordatsverhandlungen begonnen, an denen Nuntius Pacelli, Kultusminister Dr. Becker, der Leiter der geistlichen Abteilung Trendelenburg, Staatssekretär Lammers und der Professor für kath. Kirchenrecht an der Universität Breslau, Dr. Heyer, teilnahmen[9].

Bei den Verhandlungen am 12. Juni kam das Gespräch zum erstenmal auf eine neue Diözese im Westen. Pacelli unterstützte das Anliegen Schultes und befürwortete eine neue Zirkumskription der Kölner Erzdiözese. Trendelenburg aber lehnte die weitgehenden Pläne Schultes, der sein Erzbistum in vier Diözesen aufteilen wollte, als rundweg indiskutabel ab. Bei einer Zusammenlegung zweier kleinerer Diözesen (Fulda und Limburg) war Trendelenburg eventuell bereit, der Errichtung eines neuen niederrheinischen Bischofssitzes zuzustimmen. Als Ort wurde Mönchengladbach in Erwägung gezogen. In Essen befürchteten die preußischen Unterhändler zu große konfessionelle Schwierigkeiten[10].

Im Sept. dieses Jahres unternahm Lammers eine Reise in das Rheinland, um sich persönlich über die politische und kulturelle Lage zu informieren. In Köln besuchte er Kardinal Schulte und den Regierungspräsidenten Graf Adelmann, in Koblenz hatte er eine Unterredung mit dem Oberpräsidenten Fuchs und dem Generalsuperintendenten Klingemann, in Trier traf er zusammen mit Bischof Bornewasser und Regierungspräsident Sassen, und in Aachen sprach er mit Weihbischof Sträter und dem Präses der rheinischen Provinzialsynode, Wolff. Über die Themen und Ergebnisse dieser Gespräche fertigte Lammers leider keine Aktennotizen an[11].

Am 7. Febr. 1927 gab Becker vor dem Hauptausschuß des Preußischen Landtags erstmals eine ausführliche Erklärung über die Konkordatsverhandlungen ab. Er versicherte, daß alle preußischen Interessen gewahrt

[8] Sten. Ber., (1925/28), VIII, Sp. 11393.

[9] HSTAD: RWN 93, Nr. 1.

[10] HSTAD: RWN 93, Nr. 2, S. 154 ff.

[11] HSTAD: RWN 93, Nr. 1. Sträter, Sammlung, I, S. 30 erwähnt, daß Lammers schon am 20. Mai 1926 in Aachen einen Besuch abstattete und mit ihm ein Gespräch führte, an dem auch Regierungspräsident Rombach teilnahm.

würden und versprach dem Landtag, rechtzeitig zum Entwurf des Konkordates Stellung nehmen zu können[12].
Bei der Lesung des Etats des Ministeriums für Wissenschaft, Kunst und Volksbildung gab der Berichterstatter Steffens von der Deutschen Volkspartei (DVP) in der Sitzung vom 15. März 1927 einen allgemein gehaltenen Zwischenbericht über den damaligen Stand der Konkordatsverhandlungen. Danach befand sich die Angelegenheit noch im Stadium der Prüfung und Überlegung. Er betonte, daß sich alle etwaigen Vereinbarungen im Rahmen der preußischen — und der Reichsverfassung bewegen würden und daß keine Preisgabe staatlicher Interessen erfolge[13]. Dieser Bericht löste eine Debatte über das geplante Konkordat aus, an der sich fast alle Parteien beteiligten[14].
Das Zentrum wünschte eine baldige Neuregelung des Verhältnisses von Kirche und Staat[15]. Die Stellungnahme dieser Partei deckte sich mit den Vorstellungen der Bischöfe, die diese Neuordnung nicht durch einen Staatsvertrag, sondern durch ein Konkordat wünschten, weil nach der katholischen Lehre allein der Apostolische Stuhl für diese Regelung zuständig war[16]. Zudem legten Zentrum und Bischöfe auf die internationale Absicherung durch einen völkerrechtlichen Vertrag großen Wert. Die Redner des Zentrums in dieser Frage waren der Paderborner Dompropst Prälat Dr. Linneborn und der aus Roetgen bei Aachen stammende Bonner Theologieprofessor Dr. Lauscher. Um die Öffentlichkeit nicht zu beunruhigen, legten sich die Vertreter des Zentrums in ihren Äußerungen größte Zurückhaltung auf[17].
Als Regierungspartei unterstützten die Sozialdemokraten das Anliegen des Koalitionspartners und befürworteten nach langem Hin und Her den Abschluß eines Konkordats, wollten aber die Schulfrage ausgeklammert sehen[18].
Die Deutsche Volkspartei als dritter Koalitionspartner begrüßte den Abschluß eines Konkordats[19], wünschte aber darin eine grundsätzliche Regelung der Schulfrage für Preußen, weil sie eine Zersplitterung der Schule befürchtete, falls diese Frage erst in einem späteren Reichskonkordat in Angriff genommen werden sollte[20].
Auch die Deutsche Demokratische Partei befürwortete grundsätzlich ein Konkordat, lehnte aber alle vorschnellen Verhandlungen ab, weil sie vor

[12] Sten. Ber., (1925/28), XII, Sp. 17792; Deuerlein, 75; Golombek, S. 87 f.
[13] Sten. Ber., (1925/28), XII, Sp. 17782.
[14] Zur Einstellung der einzelnen Parteien zu einem Konkordat: Golombek, S. 21 ff.
[15] Sten. Ber., (1925/28), IV, Sp. 5657 ff. (2. Nov. 1925), VIII, Sp. 11235 (6. Mai 1926), XII, Sp. 17890 ff. (16. März 1927).
[16] Sten. Ber., (1925/28), XVII, Sp. 25442 (15. März 1918).
[17] Golombek, S. 90.
[18] Sten. Ber., (1925/28), XII, Sp. 17804 (15. März 1927); Linneborn, Preußenkonkordat, S. 227; Deuerlein, S. 75; Golombek, S. 102 ff.
[19] Sten. Ber., (1925/28), XII, Sp. 17892 (16. März 1927).
[20] Ebd. Sp. 17957 (17. März 1927).

Abschluß des Konkordats das Reichsschulgesetz verabschiedet sehen wollte[21]. Als sich diese Hoffnung nicht erfüllte, unterstützte sie ein Konkordat nur unter der Bedingung, daß die Schulfrage ausgeklammert würde[22].

Furcht und Mißtrauen beherrschten die Stellungnahme der Deutschnationalen Volkspartei. Nur mit Vorbehalten unterstützte sie das geplante Konkordat[23]. Auch diese Partei wünschte zuerst den Abschluß eines Reichsschulgesetzes, weil ihrer Meinung nach die Schulfrage in den Konkordatsverhandlungen nicht aufgegriffen werden dürfe[24]. Die Abgeordneten dieser Partei wollten den Landtag nicht vor vollendete Tatsachen gestellt sehen. Sie forderten, an der Gestaltung und Formulierung der Artikel mitwirken zu können und baten die Regierung deshalb mehrmals um rechtzeitige Unterrichtung[25]. Diese Partei unterstützte zum Teil den Mißtrauensantrag der Kommunisten vom 2. Jan. 1929[26], entschied sich aber dennoch später für den Abschluß eines Konkordats[27].

Die Deutsche Fraktion betonte die Notwendigkeit der paritätischen Behandlung beider Konfessionen, war aber grundsätzlich mit dem Abschluß eines Konkordats einverstanden[28].

Die Wirtschaftliche Vereinigung wollte sich erst mit dem Konkordat befassen, wenn der Text vorläge, betonte aber die Notwendigkeit, das Problem der konfessionellen Schule in diese Verhandlungen miteinzubeziehen[29].

Die Deutschvölkische Freiheitspartei wollte nur einen Staatsvertrag zwischen der katholischen Kirche und Preußen anerkennen. Ein Konkordat lehnte sie grundsätzlich ab, weil es mit einer ausländischen Macht geschlossen würde und eine Unterordnung des Staates unter die katholische Kirche zur Folge hätte. Diese Partei war über die Verhandlungen hinter verschlossenen Türen besonders verärgert[30].

Auch die NSDAP lehnte den Abschluß eines Konkordats ab[31].

Die Kommunistische Partei stellte sich an die Spitze der Anti-Konkordatsbewegung[32]. Sie vertrat eine radikale Trennung von Kirche und

[21] Ebd. VIII, Sp. 11258 (6. Mai 1926).

[22] Ebd. XII, Sp. 17908 (16. März 1927), XVII, Sp. 25479 (16. März 1928); Sten. Ber., (1928/29), II, Sp. 1494 (14. Dez. 1928).

[23] Sten. Ber., (1925/28), XII, Sp. 17892 (16. März 1927).

[24] Ebd. XIV, Sp. 20769 (19. Mai 1927); Deuerlein, S. 76.

[25] Sten. Ber., (1928/29), II, Sp. 1429 (13. Dez. 1928), II, Sp. 1546 (14. Dez. 1928).

[26] Ebd. II, Sp. 1963 ff.

[27] Ebd. V, Sp. 5714 (15. April 1929).

[28] Ebd. II, Sp. 1923 ff. (28. Dez. 1928), V, Sp. 6454 (23. Apr. 1929).

[29] Sten. Ber., (1925/28), XII, Sp. 17990 (17. März 1927), XIV, Sp. 20789 (19. Mai 1927).

[30] Ebd. XII, Sp. 17996 (17. März 1927), XIV, Sp. 20790 (19. Mai 1927).

[31] Sten. Ber., (1928/29), II, Sp. 1636 (15. Dez. 1928).

[32] Sten. Ber., (1925/28), XII, Sp. 17827 (15. März 1927); Deuerlein, S. 76; Golombek, S. 39 ff., 88.

Staat und sah in den schwebenden Verhandlungen eine Gefahr für die Arbeiterklasse. Während der Etatberatungen im Frühjahr 1927 brachte sie ein Mißtrauensvotum gegen das Preußische Kultusministerium ein[33]. Die Kommunisten wandten sich auch gegen die Errichtung neuer Bischofssitze. Am 16. Sept. 1927 stellten sie einen Urantrag, der darauf hinauslief, dem Staatsministerium den Abschluß eines Konkordats zu untersagen und die schwebenden, geheimen Verhandlungen sofort abzubrechen[34]. Weil diese Bemühungen keinen Erfolg hatten, stellte die Kommunistische Partei am 12. März 1928 einen Entschließungsantrag, der wiederum dem Staatsministerium den Abschluß eines Konkordats verbieten sollte[35]. Die Kommunisten befürchteten durch ein Konkordat einen erheblichen Machtzuwachs der katholischen Kirche und warfen den Sozialdemokraten vor, hinter verschlossenen Türen wertvolle Güter und Rechte an die Katholiken zu verschachern[36]. Im Dezember 1928 brachte die Partei einen neuen Urantrag ein, der dem Staatsministerium das Vertrauen entziehen sollte. In der Begründung warf der Kölner Abgeordnete Kerff der Regierung vor, daß der Nuntius die Mitwirkung des Episkopats bei den anstehenden Fragen betrieben hätte, daß aber die Abgeordneten des Preußischen Landtags noch immer im Dunkeln tappten und entgegen früherer Zusicherungen jetzt vor vollendete Tatsachen gestellt würden. Kerff konnte sich nur auf Vermutungen und Gerüchte berufen, als er u. a. ausführte: „Die Kirche erstrebt die Neugründung einer Anzahl von Bistümern und die Erweiterung einiger bestehender Bistümer zu Erzbistümern. Es wird von neuen Bistümern in Berlin und Essen gesprochen, wie auch von Bistümern an anderen Orten, ohne daß bisher hierzu konkrete Anhaltspunkte und Äußerungen vorliegen[37].“ Bei der namentlichen Abstimmung am 2. Jan. 1929 wurde dieser Antrag der Kommunisten nur von der NSDAP und von der Deutschnationalen Volkspartei unterstützt und deshalb abgelehnt[38]. Auch ein weiterer Entschließungsantrag der Kommunistischen Partei, der wiederum dem Staatsministerium den Abschluß eines Konkordats untersagen und allen kirchlichen Organisationen die Rechtsstellung privater Vereinigungen geben wollte[39], wurde in einer namentlichen Abstimmung am 26. April 1929 von keiner anderen Partei unterstützt und deshalb abgelehnt. Die Abgeordneten der NSDAP hatten sich der Stimme enthalten[40].

33 Sten. Ber., (1925/28), XIV, Sp. 20783 ff.
34 Drucksachen, (1925/28), XIV, Nr. 7077.
35 Ebd. XVI, Nr. 8791.
36 Sten. Ber., (1928/29), II, Sp. 1429 ff. (13. Dez. 1928).
37 Sten. Ber., (1928/29), II, Sp. 1933 (28. Dez. 1928). Der Urantrag der Kommunistischen Partei: Drucksachen, (1928/29), Nr. 569.
38 Sten. Ber., 1928/29), II, Sp. 1963 ff.; vgl. Linneborn, Preußenkonkordat, S. 227; Deuerlein, S. 77.
39 Drucksachen, (1928/29), Nr. 2163.
40 Sten. Ber., (1928/79), V, Sp. 6813 ff. (26. April 1929).

Die Debatte vom 15. März 1927 hatte gezeigt, daß die Parteien über den Stand der Konkordatsverhandlungen nicht unterrichtet waren. Besonders die Oppositionsparteien zeigten sich über die hinhaltende Taktik der Regierung verärgert. Laut Erklärung des Berichterstatters Steffens von der DVP bewegten sich die Beratungen noch „im Stadium der Prüfung und Überlegung“[41], tatsächlich jedoch waren die Vorgespräche zu diesem Zeitpunkt schon lange abgeschlossen. Die Phase der Sachgespräche hatte begonnen. Sie umfaßte den Zeitraum von Juni 1926 bis Sept. 1928[42].

Diese Sachgespräche wurden im kleinen Kreis geführt. Kultusminister Becker hatte Trendelenburg und Heyer als Unterhändler bei den Konkordatsverhandlungen beauftragt, die Interessen Preußens zu vertreten[43]. Die Anliegen der Kirche vertraten Pacelli und Prälat Professor Kaas. Gelegentlich wurden auch Linneborn und Lauscher zu Rate gezogen[44].

Schon in den Vorgesprächen hatten die preußischen Unterhändler klar erkennen lassen, daß sie besonders aus finanziellen Erwägungen nicht an einer Vermehrung der preußischen Diözesen interessiert waren. Pacelli hatte Verständnis für die Bedenken gezeigt, gleichzeitig jedoch betont, daß übergroße Diözesen unbedingt geteilt werden müßten. Damit unterstützte er das Anliegen Schultes, der eine Teilung seines Erzbistums dringend wünschte[45].

Bei den Sachgesprächen zeigten sich die preußischen Unterhändler in der Frage einer neuen Diözesanzirkumskription einsichtiger und entgegenkommender. In einem Votum vom 12. Mai 1927 erklärte Heyer als Zielvorstellung des Staates „nicht eine Vermehrung der kleineren, sondern eine Verkleinerung der übergroßen Diözesen“[46]. Demnach erkannten die preußischen Unterhändler eine außerordentlich hohe Seelenzahl und ein unverhältnismäßig großes Gebiet als Grund an, die Diözesanstruktur neu zu bedenken[47].

Somit war klar, daß die fast 3½ Millionen Gläubige zählende Erzdiözese Köln entlastet werden mußte. Aber wie? Zuerst meinten die preußischen Vertreter, mit neuen, größeren Verwaltungsbezirken innerhalb der Erzdiözese das Problem lösen zu können. Diesen Vorschlag unterbreitete Heyer am 20. Okt. 1926[48].

[41] Sten. Ber., (1925/28), XII, Sp. 17782.
[42] Golombek, S. 57 ff. Lammers bezeichnet den 27. März 1926 als Beginn der offiziellen Konkordatsverhandlungen: HSTAD: RWN 93, Nr. 1.
[43] Prof. Heyer war wegen dieser Aufgabe seit dem Wintersemester 1925/26 von seiner Lehrtätigkeit an der Universität Breslau beurlaubt.
[44] Golombek, S. 57. Die Verdienste Linneborns um das Konkordat würdigt: Bäumer, S. 591 ff.; 627 f.
[45] Golombek, S. 55; vgl. HSTAD: RWN 93, Nr. 2, S. 136 f., 154 ff.
[46] Golombek, S. 68.
[47] Ebd.
[48] Ebd. S. 73.

In diesem Schreiben bezog sich Heyer auf sein Gespräch mit Schulte am 16. Sept. 1926 in Köln. Der Kardinal hatte die Notwendigkeit einer Teilung seiner Erzdiözese betont. Heyer sprach sich jedoch entschieden gegen eine Teilung des Kölner Kirchensprengels aus und empfahl eine weitgehende Dezentralisation durch die Neubildung größerer Verwaltungseinheiten, die sich an die Regierungsbezirke anschließen sollten. Heyer legte einen genau ausgearbeiteten Plan vor. Demnach sollte an der Spitze dieser neuen Bezirke ein erzbischöflicher Delegat stehen, „der mit solchen Jurisdiktionsvollmachten versehen wäre, daß er im Verein mit den ihm beizugebenden Räten und Hilfsbeamten den Erzbischof und die erzbischöfliche Zentralstelle in Köln wesentlich zu entlasten vermöchte. Diese würde mit dem Generalvikar als Leiter nur für die Erledigung derjenigen Angelegenheiten der Erzdiözesanverwaltung bestehen bleiben, die nicht ihrer Zuständigkeit durch Übertragung an die Delegaturen entzogen würden. Aus praktischen Gründen dürfte es sich vielleicht empfehlen, den Generalvikar zugleich zum Vorsteher eines, nämlich des Kölner, Delegaturbezirks zu machen, und die Geschäfte der Kölner Delegatur durch das Generalvikariat mitbesorgen zu lassen." Weiterhin meinte Heyer, „der Wert der Verwaltungsdezentralisation würde wohl noch erhöht werden, wenn gleichzeitig den Weihbischöfen des Erzbistums je ein Delegaturbezirk als Wirkungskreis angewiesen würde und, wenigstens im Aachener und Düsseldorfer Delegaturbezirk, Delegat und Weihbischof eine Person sein würden". Für diesen Plan einer Verwaltungsreform sagte Heyer die Unterstützung der Regierung zu. Bei der Teilung der Erzdiözese und der Errichtung eines Bistums in Aachen aber befürchtete er erhebliche Bedenken und Schwierigkeiten[49].
Daraufhin formulierten die Oberhirten von Köln, Trier, Münster, Paderborn, Osnabrück und Hildesheim ihre gemeinsamen Überlegungen und leiteten sie am 22. Febr. 1927 an den Nuntius weiter. Bei der Besprechung am 18. März legte Pacelli die Wunschliste der Oberhirten vor. Diese verlangten neue Bischofssitze in Aachen und Essen. Weiterhin sollten als selbständige Diözesen abgetrennt werden: vom Bistum Münster der rheinische und eventuell der oldenburgische Teil, von der Diözese Paderborn der sächsisch-anhaltische Teil und vom Bistum Osnabrück die norddeutschen Missionen. So weitgehende Wünsche jedoch lehnten die preußischen Unterhändler rundweg ab[50].
Bei der Besprechung am 7. April 1927 stand die Frage im Mittelpunkt, wie man die Erzdiözese Köln entlasten könne. Die preußischen Unterhändler zeigten sich entgegenkommend und waren der Meinung, das mit der Errichtung eines Bistums in Aachen zu erreichen. Trendelenburg sah für diesen Plan keine großen Schwierigkeiten. Auch finanzielle Gesichts-

[49] HSTAD: RWN 93, Nr. 2, S. 205 ff.
[50] Golombek, S. 73; vgl. Bäumer, S. 594 f.; HSTAD: RWN 93, Nr. 2, S. 273 ff.

punkte sprachen für eine Bistumsgründung in Aachen, weil man in der Kaiserstadt an schon bestehende Einrichtungen anknüpfen konnte. Durch diese Maßnahme meinte Trendelenburg, die Kölner Erzdiözese genügend entlastet zu haben. Der Nuntius stand diesem Plan wohlwollend gegenüber, wollte jedoch noch die Meinung der Bischöfe dazu erfragen[51].

Auf Grund der Verhandlungen vom 7. April erarbeitete Heyer am 12. Mai ein Gutachten betr. die Neugliederung der Diözesen, das er am 22. Mai Pacelli und Linneborn übergab und erläuterte. Der Nuntius wollte diese Denkschrift den preußischen Bischöfen zuleiten und um eine einmütige Stellungnahme bitten. In diesem Gutachten wird die Situation der Erzdiözese Köln, die fast 3½ Millionen Gläubige und rund 2000 Geistliche zählte, als „wirkliche Notlage" anerkannt und als Ausweg die Errichtung eines Bistums in Aachen angeregt. Erwähnt wird, daß Aachen schon einmal Bistum gewesen sei, schon ein Kapitel und einen der ehrwürdigsten Dome besitze und daß der Wunsch, in der Kaiserstadt ein Bistum zu errichten, schon früher vorgebracht worden sei. Heyer führte aus, wie er sich die Umgrenzung dieser Diözese Aachen vorstellte. Demnach wäre das neue Bistum „am besten so zu zirkumskribieren, daß es von der Erzdiözese Köln den Regierungsbezirk Aachen und die Kreise Grevenbroich, Gladbach und Krefeld, außerdem aber von der Diözese Münster die linksrheinischen Teile des Regierungsbezirks Düsseldorf übernähme"[52].

Die Chancen standen also nicht schlecht für das Anliegen Aachens, nur wußte keiner der Verantwortlichen etwas von diesen Überlegungen. Es war in der Kaiserstadt still geworden um die Bistumsfrage.

Plötzlich, und zu diesem Zeitpunkt unerwartet, leuchtete ein neuer Hoffnungsschimmer auf. Am 11. Juli 1927 schrieb der Generalsuperior der Gesellschaft des Göttlichen Wortes, P. Wilhelm Gier, an Weihbischof Sträter, daß Nuntius Pacelli beabsichtige, am 31. Juli zur nächsten Aussendung von Missionaren nach Steyl zu kommen und gewiß eine Einladung nach Aachen annehmen würde, um dort die Zentrale des Vereins der Glaubensverbreitung zu besichtigen[53]. Daraufhin lud Sträter am 14. Juli den Nuntius ein und erhielt am 26. Juli Antwort aus Berlin. Auf der Rückreise von Steyl wollte der Nuntius in der Kaiserstadt einen kurzen Aufenthalt nehmen, um „das ehrwürdige Aachen in seiner geschichtlichen Vergangenheit und seiner für das katholische Leben so bedeutungsvollen Gegenwart kennenzulernen"[54]. Am Montag, dem 1. Aug. 1927, wollte der Nuntius mit seinem Begleiter, P. Gehrmann SVD, um 13.33 Uhr am Hauptbahnhof eintreffen und abends um 20.49 Uhr wieder

[51] HSTAD: RWN 93, Nr. 2, S. 286 ff.
[52] Ebd. S. 298 ff.
[53] DAA: A 1d I.
[54] Ebd.

nach Berlin weiterreisen. Ausdrücklich bat der Nuntius, von irgendwelchen besonderen Feierlichkeiten Abstand zu nehmen[55].

Am 1. Aug. 1927 besichtigte Pacelli das Münster sowie das Rathaus und ließ sich auf einer ausgedehnten Stadtrundfahrt alle bedeutenden Gebäude von Aachen zeigen[56]. Gegen Abend lud Regierungspräsident Rombach den Nuntius in seine Dienstwohnung in der Ursulinenstraße ein. Am Abendessen nahmen auch Farwick und Sträter teil[57]. Bei dieser Gelegenheit wurden Voraussetzungen für die Errichtung eines Bistums in Aachen besprochen. Rombach und Farwick erklärten das Einverständnis von Regierung und Stadt und versicherten, diesen Plan intensiv zu fördern. Sie wiesen hin auf die langjährigen Bemühungen in der Aachener Bistumsfrage und auf die Vorzüge der alten Kaiserstadt. Pacelli zeigte Verständnis für die vorgebrachten Argumente und versprach, soweit es ihm möglich wäre, den Wunsch der Aachener Bevölkerung zu unterstützen[58].

Das „Echo der Gegenwart" berichtete am folgenden Tag vom Besuch des Nuntius in Aachen[59]. Es erwähnte aber lediglich die Besichtigungen und die Besuche, die er abstattete, brachte diesen Aufenthalt jedoch nicht in Verbindung mit den Konkordatsverhandlungen. Auch von dem Abendessen und der anschließenden Beratung im Hause des Regierungspräsidenten wurde in diesem Bericht nichts gemeldet.

Das „Berliner Tageblatt" aber brachte im Anschluß an diesen Besuch des Nuntius in Aachen eine Meldung aus Essen, in der von einer beabsichtigten Reorganisation der Diözesanverhältnisse im Westen, besonders im rheinisch-westfälischen Industriegebiet, die Rede war. Demnach sollten in Essen und Aachen neue Bistümer errichtet werden[60].

Um einer Verwirrung und falschen Spekulationen entgegenzutreten, sah sich das Kölner Generalvikariat zu einer Stellungnahme veranlaßt. Als aus der Luft gegriffen bezeichnete diese Erklärung die Neuigkeit, daß unmittelbar nach Abschluß des Konkordats die Gründung eines Bistums Essen erfolge. Dagegen könnte man nicht bestreiten, daß der Plan der schon seit Jahrzehnten besprochenen und vielfach gewünschten Gründung eines Bistums Aachen mancherseits für leicht zu verwirklichen gehalten werde[61].

Am 3. Sept. 1927 waren diese verwirrenden Pressemeldungen Anlaß zu einem Gespräch, das Trendelenburg in Köln führte. Generalvikar Dr.

55 DAA: A 1d I.
56 DAA: A 1d I; STAA: OB Reg. 2/1, II.
57 „Aachener Leben", 4. Jg., Nr. 20 v. 16. Okt. 1958; Sträter, Sammlung, I, S. 79–80.
58 Nach Information Rombachs; vgl. Poll, S. 329 f.
59 „EdG", 2. Aug. 1927, Nr. 178.
60 DAA: A 1a III: Nach Ausschnitt aus unbekannter Zeitung vom 27. Aug. 1927.
61 DAA: A 1a III; „EdG", 27. Aug. 1927, Nr. 200; vgl. „Kölnische Zeitung", 27. Aug. 1927, Nr. 573b; „Kölnische Volkszeitung", 27. Aug. 1927, Nr. 629; vgl. Sträter, Sammlung, I, S. 90.

Vogt vertrat dabei den erkrankten Erzbischof[62]. Noch am gleichen Tag traf Trendelenburg in Königswinter mit Präses Wolff und Generalsuperintendent Klingemann zusammen, um auch mit ihnen über die in der Presse erwähnten Bistumsgründungen in Aachen und Essen zu sprechen, die auf der in Neuwied tagenden 39. Rheinischen Provinzialsynode Unruhe ausgelöst hatten. Gegen die Errichtung eines Bistums in Aachen erhoben die Protestanten keine Bedenken. Bei einer Bistumsgründung in Essen jedoch befürchteten sie empfindliche Störungen des konfessionellen Friedens und einen Beschluß der Provinzialsynode, der die Errichtung einer Generalsuperintendentur im Industriegebiet forderte[63].

Die Vermutungen, Gerüchte und Spekulationen hatten einen wahren Kern. Tatsächlich gaben sich die Oberhirten mit der Errichtung eines Bistums in Aachen nicht zufrieden. Sie forderten weitergehende Zugeständnisse des Staates, mußten aber erfahren, daß die preußischen Unterhändler nach wie vor einer Neuordnung der Diözesen wenig Interesse entgegenbrachten.

Der Bischof von Münster, Johannes Poggenburg, setzte sich zeitweilig für die Errichtung eines Bistums Xanten ein. Trendelenburg aber war gegen ein niederrheinisches Bistum. Er schlug vor, die linksrheinischen Gebiete des Bistums Münster der neuen Diözese Aachen zuzuteilen. Dazu aber war der Münsteraner Bischof nicht bereit. Später gab er sogar seinen ursprünglichen Plan eines Bistums Xanten auf, weil er Wert legte auf einen notwendigen Ausgleich zwischen seinen ländlichen linksrheinischen und mehr industriellen rechtsrheinischen Gebieten. Nur den westlichen Teil des Kreises Kempen wollte er abgeben. Dieses Gebiet fiel dann auch später an das Bistum Aachen[64].

Ein neues Bistum im rheinisch-westfälischen Industriegebiet der Kölner Erzdiözese war ein weiterer Wunsch der preußischen Bischöfe. Dieses Ruhrbistum, das seinen Sitz in Essen haben sollte, hielten die Bischöfe für noch wichtiger als eine Diözese Aachen. Die preußischen Unterhändler waren jedoch nicht bereit, einer weiteren Beschneidung der Erzdiözese zuzustimmen. Anderenfalls sahen sie eine Gefahr für den Metropolitancharakter. Zudem waren sie der Meinung, daß die vorhandenen diözesanen Einrichtungen mit einer weiteren Verkleinerung des Erzbistums nicht zu vereinbaren seien. Die Errichtung eines Bistums Aachen, so meinte Trendelenburg, entlaste die Erzdiözese so sehr, daß die Verwaltung des rechtsrheinischen Industriegebietes von Köln aus ohne weiteres möglich sein müßte. Er war äußerstenfalls bereit, für Köln einen weiteren Weihbischof zu genehmigen. Pacelli machte einen Vermittlungsvor-

[62] HSTAD: RWN 93, Nr. 2, S. 368 ff.
[63] Aktennotiz Trendelenburgs vom 22. Sept. 1927: HSTAD: RWN 93, Nr. 2, S. 389 f.
[64] Golombek, S. 74.

schlag. Er forderte für Essen eine Erzbischöfliche Delegatur mit einem Weihbischof. Aber auch diesem Plan standen die preußischen Unterhändler ablehnend gegenüber, weil sie bei einer Hervorhebung Essens den konfessionellen Frieden bedroht sahen. Sie waren eventuell bereit, einen weiteren Weihbischof in Köln oder in Werden zu akzeptieren. Unstimmigkeiten bei den Bischöfen über die schwierige Abgrenzung des Ruhrbistums ersparten den preußischen Vertretern jedoch jedes weitere Bemühen. Der Plan einer Erzbischöflichen Delegatur und auch die Errichtung eines Bistums in Essen sind damals nicht mehr ernsthaft erwogen worden[65].

Im Herbst des Jahres 1927 suchte Rombach das Kultusministerium in Berlin auf und erfuhr vertraulich von Trendelenburg, daß Aachen wahrscheinlich Sitz eines Bistums würde. Trendelenburg bat den Aachener Regierungspräsidenten, in dieser Angelegenheit aber vorerst nichts zu unternehmen, um die guten Aussichten nicht zu verderben[66].

In Aachen befolgte man diesen Rat und ergriff vorerst keine Initiative. Es wurde wieder still um die Bistumsfrage. Am 30. Sept. 1928 lief die Amtszeit von Farwick ab. Sein Nachfolger wurde Rombach, der bisherige Regierungspräsident.

Schon wenige Tage nach seiner Einführung ergriff dieser die Initiative in der Bistumsfrage. Am 13. Okt. schrieb er an seinen Bekannten Albert Lauscher, der gute Beziehungen zum Kultusministerium unterhielt und an den Konkordatsverhandlungen beteiligt war. Rombach informierte ihn über die vertrauliche Mitteilung Trendelenburgs vom letzten Herbst und erklärte, seitdem nichts mehr über diese Frage gehört zu haben. Er betonte, Aachen lege großen Wert darauf, Bistum zu werden und sei bereit, jedes Opfer zu bringen[67]. Aus den vorhandenen Akten ist nicht zu ersehen, ob und wie Lauscher geantwortet hat.

Das Staatsministerium befaßte sich am 11. Okt., 2. Nov., 7. Nov. und am 11. Dez. mit dem Konkordat. In der letzten Sitzung wurde Becker beauftragt, die Verhandlungen über die noch strittigen Punkte mit Pacelli weiterzuführen[68]. Aus diesen Beratungen erwuchs ein neuer Konkordatsentwurf, den das Staatsministerium am 26. Febr. 1929 billigte[69].

In der Sitzung des Preußischen Landtags vom 17. Apr. 1929 erklärte Trendelenburg, daß die Verhandlungen noch nicht abgeschlossen seien und daß sich Art und Dauer des weiteren Verlaufs noch nicht übersehen ließen[70]. Die Opposition war zwar enttäuscht, daß sie entgegen früheren

[65] Ebd. S. 74 f.; vgl. HSTAD: RWN 93, Nr. 2, S. 372 ff.
[66] STAA: OB Reg. 44/1c, Vol. 5.
[67] STAA: OB Reg. 44/1c, Vol. 5.
[68] Golombek, S. 91.
[69] Ebd. S. 96.
[70] Sten. Ber., (1928/29), V, Sp. 5944 (17. April 1929).

Zusicherungen nicht vor Abschluß der Verhandlungen beteiligt werden sollte[71], hatte sich aber in der Mehrzahl mit dem Abschluß eines Konkordats einverstanden erklärt. Den letzten Entschließungsantrag der Kommunisten hatten alle anderen Parteien am 26. April 1929 abgelehnt. Nur die Abgeordneten der NSDAP hatten sich der Stimme enthalten[72]. Am 16. Mai 1929 fand die letzte Sitzung des Landtags vor den Pfingstferien statt. Die nächste war für den 25. Juni anberaumt. Der Kampf um das Konkordat aber ging in der Zwischenzeit weiter. Die preußische Landeskirche und der evangelische Kirchensenat forderten um der Parität willen gleichzeitig mit dem Konkordat einen Staatsvertrag mit den evangelischen Kirchen[73].

Am 4. Juni 1929 stimmte das Staatsministerium dem endgültigen Konkordatstext zu. Jetzt drängte die Regierung Rom zur Eile, weil sie das Konkordat noch vor der Sommerpause verabschieden wollte. Am 7. Juni wurden die Ratifikationsurkunden ausgetauscht[74]. Am gleichen Tag empfing der Preußische Ministerpräsident Dr. Braun die Vorstände der Regierungsparteien zu einer informatorischen Aussprache über den materiellen Inhalt des mit der römischen Kurie geplanten Vertrags[75]. Zu den Streitpunkten, die nach diesem Empfang der Fraktionsführer in den Parteien diskutiert wurden, zählten auch die in Aachen und Berlin geplanten Bistümer, weil sie eine erhebliche finanzielle Mehrbelastung bedeuteten[76].

Am 14. Juni 1929 wurde in Berlin das Konkordat unterzeichnet[77]. Es trägt die Unterschriften von Pacelli, vom Preußischen Ministerpräsidenten Braun, vom Preußischen Minister für Wissenschaft, Kunst und Volksbildung, Becker, sowie vom Preußischen Finanzminister Höpker-Aschoff.

Die Aachener Katholiken hatten einen besonderen Grund zur Freude. Das Konkordat sah ein neues Bistum mit dem Sitz in Aachen vor. Das „Echo der Gegenwart" betrachtete deshalb das Konkordat als „Markstein in der religiös-geistesgeschichtlichen Entwicklung" der Stadt[78].

Das Konkordat mußte jetzt noch die parlamentarischen Gremien durchlaufen. Noch am Tage der Unterzeichnung wurde die entsprechende Gesetzesvorlage dem Preußischen Staatsrat zur Begutachtung zugeleitet. Nach der Verfassung mußte der Staatsrat von der Regierung über die schwebenden wichtigen Fragen unterrichtet werden. Ihm stand das

71 Sitzung vom 14. Dez. 1928: Sten. Ber., (1928/29), II, Sp. 1510.
72 Vgl. S. 108.
73 „EdG", 7. Juni 1929, Nr. 131.
74 Golombek, S. 97.
75 „EdG", 8. Juni 1929 Nr. 132; Linneborn, Preußenkonkordat, S. 228.
76 „EdG", 9. Juni 1929, S. 133.
77 Linneborn, Preußenkonkordat, S. 228; Deuerlein, S. 78.
78 „EdG", 15. Juni 1929, Nr. 138.

Recht zur gutachtlichen Äußerung zu. Er durfte aber nicht die von der Regierung gutachtlich überwiesenen Vorlagen nach Belieben vertagen[79]. Der Ministerpräsident und das Kabinett drängten den Vorsitzenden des Staatsrats, Dr. Konrad Adenauer, zu einer baldigen Beratung[80].

Gegen eine schnelle Erledigung der Konkordatsangelegenheit war die Bürgerliche Arbeitsgemeinschaft des Staatsrats, die aus Mitgliedern der Volkspartei, Demokraten und Deutschnationalen bestand. Diese Arbeitsgemeinschaft war gewillt, die Beratung über das Konkordat bis zur Sommerpause des Parlaments zu verschleppen, um Zeit zu gewinnen für entsprechende Verhandlungen mit der evangelischen Kirche. Die Generalsynode der evangelischen Landeskirchen Preußens hatte sich nämlich gegen das Konkordat ausgesprochen. Auch der Deutsche und der Preußische Lehrerverein veröffentlichten eine gemeinsam unterzeichnete Entschließung, in der sie auf die Gefahren für die Schule hinwiesen, weil sie eine zu große Einflußnahme der katholischen Kirche befürchteten[81].

Am 27. Juni 1929 befaßte sich der Verfassungsausschuß des Preußischen Staatsrats mit dem Konkordat. Am folgenden Tag stimmte dann das Plenum des Staatsrats dem im Verfassungsausschuß angenommenen Antrag mit 44 Stimmen der Sozialdemokraten, Demokraten und des Zentrums gegen 36 Stimmen der Arbeitsgemeinschaft und der Kommunisten bei einer Stimmenthaltung zu[82].
Der Hauptausschuß des Preußischen Landtags nahm das Konkordat am 3. Juli 1929 mit 16 gegen 13 Stimmen an[83].
Die beiden ersten Lesungen des Konkordats im Preußischen Landtag waren am 1. und 5. Juli 1929. In der dritten Lesung am 9. Juli wurde das Konkordat mit 243 gegen 172 Stimmen endgültig angenommen[84]. Gegen das Konkordat stimmten die Deutschnationalen, die Deutsche Volkspartei, die NSDAP, die Kommunisten und mehrere Mitglieder der Deutschen Fraktion. Das Zentrum, die Sozialdemokraten und die Wirtschaftspartei hatten dem Konkordat zugestimmt. 35 Abgeordnete hatten sich an der Abstimmung nicht beteiligt[85].
In Aachen herrschte Freude. „Ein langersehntes Ereignis ist eingetreten, ein Herzenswunsch früherer Generationen erfüllt!“ So schrieb Rombach in einem Dankschreiben an Geheimrat Dr. Felix Porsch, den Führer der Zentrumsfraktion im Preußischen Landtag[86]. In Aachen war man davon

79 „EdG“, 21. Juni 1929, Nr. 143.
80 „EdG“, 22. Juni 1929, Nr. 144.
81 Vgl. Linneborn, Preußenkonkordat, S. 228 f.; „EdG“, 18. Juni 1929, Nr. 140, „EdG“, 27. Juni 1929, Nr. 148.
82 „EdG“, 29. Juni 1929, Nr. 150, Linneborn, Preußenkonkordat, S. 229; Deuerlein, S. 78; Golombek, S. 106.
83 „EdG“, 4. Juli 1929, Nr. 154; Golombek, S. 106.
84 Golombek, S. 106: 171 Gegenstimmen. So auch: Bäumer, S. 619.
85 „EdG“, 10. Juli 1929, Nr. 159; „EdG“, 11. Juli 1929, Nr. 160; Linneborn, Preußenkonkordat, S. 230 ff.; Deuerlein, S. 80; Golombek, S. 106.
86 „EdG“, 18. Juli 1929, Nr. 166.

überzeugt, daß die unermüdliche Hartnäckigkeit und die parlamentarische Geschicklichkeit des Zentrums wesentlich zu diesem Erfolg beigetragen hatten[87].

Weitere Dankschreiben richteten der Oberbürgermeister und das Stiftskapitel an den Preußischen Kultusminister, an Kardinal Schulte, an den Hl. Vater und Nuntius Pacelli, der sich nach Meinung der Aachener Bevölkerung besonders für die neue Diözese eingesetzt hatte[88]. Pacelli sandte am 13. Juli 1929 ein Telegramm an Sträter, in dem er zur Wiedererrichtung der Diözese gratulierte[89]. In einem eigenen Schreiben bedankte er sich bei Rombach und wünschte, daß diese neue Würde der alten Kaiserstadt ein glückverheißendes Omen für die Zukunft sein möge[90].

Am 13. Aug. 1929 wurden die Ratifikationsurkunden im Staatsministerium ausgetauscht. Pacelli vertrat dabei die Kurie. Unter das Preußische Konkordat war der Schlußstrich gezogen[91].

In Art. 2, Abs. 2 dieses Vertrages des Freistaates Preußen mit dem Hl. Stuhl heißt es: „In Aachen wird wieder ein Bischöflicher Stuhl errichtet und das Kollegiat- in ein Kathedralkapitel umgewandelt. Das Bistum Aachen wird den Regierungsbezirk Aachen sowie die Kreise Grevenbroich, Gladbach, M.Gladbach, Rheydt, Krefeld (Stadt und Land) und Kempen umfassen und der Kölner Kirchenprovinz angehören." Abs. 7 erklärt, daß das Kathedralkapitel in Aachen aus dem Propst, sechs residierenden, vier nichtresidierenden Kapitularen und sechs Vikaren bestehen soll. In Abs. 10 wird der Diözese Aachen zur Unterstützung des Diözesanbischofs ein Weihbischof zugeteilt, der vom Hl. Stuhl auf Ansuchen des Diözesanbischofs ernannt wird.

„In Aachen wird wieder ein Bischöflicher Stuhl errichtet", heißt es ausdrücklich im Text des Konkordats. Die Erinnerung an das erste französische Bistum Aachen spielte also bei der W i e d e r errichtung eine bedeutende Rolle.

Die Freude im Aachener Raum war groß. Jahrzehntelange Bemühungen wurden endlich vom Erfolg gekrönt. Die unermüdlichen Versuche vieler bedeutender und einflußreicher Männer waren nicht vergebens gewesen.

87 „EdG", 15. Juni 1929, Nr. 138.

88 „EdG", 12. Juli 1929, Nr. 167; STAA: OB Reg. 81/9.

89 DAA: A 1a III.

90 STAA: OB Reg. 81/9; „EdG", 24. Juli 1929, Nr. 171.

91 „EdG", 13. Aug. 1929, Nr. 188; „EdG", 14. Aug. 1929, Nr. 189; Linneborn, Preußenkonkordat, S. 234; Deuerlein, S. 83; Golombek, S. 107. Wortlaut: „EdG", 15. Juni 1929, Nr. 138; KA, (1929), Nr. 179, S. 109 ff.; Realschematismus, S. 18 ff.; Erste Diözesansynode, Dokumente III, S. 605 ff.; W. Weber, S. 67 ff.; vgl. Sträter, Sammlung, I. S. 145—148.

DIE DURCHFÜHRUNG DES KONKORDATS

Der Vertrag zwischen dem Hl. Stuhl und dem Preußischen Staat schuf nur die rechtlichen Vorbedingungen für die Errichtung der neuen Diözese. Die tatsächliche Durchführung der Konkordatsbestimmungen mußte noch erfolgen[1]. Viele verwickelte Fragen bedurften zuvor einer Lösung. Die genaue Umschreibung der neuen Diözesen mußte ausgearbeitet werden. Die vermögensrechtliche Auseinandersetzung mit dem Erzbischöflichen Stuhl[2] und die Dotationsverhandlungen mit der Preußischen Staatsregierung standen noch bevor. Art. 4 des Konkordats hatte die Dotation aller Diözesen und Diözesananstalten auf 2 800 000 RM festgesetzt. Besondere Vereinbarungen mußten die Zuwendungen für die einzelnen Diözesen noch aufschlüsseln. Vorläufige Berechnungen brachten für das Bistum Aachen 161 200 RM in Anschlag, von denen 115 245 RM als Gehälter für den Bischof, den Weihbischof, die Domkapitulare und -vikare gedacht waren. 26 000 RM entfielen auf sonstige Personalkosten, und die restlichen 19 955 RM blieben für die entstehenden Verwaltungskosten übrig. Diese Summen aber reichten bei weitem nicht aus, um alle anfallenden Bedürfnisse zu befriedigen, geschweige denn die Errichtung einer Diözese zu finanzieren. Über die Kirchensteuer mußte verhandelt werden. Für den Bischof war keine geeignete Wohnung vorhanden. Auch ein Gebäude für die Diözesanverwaltung fehlte noch. Diskutiert wurde auch über den Sitz des Aachener Weihbischofs. Vermutungen nannten die Stadt Krefeld, doch nach Art. 2, Abs. 10 des Konkordats konnte ein anderer Ort als der Sitz des Diözesanbischofs erst nach Benehmen mit der Preußischen Regierung bestimmt werden. Die Zusammensetzung des bisherigen Kollegiatkapitels bedurfte keiner Änderung. Die Zahl der Domkapitulare blieb dieselbe, ebenso die der Domvikare. Das meiste Interesse aber fanden die Person des ersten Bischofs der neuen Diözese Aachen und der Zeitpunkt seiner Ernennung. Bei einer baldigen Berufung konnte der neue Bischof die Errichtung der Diözese selbst vorbereiten. Der Hl. Stuhl aber konnte auch den Kölner Erzbischof mit dieser Aufgabe betrauen oder auch einen Apostolischen Administrator benennen[3].

Bemühungen um die notwendigen Gebäude

Eine Antwort aus Rom auf die grundsätzlichen Fragen erfolgte vorerst nicht. Deshalb wandte man sich in Aachen dem vordringlichen Problem zu, eine passende Wohnung für den Bischof und ein geeignetes Gebäude für das Generalvikariat zu suchen. Die Initiative ergriff Sträter, der

[1] „Volksfreund", 15. Aug. 1929. Ausschnitt: STAA: OB Reg. 81/9.
[2] Erzb. Registratur Köln: Cab. Reg. I, 9a, Vol II.
[3] „Volksfreund", 15. Aug. 1929. Ausschnitt: STAA: OB Reg. 81/9.

Kanonikus Nikolaus Jansen mit dieser Aufgabe betraute. Auch Rombach setzte sich tatkräftig ein.
Mehrere Gebäude und Baugrundstücke wurden angeboten[4]. Wegen der gespannten wirtschaftlichen Lage lehnten die Verantwortlichen einen Neubau ab. Sie wollten sich mit dem Umbau eines geeigneten Gebäudes in zentraler Lage begnügen. Trotz der vielen Angebote konnte kein Kaufvertrag geschlossen werden, weil das notwendige Geld fehlte. Deshalb wandte sich Sträter am 15. Nov. 1929 an die Aachener Stadtverwaltung[5]. Er erinnerte an die Beschlüsse der Stadtverordnetenversammlungen von 1899, 1902 und 1918, die dem Aachener Bischof eine Wohnung und außerdem 200 000 Mark für die Errichtung der Diözese zugesichert hatten[6]. Schon um die Jahrhundertwende hatte die Stadt ein Haus geerbt, das als Bischöfliches Palais dienen sollte[7]. Weil aber die Stadt nach dem erfolglosen Versuch im Jahre 1918 nicht mehr mit der Errichtung eines Bistums rechnete, hatte sie 1922 mit einem Vertreter des Kapitels und der Erbin des genannten Hauses verhandelt und dem Stiftskapitel die Summe von 325 000 Mark als Äquivalent für das Bischofshaus übermittelt. Diese Summe, schon bei der Überweisung im Wert vermindert, war der Inflation zum Opfer gefallen. Die Auszahlung seitens der Stadt an das Stiftskapitel fand am 14. Aug. 1922 statt, als der Wert der genannten Entschädigung laut Aufwertungsgesetz nur noch 1885 Goldmark betrug[8]. Der Weihbischof konnte also keine rechtlichen Ansprüche an die Stadt stellen. Deshalb appellierte er an das Wohlwollen der Stadtväter und bat um finanzielle Unterstützung, damit die Diözesanen nicht gleich bei der Errichtung mit hohen Kirchensteuern belastet würden. Er regte an, dieses Projekt in das angekündigte Grenzprogramm aufzunehmen[9].
Sträter unterrichtete den Erzbischof über diese Schritte. Am 21. Nov. 1929 antwortete Schulte, daß das Aachener Stiftskapitel von den finanziell hochbedeutsamen Vorgängen im Jahre 1922 keinerlei Meldung erstattet habe und bat um einen diesbezüglichen Bericht[10]. Sträter teilte daraufhin dem Erzbischof mit, daß diese Überschreibung nach dem Fortgang Bornewassers und vor seiner Einführung in Aachen getätigt worden sei, daß aber in allen Etats, die in seiner Amtszeit nach Köln gesandt worden seien, die betreffende Summe im sog. „Bischofsfond" angegeben war[11].

[4] DAA: M 40 s I.
[5] DAA: A 1a III.
[6] Vgl. S. 57 f., 74, 91.
[7] Haus Pontdriesch Nr. 16; vgl. S. 91.
[8] DAA: A 1a III.
[9] Ebd.
[10] Ebd.
[11] Ebd.: Brief Sträters an EB, 24. Nov. 1929.

Kurze Zeit nach diesem unerfreulichen Zwischenspiel bot sich eine neue günstige Möglichkeit. Am 30. Nov. 1929 zogen die belgischen Besatzungstruppen zur großen Freude der Aachener Bevölkerung ab[12]. Dadurch wurde die Villa Delius am Boxgraben 17, die bisher Sitz des Generals gewesen war, frei. Dieses in den neunziger Jahren erbaute Haus, das der Stadt gehörte, sollte zuerst als Wohnung für den Oberbürgermeister umgebaut werden. Auch der Eschweiler Bergwerksverein war daran interessiert[13]. Dann jedoch nahm man es als Bischofshaus oder auch als Verwaltungsgebäude in Aussicht.
Das teilte Rombach dem Kölner Generalvikar Vogt mit. Dieser antwortete am 1. Febr. 1930, es sei noch zu früh, sich jetzt schon um diese Gebäude zu bemühen. Man sollte diese Angelegenheit dem Exekutor der Zirkumskriptionsbulle oder aber dem neuen Bischof überlassen[14]. Daraufhin beschloß der Finanzausschuß der Stadt am 16. Mai 1930, dieses Haus vorerst leer stehen zu lassen[15]. Erst im Sept. 1930 trat das Kölner Generalvikariat auf Drängen Rombachs dem Plan näher, diese Villa als Haus für den Bischof zu erwerben[16]. Der Finanzausschuß der Stadt bot günstige Bedingungen an. Der Verkauf fand im Dez. 1930 statt[17]. Dem ersten Bischof aber war dieses Haus zu protzig für ein Wohngebäude. Er ließ deshalb die Villa Delius am Boxgraben 17, heute Friedlandstraße, als Verwaltungsgebäude herrichten und wohnte selbst zuerst in Burtscheid im Kindheit-Jesu-Kloster. Am 1. Juli 1931 bezog er eine Wohnung in der Casinostraße. Das Bischöfliche Generalvikariat nahm an diesem Tag in der ehemaligen Villa Delius seine Arbeit auf[18].

Die Errichtung des Bistums Aachen

Viel wichtiger als die Beschaffung einer Unterkunft für den Bischof und die Verwaltung war die Frage nach dem Zeitpunkt der Errichtung der Diözese. Die Ungeduld der Aachener Katholiken wuchs, je mehr sich das Jahr 1929 dem Ende näherte, weil man bis zum Jahresende allgemein mit der Errichtung der Diözese gerechnet hatte. Der „Volksfreund" ging in seiner Sylvesterausgabe den Gründen für die Verzögerung nach und verglich die Situation in Aachen mit der in Berlin[19].

In der Reichshauptstadt, die durch das Konkordat Sitz des zweiten neuen Bistums in Preußen geworden war, hatte die Errichtung bereits stattgefunden. Nun lagen in Berlin die Verhältnisse weitaus günstiger als in Aachen[20]. Der Delega-

[12] GAiD, Nov. 1929, S. 301.
[13] STAA: OB Reg. 81/9.
[14] DAA: A 1a III.
[15] STAA: OB Reg. 81/9.
[16] Ebd.; DAA: M 40 s. I.
[17] DAA: M 40 s I.
[18] STAA: OB Reg. 81/9.
[19] „Volksfreund", 31. Dez. 1929, Nr. 304. Zeitungsausschnitt: DAA: A 1a III.
[20] Vgl. Banasch, Vom Delegaturbezirk zum Bistum Berlin, in: Wichmann Jahrbuch, (1953), S. 81 ff.

turbezirk, der bisher dem Bistum Breslau unterstanden hatte, war seit langem genau abgegrenzt. Man brauchte nur den Namen „Administraturbezirk“ in „Diözese“ umzuwandeln. Auch die Lösung der Personenfrage war in Berlin verhältnismäßig einfach. Der bisherige Weihbischof Dr. Deitmer war verstorben. Diese Vakanz drängte zu einer baldigen Regelung. Bischof Dr. Christian Schreiber aus Meißen wurde schon am 10. Sept. 1929 zum Administrator der neuen Diözese ernannt und siedelte auch sofort nach Berlin über. Diese sachlichen und personellen Gründe hatten zu der bevorzugten Behandlung Berlins geführt.
Alle anderen Diözesen, in denen das Konkordat Änderungen veranlaßt hatte, warteten wie Aachen beim Jahreswechsel 1929/1930 noch auf die endgültige Regelung.

Das Erzbistum Köln mußte die Umgrenzung, die das Konkordat für das Bistum Aachen festgelegt hatte, überprüfen, Grenzberichtigungswünsche in Erwägung ziehen und deswegen langwierige Verhandlungen mit dem Bistum Münster und für die Eifelgebiete mit dem Bistum Trier führen. Die Verhandlungen über die Grenzveränderungswünsche, die das Bistum Aachen betrafen, hatten gegen Ende des Jahres einen gewissen Abschluß erreicht, aber erst wenn alle Veränderungen, die das Konkordat festgelegt hatte, geklärt waren, konnte man die endgültige Regelung aus Rom erwarten[21].
In einem Telegramm, das Schulte zum Jahreswechsel an Sträter schickte, zeigte sich der Kardinal zuversichtlich und erwartete im neuen Jahr die Erhebung Aachens zum Bistum. Der Stiftspropst bedankte sich daraufhin für alle Bemühungen der Kölner Oberhirten in der Aachener Bistumsfrage[22].
Die Stadt Aachen wollte durch die endgültige Errichtung der Diözese nicht überrascht werden und rechtzeitig mit den notwendigen Vorbereitungen beginnen. Rombach erfragte darum in einem Brief an den Erzbischof vom 28. Jan. 1930 den ungefähren Zeitpunkt der Errichtung und wie die dafür notwendigen Kosten aufgebracht werden könnten. Generalvikar Vogt beantwortete am 1. Febr. dieses Schreiben[23]. Demnach war der Zeitpunkt der Errichtung auch in Köln noch völlig unbekannt. Vogt bat den Oberbürgermeister, die Kosten für die in Aachen zu treffenden kirchlichen Einrichtungen bei der Regierung zu beantragen, weil in Köln keine Mittel für diesen Zweck zur Verfügung standen. Der Generalvikar machte Rombach darauf aufmerksam, daß laut Beschluß des Staatsministeriums die Dotationszuschüsse vom 1. April 1929 an nachgezahlt werden müßten und daß diese nicht unerhebliche Summe die notwendigen Einrichtungen wesentlich fördern könnte.
Auf den Tag genau ein Jahr nach der Ratifizierung des Preußischen Konkordats, am 13. Aug. 1930, erließ Papst Pius XI. die erwartete Zirkumskriptionsbulle „Pastoralis Officii Nostri“, welche die Errichtung des

[21] DAA: A 1a III.
[22] DAA: A 1a II; vgl. Sträter, Sammlung, I, S. 157 f.
[23] DAA: A 1a III.

Bistums Aachen aussprach[24]. In deutscher Übersetzung lautet die betreffende Stelle: „Das aus der Erzdiözese Köln ausgeschiedene Gebiet erheben wir zu einer neuen Diözese, die wir nach der berühmten Stadt Aachen ‚Aachener Diözese' nennen wollen. Die neue Diözese wird folgende Dekanate umfassen: Aachen, Aldenhoven, Alsdorf, Blankenheim, Cornelimünster, Derichsweiler, Dülken, Düren, Erkelenz, Eschweiler, Gangelt, Geilenkirchen, Gemünd, Gladbach, Hasselsweiler, Heinsberg, Herzogenrath, Hochneukirch (mit Ausnahme der Pfarre Elfgen[25]), Jülich, Kempen, Krefeld, Kronenburg (mit Ausnahme der Pfarren Hallschlag, Ormont, Steffeln[26]), Linnich, Lobberich, Mechernich (mit Ausnahme der Pfarre Kommern[25]), Monschau, Nideggen, Nörvenich (mit Ausnahme der Pfarre Pingsheim[25]), Rheydt, Steinfeld, Stolberg, Uerdingen (mit Ausnahme der Pfarren Friemersheim und Kaldenhausen[27]), Vettweiß (mit Ausnahme der Pfarre Füssenich[25]), Viersen, Wassenberg, Wegberg. Dieser Diözese weisen wir überdies zu die Pfarren Berg, Bouderath, Disternich, Floisdorf, Nöthen, Sievernich, Vlatten[28] und die deshalb aus dem Gebiet der Diözese Münster ausgeschiedene Pfarre Hinsbeck[29]. Den Sitz dieser neuen Diözese errichten wir in der Stadt Aachen, von der die Diözese selbst ihren Namen erhält . . . Den Bischöflichen Stuhl verbinden wir mit der in jener Stadt befindlichen Kirche der seligen in den Himmel aufgenommenen Jungfrau Maria, die wir deswegen zum Grade und zur Würde einer Kathedralkirche erheben. Diese neue Diözese bestimmen wir als Suffraganbistum der Metropolitankirche Köln . . . Das in der Stadt Aachen bestehende Stiftskapitel erheben wir zum Grade und zur Würde eines Kathedralkapitels . . ."[30].

In Art. 2, Abs. 9 hatte das Konkordat Grenzverlegungen im Interesse der örtlichen Seelsorge zugestanden. Das erklärt die geringfügige Verschiebung einzelner Pfarreien. Die päpstliche Bulle brachte nur eine größere Abweichung für das Gebiet des Bistums Aachen. Der Kreis Grevenbroich, den das Konkordat der Aachener Diözese zugeteilt hatte, verblieb infolge des Gesetzes über die kommunale Neugliederung des rheinisch-westfälischen Industriegebiets vom 29. Juli 1929 größtenteils bei der Kölner Erzdiözese[31].

24 Text: AAS, 23, (1931), p. 34—41; Realschematismus, S. 24 ff.; Erste Diözesansynode, Dokumente III, S. 611 ff.; „EdG", 28. Aug. 1930, Nr. 201; KA, (1930), Nr. 21, S. 123 ff.

25 blieb bei Köln.

26 blieb bei Trier.

27 F. und K. wurden dem Bistum Münster zugewiesen.

28 Berg und Floisdorf: bisher Köln, Dek. Zülpich, jetzt Aachen, Dek. Mechernich
Bouderath und Nöthen: bisher Köln, Dek. Münstereifel, jetzt Aachen, Dek. Mechernich
Disternich und Sievernich: bisher Köln, Dek. Zülpich, jetzt Aachen, Dek. Vettweiß
Vlatten: bisher Köln, Dek. Zülpich, jetzt Aachen, Dek. Gemünd.

29 bisher Dek. Geldern, jetzt Dek. Lobberich.

30 Übersetzung nach: Realschematismus, S. 14 f.

31 Realschematismus, S. 15.

Die neue Diözese Aachen umfaßte das Gebiet des Regierungsbezirks Aachen mit Ausnahme der Orte Bürvenich, Embken, Füssenich, Juntersdorf, Muldenau und Wollersheim des Landkreises Düren.

Von den genannten Orten waren die Pfarren Bürvenich, Embken und Wollersheim sowie die beiden Rektorate Juntersdorf und Muldenau bei der Dekanatsordnung 1925 bereits zum neuen Dekanat Zülpich gekommen. Damals kam Füssenich zum Dekanat Vettweiß. In der Zirkumskriptionsbulle „Pastoralis Officii Nostri" vom 13. August 1930 wird es als Ausnahme erwähnt: Füssenich sollte nicht zum Dekanat Vettweiß des Bistums Aachen gehören, sondern bei Köln verbleiben; es wurde dem Dekanat Zülpich zugewiesen. Diese Neuordnung trat am 1. Januar 1931 in Kraft[32]. Generalvikar Vogt soll sich sehr dafür eingesetzt haben, daß Füssenich bei Köln verblieb. Er war Vorsitzender des St. Nikolausstiftes in Füssenich und suchte im dortigen Kloster oft Ruhe und Entspannung. Dieser persönliche Einsatz hat sich jedoch für ihn später als nachteilig erwiesen.

Das restliche Gebiet des Aachener Bistums gehörte zum Regierungsbezirk Düsseldorf. Dazu zählten die bisherigen Kölner Dekanate Gladbach, Hochneukirch, Krefeld, Rheydt, Uerdingen und Viersen sowie vom Bistum Münster der Kreis Kempen mit den drei Dekanaten Kempen, Dülken und Lobberich mit Ausnahme von Tönisberg. Hinzu kam noch die bisher zur Diözese Münster gehörige Pfarre Hinsbeck im Kreis Geldern[33]. Das neue Bistum Aachen umfaßte anfangs 36 Dekanate mit 432 Pfarreien und 47 Rektoraten. Bei der Errichtung zählte es 1 162 182 Katholiken[34].
In der Bulle „Pastoralis Officii Nostri" vom 13. Aug. 1930 hatte Papst Pius XI. den Apostolischen Nuntius Cesare Orsenigo mit der Durchführung dieser Bestimmungen betraut und ihm gestattet, diese Vollmacht zu subdelegieren. Ein Dekret der Konsistorialkongregation vom 20. Aug. 1930 bestellte Kardinal Schulte zum Apostolischen Administrator der vakanten Aachener Diözese[35]. Das teilte der Nuntius dem Kölner Erzbischof am 27. Aug. mit[36]. Daraufhin richtete Schulte am 30. Aug. ein Glückwunschtelegramm an Weihbischof Sträter, in dem er zur Errichtung der Aachener Diözese gratulierte und der Hoffnung Ausdruck gab, daß die neuen äußeren kirchlichen Verhältnisse zur Ehre Gottes und zum Heile der Seelen gereichen mögen[37].
Das offizielle Dekret, in dem Orsenigo dem Kölner Erzbischof die genaue Umschreibung des Bistums Aachen mitteilte und ihn mit der Durchführung dieser Bestimmungen betraute, trägt das Datum vom 31. Aug. 1930. Als Exekutor der päpstlichen Bulle hatte der Nuntius diesen Tag als Stichtag für die Zugehörigkeit zur neuen Diözese festgesetzt. Alle Geistli-

32 KA (1930), S. 123.
33 Vgl. Schiffers, Diözesanverhältnisse.
34 Handbuch Köln, 24 (1954), S. 8; Handbuch Aachen, S. 32. Die Gesellschaftsstruktur im Aachener Reg.-Bez. zur damaligen Zeit bei Plum.
35 Text: Realschematismus, S. 30; KA, (1930), Nr. 19, S. 113 ff.; BDA: Gvs C 13 I.
36 DAA: A 1a III.
37 STAA: OB Reg. 81/9; DAA: A 1a II.

chen, die am 31. Aug. 1930 im Gebiet des Bistums Aachen wohnten, waren dieser neuen Diözese inkardiniert[38].

Dieser 31. Aug. 1930 war ein Sonntag. Am Nachmittag dieses Tages wurde die feierliche Errichtung der Diözese Aachen formell vollzogen. Sträter hatte zu diesem Zweck eine außerordentliche Sitzung des Kollegiatkapitels in der Propstei anberaumt, an der im Auftrag des Erzbischofs der Kölner Domdechant Dr. Paschen teilnahm. Als Prokurator des Erzbischofs gab Paschen die vollzogene Errichtung der Diözese Aachen, die Erhebung des bisherigen Stiftskapitels zum Domkapitel und die Erhebung des Münsters zur Kathedralkirche bekannt. Dann legte er den anwesenden Mitgliedern des nunmehrigen Kathedralkapitels das Dekret der Konsistorialkongregation vom 20. Aug. 1930 vor, in dem der Papst den Kölner Erzbischof zum Administrator der vakanten Diözese bestellt hatte. Durch diesen Akt übernahm Schulte die vorläufige Leitung des Bistums Aachen mit allen Rechten und Pflichten.

Nach Beendigung dieser Kapitelsitzung[39] wurden die Pfarrämter der Stadt über diesen bedeutsamen Vorgang informiert. Im Anschluß an die abendlichen Angelusglocken verkündete ein langandauerndes, feierliches Geläut von allen Kirchtürmen den Bewohnern der Stadt das bedeutende Ereignis[40]. Am folgenden Tag richteten die Regierung und die Stadt Glückwunschschreiben an Sträter, in denen sie ihrer Freude Ausdruck gaben, daß die in Aachen solange gehegte Hoffnung jetzt erfüllt worden war[41].

Am 1. Sept. 1930 traf Schulte als Administrator der Diözese Aachen einige Anordnungen. Demnach behielten die kirchenrechtlichen Vollmachten für Welt- und Ordenspriester auch in der Diözese Aachen weiterhin ihre Gültigkeit: Alle approbierten Priester der Kölner und der Aachener Diözese konnten in beiden Bistümern Beichte hören und predigen[42]. Gleichzeitig erklärte Schulte den Offizial (seinen Vertreter in Gerichtsangelegenheiten), Domkapitular Dr. Berrenrath, auch für die Diözese Aachen zuständig. Den Kölner Generalvikar Dr. Vogt betraute der Erzbischof ebenso für das Bistum Aachen mit den anfallenden Verwaltungsarbeiten und delegierte die ihm für die Administration der neuen Diözese zustehenden Fakultäten[43].

Am 10. Sept. 1930 teilte der Nuntius dem Kölner Erzbischof mit, daß der Hl. Vater ihm für die Diözese Aachen die gleichen Quinquenalfakultäten (5jahres-Vollmachten) wie für Köln gewährt habe[44]. Tags zuvor hatte

[38] Text: BDA: Gvs C 13 I; Realschematismus, S. 29; KA, (1930), Nr. 19, S. 115.

[39] Protokoll: DAA: A 1a III; BDA: Gvs C 13 I. Vgl. „Kölnische Volkszeitung", 2. Sept. 1930, Nr. 446A; vgl. Sträter, Sammlung, II, S. 195.

[40] „EdG", 1. Sept. 1930, Nr. 204.

[41] DAA: A 1a II; STAA: OB Reg. 81/9.

[42] BDA: Gvs C 13 I; KA, (1930), Nr. 19, S. 117.

[43] BDA: Gvs C 13 I; KA, (1930), Nr. 19, S. 117.

[44] BDA: Gvs C 13 I.

Schulte über den Berliner Nuntius in Rom weitere Vollmachten erfragt, die ihm zur Ausübung seiner Administration notwendig erschienen. Er beantragte, die dem Kölner Ordinarius von den verschiedenen römischen Kongregationen zugestandenen Fakultäten auch für die Verwaltung der Diözese Aachen zu gewähren. Weiterhin erbat er die Erlaubnis, vakante Pfarren im Bistum Aachen besetzen und Anträge auf In- bzw. Exkardinierung bearbeiten zu dürfen[45]. Am 25. Sept. teilte Orsenigo dem Erzbischof die Antwort aus Rom mit. Die Sonderfakultäten der römischen Kongregationen und das Recht, in dringenden Fällen Pfarrer neu zu bestellen, wurden dem Erzbischof als Administrator für Aachen zugestanden, nicht aber die Vollmacht, über Aufnahme von fremden Priestern in den Diözesanverband zu entscheiden. Als Grund für diese Ablehnung vermutete der Nuntius die in Kürze bevorstehende Ernennung des ersten Bischofs von Aachen[46].
Im Sept. 1930 verhandelte Vogt für den Administrator mit dem Aachener Kathedralkapitel über die Termine der Kirchweihfeste für die neue Diözese. Als Tag für die Feier des Kirchweihfestes aller konsekrierten Kirchen, die Kathedrale ausgenommen, behielt das Aachener Domkapitel den in der Erzdiözese Köln üblichen 13. Nov. bei, um auch künftig die Gemeinsamkeit zu betonen. Bei der Festlegung des Termins für das Kirchweihfest der Kathedrale knüpfte das Aachener Domkapitel bewußt an das erste Bistum an. Seit unvordenklichen Zeiten hatte man das Weihefest des Aachener Domes am 17. Juli gefeiert. Auch das erste Bistum hatte an diesem Tag festgehalten und im gelegentlichen Zusammentreffen mit der Heiligtumsfahrt kein Hindernis gesehen. Deshalb setzte sich das Domkapitel für den 17. Juli als Termin für das Kirchweihfest der Aachener Kathedralkirche erfolgreich ein[47].
Nach der feierlichen Errichtung des Bistums informierte das Aachener Domkapitel den Oberbürgermeister offiziell über diesen Akt. Auch der Kölner Erzbischof als Administrator der noch vakanten Diözese teilte Rombach mit, daß er am 31. Aug. 1930 die Verwaltung des Bistums Aachen übernommen habe. Der Oberbürgermeister bedankte sich für diese Mitteilung und bat den Erzbischof um einen baldigen Termin für eine Besprechung über die in Aachen zu treffenden Vorbereitungen, bei denen die Stadt mithelfen wollte[48]. Auch Regierungspräsident Stieler wollte dabei behilflich sein. Er bot dem Kathedralkapitel das durch den Abzug der Besatzungstruppen frei werdende Personal für die Verwaltung des neuen Bistums an. Das Domkapitel aber war nicht befugt, auf dieses Angebot einzugehen, weil die Verwaltung vorläufig noch durch die Erzbi-

[45] Ebd.
[46] Ebd.
[47] DAA: A 1a III.
[48] STAA: OB Reg. 81/9.

schöfliche Behörde in Köln geschah und man in diesem Punkt dem ersten Bischof bzw. seinem Generalvikar nicht vorgreifen wollte[49].

Der erste Bischof des neuen Bistums

Artikel 6 des Preußischen Konkordats hatte die Besetzung der Bistümer bzw. Erzbistümer neu geregelt. Dort heißt es: „(1) Nach Erledigung eines Erzbischöflichen oder Bischöflichen Stuhles reichen sowohl das betreffende Metropolitan- oder Kathedralkapitel als auch die Diözesanerzbischöfe und -bischöfe Preußens dem Heiligen Stuhle Listen von kanonisch geeigneten Kandidaten ein. Unter Würdigung der Listen benennt der Heilige Stuhl dem Kapitel drei Personen, aus denen es in freier, geheimer Abstimmung den Erzbischof oder Bischof zu wählen hat. Der Heilige Stuhl wird zum Erzbischof oder Bischof niemand bestellen, von dem nicht das Kapitel nach der Wahl durch Anfrage bei der Preußischen Staatsregierung festgestellt hat, daß Bedenken politischer Art gegen ihn nicht bestehen.
(2) Bei der Aufstellung der Kandidatenliste und bei der Wahl wirken die nichtresidierenden Domkapitulare mit".
Am 10. Dez. trat das Aachener Domkapitel zur Wahl des ersten Bischofs zusammen[50].
Am 24. Jan. 1931 richtete der Nuntius ein geheimes Schreiben an den Kölner Generalvikar, in dem er mitteilte, daß der Hl. Vater beabsichtige, ihn zum Bischof von Aachen zu bestellen. Er bat Vogt, sich möglichst bald zu diesem Vorhaben zu äußern. Wenn er annehme, sollte er sofort nach Berlin telefonieren und nur sagen: „Der Betreffende, von mir Gefragte, nimmt an. Vogt". Für den Fall, daß er Bedenken habe, bat ihn der Nuntius, so schnell wie möglich nach Berlin zu kommen. In jedem Fall aber sollte er mit keinem über diese Angelegenheit sprechen[51].
Die Reaktion und die Bestürzung Vogts ersehen wir am besten aus einer Aktennotiz, die er eine Woche später, am 31. Jan. 1931, in Füssenich niederschrieb. Er notierte sie auf dem Brief des Nuntius vom 24. Jan.: „Ahnungslos erhielt ich dieses Schreiben am Samstag, dem 25. 1. 1931, vormittags um 11½ Uhr. In meiner Bestürzung lief ich sofort zu Seiner Eminenz, meinem Hochwürdigsten Oberhirten, der ebenfalls ganz überrascht war. Ich bin sodann am 26. 1. nach Berlin gefahren und habe am Tage darauf Sr. Excellenz dem Apostolischen Nuntius meine schweren Bedenken und meine Gründe, aus denen ich das mir angetragene Amt ablehnen müsse, dargelegt: Mein vorgerücktes Alter, meine schwache Gesundheit, der Mangel jeder episkopalen Eigenart, namentlich auch meine Unwürdigkeit und Unfähigkeit. Leider alles vergebens! Als

[49] DAA: A 1a III.
[50] Realschematismus, S. 15.
[51] BDA: Gvs B 5 I.

ich dann noch erwähnte, daß allgemein in Aachen der Wunsch und die Meinung bestehe, der H. H. Weihbischof Dr. Sträter, mit dem ich übrigens seit nahezu 50 Jahren durch Freundschaft verbunden sei, sei vom Apostolischen Stuhl berufen worden, so daß ich in Aachen in eine sehr peinliche Situation kommen werde, wurde mir entgegnet, der hochwürdigste Herr Weihbischof sei unterrichtet und werde mit mir gemeinsam als mein Gehilfe und Coadjutor das Amt führen. So habe ich dann schweren Herzens mein ‚Domine fiat voluntas tua' gesprochen und mich in den Willen des Hl. Vaters ergeben. Hoffentlich wird der liebe Gott alles zum Guten wenden. Ich habe das Amt ja nicht gesucht und erstrebt. Deus providebit"[52].

Diese Gedanken legte Vogt einen Tag nach seiner offiziellen Ernennung nieder, die Pius XI. am 30. Jan. 1931 vollzogen hatte[53].

Am 1. Febr. 1931 teilte Orsenigo Vogt offiziell seine Wahl durch das Aachener Kathedralkapitel und die Ernennung des Hl. Vaters mit[54]. Am selben Tag unterrichtete der Nuntius Sträter und bat ihn, dem Domkapitel die Ernennung Vogts zum Bischof von Aachen bekanntzugeben[55]. Am folgenden Lichtmeßtag, dem 2. Febr., wurde der Name des Bischofs den Gläubigen amtlich mitgeteilt[56].

Die Freude im Aachener Raum war groß. Der erste Bischof war ein Sohn der neuen Diözese. Geboren war er am 8. Sept. 1865 in dem Eifelort Schmidt als Sohn des Bürgermeisters. Als dieser im Jahre 1870 als Bürgermeister nach Monschau berufen wurde, verzog die Familie in dieses Kreisstädtchen, in dem Vogt seine Jugendjahre verlebte. Hier besuchte er zuerst die höhere Schule. Später wechselte er zum Malmedyer Progymnasium und zum Kaiser-Karls-Gymnasium in Aachen, an dem er 1884 die Reifeprüfung ablegte. Nach dem Studium der Theologie in Eichstädt, Bonn und am Kölner Priesterseminar wurde er am 19. Aug. 1888 im Kölner Dom zum Priester geweiht. Nach einjähriger Kaplanszeit in St. Laurentius, Elberfeld, kam er nach Rom an die deutsche Nationalstiftung Anima, um an der Gregorianischen Universität seine Studien fortzusetzen. Dort wurde er zum Doktor der Theologie und des kanonischen Rechts promoviert. 1891 kehrte er aus der Ewigen Stadt zurück wurde am 17. Juli zum Domvikar ernannt und Mitarbeiter am Erzbischöflichen Generalvikariat. Von 1893—99 war er Geheimsekretär des Erzbischofs Krementz. Von 1898—1916 wirkte er als Professor am Kölner Priesterseminar. Vogt dozierte Kirchenrecht, las aber in Vertretung auch Li-

[52] BDA: Gvs B 5 I.
[53] Ebd.: Original, Abschrift und Übersetzung.
[54] Ebd.
[55] DAA: A 1a III. Sträter, Sammlung, II, S. 205.
[56] Vgl. „Kölnische Volkszeitung", 2. Febr. 1931, Nr. 59B; „Kölnische Zeitung", 3. Febr. 1931, Nr. 66; „Germania", 3. Febr. 1931, Nr. 28.

turgik und Rubrizistik[57]. Am 19. März 1914 wurde er Subregens des Seminars. Seine Berufung in das Kölner Domkapitel erfolgte am 12. März 1916. Seit dem 1. Juni 1918 war er Generalvikar der Erzdiözese. Nach dem Tode Hartmanns wurde Vogt vom Metropolitankapitel als Kapitularvikar bestellt und als eventueller Nachfolger auf die Wahlliste gesetzt[58]. Am 4. Nov. 1920 verlieh ihm der Papst die Würde eines Apostolischen Protonotars. Am 10. Okt. 1922 wurde er Dechant und am 6. März 1930 Propst der Kölner Metropolitankirche[59].

Am 3. Febr. 1931, am Tage nach der amtlichen Mitteilung der Ernennung des Bischofs, besuchten Sträter und einige Domkapitulare Vogt in Füssenich, um ihm im Namen des Kapitels, des Klerus und der ganzen Diözese Ergebenheit und Gehorsam auszusprechen. Bei dieser Unterredung wurden die Termine für die Weihe und die Inthronisation festgelegt. Demnach sollte die Bischofsweihe am 19. März, am Namenstag Vogts, in Köln und die Inthronisation am 25. März im Aachener Dom stattfinden. Mit Rücksicht auf die Fastenzeit bat Vogt seine zukünftigen Mitarbeiter, von einer weltlichen Feier Abstand zu nehmen[60].

Am 15. Febr. 1931 richtete Schulte ein Abschiedsschreiben an die Aachener Diözesanen. Er trennte sich schweren Herzens von diesem großen Gebietsteil, aus dem im letzten Jahrhundert der Kölner Kirche reicher Segen zugeflossen war. Der Erzbischof sah in der Ernennung seines bisherigen Generalvikars zum ersten Bischof von Aachen einen schmerzlichen und schwer ersetzbaren Verlust für die Erzdiözese, beglückwünschte aber die Aachener Katholiken zu dieser Persönlichkeit und sprach Vogt sowie den Priestern, Lehrern, Kirchenvorständen und allen Gläubigen der neuen Diözese für die bisherige Zusammenarbeit seinen herzlichen Dank aus[61].

Vogt wollte sein Amt noch vor Ostern antreten. Darum drängte jetzt die Lösung der Probleme, die er als Generalvikar hinausgeschoben hatte. Da die Villa Delius als Verwaltungsgebäude vorgesehen war, hatte der Bischof in Aachen noch keine Wohnung. Er wollte sich zunächst mit einigen Zimmern im Burtscheider Kindheit-Jesu-Kloster begnügen und vorerst seinen Haushalt noch in Köln belassen. Deshalb bat er über den Nuntius, die Neubesetzung der Stelle des Propstes an der Metropolitankirche noch um einige Monate hinauszuschieben. Gleichzeitig suchte

[57] Werke: Kirchliches Eherecht, 1902, 1910[3]; Kirchliches Vermögensrecht, 1910; Mitarbeit am KP, 1901—1912 Mitherausgeber: Hecker, S. 227.

[58] STAK: Abt. 403, Nr. 15929.

[59] Lit.: Hecker, S. 226 f.; MK: A II 8 VII; Realschematismus, S. 15 f.; „Dürener Zeitung", 9. Sept. 1935, Nr. 209; „EdG", 2. Febr. 1931, Nr. 27; „EdG", 24. März 1931, Nr. 70; Poll, S. 330 ff.

[60] „EdG", 5. Febr. 1931, Nr. 30; Sträter, Sammlung, II, S. 205.

[61] Festausgabe „Der Sonntag", 22. März 1931, Nr. 12; vgl. Realschematismus, S. 16.

Vogt um alle Vollmachten nach, die er für einen ungestörten Fortgang der Verwaltungsgeschäfte in der Diözese Aachen für unbedingt erforderlich hielt[62]. Die Kurie gewährte diese Bitten, war mit den Terminen für Weihe und Inthronisation einverstanden und gestattete auf Wunsch des Aachener Domkapitels dem neuen Bischof, am 25. März nach seiner feierlichen Einführung von der Turmgalerie des Domes aus den Päpstlichen Segen zu spenden. Den Wunsch Vogts, einen Abt der Diözese[63] als Mitkonsekrator für den Fall zu bestellen, daß Schulte wegen Unwohlseins verhindert sei, lehnte die Sakramentenkongregation jedoch ab, weil sie noch nie eine solche Erlaubnis gegeben und ein Abt nicht die Fülle der priesterlichen Gewalt habe.

Die Katholische Aktion[64] und die Stadtverwaltung planten für den Tag der Einführung des Bischofs eine abendliche Feier, bei der die Bevölkerung ihren Bischof begrüßen wollte. Domkapitular Jansen leitete die Vorbereitungen und besprach sich mit Rombach[65]. Vogt, der anfangs dieser Abendveranstaltung zugestimmt hatte, bat aber später, sie wegen der Fastenzeit auf einen Termin nach Ostern zu verlegen[66]. In dieser ernsten und bedrückten Zeit wollte er in ganz schlichter Weise sein Amt antreten[67].

Wegen der Vorbereitungen von Weihe und Inthronisation blieb die Feier des vierzigjährigen Priesterjubiläums von Weihbischof Sträter am 14. März 1931 im Schatten. Der Jubilar hatte sich jede äußere Feier verbeten. Nach einer Jubiläumsmesse am Marienaltar zog er sich für mehrere Tage zurück, um diesen Gedenktag in aller Stille zu begehen[68].

Die feierliche Bischofsweihe Vogts nahm Kardinal Schulte am 19. März 1931 im Dom zu Köln vor. Mitkonsekratoren waren die beiden aus Aachen gebürtigen Kölner Weihbischöfe Sträter und Hammels. Als Leitspruch wählte der neue Bischof das Wort aus dem zweiten Korintherbrief „Caritas urget". Nach der kirchlichen Feier fand für einige geladene Gäste ein schlichtes Essen statt[69].

Am Vorabend des 25. März kam Vogt nach Aachen, um im Haus des Stiftspropstes an einer außerordentlichen Sitzung[70] des Domkapitels

[62] BDA: Gvs B 5 I.
[63] Ebd.: Gemeint ist Abt Sauer aus Mariawald, mit dem Vogt befreundet war.
[64] Die „Katholische Aktion" geht auf Papst Pius XI (1922—1939) zurück. Sie soll „die Mitarbeit und Teilhabe der Laien am hierarchischen Apostolat der Kirche" fördern: LThK, VI, Sp. 74. Unter der direkten Leitung der Kirche sollten alle katholischen Vereinigungen zusammengefaßt werden.
[65] STAA: OB Reg. 81/9.
[66] Ebd.
[67] „EdG", 7. März 1931, Nr. 56.
[68] „EdG", 14. März 1931, Nr. 62; Sträter, Sammlung, II, S. 206.
[69] STAA: OB Reg. 81/9; „EdG", 19. März 1931, Nr. 66; „Kölnische Volkszeitung", 19. März 1931, Nr. 137B; „Kölnische Zeitung", 19. März 1931, Nr. 155; „Germania", 20. März 1931, Nr. 67; vgl. Sträter, Sammlung, II, S. 207—225.
[70] Protokoll: DAA: A 1a III.

teilzunehmen. Die residierenden und nichtresidierenden Mitglieder hatten sich eingefunden. Vogt legte dem Propst die päpstliche Ernennungsurkunde vor. Dadurch ergriff er Besitz von seiner Diözese. Auf seiner Fahrt nach Aachen hatte Vogt in Aldenhoven das Gnadenbild besucht und beim Eintritt in sein Bistum alle Diözesanen dem Schutz der Gottesmutter empfohlen[71].
Am 25. März erfolgte die feierliche Inthronisation im Aachener Dom[72]. Regierungspräsident Stieler und Oberbürgermeister Rombach begrüßten den Bischof vor dem Münster. Als Vertreter des Ministeriums für Wissenschaft, Kunst und Volksbildung nahm Ministerialrat Dr. Schlüter teil[73]. Nach dem Pontifikalamt gab Vogt im alten Kurhaus einen Empfang für die Ehrengäste, die Behörden und die kirchlichen Organisationen. Wegen der wirtschaftlichen Notlage dieser Zeit waren beide Feiern bewußt schlicht gehalten und ohne jeden Aufwand. Der Ernst dieser Zeit, aber auch die Freude und die Hoffnung der Aachener Bevölkerung sprechen aus der folgenden Rede[74] des Oberbürgermeisters, die er anläßlich der Inthronisation des Bischofs hielt: „In harter Notzeit, die alles wirtschaftliche und kulturelle Streben zu einem täglichen erneuten Kampf wider die Dämonen des Untergangs macht, erfüllt sich ein langgehegter Herzenswunsch des Aachener Volkes: unsere altersgraue Kaiser- und Krönungsstadt ist erneut zur Würde eines Bischofssitzes erhoben worden. Wenn je, dann gilt heute das Wort, daß der Mensch nicht vom Brot allein lebe. Und so bringen wir denn mitten im schwersten Ringen um das Weiterleben und Wiedererblühen unserer Wirtschaft dankbar und voll neuer Hoffnung unsere besten Wünsche dem hochwürdigsten Sohne unserer Heimat dar, der heute im Schmuck der bischöflichen Mitra unser ehrwürdiges Marienmünster wiederum zum Mittelpunkt der neuerstandenen Diözese Aachen macht und sich anschickt, als geistlicher Führer und Vater teilzunehmen an unseren Sorgen und Nöten, deren Größe und Schwere er kennt wie kaum ein anderer. Möge vom Bischofsstuhl dieses Gotteshauses ein Strom von Segen ausgehen und unser schwergerpüftes Grenzland mit der Kraft des Himmels tränken, damit es bald die Not der schweren Zeit überwindet. Wir sind gewiß, daß die Stärkung des kirchlichen Lebens und die Wiederbelebung der besten Tugenden unseres Volkes dazu helfen werden, die Tage der Not abzukürzen und uns und das deutsche Grenzland um Aachen glücklicheren Zeiten entgegenzuführen. In diesem Sinne entbiete ich dem ersten deutschen Bischof von Aachen die herzlichsten Grüße und Wünsche. Ad multos annos!"

[71] „EdG", 25. März 1931, Nr. 71.
[72] Ebd.; „Kölnische Volkszeitung", 25. März 1931, Nr. 147B; „Kölnische Zeitung", 25. März 1931, Nr. 167; „Germania", 26. März 1931, Nr. 72.
[73] DAA: A 1a III.
[74] Konzept: STAA: OB Reg. 81/9.

Die Errichtung des Bistums im Spiegel der Aachener Presse

Die Errichtung des Bistums sowie Weihe und Inthronisation des Bischofs fanden in der Aachener Presse unterschiedlichen Niederschlag. Die Zentrumspresse begrüßte die Wiedererrichtung der Diözese und gab damit zweifellos die Meinung des größten Teiles der Grenzlandbevölkerung wieder. Die kommunistische Aachener „Arbeiter-Zeitung" jedoch, die zu dieser Zeit in einem kleinen Kreis großen Einfluß hatte, verbreitete laufend üble Hetzmeldungen. Unter den Überschriften „Was kostet der Aachener Bischof? — Das Bistum kostet täglich 450 Mark"[75], „Jubelfeier in Aachen — Riesengehälter der Bischöfe"[76], „Das Volk hungert — die Kirchenfürsten prassen. Jesus ging barfuß"[77] usf. verglich dieses Blatt die staatlichen Zuschüsse für das Bistum und den Bischof mit den Hungerlöhnen der Arbeiter und der Unterstützung für die Arbeitslosen. Diese Zeitung brachte zum Teil bewußt entstellte Meldungen, um den Haß gegen Bistum und Bischof zu schüren. Auch die sozialistische Presse berichtete über die Statistik der Bischofsgehälter[78].
Um weitere Verwirrung zu verhindern, sah sich das Aachener Generalvikariat zu einer Stellungnahme gezwungen. Auf den Artikel der „Freien Presse" mit der Überschrift „Die noch verdienen" und den Untertiteln „Erbauliche Statistik" sowie „In Aachen früher kein Bischof, heute zwei" richtete die Bischöfliche Behörde ein Schreiben an die Redaktion, das vom „Echo der Gegenwart" am 27. Aug. veröffentlicht wurde. Darin wurde dargelegt, daß im vermeintlichen Jahresgehalt des Aachener Bischofs die Gehälter des Weihbischofs, der Domkapitulare und -vikare, sowie sämtliche Aufwendungen für das Nebenpersonal eingeschlossen waren[79].
Die liberale und nationale Presse äußerte sich zurückhaltend über das neue Bistum. Sie beurteilte es nicht nach kirchlichen Gesichtspunkten, sondern betrachtete es als Vorwerk deutschen Wesens im Westen. Gegen solche oberflächlichen und verzerrenden Artikel sah sich die Zentrumspresse zur Stellungnahme herausgefordert[80].
Sogar im benachbarten Belgien wurde die Wiedererrichtung des Aachener Bistums in den Zeitungen diskutiert und teils begrüßt, teils abgelehnt. Auch diese Auseinandersetzungen fanden in der Aachener Presse ihren Niederschlag[81].

[75] A. a. O., 4. Febr. 1931. Ausschnitt: STAA: OB Reg. 81/9.
[76] Ebd., 18. April 1931; „Westdeutsches Grenzblatt", 21. April 1931. Ausschnitte: STAA: OB Reg. 81/9.
[77] „Arbeiter-Zeitung", 21. Mai 1931. Ausschnitt: STAA: OB Reg. 81/9.
[78] „Freie Presse", 25. Aug. 1931, Nr. 198; vgl. „EdG", 27. Aug. 1931, Nr. 200.
[79] „EdG", 27. Aug. 1931, Nr. 200.
[80] „Grenzecho", 15. April 1931; „Westdeutsches Grenzblatt", 16. April 1931. Ausschnitte: STAA: OB Reg. 81/9.
[81] „Volksfreund", 22. Febr. 1931. Ausschnitt: STAA: OB Reg. 81/9.

Diese Diskussionen verhinderten jedoch nicht, daß der größte Teil der katholischen Bevölkerung die Wiedererrichtung begrüßte und Vogt als ihren Bischof feierte. Am Sonntag, dem 19. April, fand die auf nach Ostern verschobene Feier statt. Ein Festzug aller Diözesanvereine zog um 14.30 Uhr vom Aachener Bend zum Markt, wo der Bischof auf der Rathaustreppe den Zug abnahm. Um 16 Uhr begann auf dem Katschhof eine Festfeier, bei der Vogt die Weihe der Diözese Aachen an die Gottesmutter vornahm. Zehntausend Gläubige aus dem ganzen Bistum waren zu dieser machtvollen Kundgebung nach Aachen gekommen. Millionen konnten der Feierstunde durch die Übertragung des Westdeutschen Rundfunks folgen[82].
Da die Einrichtungen, die für die Diözesanverwaltung notwendig waren, in Aachen vorerst noch fehlten, leitete Vogt zunächst seine Diözese von Köln aus. Am 1. Juli 1931 feierte er mit dem Kapitel eine hl. Messe im Aachener Dom, um den göttlichen Segen für die Verwaltung der neuen Diözese zu erbitten, die an diesem Tag ihre Arbeit aufnahm. Als Gebäude des „Bischöflichen Generalvikariats" diente die ehemalige Villa Delius am Boxgraben 17. Erster Generalvikar wurde Weihbischof Sträter[83].

[82] „EdG", 20. April 1931, Nr. 92; „EdG", 18. April 1931, Nr. 91; „Kölnische Volkszeitung", 20. April 1931, Nr. 187; „Germania", 21. April 1931, Nr. 92.

[83] STAA: OB Reg. 81/9: „Politisches Tageblatt", 30. Juni 1931. Ausschnitt: STAA: OB Reg. 81/9; „EdG", 30. Juni 1931, Nr. 150; „EdG", 1. Juli 1931, Nr. 151; vgl. Sträter, Sammlung, II, S. 227 f.

ZWEITER TEIL

Der zweite Teil dieser Untersuchung will in einem ersten Abschnitt die Stichhaltigkeit der Gründe prüfen, die für eine Teilung der Kölner Erzdiözese vorgebracht wurden. Ein zweiter Abschnitt geht dann der Frage nach, warum gerade Aachen als Sitz des neu zu errichtenden Bistums eine besondere Rolle spielte.

Notwendigkeit einer Teilung der Erzdiözese Köln

DIE GRÖSSE DER KÖLNER ERZDIÖZESE

Die optimale Größe eines Bistums

Kirchliche Vorschriften über den Umfang und die Größe eines Bistums gibt es nicht. In keinem Lehr- oder Handbuch der Pastoraltheologie und des Kirchenrechts, die im vorigen und in der ersten Hälfte unseres Jahrhunderts erschienen sind, wird diese Frage eigens behandelt. Über die Amtsträger und Seelsorger hat man sich viele Gedanken gemacht, nicht aber über das Territorium, in dem sie ihren Dienst versehen[1].
So war und ist die Größe der einzelnen Diözesen auch sehr verschieden. Die Erzdiözese Mailand ist mit 3,3 Millionen Katholiken die größte in Europa, das ebenfalls in Italien liegende Bistum Lacedonia dagegen zählt nur 33 000 Katholiken in elf Pfarreien und ist die kleinste europäische Diözese[2].
Erst das neue Handbuch der Pastoraltheologie geht in einem eigenen Abschnitt auf die faktische und optimale Größe der Bistümer ein[3]. Greinacher befaßt sich mit den Kriterien sowie mit den natürlichen und innerkirchlichen Voraussetzungen, die bedacht werden müssen, wenn über die optimale Größe eines Bistums in der heutigen Zeit diskutiert wird. Intermediäre Strukturen zwischen Bistum und Pfarrei vorausgesetzt, werden Diözesen von 500 000 bis höchstens zwei Millionen Katholiken gefordert[4]. Besonders betont wird, daß bei diesem Trend zum großen Bistum die Strukturen neu durchdacht werden müssen, weil Diözesen mit über einer Million Katholiken nur nach einer neuen Gliederung ihre Funktion im Ganzen der Kirche erfüllen könnten[5].
Diese Überlegungen fußen auf neuen Akzenten, die das 2. Vatikanische Konzil bezüglich des Bischofs und des Bistums setzte. Die Diözesen haben demnach nicht nur den Sinn einer administrativen Unterteilung

[1] Vgl. Greinacher, S. 59.
[2] Ebd. S. 71.
[3] Ebd. S. 70 ff.; vgl. Überblick über neueste Bemühungen im Schlußkapitel.
[4] Greinacher, S. 75 ff.
[5] Ebd. S. 84 ff.

der Gesamtkirche. Als Wesen des Bistums wird heute wieder verstärkt betont, daß es Teilkirche (ecclesia particularis) ist[6].
In der zweiten Hälfte des vorigen und noch in den ersten Jahrzehnten dieses Jahrhunderts standen die Akzente anders. Gedanken über das Wesen des Bistums spielten keine Rolle. Wenn heute der Blick vom Bistum zur Pfarrei geht, war früher die Pfarre das Primäre. Die spärlich vorhandene Literatur zu diesen Fragen geht erst dann auf die Riesendiözesen ein, wenn sie sich vorher lange und ausführlich mit den übergroßen Pfarreien befaßt hat[7]. Die seelsorglichen Gesichtspunkte, die das Tridentinum für die Pfarreien betont hatte, wurden analog auf das Bistum übertragen.
Sicherlich betrachtete diese Zeit das Bistum vorrangig als Verwaltungsbereich, aber es gab immer Stimmen, die den Bischof als Seelsorger und somit das Bistum als pastorale Einheit sahen und aus diesem Grunde auf eine Teilung der großen Diözesen drängten. Gefordert wurde das kleine, überschaubare Bistum.
Der Aachener Kanonikus Wilhelm Prisac führte in seiner 1856 erschienenen Broschüre sowohl verwaltungstechnische als auch seelsorgliche Argumente an, als er sich für die Teilung der Kölner Erzdiözese und für die Errichtung eines Bistums Aachen einsetzte. Ohne sich besondere Gedanken über die optimale Größe einer Diözese zu machen — rein aus praktischen Erfahrungen — hielt er das Erzbistum mit 1 227 382 Katholiken und 750 Pfarren für zu groß. Prisac machte einen konkreten Vorschlag für die von ihm als notwendig erachtete Teilung, wonach 600 000 Seelen bei Köln verbleiben und 415 700 Katholiken zum neu zu errichtenden Bistum Aachen zählen sollten[8].
Ein im Jahre 1883 erschienener Artikel über „Die Seelsorge in den größeren Städten" nahm — ähnlich wie Prisac — Gerüchte über Veränderungen des Umfangs einiger Diözesen zum Anlaß, um über die optimale Größe eines Bistums nachzudenken[9]. Der Verfasser dieses Artikels betonte, daß viele deutsche Diözesen zu groß seien und sich in einer Art Ausnahmezustand befänden[10]. Die Diözese Breslau sollte geteilt, andere Bistümer neu umschrieben werden. Allein in der Rheinprovinz könnten nach Meinung des Verfassers sechs Diözesen bestehen, in jedem Regierungsbezirk eine, im Düsseldorfer sogar zwei. Als Maßstab für diese Überlegungen galt, daß eine Diözese nicht mehr als 500 000 Katholiken

[6] Ebd. 60 f. Über die Abgrenzung der Diözesen handeln die Artikel 22—24 des Dekrets über die Hirtenaufgabe der Bischöfe in der Kirche („Christus Dominus") des zweiten Vatik. Konzils. Vgl. Ausblick im Schlußkapitel.
[7] Prisac, Bistum, S. 30 f.; Rady, S. 302 ff.; Seelsorge, S. 394 ff.; Swoboda, S. 281 ff.
[8] Prisac, Bistum, S. 30 f.; vgl. S. 38.
[9] Vgl. Seelsorge, S. 385 ff.; Verfasser wahrscheinlich J. B. Rady, hier vorgebrachte Argumente und Zahlen sind weitgehend identisch mit seinen Angaben in „Der Katholik", 1884, (2), S. 289 ff.
[10] Ebd. S. 395.

zählen dürfe. Sonst sei der Bischof übermäßig beansprucht und könne dem berechtigten Wunsch der Gläubigen und der Pfarreien, ihren Oberhirten zuweilen einmal zu sehen, nicht nachkommen[11]. Fast ähnlich argumentierte J. B. Rady in einem Artikel „Die Großstädte und die Seelsorge", den er im folgenden Jahr im „Katholik" veröffentlichte[12].
Die optimale Größe eines Bistums läßt sich sicherlich nicht allein von der Zahl der Katholiken her festlegen. Geographische, demographische, soziologische und geschichtliche Faktoren müssen mitberücksichtigt werden[13]. Letztlich entscheidend für den Umfang und die Größe eines Bistums muß „salus animarum" sein. Dieser vom Tridentinum[14] für die Pfarrei betonte Grundsatz gilt analog auch für das Bistum. Das bestätigt eine Antwort der Konzilskongregation vom 8. Juni 1889[15].
Dieser Grundsatz ist zweifellos besser als die Festlegung einer Höchstzahl. Dennoch gibt es eine Grenze, die das seelsorgliche Bemühen um das Heil der Seelen erschwert oder gar unmöglich macht. Die Vertreter eines neuen Aachener Bistums sahen diese Grenze in der Erzdiözese Köln weit überschritten. Darin stimmten sie überein mit den Erzbischöfen Melchers und Krementz. Die zu große Ausdehnung einer Diözese sah Melchers als sehr nachteilig an. Seiner Meinung nach waren die zu kleinen italienischen Bistümer ein Übel; als noch verhängnisvoller jedoch bezeichnete er die Situation der Diözesen in Deutschland, weil ihre Größenordnung eine einheitliche Amtsführung und eine allseitige Erfüllung der bischöflichen Aufgaben unmöglich machte[16].
Diese Argumente erwähnte Mooren mit Nachdruck in seinen Reden vor dem Haus der Abgeordneten des Preußischen Landtags[17], das betonen die Aachener Denkschriften von 1899 und 1902[18]. Immer wieder ist die Rede von der Riesen-, Millionen-, unüberschaubaren und übergroßen Erzdiözese Köln, die um die Jahrhundertwende 2½ Millionen Katholiken zählte. Bei dieser Größenordnung konnten die seelsorglichen Anliegen nicht gebührend berücksichtigt werden. Das bekräftigte Heinrich Swoboda, der sich in seinem Buch „Großstadtseelsorge" mit den Gegebenheiten und Forderungen seiner Zeit auseinandersetzte. Er sah den Bischof

[11] Ebd. S. 394.
[12] A.a.O., 1884, (2), S. 303 f.
[13] Vgl. Greinacher, S. 74.
[14] Sess. XXIV, 11. Nov. 1563, De reformatione XIII, s. Anm.
[15] ASS, XXII, p. 79: Salutem animarum supremam legem in ecclesia esse et iuxta hanc legem necdum Paroeciarum, sed et Dioeceseum fines regendos aut moderandos esse. Vgl. Heiner, Katholisches Kirchenrecht, Paderborn 1897, II, S. 133. 2. Vatikanum, Dekret über die Hirtenaufgabe der Bischöfe, Nr. 22: „Wenn die Diözese ihr eigentliches Ziel erreichen soll, muß im Gottesvolk, das zur Diözese gehört, das Wesen der Kirche deutlich sichtbar werden; ferner müssen die Bischöfe ihre Hirtenaufgabe in ihnen wirksam erfüllen können; und schließlich muß dem Heil des Gottesvolkes so vollkommen wie nur möglich gedient werden können".
[16] AEK: CR, II, 13: Brief Melchers an Krementz, 7. Jan. 1891.
[17] Vgl. S. 50 f.; S. 68 f.
[18] Vgl. S. 57 ff. und S. 73 f.

vorrangig als „summus pastor“ und die Diözese als Seelsorgeeinheit, in der der Bischof für die Kollektiv- und Individualseelsorge die Hauptverantwortung trug[19].

Der Umfang der Erzdiözese Köln

Die Notwendigkeit, die Kölner Erzdiözese zu teilen, wurde von Aachener Seite immer zuerst mit dem Hinweis auf den riesigen Umfang und die ungeheure Größe begründet. Dabei war das Gebiet, das die Bulle „De salute animarum“ der neuen Erzdiözese zugeteilt hatte, schon bedeutend kleiner als das der alten. Nach der Aufhebung des ersten Bistums Aachen fielen bei der Umschreibung der neuen Erzdiözese Köln mehr oder weniger große Teile der alten an die Bistümer Paderborn, Münster, Limburg, Lüttich, Roermond und Trier[20].

Die wiedererrichtete neue Erzdiözese umfaßte nach der Neuordnung auf der linken Rheinseite einen Großteil des Gebietes des aufgelösten Aachener Bistums und auf der rechten Rheinseite Teile vom alten Erzstift. Rechtsrheinisch hatte die neue Erzdiözese nur noch die vier Dekanate Deutz, Düsseldorf, Essen und Siegburg mit zusammen 150 Pfarreien. Linksrheinisch wurden die meisten Pfarreien der aufgehobenen Aachener Diözese, die zum ehemaligen Rhein-Mosel-Departement gehört hatten, dem Bistum Trier überwiesen. Aus diesem Departement kamen nur die Pfarren zur Kölner Erzdiözese, die in den Regierungsbezirken Aachen und Köln lagen. Vom ehemaligen Roerdepartement, das ebenfalls zur Diözese Aachen gehört hatte, gingen infolge der Grenzregulierung zwischen der preußischen und der niederländischen Regierung alle Pfarreien, die nicht zum preußischen Staatsgebiet zählten, an die Bistümer Lüttich und Roermond. Ein weiterer Teil des ehemaligen Roerdepartements kam bei der Neuordnung an die Diözese Münster, der größte aber fiel an die Kölner Erzdiözese[21].

Nach der politischen Landeseinteilung erstreckte sich der Sprengel der neuen Erzdiözese demnach über einen Teil der Provinz Niederrhein mit dem ganzen Regierungsbezirk Aachen und einem kleinen Gebiet aus dem Regierungsbezirk Koblenz und über den größeren Teil der Provinz Jülich-Kleve-Berg mit dem Regierungsbezirk Köln und dem größten Teil des Regierungsbezirks Düsseldorf.

Im Süden grenzte das Gebiet der neuen Erzdiözese an die Diözese Trier, im Westen an die Diözesen Namur, Lüttich und Roermond, im Norden an

[19] Swoboda, S. 281 ff.

[20] Podlech, S. 542 f.; Handbuch Köln, 21 (1911) S. IX ff.; Corsten, Dekanatsverfassung, S. 539.

[21] Die z. T. umständliche Zuweisung der einzelnen Pfarreien beschreibt der Kölner Dompropst Nikolaus München: Die Erzdiözese Köln. Circumscription ders. in: Zeitschrift für Philosophie und kath. Theologie, 1. Heft, Köln 1932, S. 219 ff.; vgl. Corsten, Dekanatsverfassung, S. 540 mit Anm. 16.

die Diözese Münster, im Nordosten an das Gebiet der Diözese Paderborn und im Südosten an die Diözese Limburg.
Die Zahl der Pfarreien im neuen Erzbistum belief sich auf 685[22]. Davon lagen 536 auf dem linken Rheinufer und waren in 43 Kantone zusammengefaßt. Auf der rechten Rheinseite lagen 149 Pfarren in vier Dekanaten. Die Zahl der Katholiken betrug bei der Neuordnung etwa 850 000[23].

Das Anwachsen der Seelenzahl

Im 19. Jahrhundert wuchs die Zahl der Bevölkerung in Deutschland erheblich an. Zu Beginn des Jahrhunderts war die mittelalterliche Anlage in den meisten Städten noch klar erkennbar, gegen Ende hatte eine Bevölkerungsexplosion das Bild vieler Städte wesentlich verändert. In der ersten Hälfte des Jahrhunderts war das Anwachsen der Bevölkerung noch normal. Die außerordentliche Zunahme ereignete sich in der zweiten Hälfte. Sie hatte ihre Wurzeln hauptsächlich in der großindustriellen Revolution, die sich vor allem in den Kohlerevieren und den alten Gewerbegebieten vollzog[24].
Besonders in den Städten ballten sich die Menschen zusammen. „Um 1850 war die Zahl der Städte mit 100 000 Einwohnern in Deutschland erst auf fünf gestiegen, 1870 gab es ihrer acht, und nun geht es mit Riesenschritten vorwärts: 1880: 15, 1890: 26, 1900: 33 und 1905: 41“[25].
Folgende Übersicht zeigt die Zunahme der Bevölkerung in Preußen im 19. Jahrhundert[26]:

Jahr	*Einwohner* (in Tausend)	*Einwohner* (auf 1 km²)
1816	10 707,0	35,3
1831	13 039,0	44,5
1840	14 928,5	50,9
1849	16 331,2	55,9
1858	17 740,0	60,5
1867	24 047,9	69,1
1880	27 279,1	78,4
1890	29 957,3	86,0
1900	34 472,5	98,9

Prozentual in gleicher Weise stieg auch die Seelenzahl im Gebiet der Kölner Erzdiözese. Nach den statistischen Angaben der Handbücher[27]

[22] Die Bulle „De salute animarum“ zählte 686 Pfarreien; rechnet wahrscheinlich Altenkirchen mit, in der Reformation abgefallen, erst 1827 kanonisch wiedererrichtet. Vgl. Handbuch Köln, 21 (1911), S. X, Anm. 3.
[23] Handbuch Köln, 6 (1850), S. V ff.
[24] Steinberg, S. 109 ff.
[25] Swoboda, S. 6 f.
[26] Herders Konversationslexikon, 3 (1902), I, Sp. 1481 f.
[27] Handbuch Köln, 23 (1933), S. 64 f.

ergibt sich folgendes Bild für das Anwachsen der katholischen Bevölkerung im Erzbistum:

Jahr	*Zahl der Katholiken*	*Jahr*	*Zahl der Katholiken*
1825	850 000	1878	1 681 047
1827	971 015	1888	1 937 439
1833	1 010 109	1892	2 062 612
1840	1 075 793	1895	2 179 367
1846	1 122 263	1901	2 527 923
1850	1 164 874	1905	2 692 613
1854	1 227 382	1908	2 873 751
1857	1 264 446	1911	3 281 169
1860	1 322 504	1918	3 308 099
1863	1 368 100	1920	3 357 282[28]
1866	1 420 108	1922	3 471 129
1869	1 503 386	1929	3 473 376
1872	1 528 201		

Die Zahl der katholischen Bevölkerung in der Erzdiözese hatte sich in 100 Jahren vervierfacht. Dabei wurde das Territorium nicht vergrößert, sondern durch Abtrennung der Dekanate Eupen, Malmedy und St. Vith im Jahre 1921 — wenn auch nur geringfügig — verkleinert[29]. Mit dieser Beschneidung ihres Gebietes war die Kölner Kurie jedoch keineswegs einverstanden[30].

Diese gewaltige Entwicklung bedingte ein Denken in neuen Größenordnungen. Im Jahre 1815 zählten die meisten der mehr als 100 rheinischen Städte weniger als 2 500 Einwohner. Acht Städte der späteren Rheinprovinz rechnete man zu dieser Zeit zu den Großstädten, weil sie mehr als 10 000 Einwohner hatten. Hundert Jahre später waren 100 000 Einwohner notwendig, um als Großstadt anerkannt zu werden. Elf dieser Städte lagen im Jahre 1914 im Gebiet der Rheinprovinz[31]. In einem Jahrhundert hatten sich die Maßstäbe völlig verschoben. Diese enorme Verschiebung hatte Konsequenzen auf den verschiedensten Gebieten zur Folge. Wenn sich die Größenordnung ändert, müssen auch die Strukturen neu durchdacht werden.

Die wachsende Zahl der Pfarreien

Bei der Wiedererrichtung zählte die neue Kölner Erzdiözese 685 Pfarreien, 536 auf der linken und 149 auf der rechten Rheinseite[32].

Linksrheinisch waren 462 Pfarren des aufgehobenen Bistums Aachen an die wiedererrichtete Erzdiözese gekommen, weiterhin 55 Pfarreien vom

[28] Ohne Eupen, Malmedy und St. Vith.

[29] AA: Abt. II A, Pol. 20, Vatikan, Köln; Pabst, Eupen-Malmedy, S. 316 ff.

[30] MK: A II 8 VII.

[31] Vgl. Croon, S. 87 ff. Rheinprovinz wurde 1824 aus den 1815 geschaffenen Provinzen „Jülich-Kleve-Berg" und „Niederrhein" gebildet.

[32] Vgl. S. 137; Bär, S. 521 f.

Bistum Lüttich und 19 von der Diözese Trier. Diese 536 Pfarren auf der linken Rheinseite gliederten sich in verschiedene Klassen. Neben der Dompfarre, die dem Metropolitankapitel inkorporiert war, gab es 16 Hauptpfarreien erster Klasse, 27 Hauptpfarreien zweiter Klasse und 492 Sukkursalen[33].

Nach der neuen Dekanatseinteilung vom 24. Febr. 1827 verteilten sich die Pfarren der Erzdiözese auf die einzelnen Regierungsbezirke wie folgt:

Reg.-Bez. Aachen:	296 Pfarren in 19 Dekanaten
Reg.-Bez. Koblenz:	10 Pfarren in 1 Dekanat
Reg.-Bez. Köln:	247 Pfarren in 16 Dekanaten
Reg.-Bez. Düsseldorf:	131 Pfarren in 8 Dekanaten
Reg.-Bez. Trier:	2 Pfarren[34]

Die ständig wachsende Bevölkerung bedingte eine immer stärker ansteigende Zahl der Pfarreien. Man muß unterscheiden zwischen Wiederherstellung und Neuerrichtung. In den ersten Jahren nach der Neuordnung überwogen die Wiederherstellungen von Pfarreien[35], die teils zur Zeit der Reformation abgefallen waren, zum größten Teil jedoch infolge der französischen Kirchenorganisation auf der linken Rheinseite die Pfarrrechte verloren hatten. Insgesamt wurden 47 Pfarreien wiederhergestellt. Die letzte Wiederherstellung betraf die Pfarre Bonn-Dottendorf im Jahre 1870[36].

Die Pfarre Marienheide im Dekanat Wipperfürth war im Jahre 1831 die erste Neuerrichtung im Gebiet der Erzdiözese. Seit diesem Jahr wuchs die Zahl der neuen Pfarreien jährlich an. Viele Klosterkirchen und Kapellen wurden auf Ersuchen der betreffenden Gemeinden zu Pfarrkirchen erhoben, teils durch Bewilligung von Staatsgehalt, teils durch Verwendung der vorhandenen Dotationen oder Schenkungen.

Die katholische Bevölkerung ließ sich die Errichtung neuer Pfarren etwas kosten. Von der Regierung war kein Wohlwollen zu erwarten[37]. Geissel beklagte sich in einem Brief, den er am 24. Sept. 1845 an König Ludwig von Bayern schrieb, über die Disparität der Preußischen Regierung bei der Errichtung neuer Pfarreien. „Überall, wo nur 100—150, sogar auch nur 30—40 Protestanten sich zusammenfinden, gibt die Staatskasse, um eine neue Pfarrei oder Schule zu gründen, bereitwillig 12 000—18 000 Thaler her, während 700—800 Katholiken seit Jahren umsonst eine gleiche Gunst nachsuchen“[38].

[33] Vgl. Einleitungen in den Handbüchern der Erzdiözese Köln.

[34] Hallschlag und Steffeln; als Sukkusalen von Kronenberg waren sie mit dieser Kantonalpfarre vom Bistum Lüttich an Köln gekommen. Vgl. Podlech, S. 542 ff.; Handbuch Köln 21 (1911), S. IX ff.

[35] Vgl. Tabelle in: KP, (1917), Nr. 3, Sp. 67.

[36] KP, (1917), Nr. 3, Sp. 65 ff.

[37] Rost, S. 17 f.; Linneborn, Kirchenpolitik, S. 193, 218 ff.

[38] Pfülf, Geissel, I, S. 137.

Dennoch vermehrte sich mit Ausnahme der Jahre 1838, 1841 und 1865 jährlich die Zahl der Pfarreien bis zum Jahre 1873. Trotz großer Schwierigkeiten wurden während der Amtszeit Geissels (1842–64) 62 Pfarren sowie 79 Rektorate und Vikariestellen errichtet[39].
Vor 1848 war die Errichtung neuer Pfarren erschwert, weil der Staat sein Placet geben mußte. Vom 10.–13. Mai dieses Jahres besprachen die Bischöfe der Kölner Kirchenprovinz in Köln die wichtigsten inneren und äußeren Probleme der Kirche. Mit Nachdruck forderten sie, die Kirche müsse Pfarren errichten, dismembrieren und unieren können ohne das Placet des Staates. Der Staat sollte nur informiert werden. Sein Placet sei nur da nötig, wo seine Mitarbeit erforderlich sei[40].
Auch nach dem Tode Geissels nahm die Zahl der Pfarreien in der Erzdiözese von Jahr zu Jahr zu. Nur in den Jahren 1874–1886 wurde als Folge des Kulturkampfes keine einzige Pfarre neu errichtet. Die kirchlichen Zustände waren besonders in den letzten Jahren dieser unseligen Zeit vielerorts alarmierend[41]. „Die Katholische Bewegung" brachte im Jahre 1883 einen Artikel[42], in dem bezüglich der Pfarreinteilung in den Städten von gänzlich veralteten, ja verrotteten Zuständen die Rede ist[43]. Die Zusammenballung der Menschen in den Städten betrachtete der Verfasser dieses Artikels als äußerst schwierig für die Seelsorge und als Unglück für die Kirche, ja er scheute sich nicht, die großen Städte mit „faulenden Misthaufen" zu vergleichen[44]. Auf die Frage, was denn bei dieser Sachlage zu tun sei, antwortete er: „Die seelsorglich-kirchliche Organisation muß in den größeren Orten und Städten unbedingt gleichen Schritt halten mit dem Zuwachs der Bevölkerung; mithin sollte das Mögliche geschehen für Teilung der Pfarreien, Neuschaffung von Filialgemeinden, Anstellung ausreichender Seelsorgkräfte, überhaupt für die Bildung kleinerer, übersichtlicher Arbeitsgebiete. Wollte man trotz der riesigen Ausdehnung der Städte sich genügen lassen an den unter ganz anderen Zeitverhältnissen geschaffenen Pastoralverbänden, so würde das zum Schaden ganzer Generationen ausschlagen und den Verlust vieler Seelen zur unausbleiblichen Folge haben"[45].
Nach Beendigung des Kulturkampfes wuchs die Zahl der Pfarrerhebungen in den folgenden Jahren wieder an[46].
Die Errichtung neuer Pfarreien war mit erheblichen Kosten verbunden. In den meisten Fällen war es notwendig, eine Kirche, das Pfarrhaus und

[39] Cronenberg, S. 847; „Der Katholik", (1869), S. 499.
[40] Coll. Lac. V, p. 944; Lill, Bischofskonferenzen, S. 15.
[41] Vgl. Lepper, Gesetzgebung, S. 200 ff.
[42] Seelsorge, S. 385 ff.
[43] Ebd. S. 395.
[44] Ebd. S. 385.
[45] Ebd. S. 394.
[46] KP, (1917), Nr. 3, Sp. 66 f.; Handbuch Köln 6 (1850), S. V ff.

eine Wohnung für den Küster zu bauen. Zudem mußte das Diensteinkommen des Pfarrers gesichert sein. Anderenfalls verweigerte der Staat der geplanten neuen Pfarre die Genehmigung. Die Arbeiterbevölkerung der Stadtrandgebiete, für die zumeist neue Pfarren errichtet werden mußten, war nicht in der Lage, alle anfallenden Kosten aufzubringen. Als sich das Verhältnis des Preußischen Staates zur katholischen Kirche nach Beendigung des Kulturkampfes wieder freundlicher gestaltete, gestattete die Regierung nicht nur die Errichtung neuer Pfarreien, sondern war sogar zu einer finanziellen Unterstützung bereit. Das „Gesetz, betr. die Bildung kirchlicher Hilfsfonds für neu zu errichtende katholische Pfarrgemeinden in Preußen“ vom 29. Mai 1903[47] kam dem Anliegen der Katholiken entgegen.

Folgende Statistik — nach den Handbüchern der Erzdiözese Köln zusammengestellt — gibt einen Überblick über das schnelle Anwachsen der Pfarreien in den ersten hundert Jahren nach der Wiedererrichtung der Erzdiözese:

Jahr	*Pfarren*	*Jahr*	*Pfarren*
1827	686	1878	813
1830	688	1888	817
1833	691	1892	841
1840	725	1895	858
1846	734	1901	882
1850	748	1905	909
1854	757	1908	941
1857	768	1911	964
1860	778	1916	999
1863	786	1919	1024
1866	793	1920	995[48]
1869	804	1924	1024
1872	810	1929	1024

Die Entwicklung geht deutlicher hervor aus einer Tabelle, die Durchschnittszahlen der jährlich wiederhergestellten oder neuerrichteten Pfarreien für fünf Jahre angibt[49]:

Jahresgruppe	*Durchschnittszahl*	*Jahresgruppe*	*Durchschnittszahl*
1827	1	1871—1873	2,0
1831—1835	4,4	1874—1886	—
1836—1840	3,4	1887—1891	5,6
1841—1845	2,0	1892—1896	4,0
1846—1850	2,4	1897—1901	5,0
1851—1855	2,2	1902—1906	7,6
1856—1860	3,6	1907—1911	8,8
1861—1865	3,0	1912—1916	6,4
1866—1870	3,0	1917—1919	6,0

[47] AkathKR, 83, (1903), S. 519 ff.
[48] Nach Abtrennung der Dek. Eupen, Malmedy und St. Vith.
[49] KP, (1917), Nr. 3, Sp. 67.

Im Jahre 1917 wurde die 1000. Pfarrei in der Erzdiözese errichtet. Es war das bisherige Rektorat Eudenbach der Pfarre Oberpleis im Dekanat Königswinter. Dieses Jubiläum veranlaßte H. O. Eitner, den Leiter der Zentralstelle für kirchliche Statistik, einen Überblick über die Entwicklung der Pfarreien in der Kölner Erzdiözese zusammenzustellen[50]. Diese Untersuchung vergleicht u. a. das prozentuale Ansteigen der neuen bzw. wiedererrichteten Pfarren auf den beiden Rheinseiten:

	1821	*1917*
linke Rheinseite	535	712
rechte Rheinseite	150	288

Demnach betrug im Jahre 1917 die Zunahme auf dem linken Rheinufer dank der neuen Pfarrordnung zur Zeit des ersten Aachener Bistums nur 177 Pfarreien (= 33,1%). Auf der rechten Rheinseite dagegen wurden 138 Pfarren (= 92,0%) neu – bzw. wiedererrichtet.

In den ersten Jahrzehnten nach der Neuordnung wurden in den ländlichen Dekanaten viel mehr neue Pfarren errichtet als in den Städten[51]. Weil aber die Bevölkerungszunahme in den größeren Städten wesentlich höher war als in den ländlichen Gebieten, stieg die Seelenzahl einzelner Stadtpfarreien ungeheuerlich an. Im Handbuch der Erzdiözese Köln vom Jahre 1872 finden sich folgende Zahlen:

St. Dionysius, Krefeld	15 500 Katholiken
St. Adalbert, Aachen	16 068 Katholiken
St. Gertrud, Essen	28 089 Katholiken
St. Johann-B., Essen	30 598 Katholiken

Gegen Ende des Kulturkampfes waren die Zustände noch alarmierender. Von 1874–1886 war im Gebiet der Erzdiözese keine Pfarre mehr errichtet worden. Die Seelenzahl jedoch hatte beständig zugenommen. Auf die darauf zurückzuführenden katastrophalen seelsorglichen Verhältnisse in den Großstädten wies ein Beitrag hin, der im Jahre 1884 im „Katholik" erschien[52]. Ausgehend von der Feststellung, daß viele Schichten der städtischen Bevölkerung nicht mehr von der Kirche erreicht wurden, sah der unbekannte Verfasser den Grund für diesen Mißstand darin, daß die seelsorgliche und kirchliche Organisation mit dem Wachstum der Bevölkerung nicht Schritt gehalten habe. Er erklärte das unter anderen Zeitverhältnissen entstandene Pfarrsystem für überholt, forderte kleine, überschaubare Arbeitsgebiete durch Teilung zu großer Pfarreien, durch die Errichtung von Filialgemeinden sowie die Anstellung ausreichender Seelsorgskräfte[53]. Vielen Diözesanverwaltungen machte er den Vorwurf, mit Blindheit geschlagen zu sein, weil sie sich schon lange mit einem

[50] KP, (1917), Nr. 3, Sp. 65 ff.; o. a. Zahlen z. T. dieser Übersicht entnommen.
[51] KP, (1879), Nr. 3, Sp. 35.
[52] Rady, S. 298 ff.
[53] Ebd. S. 302.

immensen Ballast unüberschaubarer und unkontrollierbarer Arbeitsfelder fortschleppten[54]. Den rheinischen Katholiken jedoch wurde Rührigkeit bescheinigt, weil sie allenthalben auf die Vermehrung der Pfarreien bedacht waren[55]. Geissel, der mehr als 150 neue Seelsorgsbezirke errichtet hatte, wurde als seeleneifriger Bischof gelobt[56]. Der Verfasser wünschte der Kirche bald wieder mehr Bewegungsfreiheit, um den veränderten Zeitverhältnissen wirkungsvoll Rechnung tragen zu können[57].
Erst nach dem Kulturkampf konnten in den großen Städten wieder Pfarreien geteilt, Rektorate am Stadtrand zu Pfarren erhoben und neue Pfarren errichtet werden. Zudem führten zum Teil umfangreiche Eingemeindungen in den beiden Jahrzehnten um die Jahrhundertwende in den größeren Städten zu einem erheblichen Ansteigen der Zahl der Pfarreien. So lagen z. B. im Stadtgebiet von Essen bis zum Kulturkampf nur vier Pfarreien. Von 1887–1900 kamen acht neue und von 1900–1917 fünfzehn weitere hinzu.
Über die ideale Größe einer Großstadtpfarrei gab es keine verbindlichen Vorschriften oder Richtzahlen. Das Konzil von Trient hatte für die Pfarre eine feste Grundlage und eine klare Ausrichtung geschaffen, ohne allerdings konkrete Angaben zur Größenordnung zu machen[58]. Nicht die Zahl, sondern „salus animarum" war entscheidend. Demnach mußte eine Pfarrei geteilt werden, wenn der Pfarrer die ihm anvertrauten Gläubigen nicht mehr persönlich kennen konnte, wenn er nicht mehr die Möglichkeit hatte, seiner Herde ein guter Hirt zu sein[59].
Pfliegler hat darauf hingewiesen, daß die pastorale Reform des Tridentinums den Sieg der seelsorglichen Gesichtspunkte über die formalrechtlichen, wirtschaftlichen und staatskirchlichen bedeutete[60]. Das Trienter Konzil ging nicht auf die Seelenzahl einer Pfarrei ein und schon gar nicht auf eine Höchstzahl, weil die Problemlage zu dieser Zeit ganz anders war als in späteren Jahrhunderten. Im 19. Jahrhundert veranlaßte die immens anwachsende Bevölkerung die Frage nach der Höchstzahl, die in einer Pfarrei verantwortlich betreut werden könnte. Das Problem, neue Pfarren zu errichten und vorhandene zu teilen, stand im Mittel-

[54] Ebd. S. 303.
[55] Ebd. S. 307.
[56] Ebd. S. 303.
[57] Ebd. S. 303.
[58] 24. Sitzung vom 11. November 1563 de Reformatione XIII: In iis quoque civitatibus et locis, ubi parochiales ecclesiae certos non habent fines nec eorum rectores proprium populum, quem regnant, sed promiscue petentibus sacramenta administrant, mandat sancta synodus episcopis pro tutiori animarum eis commissarum salute, ut destincto populo in certas propriasque paroecias, uniquique suum perpetuum peculiaremque parochum assignent, qui eas cognoscere valeat et a quo solo licite sacramenta suscipiant; aut alio utiliori modo, prout loci qualitas exegerit, provideant. Idemque in iis civitatibus ac locis, ubi nulla sunt parochiales, quam primum fieri curent, non obstantibus quibuscumque privilegiis et consuetudinibus etiam immemorabilibus.
[59] Vgl. Noppel, S. 27 ff.; Pfliegler, S. 81.
[60] A.a.O., S. 81.

punkt. Im Hintergrund der Beratungen des Tridentinums stand die Frage wieviel kleinere Pfarreien zusammengelegt werden könnten[61].
Ein Schreiben Pius VI. an die französische Nationalversammlung enthält die erste kirchenamtliche Äußerung über die Höchstzahl für eine Pfarrei. Im Zusammenhang mit der Zivilkonstitution des Klerus hatte die Nationalversammlung eine Neueinteilung der Pfarren in den Städten vorgenommen und 6 000 Seelen als Richtzahl für eine Pfarre angesetzt. In einem Brief an Kardinal De La Rochefoucauld vom 10. März 1791 betonte der Papst, diese Zahl überschreite die Kräfte eines Pfarrers und mache eine umfassende Betreuung unmöglich[62]. Die neue Einteilung der römischen Pfarreien, die Papst Leo XII. im Jahre 1824 vornahm, schrieb jeder Pfarre durchschnittlich 3 000 Seelen zu. Dabei wurde jedoch ausdrücklich betont, daß Hilfspriester dem Pfarrer zur Seite stehen sollten[63].
Die Bevölkerungsexplosion in der zweiten Hälfte des 19. Jahrhunderts bedingte ganz andere Größenordnungen, die in den einzelnen Ländern und Diözesen sehr verschieden bedacht wurden. Swoboda ging in seiner 1910 erschienenen Studie „Großstadtseelsorge“ diesem Problem nach. Das Wiener Provinzialkonzil von 1858 hatte 10 000 Seelen für eine Stadtpfarrei als Höchstgrenze angegeben. 50 Jahre später aber galt 10 000 nicht mehr als Normzahl, sondern als „der indiskutable Beginn der Unmöglichkeit jeder wahren Seelsorge“[64]. Swoboda schlug 6 000 als wünschens- und erstrebenswerte Seelenzahl für eine Stadtpfarrei vor[65].
In Köln bemühte man sich zu dieser Zeit, als Größenordnung einer Großstadtpfarre 5 000 bis höchstens 8 000 Seelen anzustreben[66]. Im Vergleich mit den Riesenpfarren in anderen Ländern[67] der katholischen Welt war dieses Bestreben vorbildlich und teilweise auch erfolgreich. Aber trotz besten Willens konnten die Teilung großer Pfarren und die Errichtung neuer Seelsorgsbezirke nicht Schritt halten mit der gewaltigen Bevölkerungszunahme in den größeren Städten. Nach der Zählung von 1905 war in Nippes die größte Kölner Stadtpfarre mit 25 600 Seelen. Es folgten Ehrenfeld mit 22 300 und St. Severin mit 17 500 Katholiken. Weitere 13 Kölner Pfarreien zählten über 10 000 Seelen. Bei diesen Angaben sind allerdings abgetrennte Kapellengemeinden und Rektorate bei den Mutterpfarren mitgezählt[68]. Bei der Annahme eines Durchschnitts von 6 000 Seelen für einen Pfarrbezirk fehlten im Jahre 1905 in Köln 17 Pfarreien. Die 349 000 Katholiken der Stadt Köln verteilten sich auf 41 Pfarren.

[61] Ebd. S. 85.
[62] Pfliegler, S. 86.
[63] Pfliegler, S. 86.
[64] Swoboda, S. 331; vgl. Pfliegler, S. 87; Dellepoort-Greinacher-Menges, S. 23, 52, 57 f.: Hypothese: für 1000 Gläubige ein Pfarrseelsorger notwenidg.
[65] Swoboda, S. 161.
[66] Ebd. S. 196.
[67] Ebd. S. 234 f.
[68] Ebd. S. 196 f.

Ein Vergleich mit anderen Großstädten verdeutlicht die relativ günstigen Verhältnisse in Köln. Legt man 6000 Seelen als Durchschnitt für eine Stadtpfarre zugrunde, dann fehlten in Rom 23, in Mailand 41, in München und Brüssel 54, in Budapest 62, in Wien 209, im Stadtgebiet von Paris 351 und in Paris einschließlich der Bannmeile 443 Pfarreien[69].

In den anderen großen Städten der Erzdiözese waren die Verhältnisse ähnlich. Besonders seit der Jahrhundertwende bemühte man sich, der gewaltigen Zunahme der Bevölkerung durch die Errichtung neuer Seelsorgsbezirke zu begegnen. Folgende Übersicht zeigt das Ansteigen der Zahl der Pfarreien in den Städten der Erzdiözese, die im Jahre 1917 mehr als 50 000 Einwohner zählten[70]:

Städte mit über 50 000 Einwohnern	*Zahl der Pfarren 1917*	*Von diesen Pfarren wurden errichtet in den Jahren*						
		bis 1800	*1801 bis 1821*	*1822–1873 wied. err.*	*1822–1873 neu err.*	*1822–1873 zus.*	*1887 bis 1900*	*1900 bis 1917*
Aachen	16	6	5	—	—	—	2	3
Barmen	3	1	—	—	—	—	1	1
Bonn	10	5	1	1	—	1	1	2
Düsseldorf	31	10	1	—	1	1	5	14
Elberfeld	6	1	—	—	—	—	3	2
Essen	27	4	—	—	—	—	8	15
Köln	57	27	1	2	5	7	5	17
Krefeld	9	3	—	—	2	2	2	2
M.-Gladbach	8	1	—	—	1	1	1	5
Mülh.-Ruhr	7	2	—	—	—	—	2	3
Oberhausen	6	—	—	—	—	—	3	3
Remscheid	1	—	—	—	—	—	1	—
Solingen	3	1	—	—	—	—	1	1
Städte über 50 000 Einw. Zusammen:	184	61	8	3	9	12	35	68
Übrige Erzdiözese:	816	532	84	44	71	115	29	56
Erzdiözese Köln:	1000	593	92	47	80	127	64	124

Demnach ist die Zahl der Pfarreien in den Städten über 50 000 Einwohnern seit 1821 um 115 vermehrt worden (= 166,7%). Davon entfallen allein 103 Pfarrerrichtungen in die Zeit nach dem Kulturkampf. Im übrigen Gebiet der Erzdiözese wurden im gleichen Zeitraum 200 (= 24,5%) neue Pfarren errichtet. Das zeigt anschaulich die Zusammenballung der Bevölkerung in den Stadtgebieten. Rund 45% aller Katholiken des Erzbistums wohnten im Jahre 1917 in den Städten mit über 50 000 Einwohnern. Die Zahl der Pfarren dieser Städte machte aber nur 18,4%

[69] Ebd. S. 235.
[70] KP, (1917), Nr. 3, Sp. 69. Die Unstimmigkeiten bei der Queraddition für Bonn, Köln, Krefeld, Düsseldorf und M.-Gladbach erklären sich durch kommunale Neugliederung, Auflösung oder Zusammenlegung von Pfarreien.

der Gesamtzahl aus. Somit wohnten durchschnittlich 7 700 Katholiken in einer Stadtpfarre, in den übrigen Pfarren dagegen nur 2 100[71].

Die Entwicklung der Industrie und vor allem die Freizügigkeit hatten seit den siebziger Jahren die gewaltige Vermehrung der Bevölkerung in den Städten bewirkt. Die Fabriken siedelten sich zuerst jenseits der alten Stadtgrenzen an, die Arbeiter zogen nach. Die Errichtung neuer Pfarren konnte mit dieser gewaltigen Entwicklung nicht Schritt halten. Das bedingte den enormen Anstieg der Seelenzahlen in vielen Stadtpfarren.

Drei Artikel im „Kölner Pastoralblatt" über „Die Nachteile zu großer und die Vorteile kleinerer Pfarreien" erhoben im Jahre 1898 den Ruf nach überschaubaren Seelsorgebezirken[72]. Der unbekannte Verfasser dieser Artikel erkannte an, daß in der Kölner Erzdiözese diesbezüglich sehr viel geschehen sei. Allein in den Jahren von 1888–1897 waren 45 neue Pfarren errichtet worden, zudem viele neue Neben- und Rektoratskirchen, die bald selbständig werden sollten[73]. Dennoch gab es im Erzbistum zu dieser Zeit noch etwa 30 Riesenpfarren mit 15 000, ja 20 000 Seelen und mehr[74]. Die notwendigen Abtrennungen und Neuerrichtungen konnten mit dem tatsächlichen Bedürfnis nicht Schritt halten, obwohl in den folgenden Jahren das Bemühen um neue Seelsorgsbezirke noch verstärkt wurde. Der Kölner Generalvikariatsrat Domkapitular Hespers, der viele Jahre als Dezernent für Pfarrerrichtungen die oft langwierigen Vorarbeiten leistete, hat in den Jahren 1898–1915 die Errichtung von 128 neuen Pfarren bearbeitet[75]. Diese Zahl übertraf die Gesamtzahl der Pfarreien des Bistums Fulda, wie folgende Übersicht aus dem Jahre 1917 zeigt[76]:

(Erz)diözesen	*Zahl der Pfarreien*	*(Erz)diözesen*	*Zahl der Pfarreien*
1. Köln	1000	14. München-Freising	426
2. Augsburg	903	15. Kulm	265
3. Freiburg i. Br.	889	16. Speyer	236
4. Breslau	875	17. Passau	227
5. Trier	772	18. Eichstätt	204
6. Straßburg	712	19. Bamberg	195
7. Rottenburg	694	20. Mainz	191
8. Metz	644	21. Limburg	180
9. Gnesen – Posen	655	22. Ermland	158
10. Paderborn	554	23. Osnabrück	135
11. Regensburg	475	24. Hildesheim	128
12. Würzburg	446	25. Fulda	117
13. Münster	435		

71 KP, (1917), Nr. 3, Sp. 70.

72 KP, (1898), Nr. 1, Sp. 3; Nr. 2, Sp. 47; Nr. 3, Sp. 78. Vgl. „EdG", 7. Sept. 1890, Nr. 210, Die Kirchennot in den großen Städten.

73 Vgl. MK: A XXVIII 3.

74 Bevor die Krefelder Pfarre St. Stephan 1897 etwa 10 000 Seelen an die neue Pfarre St. Johannes abgab, zählte sie ungefähr 30 000 Katholiken. MK: A XXVIII 3.

75 KP, (1917), Nr. 3, Sp. 65; vgl. MK: A XXVIII 4.

76 KP, (1917), Nr. 3, Sp. 70.

Die Erzdiözese Köln lag also nach der Seelenzahl und auch nach der Zahl der Pfarreien eindeutig an der Spitze aller deutschen Jurisdiktionsbezirke. Schon Erzbischof Melchers hatte in seiner Ansprache an den Klerus bei seinem feierlichen Einzug in die Erzdiözese am 8. Mai 1866 betont, daß die Seelenzahl seines neuen Sprengels mehr als neunmal so groß sei wie die seines bisherigen Bistums Osnabrück[77].
Seitdem waren die Verwaltung und die Seelsorge im Erzbistum immer schwieriger und unüberschaubarer geworden. Die Not der großen Zahlen drängte in der Folgezeit zu vielen Entlastungsmaßnahmen, die aber zumeist nur punktuell ganz unmöglich gewordene Zustände beendeten, nicht jedoch generell für überschaubare Verhältnisse sorgten. Erst eine Resolution der Diözesansynode des Kölner Erzbistums, die vom 10.—12. Okt. 1922 stattfand, forderte die rechtzeitige Teilung anwachsender Gemeinden, die eigentlich nicht mehr als 6 000 Seelen zählen sollten[78]. Daraufhin übertrug ein Erzbischöflicher Erlaß vom 27. Dez. 1922 den Dechanten die Sorge, darüber zu wachen, ob und wo infolge der Bevölkerungszunahme in ihren Dekanaten neue Seelsorgestellen errichtet werden müßten[79].

Die häufige Änderung der Dekanatsverfassung

Die immer größer werdende Zahl der Gläubigen und Pfarreien wirkte sich auch erheblich auf die Dekanatsverfassung der Erzdiözese aus.
Berdolet, der erste Bischof von Aachen, hatte die alte Dekanatsverfassung auf dem linken Rheinufer aufgehoben und bei der Neuordnung die bürgerliche Einteilung in Friedensgerichtsbezirke oder Kantone zugrunde gelegt. Deshalb war die neue Erzdiözese bei der Wiedererrichtung auf der rechten Rheinseite in vier Dekanate, auf der linken dagegen in 43 Kantone gegliedert. Die neue Diözesanbehörde sah deshalb ihre wichtigste Aufgabe darin, zuerst „jene vorgefundene, die Verwaltung wesentlich erschwerende Einteilung der Erzdiözese in eine dem vorhandenen Bedürfnis mehr entsprechende und angemessene Weise abzuändern“[80].
Daraufhin veröffentlichte Erzbischof Spiegel am 24. Febr. 1827 eine neue Dekanatsverfassung, in der er wieder auf die alte Einteilung der Erzdiözese in Landdekanate mit Landdechanten an der Spitze zurückgriff[81].
Die Pfarreien der Erzdiözese wurden in 44 Dekanate eingeteilt, von denen 36 auf der linken, 8 auf der rechten Rheinseite lagen. Gleichzeitig

[77] Ludwigs, S. 15; Lebensbilder [3]I, S. 88.
[78] Diözesansynode Köln, S. 89.
[79] Dumont, S. 49.
[80] Handbuch Köln, 6 (1850), S. VI; s. auch Gatz, Sukkursalpfarreien, S. 208 ff.
[81] Podesta, S. 19 ff.; Dumont, S. 344 f.; vgl. STAA: OB Reg. 81/9; MK: A XXVIII 1; Gatz, Sukkursalpfarreien, S. 212; Lipgens, S. 352 f.; Corsten, Dekanatsverfassung, S. 546 ff. — „Dienstvorschrift für die Landdechanten“, 24. 2. 1827: Hermens, III, S. 571 ff.

mit der Veröffentlichung der neuen Dekanatsverfassung erfolgte die Ernennung der Landdechanten. In Zukunft sollten die Pfarrer bei der Wahl ihres Dechanten mitwirken. Bei Erledigung einer Stelle mußten die Pfarrer des jeweiligen Dekanates drei Vorschläge an die Diözesanbehörde einreichen und um Auswahl und Bestätigung bitten. Für fünf Jahre wurden die Landdechanten gewählt[82].
Im Jahre 1850 betont das Handbuch der Erzdiözese, daß sich diese neue Einteilung bewährt habe. Bis zu diesem Zeitpunkt war keine nennenswerte Änderung der Dekanatsverfassung nötig gewesen[83].
Die ständig wachsende Zahl der Gläubigen und der Pfarreien erforderte jedoch bald eine Entlastung für die Dechanten. Deshalb beschloß das Kölner Provinzialkonzil von 1860 die Einteilung der Dekanate in je zwei Definitionen[84]. Geissel vollzog diesen Beschluß durch Erlaß vom 7. Jan. 1863[85]. Am 10. April dieses Jahres erging eine Dienstinstruktion an die Definitoren, die hauptsächlich für das Vermögen der Kirchen Sorge tragen, sowie Berater und Stellvertreter der Dechanten in allen wichtigen Angelegenheiten sein sollten[86].
Die Zahl der Katholiken in der Erzdiözese nahm nicht überall gleichmäßig zu. Während die Dekanate in Stadt- und Industriebezirken eine gewaltige Zunahme der Seelenzahl verzeichneten, lag das Anwachsen der Bevölkerungszahl in den ländlichen Dekanaten zum Teil erheblich unter dem Durchschnitt. Das ergibt sich bei einem Vergleich der Seelenzahlen aus den Handbüchern der Erzdiözese und zeigt sich im Zuwachs der neu- bzw. wiedererrichteten Pfarren in den einzelnen Dekanaten. So wurden von 1821–1917 in den ländlichen Dekanaten Blankenheim, Erpel, Hersel, Neuß, Rheinbach und Uckerath nur je drei, in den Dekanaten Derichsweiler, Lechenich, Malmedy und Monschau je zwei Pfarren, in den Dekanaten Steinfeld und St. Vith je eine Pfarre und in den Dekanaten Kerpen und Wassenberg gar keine Pfarre neu- bzw. wiedererrichtet. In vielen Stadtdekanaten dagegen wurde die Zahl der neuen Pfarren im gleichen Zeitraum verdoppelt oder sogar vervielfacht. Das verdeutlicht folgende Übersicht[87]:

Dekanat	*Zahl der Pfarren im Jahre 1821*	*Zahl der Pfarren im Jahre 1917*	*Zahl der neu- bzw. wiedererrichteten Pfarren*
Düsseldorf I	11	31	20
Elberfeld	7	17	10
Essen	4	27	23
Köln II	5	18	13
Köln III	5	16	11
Wipperfürth	11	22	11

82 Ebd.; vgl. STAA: OB Reg. 81/8.
83 Handbuch Köln, 6 (1850), S. VI.
84 Dumont, S. 359.
85 Ebd. S. 360.
86 Ebd. S. 360.
87 KP, (1917), Nr. 3, Sp. 68.

Die ersten drei Oberhirten der neuen Erzdiözese nahmen an der Dekanatsverfassung von 1827 keine Änderungen vor. Ihre Nachfolger jedoch mußten sich mit dieser Frage auseinandersetzen, weil besonders mehrere Stadtdekanate unüberschaubar groß geworden waren. Mit der Einteilung der Dekanate in zwei Definitionen wollte Geissel die Übersichtlichkeit für die kirchliche Verwaltung erleichtern, aber dieser Zweck wurde schon bald nicht mehr erreicht. Die gewaltige Zunahme der Bevölkerung besonders in den Industriegebieten, die ständig wachsende Zahl der Pfarreien, die große Ausdehnung einiger Dekanate, die Verschiedenartigkeit der wirtschaftlichen und soziologischen Verhältnisse, neue Verkehrsverbindungen sowie die Eingemeindungen vieler Ortschaften, die in kirchlicher Beziehung ursprünglich anderen Dekanaten angehörten, machten eine Änderung der bisherigen Dekanatsverfassung erforderlich. Vorerst jedoch begnügte man sich mit der Teilung einiger Dekanate. Melchers begann damit, als er am 23. Nov. 1869 das Dekanat Düsseldorf teilte und in Ratingen ein neues Dekanat errichtete[88]. Nach diesem Anfang wartete man jedoch lange auf die notwendige Fortsetzung, die durch die zehnjährige Sedisvakanz in Köln nach der Gefangennahme Melchers und durch den Kulturkampf verhindert wurde. Erst 26 Jahre später, am 18. Dez. 1895, unterzeichnete Krementz die Urkunde über die Teilung des Dekanates Essen in die Dekanate Essen und Werden[89]. Von 1850 bis zu diesem Zeitpunkt war die Zahl der Pfarren im Essener Dekanat von 11 auf 24 angestiegen, die der Gläubigen von 38 648 auf ca. 250 000. Das war zweifellos die gewaltigste Zunahme im Bereich der Erzdiözese[90].
Auch andere große Dekanate verzeichneten einen sprunghaften Zuwachs an Katholiken. In den kleineren Dekanaten dagegen nahm die Zahl der Bevölkerung in der Regel nur geringfügig zu. Das ergibt sich aus einem Vergleich der statistischen Übersichten in den Handbüchern von 1850 und 1895[91].

Zahl der kath. Bevölkerung in einem Dekanat	*Zahl der Dekanate im Jahre*	
	1850	*1895*
bis 30 000	33	22
30 – 60 000	9	13
60 – 90 000	2	2
über 90 000	–	8

[88] KA, (1869), Nr. 133, S. 119 f.
[89] KA, (1896), Nr. 13, S. 13.
[90] Entwicklung im Gebiet des heutigen Bistums Essen: Hegel, Vergangenheit, S. 248 ff.; Bettecken, S. 8 ff.; vgl. Dellepoort-Greinacher-Menges, S. 41.
[91] Handbuch Köln, 6 (1850), S. 22 f. und 17 (1895), S. 418 f.

Das Anwachsen der katholischen Bevölkerung in den acht größten Dekanaten während dieses Zeitraums zeigt folgende Übersicht:

Dekanat	*Zahl der kath. Bevölkerung im Jahre* *1850*		*1895*	
Aachen	45 600	(5)	99 161	(7)
Düsseldorf	69 528	(2)	137 390	(3)[92]
Elberfeld	32 450	(8)	90 346	(8)
Essen	38 646	(7)	227 101	(1)
Gladbach	53 154	(3)	136 073	(4)
Köln	78 242	(1)	165 194	(2)
Krefeld	47 307	(4)	119 076	(5)
Mülheim	41 402	(6)	108 724	(6)

Demnach hatte sich die Zahl der katholischen Bevölkerung in diesen größten Dekanaten verdoppelt oder vervielfacht. Weitere Änderungen in der Dekanatsverfassung waren deshalb unbedingt notwendig.
Im folgenden Jahr errichtete Krementz gleich zwei neue Dekanate. Am 4. Juli 1896 teilte er das Dekanat Elberfeld in die Dekanate Elberfeld und Barmen[93], und am 15. Aug. trennte er ein Dekanat Bensberg vom Dekanat Mülheim ab[94].
Sein Nachfolger, Erzbischof Simar, nahm weitere Änderungen der Dekanate vor. Am 18. Juni 1900 errichtete er das Dekanat Viersen aus Teilen des Dekanates Gladbach[95], und am 10. Aug. benannte er das Dekanat Burtscheid in Dekanat Kornelimünster um. Burtscheid teilte er nach der Eingemeindung in die Stadt Aachen nun auch kirchlicherseits dem Dekanat Aachen zu[96]. Im nächsten Jahr, am 5. März 1901, gründete Simar das 50. Dekanat der Erzdiözese, indem er das Dekanat Köln II aus den der Stadt Köln eingemeindeten Pfarreien der Dekanate Brühl, Lövenich und Mülheim errichtete[97].
Auch Erzbischof Fischer nahm drei Änderungen in der Dekanatsaufteilung vor. Die beiden volksreichsten Dekanate Düsseldorf und Essen, die 1869 bzw. 1895 schon einmal geteilt worden waren, zählten um die Jahrhundertwende wieder über 180 000 Katholiken. Deshalb erfolgte am 21. Nov. 1903 die Teilung des Dekanates Düsseldorf in die Dekanate Düsseldorf I und Düsseldorf II[98]. Letzteres wurde im Jahre 1918 in Dekanat Benrath umbenannt[99]. Am 1. April 1907 wurde das Essener Dekanat aufgeteilt in die Dekanate Essen I und Essen II[100]. Das Dekanat

[92] Ratingen schon 1869 vom Dek. Düsseldorf abgetrennt. — Zahlen in ( ) geben Rang in der Größenordnung an.
[93] KA, (1896), Nr. 135, S. 79.
[94] KA, (1896), Nr. 165, S. 97.
[95] KA, (1900), Nr. 116, S. 67.
[96] KA, (1900), Nr. 142, S. 83.
[97] KA, (1901), Nr. 46, S. 33; Corsten, Stadtdekanat, S. 33.
[98] KA, (1903), Nr. 202, S. 152.
[99] KA, (1918), Nr. 225, S. 136.
[100] KA, (1907), Nr. 66, S. 49.
[101] KA, (1909), Nr. 175, S. 119.

Bonn teilte Fischer am 1. Okt. 1909 in die Dekanate Bonn I und Bonn II[101]. Im Jahre 1917 wurde letzteres in Dekanat Godesberg umbenannt[102]. Melchers und Krementz hatten der Wiedererrichtung eines Bistums in Aachen zugestimmt und damit die Teilung der Erzdiözese befürwortet. Simar aber war gegen diese Teilung. Er meinte, durch eine straffe Organisation die Übersicht über diese Riesendiözese behalten zu können. Die Notwendigkeit, übergroß gewordene Dekanate zu teilen, wird in den Urkunden nie pastoral begründet, sondern scheint lediglich im Interesse der kirchlichen Verwaltung geboten.

Erzbischof von Hartmann war wiederum bereit, der Teilung seiner Diözese zuzustimmen. In seinem ersten Rundschreiben an den Klerus, das er am 9. April 1913, dem Tag seiner Inthronisation, erließ, heißt es u. a.: „Terret me vasta territorii Coloniensis amplitudo et ingens Christifidelium inibi habitantium numerus . . .“[103]. Der erste Weltkrieg aber brachte die Aachener Bemühungen zu einem vorläufigen Stillstand. Selbst die erfolgversprechenden Verhandlungen nach dem Kaiserbesuch im Mai 1918 verliefen durch den politischen Umschwung im Jahre 1918 im Sande. Hartmann nahm deshalb drei weitere Teilungen von Dekanaten vor. Nach der Eingemeindung der Stadt Mülheim (Rhein) und der Landgemeinde Merheim in den Stadtbezirk Köln errichtete er am 23. Juni 1914 das Dekanat Köln III[104]. Im Jahre 1915 teilte er vom Dekanat Werden das Dekanat Mülheim-Oberhausen ab[105], und am 10. Dez. 1917 trennte er ein Dekanat Herzogenrath vom Dekanat Kornelimünster[106].

Die bloße Teilung zu groß gewordener Dekanate war nicht in jedem Fall eine befriedigende Lösung. Das zeigte sich besonders in der Stadt Köln, in der seit 1914 drei Dekanate bestanden. Das Dekanat Köln II lag mantelartig um die Altstadt und hatte eine große Ausdehnung. Die ungünstigen Verkehrsverhältnisse drängten wiederum zu einer anderen Regelung, die Hartmann am 14. Aug. 1919 vornahm. Die beiden linksrheinischen Dekanate Köln I und Köln II teilte er neu ein und benannte sie um in Dekanat Köln Nord und Dekanat Köln Süd. Das rechtsrheinische Dekanat Köln III führte in Zukunft die Bezeichnung Köln Ost[107].

Aber auch diese Einteilung bewährte sich nicht. Noch vor Ablauf eines Jahres schritt Erzbischof Schulte, der am 25. März inthronisiert worden war, zu einer erneuten Änderung.

Die bisherigen Eingriffe in die Dekanatsverfassung waren durchweg mit der gewaltigen Zunahme der Bevölkerung sowie mit Eingemeindungen begründet und nach verwaltungstechnischen Gesichtspunkten durchge-

[102] KA, (1917), Nr. 276, S. 170.

[103] KA, (1913), Nr. 87, S. 47. — „Mich erschreckt die gewaltige Ausdehnung des Kölner Territoriums und die ungeheuer große Zahl der darin wohnenden Gläubigen“. Übers. v. Verf.

[104] KA, (1914), Nr. 161, S. 106 f.

[105] KA, (1915), Nr. 125, S. 85.

[106] KA, (1918), Nr. 2, S. 2.

[107] KA, (1919), Nr. 210, S. 129.

führt worden. Schulte aber dachte als Seelsorger und war deshalb bemüht, bei weiteren Änderungen der Dekanatsverfassung auch die pastoralen Belange gebührend zu berücksichtigen. Den Anfang machte er mit den Dekanaten seiner Bischofsstadt. Am 17. Mai 1920 hob er die Anordnung seines Vorgängers aus dem Vorjahr auf, indem er alle Pfarreien der Stadt Köln zu einem einzigen Dekanat zusammenfaßte, das die Bezeichnung „Stadtdekanat Köln" trug. Die sechs Definitionsbezirke wurden in ihrem bisherigen Umfang beibehalten. Den Definitoren wurden die sonst den Dechanten zustehenden Befugnisse weitgehend übertragen. Durch diese Maßnahme sollten die gemeinsamen Interessen aller Pfarreien, die zum Stadtbezirk gehörten, berücksichtigt werden, denn der Erzbischof hielt ein gemeinsames Vorgehen in den pastoralen Anliegen für unerläßlich. Eine jährlich stattfindende Dekanatskonferenz sollte Richtlinien für die künftige Zusammenarbeit besprechen. Nach dem Wunsche des Erzbischofs sollte diese neue Anordnung zur Förderung des kirchlichen und religiösen Lebens in der Stadt Köln und zu einem einträchtigen Zusammenarbeiten aller in der Seelsorge tätigen Priester beitragen[108].

Aber auch diese Neuregelung erfüllte nicht die an sie geknüpften Erwartungen. „Der Zentralisierung, die wegen so vieler gemeinsamer Interessen aller Kölner Pfarreien bis zu einem gewissen Grade unerläßlich ist, stand keine Dezentralisierung gegenüber, die durch die Größe des Stadtgebietes gefordert ist, und ohne die der zahlreiche Stadtklerus nicht zu der notwendigen interessierten Teilnahme an den Dekanatsangelegenheiten geführt werden kann"[109]. So lautet die Begründung für die Neuordnung im Jahre 1923, durch welche die ungefähr 70 Pfarren des Kölner Stadtgebiets in sechs Dekanate eingeteilt wurden. Den sechs Dechanten wurden ein Stadtdechant als Zentralinstanz übergeordnet. Dieser war verantwortlich für die einheitliche Wahrnehmung und Förderung aller kirchlichen Interessen, welche die Pfarreien und Dekanate des Kölner Stadtgebiets gemeinsam berührten. Neu errichtet wurden die Dekanate[110]:

Köln — Altstadt	mit 18 Pfarreien,
Nöln — Nord	mit 13 Pfarreien,
Köln — West	mit 11 Pfarreien,
Köln — Süd	mit 7 Pfarreien,
Köln — Deutz	mit 11 Pfarreien,
Köln — Mülheim	mit 9 Pfarreien.

Diese Neuordnung fußte auf einem Plan des Erzbischofs, der eine grundsätzliche Neueinteilung aller Dekanate in Aussicht genommen hatte. Er

[108] KA, (1920), Nr. 103, S. 54; Corsten, Stadtdekanat, S. 33, 41 f.
[109] KA, (1923), Nr. 92, S. 45.
[110] KA, (1923), Nr. 92, S. 45; Corsten, Stadtdekanat, S. 34, 43 f.

beabsichtigte, die Dekanats- und Definitionsbezirke so abzuändern bzw. neu zu umschreiben, „daß sie der verschiedenen wirtschaftlichen und sozialen Schichtung der Bevölkerung möglichst angepaßt werden und zugleich eine den Umständen nach günstige Lage zu den vorhandenen Verkehrswegen aufweisen“[111]. Diesen Erlaß unterschrieb Schulte am 25. Jan. 1922. Gleichzeitig bat er die Dechanten, die Pfarrer zu dieser Frage zu hören und ihre Wünsche und Vorschläge mit einer Begründung bis zum 1. März 1922 an das Erzbischöfliche Generalvikariat einzureichen.

Die Diözesansynode des Erzbistums Köln, die vom 10.–12. Okt. 1922 stattfand, erließ eine Resolution, welche die Neueinteilung der Dekanate forderte. Besonders wegen der veränderten Verkehrsverhältnisse wurde der vom Erzbischof vorbereitete Plan begrüßt. Man gab ferner zu bedenken, „ob nicht der Zusammenschluß mehrerer Dekanate zu einem Kommissariat oder Archidiakonat ein geeignetes Mittel zur Vereinfachung und Vereinheitlichung der Diözesanverwaltung sei“[112]. Diese Einrichtung empfahl man besonders für das Stadtdekanat Köln, in dem man dann auch im Jahre 1923 zuerst eine Neuordnung durchführte.

Für die anderen Dekanate der Erzdiözese bereitete das Generalvikariat die Neueinteilung gründlich vor. Weil sich diese Vorarbeiten in die Länge zogen, nahm man zwischenzeitlich noch einige Teilungen übergroß gewordener Dekanate vor. Eine weitere Änderung der Dekanatsverfassung wurde von außen erzwungen. Infolge der Grenzregulierungen nach dem ersten Weltkrieg schieden durch einen römischen Erlaß vom 30. Juli 1921 die drei Dekanate Eupen, Malmedy und St. Vith mit 45 Pfarren aus dem Erzbistum Köln aus. Sie wurden dem Bistum Lüttich überwiesen[113]. An die Stelle dieser ausgeschiedenen Dekanate traten bald neue. Im Jahre 1922 wurde ein Dekanat Uerdingen von Krefeld abgetrennt[114]. Das folgende Jahr brachte gleich drei Neuerrichtungen. Am 20. Febr. 1923 teilte Schulte vom Dekanat Oberhausen das Dekanat Mülheim-Ruhr ab[115]. Am 7. Nov. trennte er ein Dekanat Opladen vom Dekanat Solingen[116] und am 11. Dez. das Dekanat Porz vom Dekanat Bensberg[117].

Alle weiteren notwendigen Änderungen der Dekanatsverfassung sollten bei der erwarteten Neugliederung berücksichtigt werden. Diese Neueinteilung der Dekanate beschäftigte die Teilnehmer der 3. Diözesankonferenz, die am 27. und 28. Okt. 1924 in Köln stattfand[118]. Allen Konferenzteilnehmern wurde ein gedruckter Entwurf vorgelegt, den Prälat Paschen erläuterte[119].

[111] KA, (1922), Nr. 33, S. 16.
[112] Diözesansynode Köln, S. 94.
[113] KA, (1921), Nr. 224, S. 113.
[114] KA, (1922), Nr. 245, S. 119.
[115] KA, (1923), Nr. 69, S. 34.
[116] KA, (1923), Nr. 234, S. 105.
[117] KA, (1923), Nr. 247, S. 112.
[118] KA, (1924), Nr. 181, S. 88.
[119] Bericht Diözesan-Konferenz, S. 15 ff.

Seit der Neueinteilung der Dekanate im Jahre 1827 hatten sich die wirtschaftlichen und sozialen Verhältnisse in vielen Teilen der Diözese wesentlich geändert. Die Verkehrsverbindungen waren vielfältiger geworden. Durch die gewaltige Zunahme der Bevölkerung und der Seelsorgsbezirke war die Arbeit der Dechanten außerordentlich gewachsen. Diese Umstände bedingten eine neue, zeitgemäße Einteilung der Dekanate, die vom Klerus und von der kirchlichen Verwaltung in gleicher Weise gewünscht wurde. Diese Tatsachen bestimmten auch die Richtlinien für die Neueinteilung, die Paschen den Konferenzteilnehmern erläuterte.

Neu war die Verschiebung der Akzente. Bisher wurde das Dekanat vorrangig als Verwaltungsbezirk gesehen. Alle notwendigen Änderungen der Dekanatsverfassung wurden nach verwaltungstechnischen Gesichtspunkten vorgenommen. Die neuen Richtlinien sahen nun das Dekanat auch als Seelsorgebezirk und forderten deshalb nach Möglichkeit ähnliche wirtschaftliche und soziale Zustände in einem Dekanat. Wo es ohne Schwierigkeiten möglich war, sollten — wie bisher — die kommunalen Kreise und Regierungsbezirke bei der Festlegung der Dekanatsgrenzen berücksichtigt werden. Pastorale Gesichtspunkte aber waren jetzt wichtiger. Vorrangig war die seelsorgliche Übersicht und die Lebensfähigkeit der einzelnen Bezirke.

Der pastorale Aspekt forderte kleinere, übersichtliche Dekanate mit möglichst günstigen Fahrverbindungen. Das war von Bedeutung für die monatliche Recollectio[120] und für den als notwendig erkannten Gedankenaustausch der Priester über die Aufgaben, die in einem Dekanat gemeinsam oder gleichartig anfielen. Sogar „der zu einer gedeihlichen Pastoration gehörige rege mitbrüderliche Verkehr" spielte nach den Richtlinien eine bedeutende Rolle für die neue Abgrenzung der Dekanate[121]. Auch der Pflichtenkreis der Dechanten, die in der „übergroßen Erzdiözese die kirchliche Zentralverwaltung wirksam entlasten" sollten, forderte eine Verkleinerung der bisherigen Dekanate.

Der neue Entwurf faßte die über 1000 Pfarreien und die etwa 150 selbständigen Seelsorgsbezirke in 74 Dekanaten zusammen. Bis zum 20. Nov. 1924 konnten die Dechanten Anträge auf Änderung des Entwurfs beim Generalvikariat einreichen. Am 1. Jan. 1925 sollte dann die Neuordnung in Kraft treten[122].

Die Überarbeitung der neuen Vorschläge nahm jedoch mehr Zeit in Anspruch, als ursprünglich vorgesehen war. Am 18. Jan. 1925 veröffentlichte ein Erzbischöflicher Erlaß die neue Ordnung und Abgrenzung der Dekanate. Die im Vorentwurf genannte Anzahl war beträchtlich erhöht worden. Statt 74 sollte die Erzdiözese in Zukunft 83 Dekanate zählen.

120 Recollectio: Zusammenkunft von Priestern zu Vorträgen und Gesprächen über geistliche und seelsorgliche Themen.

121 Ebd. S. 16.

122 KA, (1924), Nr. 202, S. 100.

Das seelsorgliche Anliegen Schultes sowie seine Sorge um die zu große Erzdiözese sprechen aus diesem Erlaß, in dem es u. a. heißt: „Die von der Diözesesansynode 1922 vorgesehene, im Interesse einer zielklaren, planmäßigen Seelsorge und einer geordneten, übersichtlichen Verwaltung notwendige Neueinteilung der Dekanate bringe ich andurch dem Klerus und den Gläubigen der Erzdiözese zur Kenntnis .... Nachdem nun die übergroße, dicht bevölkerte Erzdiözese Köln in 83 Dekanate aufgeteilt ist, und diese kleineren Bezirke leichter übersehen, schneller bereist und wirksamer zu gemeinsamen seelsorglichen Maßnahmen zusammengeschlossen werden können, legt sich mir der oberhirtliche Wunsch nahe, daß die neue Dekanatseinteilung ein großer Segen werde für die unsterblichen Seelen unserer Erzdiözesanen. Alle äußere Organisation in unserer hl. Kirche dient ja nur als Mittel zu dem einen großen Zweck, daß die übernatürliche Gnade und Wahrheit, die das Corpus mysticum Christi durchströmt, sicherer und leichter zu allen Gliedern dieses geheimnisvollen Leibes, von dem Christus das Haupt ist, Zugang finde"[123].

Die Kölner Erzdiözese war mittlerweile so groß geworden, daß eine planmäßige, zielbewußte Seelsorge die Teilung unbedingt erforderlich machte. Solange das Hauptinteresse der kirchlichen Verwaltung galt, konnte man durch neue organisatorische Maßnahmen die Übersicht behalten. Als aber die seelsorglichen Anliegen die Bedeutung erlangten, die Schulte ihnen beimaß, war wenigstens von der Theorie her die Teilung nicht mehr zu umgehen. Aber auch in der Praxis stellte man sich in Köln zu diesem Zeitpunkt auf eine Verkleinerung der Erzdiözese ein. Seit 1921 residierte in Aachen ein Kölner Weihbischof. Im Jahre 1925 begannen die ernsthaften Vorbereitungen für ein preußisches Konkordat, das auch die Diözesanverhältnisse neu ordnen sollte. Seitdem verhielt man sich in Köln abwartend. Von 1924—1929 wurde im Gebiet der Erzdiözese keine neue Pfarre mehr errichtet[124]. Erst infolge des Gesetzes über die Neugliederung des rheinisch-westfälischen Industriegebietes vom 29. Juli 1929 und die römische Bulle „Pastoralis Officii Nostri" vom 13. Aug. 1930 kam es zu einer Neuumgrenzung bzw. Neubildung einiger Dekanate, die Schulte im Dezember 1930 im Interesse der Seelsorge und der kirchlichen Verwaltung vornahm[125].

Bei der Errichtung des Bistums Aachen bildete die neue Dekanatsverfassung vom 18. Jan. 1925 die Grundlage für die Trennung der beiden Diözesen. Von den nunmehr 84 Dekanaten behielt Köln 55 mit 612 Pfarreien und 103 Rektoraten[126]. Die übrigen Dekanate fielen an das Bistum Aachen.

[123] KA, (1925), Nr. 27, S. 18 ff.; Corsten, Sammlung, S. 59.
[124] Vgl. Handbuch Köln, 23 (1933), S. 65.
[125] KA, (1930), Nr. 245, S. 154.
[126] Handbuch Köln, 24 (1954), S. 8.

Der zunehmende Priestermangel

Die gewaltige Zunahme der Gläubigen und der Pfarreien wäre erträglich gewesen, wenn sich die Zahl der Priester in gleicher Weise vermehrt hätte. Das war aber nicht der Fall.

Als das Kölner Erzbistum wiedererrichtet wurde, waren ausreichend Priester in der Seelsorge tätig. Die Säkularisation der Klöster hatte zur Folge, daß viele Ordensleute in der Pfarrseelsorge arbeiteten. Doch schon der statistische Bericht im Handbuch von 1850 beklagte in einer Rückschau über die ersten 25 Jahre der neuen Erzdiözese die zu geringe Zahl an Geistlichen. Sorgten im Jahre 1825 noch etwa 1600 Priester für die 850 000 Gläubigen, so kamen 1850 nur noch 1436 Geistliche auf rund 1 165 000 Katholiken. Während die Zahl der Gläubigen um etwa 315 000 gewachsen war, hatte die Zahl der Priester um 164 abgenommen. Die Zahl der Todesfälle älterer Geistlicher überwog in diesen Jahren erheblich den Zuwachs an Neupriestern[127].

Schon als Koadjutor faßte Geissel im Jahre 1845 den Plan, dem Priestermangel durch die Errichtung eines Knabenseminars abzuhelfen. In der Einleitung des diesbezüglichen Schreibens wird betont, „daß die Anzahl der alljährlich dem Diözesanklerus zuwachsenden Geistlichen seit einiger Zeit mit jener durch Tod oder Altersschwäche abgehenden nicht mehr in Einklang steht und daß ein Mangel an Priestern eingetreten ist, welcher um so größere Besorgnis erwecken muß, als er in jedem Jahre zu steigen droht. Bereits stehen hundert Curatstellen, deren Besetzung mehr oder weniger dringlich wäre, seit längerer Zeit schon erledigt, und mit jedem Tag mehren sich die Fälle, daß kränkliche oder altersschwache Pfarrer Uns angehen, ihnen einen Geistlichen in ihrer meistens mühevollen und ausgedehnten Pfarrwirksamkeit beizugeben, während Wir Uns zu Unserem Schmerze aus Mangel an Priestern außer Stande sehen, dem so gerechten Verlangen, wie Wir so gern wünschten, zu entsprechen .... Wir müssen mit Wehmut die Unmöglichkeit beklagen, ihrem Gesuch zu willfahren, weil Wir zur Zeit leider nur 16 Alumnen haben, denen Wir demnächst die hl. Priesterweihe erteilen und sie in die Seelsorge aussenden können. Was ist aber diese geringe Anzahl gegen jene, die Not tut. Und auch die nächste Zukunft läßt keinen größeren Zuwachs hoffen, indem sich in den nachfolgenden Kursen der Theologiestudierenden bei weitem nicht jene Anzahl findet, welche auch nur den gewöhnlichen Abgang von Priestern wieder zu ersetzen hinreichend wäre. Es drängt sich sogar die betrübende, nicht sehr ferne Ansicht auf, daß in wenigen Jahren ein nicht unbeträchtlicher Teil der Kaplaneien und Rektorate, ja sogar auch der weniger wichtigen Pfarreien unbesetzt

[127] Baudri, S. 78; Handbuch Köln, 6 (1850), S. VII.

bleiben müssen, weil es an nachwachsenden Geistlichen zu ihrer Besorgung fehlen dürfte"[128].

Die Zahl der in der Seelsorge tätigen Priester nahm zwar in der Folgezeit wieder geringfügig zu, konnte aber nicht Schritt halten mit der ungleich schneller anwachsenden katholischen Bevölkerung. Das Handbuch von 1854[129] klagte darüber, daß die Zahl der Priester keineswegs für den kirchlichen Bedarf ausreiche. 68 Welt- bzw. Ordensgeistliche aus anderen Diözesen halfen zu dieser Zeit in Köln aus, um wenigstens die dringendsten Aufgaben erfüllen zu können. Um dem Priestermangel abzuhelfen, errichtete Geissel zwei Knabenseminare, das eine am 28. Okt. 1856 zu Münstereifel und das andere zu Neuß am 8. Dez. 1856[130].

In den folgenden Jahren besserte sich die Lage wieder, so daß der Zuwachs an Neupriestern den durch Alter und Tod entstehenden Ausfall überstieg und sogar dem Anwachsen der Gläubigen prozentual die Waage hielt.

Die kirchenfeindlichen Gesetze des Kulturkampfes aber stoppten diese günstige Entwicklung und führten wieder zu einem empfindlichen Priestermangel. So betrug im Jahre 1875 die Zahl der Kölner Diözesanpriester 1983, eine Zahl, die erst wieder 1908 erreicht wurde[131]. Im Jahre 1878 waren in der Erzdiözese 125 Pfarreien und 126 Vikarien unbesetzt[132].

In den ersten Jahren nach der Jahrhundertwende stieg die Zahl der Geistlichen wieder an. Auch im Vergleich zum Wachstum der Bevölkerung nahm die Zahl der Priester wieder zu. Dennoch sah Pfarrer Kahlen in einem Artikel des „Kölner Pastoralblatts" nicht optimistisch in die Zukunft. Die gewaltige Zunahme der Stadtbevölkerung erforderte immer mehr Seelsorgskräfte, während die kaum wachsenden, zum Teil sogar kleiner werdenden Landgemeinden nach wie vor die gleiche Zahl an Priestern beanspruchten. Kahlen schloß seine Ausführungen mit folgenden Bedenken: „Zieht man weiterhin die schnelle Vermehrung der höheren Schulen, die steigende Bedeutung der sozialen Tätigkeit und schließlich auch die raschere Abnutzung der körperlichen Kräfte in Betracht, so wird man sicherlich in absehbarer Zeit mit einem fühlbaren Priestermangel rechnen müssen, wenn die in den letzten Jahren festgestellte Abnahme der Abiturienten, welche Theologie angeben, fortdauert"[133].

Die Behebung des Priestermangels war eins der größten Anliegen von Kardinal Fischer[134]. Auf seinem Totenzettel wird besonders betont, daß er es bedauerte, wegen des herrschenden Priestermangels nicht überallhin die gewünschten Kräfte entsenden zu können. Schon vor seiner Wahl

[128] Cronenberg, S. 712 f.
[129] A.a.O., S. V f.
[130] Cronenberg, S. 816.
[131] Vgl. KP, (1912), Nr. 11, Sp. 324.
[132] Handbuch Köln, 14 (1878), S. 355. Übersicht in: Lepper, Gesetzgebung, S. 230 ff.
[133] Kahlen, Nachwuchs, Sp. 21 ff.
[134] Schmitz, S. 143 ff.

zum Erzbischof befürwortete er die Verlängerung des Universitätsstudiums für Theologen von drei auf vier Jahre, sah aber im damals herrschenden Priestermangel das größte Hindernis für dieses Vorhaben[135].

Das Verhältnis der Priester zur katholischen Bevölkerung in der Erzdiözese für die Jahre 1846—1911 geht aus der folgenden Statistik anschaulich hervor[136]:

Jahr	*Bevölkerung*	*Priester*	*Verhältnis*
1846	1 122 263	1393	1 : 805
1854	1 227 382	1503	1 : 816
1860	1 322 504	1622	1 : 815
1863	1 368 100	1673	1 : 817
1869	1 503 386	1806	1 : 832
1872	1 528 201	1822	1 : 839
1878	1 681 047	1670	1 : 1007
1888	1 937 439	1554	1 : 1246
1892	2 062 612	1601	1 : 1288
1895	2 179 367	1564	1 : 1393
1901	2 527 923	1770	1 : 1428
1905	2 692 613	1915	1 : 1406
1908	2 873 751	1990	1 : 1439
1911	3 281 169	2183	1 : 1503

Diese Verhältniszahlen drücken nicht den Unterschied zwischen den ländlichen und städtischen Bezirken aus. So entfielen im Jahre 1911 im Dekanat Steinfeld 629 und im Dekanat Blankenheim nur 500 Seelen auf einen Priester. Im Dekanat Aachen wurde der Durchschnitt mit 1536 Gläubigen pro Priester nur wenig überschritten. In Köln dagegen kamen 1890, in Essen 2314 und in Düsseldorf 2338 Katholiken auf einen Priester.

Diese Zahlen waren alarmierend. Im Jahre 1915 kamen in der Kölner Erzdiözese 1688 Katholiken auf einen Pfarrseelsorger. Fast alle anderen deutschen Diözesen konnten günstigere Verhältniszahlen vorweisen. Nur im Bistum Breslau war der Priestermangel noch erschreckender[137].

Auch in den folgenden Jahren änderte sich dieses Bild nicht. Bedingt durch den ersten Weltkrieg war der Zuwachs an Neupriestern in den

135 Trippen, S. 397.

136 Kahlen, Statistisches, Sp. 324, zählt nur die Weltpriester, Ordenspriester und Priester anderer Diözesen sind hier nicht mitgerechnet.

137 Dellepoort-Greinacher-Menges, S. 38. Die Zahl der Katholiken pro Pfarrseelsorger betrug 1915 in den Bistümern: Augsburg 746, Würzburg 856, Fulda 966, Freiburg 1078, München 1106, Trier 1321, Münster 1361, Mainz 1534, Köln 1688, Breslau 2269: Dellepoort-Greinacher-Menges, S. 174, Tabelle 2. Für die Jahre 1915—1956: Groner, Weltpriesternachwuchs, S. 62 ff.

Jahren 1916—1920 besonders schwach. Zudem erforderte die neue Sicht der pastoralen Aufgaben mehr Priester. Eine Resolution der Diözesansynode von 1922 erachtete die Vermehrung der Seelsorgskräfte als unbedingt notwendige „Vorbedingung zur besseren Erfassung der Katholiken in der Großstadt"[138].
In den folgenden Jahren stiegen die Zahlen der Neupriester wieder an. Dennoch mußten immer mehr Ordenspriester in der Seelsorge aushelfen, um die anfallenden Aufgaben bewältigen zu können[139].
Die Verhältniszahlen der Geistlichkeit und der Bevölkerung gestalteten sich bald wieder positiver, da die Zahl der Katholiken in der Erzdiözese sank. Erst im Jahre 1929 wurde die Bevölkerungszahl von 1922 wieder erreicht. Das verdeutlicht folgende Übersicht[140].

Jahr	*Seelsorger an Pfarren und Rektoraten*	*Sonstige Welt-geistliche*	*Ordens-priester*	*zus.*	*Zahl der Katholiken*
1915	1860	571	298	2729	3 140 292
1918	1840	565	319	2724	3 308 099
1920[141]	1784	551	396	2731	3 357 282
1922	1871	566	494	2931	3 471 129
1925	1948	624	510	3082	3 368 354
1929	2005	655	579	3239	3 473 376

Die Zahl der Geistlichen war so angewachsen, daß es unmöglich war, den Aufgaben, Fähigkeiten und Schwierigkeiten des einzelnen von einer zentralen Stelle aus gerecht zu werden. Im Klerus mehrten sich die Klagen über die Personalpolitik. Die Zahl der Priester hatte sich seit der Wiedererrichtung des Erzbistums mehr als verdreifacht. Eine baldige Teilung der Erzdiözese war auch unter diesem Gesichtspunkt unbedingt notwendig geworden.

DAS ANWACHSEN DER VERWALTUNG

Die Teilung der übergroß gewordenen Kölner Erzdiözese wurde von seiten Aachens mit der Notwendigkeit einer geordneten und übersichtlichen Verwaltung begründet. Immer wieder betonten die Aachener Wortführer, der gewaltig angewachsene Geschäftsumfang sei von einer Stelle aus nicht mehr zu bewältigen. Immer lauter wurde der Ruf nach Dezentralisation. Die Stichhaltigkeit dieser Behauptungen soll kurz beleuchtet werden.

[138] Diözesansynode Köln, S. 89.
[139] Groner, Klosternachwuchs, S. 183 ff.
[140] Vgl. Kirchliche Statistik der Erzd. Köln 1915—1932 in: Handbuch Köln, 23 (1933), S. 65.
[141] Ohne Eupen, Malmedy und St. Vith.

Die Verwaltungsaufgaben werden umfangreicher und differenzierter

Nach der Wiedererrichtung der Erzdiözese waren die Organisation und der Aufbau der Verwaltungsbehörden vorrangige Aufgaben. Erzbischof Ferdinand August, ein großes organisatorisches Talent, begnügte sich vorerst mit der Errichtung der unbedingt notwendigen Behörden, weil diese schwierige Aufgabe fast ausschließlich auf seinen Schultern lag. Außer Professor Hermes, der aber in Bonn tätig war, zählte das Domkapitel nur kränkliche und pensionsberechtigte Herren[1].

So errichtete Spiegel vorerst nur eine Abteilung für die Verwaltung in geistlichen Sachen und eine für die Rechtssachen, das Consistorium 1. Instanz. Jeder Abteilung gehörten vier Mitglieder an. Die Leitung hatte Generalvikar Johannes Hüsgen. Die Unterbehörde der Erzbischöflichen Kurie, die das Sekretariat, die Registratur und die Kanzlei umfaßte, beschäftigte insgesamt acht Personen. Das Consistorium 2. Instanz sowie das Prosynodalgericht waren noch nicht organisiert. Auch die „Examinatores synodales" waren noch nicht ernannt[2].

Trotz vieler Schwierigkeiten war das organisatorische Wirken Spiegels von grundlegender Bedeutung für die neue Erzdiözese. Er war nach Schroers der erste große Organisator und nicht erst Geissel, wie Pfülf behauptet[3]. Die von Ferdinand August errichteten Verwaltungsbehörden haben sich bewährt. In den Handbüchern von 1830, 1833 und 1840 findet sich keine wesentliche Änderung. Lediglich ein Kanzleiassistent wurde zusätzlich eingestellt[4].

Die nach dem Kölner Ereignis von 1837 eingetretene Sedisvakanz verzögerte den weiteren Aufbau der Diözesanverwaltung. Am 4. März 1842 trat Johannes von Geissel die Leitung des Erzbistums an. Bisher Bischof von Speyer, kam er „in eine mehr als siebenfach größere Diözese"[5]. Vorerst war er Koadjutor des Erzbischofs Klemens August. Geissel wurde einer der bedeutendsten Kölner Erzbischöfe des 19. Jahrhunderts. Als erster preußischer Bischof wurde er zum Kardinal erhoben.

Als Geissel nach Köln kam, lag die kirchliche Verwaltung im argen[6]. Das notwendige fachkundige Personal fehlte. Viele offene und drängende Fragen warteten auf eine Lösung. Ein neuer Weihbischof mußte gesucht, das Metropolitankapitel ergänzt werden. Nach der Gefangennahme des Erzbischofs hatte das Kapitel eine bedenkliche Rolle gespielt und große Verwirrung gestiftet[7]. Der Hermesianismus und das „Kölner Ereignis"

[1] Schrörs, Wirren, S. 64; Lipgens, S. 337 ff.
[2] Handbuch Köln, 1 (1827), S. 8 f.; vgl. Cronenberg, S. 451 ff.
[3] Pfülf, Geissel, I, S. 114; Schrörs, Wirren, S. 68; Corsten, Dekanatsverfassung, S. 540.
[4] Vgl. die Handbücher Köln: 2 (1830), S. 4 f; 3 (1833), S. 5; 4 (1840), S. 3.
[5] Baudri, S. 53. — Zu „Kölner Ereignis", vgl. S. 34.
[6] Lebensbilder S. 73; Tausend Jahre deutscher Geschichte, 363.
[7] Trippen, S. 82 ff.; Pfülf, Geissel, I, S. 169 ff.; Möller, I, S. 409; Vogel, S. 83 ff.

mit seinen Folgen hatten den Klerus in zwei Lager gespalten. Die brüderliche Gesinnung und das gegenseitige Vertrauen waren geschwunden[8].
Der Koadjutor mußte sehr behutsam zu Werke gehen. Er überwachte selbst alle laufenden Geschäfte, präsidierte persönlich bei allen Sitzungen und nahm in alle Vorgänge genaue Einsicht. Dabei erkannte er klar die „Notwendigkeit, den Verwaltungsorganismus der Erzdiözese teils neu zu gestalten, teils neu zu schaffen und einer kargenden Regierung die dazu nötigen Geldmittel abzuringen"[9].
Die mangelhafte Organisation konnte vorerst nicht beseitigt werden, weil nicht nur das Geld, sondern auch die notwendigen fachkundigen Verwaltungskräfte fehlten. Die Verhältnisse waren fast katastrophal. Nach Schroers war der Erzbischof an diesem Zustand zu einem erheblichen Teil selbst schuld, weil er bewußt nur Gehilfen von geringer Selbständigkeit heranzog, die zwar brauchbare, aber keine hervorragenden Leute waren, die ihn hätten entlasten können[10]. Lill betont sogar, daß Geissel die auf Seiten der Kapitulare vorhandene Bereitwilligkeit zu loyaler Zusammenarbeit nicht akzeptiert, ja sogar konsequent versucht habe, sie zu isolieren, um ihren Einfluß gering zu halten[11]. Fehlende Menschenkenntnis und schroffes Verhalten im Umgang mit den Mitarbeitern erschwerten und lähmten zudem sein Wirken in beträchtlichem Maße[12].
Bei seinem ernsthaften Bemühen die mangelhafte Verwaltung der Erzdiözese zu verbessern, stand sich Geissel mit seiner Eigenart und Veranlagung zum Teil selbst im Wege. Auf diesem Hintergrund müssen die Klagen und Briefe Geissels, die Pfülf überliefert, verstanden und interpretiert werden.
In einem Brief, den der Koadjutor am 5. April 1844 an den Schulrat Holzer in Koblenz schrieb, rückte er die tatsächlich vorhandenen katastrophalen Zustände in das rechte Licht. „Die ganze Einrichtung des Generalvikariats ist von vornherein eine Arme-Manns-Haushaltung. Eine kolossale Erzdiözese von 1 060 000 Seelen und ein Generalvikariat mit 4 Räten a 200 Thaler jeder! Freilich wohl, was kann man für 200 Thaler für Arbeit verlangen? Und bei diesem Paupertätssystem war man nicht einmal so klug, den Domherren die Teilnahme an der Diözesanverwaltung ex officio zur Pflicht zu machen!"[13]
Die Masse der Verwaltungsgeschäfte erdrückte den Koadjutor geradezu[14]. Er bemühte sich intensiv um die Bewilligung weiterer Planstellen, die Regierung aber ließ ihn warten. Deshalb wurde er selbst vorerst nicht

[8] Adresse der 370 Geistlichen, S. 8 ff., 39 ff.; Schrörs, Pfarrer, S. 76 ff.; Ders., Bewegungen, S. 6 f., 12 ff.; 38 ff.; Lill, Geissel, S. 142 f.
[9] Pfülf, Geissel, I, S. 118.
[10] Schrörs, Erzbischofswahl, S. 107; Trippen, S. 105; Conzemius, S. 28.
[11] Lill, Geissel, S. 145; Trippen, S. 108.
[12] Trippen, S. 104 ff.
[13] Pfülf, Geissel, I, S. 114 f.
[14] Ebd. S. 172.

entlastet. „Ich arbeite mich ab bis zur Erschöpfung“, so schildert Geissel am 5. April 1844 seine Lage, „und dennoch geht nichts voran. Seit 25 Monaten bin ich in Köln, und noch ist das Domkapitel in derselben mangelhaften Zusammensetzung wie in der Stunde meines Verwaltungsantritts, und noch sind die bis zur Unglaublichkeit unzureichenden Arbeitskräfte bei dem Ordinariate nicht ergänzt.... Ich muß arbeiten wie ein Rat, statt den Gang der Verwaltung zu leiten; und statt zu organisieren, was an allen Ecken und Enden not tut, muß ich froh sein, wenn nur die alte Mühle, wie sie nun seit Jahren zu klappern gewohnt ist, nicht stille steht.... Bei alledem ist die Verwaltung tief unter dem, was ich aus früheren Wirkungskreisen gewohnt bin, und die Umstände zwingen mich, statt Großhändler zu sein, den Detailkrämer zu machen und statt am Steuerruder zu stehen, nicht selten Matrosendienste zu verrichten.... Ich bin gesonnen, in Berlin den Antrag auf Gewährung eines zweiten Generalvikars und noch dreier Räte mit angemessener Remuneration zu stellen, wird dieser Antrag dort nicht beliebt, so mache ich einen Geschäftsbankerott, ehe zwei Jahre ins Land gehen“[15].

Mehrfach klagte Geissel auch über die „kolossale Erzdiözese“[16] oder über deren „drückende Größe“, die „sich aus dem Umstande, daß das Erzbistum eine katholische Bevölkerung von elfthalbhunderttausend Seelen mit 1500 Geistlichen zählt, sowie daraus, daß wir im letzten Jahr nicht weniger als 8000 Geschäftsnummern zu erledigen hatten, leicht ermessen läßt“[17].

Trotz der Klagen über die Größe der Erzdiözese und die Fülle der Verwaltungsarbeit taucht der Gedanke, die Erzdiözese zu teilen, in den Briefen, Reden und in der Literatur über Geissel nicht auf. Das ist weiter nicht verwunderlich. Sonderbar ist aber, daß sich nirgends eine Reaktion Geissels auf die im Jahre 1856 erschienene Broschüre des Aachener Kanonikus Prisac findet, den der Erzbischof persönlich schätzte. Geissel, der politisch sehr engagiert war und einen nüchternen Blick für die Realitäten bewies, wußte, daß ein Bemühen in der Aachener Bistumsfrage keine Aussicht auf Erfolg haben konnte. Zudem hoffte Geissel zumindest in den ersten Regierungsjahren noch, die Verwaltung der Erzdiözese durch straffe Organisation und genügend Mitarbeiter in den Griff zu bekommen. Vor allem aber widersprach der Gedanke, das Erzbistum zu teilen, dem zentralistischen Denken Geissels, der hinter einer solchen Idee sicherlich hermesianische Umtriebe gewittert und sie schon deswegen abgelehnt hätte.

Trotz aller persönlichen und sachlichen Schwierigkeiten baute Geissel die Kölner Verwaltungsbehörde aus und reformierte mit Geschick und Er-

[15] Ebd. S. 197 f.

[16] Ebd. S. 114: Brief Geissels an Holzer, 5. April 1844.

[17] Brief an den Adjutanten des Königs, den Grafen Brühl, 20. Mai 1843, in: Pfülf, Geissel, I, S. 190.

folg. Zuerst erweiterte er die 1. Abteilung durch drei „provisorisch funktionierende Domkapitulare“ und bemühte sich um die Errichtung der gerichtlichen Instanzen, die seit dem Bestehen der neuen Erzdiözese noch nicht organisiert worden waren. Er benannte fünf Synodalexaminatoren sowie die Mitglieder des Konsistoriums der 2. Instanz und des Disziplinargerichts. Den Vorsitz übernahm er selbst[18].

Nach seiner Inthronisation wandte er seine besondere Sorge dem weiteren Ausbau der Verwaltung zu. Bei der ersten Organisation der neuen Erzdiözese waren einzelne Bedürfnisse übersehen oder aber nicht in hinreichendem Maße berücksichtigt worden. Das geht aus einem Brief hervor, den Geissel am 12. Jan. 1847 an die Regierung in Berlin schrieb[19]. Er bat um einen höheren jährlichen Zuschuß aus Staatsmitteln, weil die ursprüngliche Dotation auf die veränderten Lebensverhältnisse nicht mehr passe. Doch trotz vieler dringlicher Bitten und persönlicher Vorstellungen in Berlin erreichte er erst im Sommer 1848 die Zusage von „550 Thalern für Offizialat und sonstige Organisation.... Wills Gott, soll noch anders folgen....“. So schrieb er am 20. Juni 1848 aus Berlin an seinen Generalvikar[20].

Die neue Preußische Verfassung vom 5. Dez. 1848 gab den Bischöfen in vielen Fragen der kirchlichen Organisation freie Hand[21]. Das bedingte ein gewaltiges Anwachsen des kirchlichen Geschäftsumfangs. Die bisherige Aufsicht und Oberaufsicht des Staates über die Verwaltung des Vermögens der katholischen Kirche hörte auf. Als Abgeordneter der Preußischen Nationalversammlung hatte sich Geissel verdient gemacht um die neu erlangte Freiheit der Kirche von der staatlichen Bevormundung. „Nur die Unabhängigkeit des erzbischöflichen Handelns ermöglichte den notwendigen Aufbau einer funktionsfähigen, zentralen Diözesanverwaltung und eine den Zwecken der Diözese dienende Personalpolitik“[22]. Schon bald nach dem Erfolg der oktroyierten Verfassung gab der Erzbischof bekannt: „Da gemäß Art. 12 der Verfassungsurkunde vom 5. Dez. 1848 die römisch-katholische Kirche ihre Angelegenheiten selbständig verwalten und im Besitze und Genusse der für Kultus-, Unterrichts- und Wohltätigkeitszwecken bestimmten Anstalten, Stiftungen und Fonds bleiben soll, so folgt daraus, daß sich die Staatsbehörden um

[18] Handbuch Köln, 5 (1846), S. 5: über weitere Organisation des geistl. Gerichtswesens: Pfülf, Geissel, I, S. 664; Cronenberg, S. 746 ff.

[19] STAK: Abt. 403, Nr. 15965.

[20] Pfülf, Geissel, I, S. 430.

[21] Hansen, S. 123 ff.; Tausend Jahre deutscher Geschichte, S. 363; Ebers, S. 28; Huber, Verfassungsgeschichte, III, S. 116 f.; Buchner, S. 17 ff.; Conzemius, S. 20; Lill, Bischofskonferenzen. Text der Verfassungsurkunde: Huber, Quellen, I, S. 198 ff.; Ders., Dokumente, I, S. 385 ff.

[22] Hegel, Geissel, S. 278.

diese Angelegenheiten nicht mehr bekümmern, sondern allein die kirchlichen Behörden die Aufsichts- und Oberaufsichtsrechte über diese Anstalten ausüben"[23].
Die erlangte Selbständigkeit hatte vermehrte Verwaltungsaufgaben zur Folge, die zum größten Teil den Dechanten übertragen wurden[24]. Weil aber die Dechanten mit diesen zusätzlichen Aufgaben überlastet waren, übertrug der Erzbischof die Beaufsichtigung des Kirchenverwaltungs- und Rechnungswesens Spezialkommissaren. Die Landdechanten sollten in Zukunft die Arbeit dieser Spezialkommissare überwachen[25]. Ein Erlaß Geissels vom 1. Mai 1851 errichtete eine Erzbischöfliche Rechnungskammer, an die alle Kirchen, deren Einnahmen jährlich 300 Thaler überstiegen, ihre Rechnungen einschicken mußten. Alle anderen Kirchenrechnungen sollten weiterhin von den geistlichen Spezialkommissaren unter der Aufsicht und Leitung der Dechanten revidiert werden[26].
In einem Erlaß vom 1. Febr. 1850[27] nahm Geissel eine weitere Änderung der bisherigen Behördenverfassung vor. Hierin unterschied er zwischen dem „Erzbischöflichen Ordinariat", seinem geistlichen Beratungsgremium und dem „Erzbischöflichen Generalvikariat", das für den gesamten Verwaltungsdienst zuständig war. Im Zeitraum von zwei Jahren war „der gesamte Verwaltungsorganismus der Erzdiözese sachgemäß ergänzt und erneuert, was unter dem alten System in sechsjähriger Verhandlung mit dem Ministerium auch in viel bescheidenerem Maßstab nicht hatte gelingen wollen"[28].
Weitere Neuerungen wurden von mehreren Priestergruppen der Erzdiözese gewünscht. Die Pfarrer des Dekanates Krefeld bildeten eine solche Interessengemeinschaft[29]. Ein hermesianerfreundlicher Kreis, der sein Zentrum in Köln hatte, schrieb die Adresse der 370 Geistlichen an den Erzbischof. Eine weitere zahlreiche Gruppe stand unter der Leitung des gelehrten und durchaus kirchlich gesinnten Pfarrers Binterim aus Bilk bei Düsseldorf. Alle diese Gruppen betonten das in der Revolutionszeit hochgespielte demokratische Element in der Verwaltung. Sie wünschten eine Mitbeteiligung, lehnten aber die im Südwesten Deutschlands auftretenden radikalen Demokratisierungstendenzen entschieden ab. Sie wünschten die Beseitigung kirchlicher Mißstände und Reformen in der

23 Podesta, S. 186: Erlaß vom 25. 1. 1849, Nr. 222.
24 Ebd.
25 Ebd., S. 195: Rundschr. vom 25. 8. 1849 für das rechte Rheinufer; S. 200: Rundschr. Febr. 1850 für das linke Rheinufer. Vgl. Pfülf, Geissel, I, S. 665 f.; Corsten, Dekanatsverfassung, S. 551.
26 Dumont, S. 337; Pfülf, Geissel, I, S. 666.
27 Vgl. Dumont, S. 334. Erlaß am 27. 12. 1926 aufgehoben. Vgl. Corsten, S. 37; Pfülf, Geissel, I, S. 666.
28 Pfülf, Geissel, I, S. 666.
29 Vgl. Schrörs, Pfarrer, S. 76 ff.

Verwaltung durch eine Demokratisierung der kirchlichen Institutionen[30].
Dieser Ruf nach Demokratie in der Kirche aber erschien dem Erzbischof gefährlich und widersprach seiner Auffassung von Hierarchie und Autorität[31]. Die Zeit war für die Verwirklichung dieser Idee noch nicht reif. So verkannte Geissel in unkluger Weise viele berechtigte Anliegen der Bittsteller und verursachte dadurch unerquickliche Auseinandersetzungen. Diese hatten zur Folge, daß der Erzbischof schließlich dennoch einlenkte und den Wünschen dieser Gruppen entgegenkam, soweit er es meinte vertreten zu können.
So errichtete er schon am 26. Dez. 1848 ein eigenes Offizialat, welches in allen Disziplinar- und Ehesachen als Konsistorium erster Instanz entscheiden sollte[32]. „Hinzu kam zu Anfang des folgenden Jahres die Anordnung von periodischen Pfarrbefähigungs-Prüfungen und die Errichtung einer besonderen Abteilung des Generalvikariates, welche unter dem Namen „Erzbischöfliche Rechnungskammer" das ganze, den kirchlichen Behörden gemäß Artikel 12 der neuen Verfassung überlassene Kirchenvermögen zu ordnen, alle Ausgaben und Einnahmen zu prüfen und festzustellen hatte"[33].
Die Reformen in der Verwaltung waren gewiß ein bedeutender Fortschritt, doch auf Dauer konnte keine noch so straffe Organisation eine zufriedenstellende Lösung bringen; denn die neuen Behörden vergrößerten den Verwaltungsapparat wieder erheblich. Die ständig steigende Seelenzahl sowie die stets wachsende Zahl der Pfarren forderten immer mehr Arbeitskräfte, die aber nicht angestellt werden konnten, weil die gebilligten Dotationsgelder nicht ausreichten. Somit nahm die Überlastung der Angestellten weiter zu.
Prisac klagte 1856 in seiner Broschüre, daß selbst die wichtigsten Amtsgeschäfte zu kurz kämen, weil die Papierwirtschaft in den letzten Jahrzehnten um das Vierfache zugenommen habe[34]. Er wies auf die Größe der Erzdiözese hin, die nach der letzten Zählung von 1854 1 227 382 Katholiken in mehr als 750 Pfarreien umfaßte. Als Beispiel führte er die

[30] Adresse der 370 Geistlichen. Binterim, Die Wünsche und Vorschläge der katholischen Geistlichkeit Düsseldorfs an den Hochwürdigsten Herrn Erzbischof von Köln. Ein Wort zur Rechtfertigung derselben, Düsseldorf 1848; Synodalrichter, Synodalexaminatoren und Diözesansynoden. Mit Bezugnahme auf Dr. Binterims Schrift „Die Wünsche und Vorschläge der katholischen Geistlichkeit Düsseldorfs an den Hochwürdigsten Herrn Erzbischof von Köln", Köln 1849, S. 33 ff. Anonym erschienene Schrift des Generalvikars und späteren Weihbischofs Baudri. Auch erschienen in: AHVN, 105, (1921) S. 71 ff.; Vgl. Schönig; Pfülf, Geissel, I, S. 548 ff.; Baudri, S. 97; Hegel, Geissel, S. 277; Schrörs, Quellen, S. 8; Ders., Pfarrer, S. 170 ff.; Ders., Bewegungen, S. 3 ff.
[31] Hegel, Erzbischöfe, S. 206.
[32] Cronenberg, S. 346 ff. Text in: Walter, S. 532 ff.; vgl. Bär, S. 533.
[33] Ley, S. 551 f.; vgl. Podlech, S. 597 f.; Pfülf, Geissel, I, S. 664 ff.; Adresse der 370 Geistlichen, S. 193 ff.; Baudri, S. 135 ff.
[34] Prisac, Bistum, S. 29.

ehemals überwiegend protestantische Stadt Krefeld an, die mittlerweile so viele Katholiken beheimatete, daß ihre Zahl allein hinreichend sei, ein italienisches Bistum zu bilden[35]. Angesichts dieser Größenordnung fragte Prisac: „Wie will man nun hier ... mit den Rechnungen und jenen Geschäften, die sich besonders seit dem Jahre 1848 so vermehrt haben, zu Ende kommen"[36]? In einem Artikel im „Echo der Gegenwart" bedauerte der Kanonikus, daß das Aachener Stiftskapitel nicht mit zur Verwaltung der so ausgedehnten Erzdiözese herangezogen wurde[37]. Das war ursprünglich geplant gewesen. Die Statuta Capituli vom 1. Dez. 1825 verpflichten in § 6 den Aachener Propst und die Chorherren, auf Verlangen des Oberhirten bei der Verwaltung der Erzdiözese mitzuwirken. Ursprünglich war sogar eine konkrete Aufgabe für das Aachener Kapitel vorgesehen. Für die Kölner Kirchenprovinz sollte in Aachen ein Prosynodalgericht als 3. Instanz errichtet werden, und die Stiftsherren durften sich auf Grund der Statuta Capituli nicht weigern, eine Anstellung bei diesem Gericht anzunehmen[38]. Dieser Plan Spiegels wurde von der Preußischen Regierung unterstützt, scheiterte aber an der Ablehnung von seiten Roms[39].

Durch die ständig zunehmende Bevölkerungszahl erwuchsen der Kirche immer vielfältigere Aufgaben. Im letzten Jahrzehnt des vorigen Jahrhunderts sollten die kirchlichen Organe besonders bei der Lösung der großen sozialpolitischen Aufgaben tätig sein. „In Folge dieser Gesamtverhältnisse hat sich der Geschäftsumfang bei dem Erzbischöflichen Stuhl in Köln derart vermehrt, daß die dort angestellten geistlichen Organe gezwungen sind, bis zur Erschöpfung zu arbeiten und nur mit äußerster Anstrengung ihre großen, verantwortungsvollen Geschäfte bewältigen können". So beschrieb Mooren die Situation in einer Rede, die er am 7. März 1894 vor dem Preußischen Landtag hielt[40].

In der zweiten Aachener Denkschrift vom 8. Juli 1899, die Veltman an den Heiligen Vater richtete, steht: „Die große Zahl der Gläubigen (2 179 367), der Pfarreien (858), der Weltpriester (1564), der Nebenkirchen (707) und der Volksschulen (5558) lassen eine wirksam eingreifende Leitung von einer Stelle selbst bei den größten Fähigkeiten und Kräften um so schwieriger, ja unmöglich erscheinen, als sich in der Rheinprovinz zur Zeit eine großartige wirtschaftliche Entwicklung vollzieht, die die Bevölkerung außerordentlich anwachsen läßt und ihre materiellen und geistigen Kräfte aufs äußerste anspannt und erregt"[41]. In einem Schrei-

[35] Ebd. S. 30.
[36] Ebd. S. 30.
[37] „EdG", 26. Febr. 1862, Nr. 57; Prisac, Krönungsstift.
[38] Statuta Capituli, § 6.
[39] Schrörs, Bewegungen, S. 23; Müssener, S. 80. Zu Spiegels Prosynodalplan: Lipgens, S. 326, 365.
[40] Sten. Ber., (1893/94), II, S. 930.
[41] STAA: OB Reg. 81/9.

ben vom 30. Juni 1899 an den Preußischen Minister der geistlichen, Unterrichts- und Medizinalangelegenheiten betonte der Oberbürgermeister, daß eine Teilung der Kölner Erzdiözese um einer geordneten Verwaltung willen notwendig sei, besonders „weil die Teilung eine Geschäftsentlastung der Erzbischöflichen Behörde und eine eingehendere Einwirkung der Bischöfe auf die ihnen unterstellten geistlichen Behörden bewirkt, die der Kgl. Staatsregierung für ihren Verkehr mit den Organen der katholischen Kirche nur erwünscht sein kann"[42].
Die Überfülle an Verwaltungsaufgaben und die Überlastung der Angestellten wurden auch von seiten Kölns bedauert. Zuverlässiger Zeuge ist Pfarrer Dauzenberg aus Kaiserswerth. Obwohl er 1894 noch nicht mit seinem Zentrumskollegen Mooren, der eine Teilung des Erzbistums forderte, einer Meinung war, erkannte er die von ihm angeführten Tatsachen ausdrücklich als richtig an[43]. Fünf Jahre später, am 11. März 1899, empfahl Dauzenberg selbst eine Teilung der mittlerweile weit mehr als zwei Millionen Katholiken zählenden Erzdiözese. In dieser Rede führte er u. a. aus: „Daß bei der stetigen Vermehrung der Bevölkerung die Kosten der Verwaltung fortwährend steigen, das liegt auf der Hand, aber man hört nicht, daß an eine Subvention zur Befriedigung der schreiendsten Bedürfnisse von seiten des Staates gedacht wird"[44]. Am 26. Mai 1902, zwei Tage nach dem Tode Simars, wurde Kreuzwald vom Metropolitankapitel zum Kapitularvikar bestellt. Noch am gleichen Tage bat er den Oberpräsidenten, „im Hinblick auf die große Ausdehnung der Erzdiözese Köln, in der sich selbst eine nur kurze Einstellung der Verwaltung empfindlich fühlbar macht", die notwendige Genehmigung möglichst bald beim Preußischen Staatsministerium zu erwirken[45].

Maßnahmen zur Entlastung

Die Überforderung der zentralen kirchlichen Verwaltung führte schon früh zu Maßnahmen, die eine Entlastung bringen sollten.
Nach Wegfall der staatlichen Aufsicht wurden besonders die Landdechanten mit der Sorge um die Kirchenrechnungen betraut. Dadurch aber waren sie überfordert. In dem Promemoria, das Geissel jedem Mitbruder mit der Einladung zur Würzburger Bischofskonferenz im Jahre 1848 beilegte, schlug er vor, jedem Landdechanten zwei oder mehr Pfarrer als Definitoren beizugeben, die in erster Instanz die Verwaltungs- und Disziplinarsachen innerhalb des Landdekanates bearbeiten sollten. Zweite Instanz sollte die Bischöfliche Behörde sein[46]. Später erhielten die

[42] Ebd.
[43] Sten. Ber., (1893/94), II, S. 932: Erwiderung auf die Rede Moorens vom 7. 3. 1894.
[44] Sten. Ber., (1898/99), II, S. 1347.
[45] STAK: Abt. 403, Er. 15925.
[46] Coll. Lac., V, p. 954.

Landdechanten je zwei Spezialkommissare für das Kirchenverwaltungs- und Rechnungswesen, deren Arbeit sie überwachen mußten[47]. Das Provinzialkonzil von 1860 veranlaßte die Teilung der Dekanate in zwei Definitionsbezirke, die dann am 7. Jan. 1863 erfolgte[48]. Am 10. April dieses Jahres umschrieb eine besondere Dienstinstruktion die Verwaltungsaufgaben der Definitoren, die Berater und Stellvertreter der Dechanten waren[49].

Die ständig wachsende Seelenzahl und die immer größer werdende Zahl der Pfarreien belasteten nicht nur die Zentralverwaltung, sondern überforderten auch die Dechanten und Definitoren immer mehr. Die Teilung der Dekanate wurde deshalb hauptsächlich „im Interesse der kirchlichen Verwaltung" vorgenommen, wie aus den Teilungsurkunden hervorgeht[50].

All diese Maßnahmen führten aber nicht zu der erhofften, wirklichen Entlastung der kirchlichen Zentralverwaltung. Der Ruf nach weiterer Dezentralisation wurde immer lauter. Er war zuerst erhoben worden von den Neuerern um den Bilker Pfarrer Binterim, von denen Podlech schreibt: „In mehreren Adressen verlangten sie neben wirklichen Verbesserungen auch Änderungen, wodurch der Erzbischof sich eines Teils seiner Gewalt begeben und die kirchliche Verwaltung eine demokratische Richtung erhalten haben würde"[51]. Eine Demokratisierung der kirchlichen Verwaltung aber erschien unmöglich. Deshalb schlug Prisac im Jahre 1856 die Teilung der immer größer werdenden Erzdiözese vor. Dadurch blieb der Zentralismus erhalten. Doch von zwei Zentren mit kleinerem Gebietsumfang konnte übersehen werden, was für eine Stelle unüberschaubar geworden war.

Weil aber die Errichtung einer neuen Diözese angesichts der politischen Verhältnisse auch nach dem Kulturkampf vorerst noch unmöglich war, tauchte in den neunziger Jahren erstmals der Plan auf, „Aachen nach Art des Berliner Delegaturbezirks vom Erzbistum Köln in der Verwaltung abzutrennen und ihm einen Erzbischöflichen Delegaten bzw. Kommissarius mit dem Sitz in Aachen, oder nach dem Muster des Fürstbistums Brixen (Generalvikariat Feldkirch) einen in Aachen residierenden Weihbischof der Erzdiözese Köln an die Spitze zu stellen"[52]. Dieser Plan, der von Aachen nur als vorläufige Lösung angesehen wurde, tauchte dann immer wieder auf, wenn die Bestrebungen, ein eigenes Bistum zu errichten, einen Rückschlag erlitten. Die „Rheinisch-Westfälische Zeitung" meldete am 6. März 1907[53] von wohlunterrichteter Seite, man habe bei den Vorverhandlungen in Rom den Plan, in Aachen eine eigene Delega-

[47] Vgl. S. 164.

[48] Coll. Lac., V, p. 344; Acta et decreta concilii provinciae Coloniensis, p. 104; Dumont, S. 360.

[49] Dumont, S. 360.

[50] KA, (1896), Nr. 13, S. 13; (1918), Nr. 2, S. 2.

[51] Podlech, S. 597 f.

[52] „EdG", 1. Mai 1902, Nr. 313.

tur zu errichten, wegen der zu komplizierten Jurisdiktionsverhältnisse fallengelassen.
Im Herbst 1918 waren die erfolgversprechenden Verhandlungen um ein Bistum gescheitert. Hartmann, der die Errichtung eines Bistums in Aachen gefördert hatte, war am 11. Nov. 1919 gestorben. Sein Nachfolger Schulte wurde am 25. März 1920 inthronisiert. Im gleichen Jahr, am 24. Aug., verstarb der Aachener Stiftspropst Kaufmann. In einem Beileidschreiben an den Aachener Oberbürgermeister bedauerte der Erzbischof, daß „eine große Hoffnung für die Erzdiözese, die nach einer gewissen Dezentralisation verlangt", mit diesem Tod zunichte geworden sei[54]. Der Tod Kaufmanns war der Auftakt für die Zwischenlösung, die einen Kölner Weihbischof mit dem Sitz in Aachen vorsah. Diese Regelung aber führte zu keiner Dezentralisierung. Schulte kam dem Wunsche Aachens entgegen und belohnte die jahrzehntelangen Bemühungen der Hauptvertreter dieser Stadt. Die gesamte Verwaltung blieb weiterhin in Köln. Und hier gerade wäre eine Entlastung notwendig gewesen.
Als schon feststand, daß der Nachfolger Kaufmanns Weihbischof in Aachen werden sollte, diese Nachricht aber wegen den schwebenden Verhandlungen mit der Regierung noch nicht veröffentlicht werden durfte, tauchte das Gerücht von der Errichtung neuer Generalvikariate in Aachen und Essen auf. Diese Meldung im Aachener „Volksfreund" vom 30. Nov. 1920 wies auf die wirklich bestehenden Schwierigkeiten hin und sah in dem geplanten Schritt eine sinnvolle Möglichkeit, die kirchliche Verwaltung zu dezentralisieren. In diesem Artikel heißt es[55]: „Der riesige Umfang der Millionen-Erzdiözese Köln läßt die kirchliche Verwaltung dieses großen Sprengels immer schwieriger werden. Den kirchlichen Zentralbehörden in Köln ist es nach und nach immer schwieriger geworden, den Überblick über die ständig wachsenden Angelegenheiten der Diözese zu behalten. Schon unter dem hochseligen Kardinal Antonius Fischer wurden Pläne zur Umgestaltung der Erzdiözese besprochen, und diese Pläne hatten sich unter dem hochseligen Kardinal Felix Hartmann bereits so verdichtet, daß die Neueinteilung der kirchlichen Amtsgeschäfte in der Erzdiözese unmittelbar vor der Durchführung stand, als die Revolution und die Besetzung eines beträchtlichen Teiles der Erzdiözese ihre Inangriffnahme vorläufig unmöglich machten. Auch unser gegenwärtiger Hochwürdigster Herr Erzbischof Dr. Karl Joseph Schulte ist von vornherein von der Notwendigkeit einer anderen Verteilung der kirchlichen Amtsgeschäfte überzeugt gewesen. Da das Erzbischöfliche Generalvikariat in Köln vor allem unter der Überlastung am stärksten leidet, so wird hier zunächst eine Verminderung der Geschäfte ange-

[53] A.a.O., Nr. 227, Abendausgabe. Zeitungsausschnitt: STAK: Abt. 403, Nr. 15839.
[54] STAA: OB Reg. 84/1, Vol. 2.
[55] A.a.O., Nr. 274. Ausschnitt: STAA, OB Reg. 81/9.

strebt. Es besteht, um die Entlastung der kirchlichen Zentrale in Köln herbeizuführen, die Absicht, zwei neue, selbständige Generalvikariate zu schaffen, eines mit dem Sitz in Aachen, für den Regierungsbezirk Aachen etwa, während das zweite Generalvikariat mit dem Sitz in Essen für den rechtsrheinischen Industriebezirk bestimmt ist, soweit er zur Kölner Erzdiözese gehört. Dem Dechanten in Essen sind bereits bei der Besetzung des linken Rheinufers erweiterte Befugnisse verliehen worden, als die vorübergehende Unterbrechung oder Erschwerung des Verkehrs des Generalvikariats mit den nichtbesetzten Dekanaten und Pfarreien dies angezeigt erscheinen ließ. Auf diesem Wege der Dezentralisation, der sich der geschichtlichen Organisation der katholischen Kirche, in der sich strenger Zentralismus mit gesundem Dezentralismus in glücklicher Weise verbindet, ausgezeichnet eingliedert, liegt auch die beabsichtigte Errichtung der beiden Generalvikariate Aachen und Essen, die für ihren Amtsbereich die Befugnisse des Generalvikariats in Köln übernehmen sollen. Auf diese Weise wird Köln von einer Reihe von Angelegenheiten entlastet. Übrigens bedeutet dieses nichts Neues in Deutschland: im Fürstbistum Breslau ist für die weiten Diasporagebiete des Nordens und Ostens, die dem Fürstbistum Breslau unterstehen, die fürstbischöfliche Delegation in Berlin geschaffen worden, eine Einrichtung, die sich unstreitig bewährt hat".

Noch am gleichen Tag wurde dieses Gerücht von der „Kölnischen Volkszeitung"[56] dementiert. Dieses Blatt betonte, daß an eine Entlastung des Generalvikariats nicht gedacht sei. Wohl aber erwäge man zur Zeit, dem neuen Aachener Stiftspropst die Würde eines Kölner Weihbischofs zu verleihen.

Einige Tage später, am 4. Dez. 1920, erhob der Aachener Archivdirektor Huyskens in einem Artikel im „Volksfreund"[57] den Ruf nach Dezentralisation. Er hielt diese Frage mittlerweile für überreif. Noch aber zeichnete sich keine befriedigende Lösung ab.

Die Kölner Diözesansynode vom 10.—12. Okt. 1922 befaßte sich in mehreren Resolutionen mit der unüberschaubar gewordenen Verwaltung. Das Gebäude des Generalvikariats entsprach längst nicht mehr den vermehrten Aufgaben der Diözesanverwaltung. Eine Erweiterung oder ein Ausbau aber waren nicht möglich, da die finanziellen Mittel fehlten. Die Synode bat den Kardinal, die diesbezüglich vor 100 Jahren mit der Staatsregierung geführten Verhandlungen wieder aufzugreifen[58]. „Zur Vereinfachung und Vereinheitlichung der Diözesanverwaltung" schlugen die Teilnehmer dieser Synode den Zusammenschluß mehrerer Dekanate zu einem Kommissariat oder Archidiakonat vor[59].

[56] A.a.O., 30. 11. 1920, Nr. 938. Ausschnitt: STAA: OB Reg. 81/9.
[57] A.a.O., 4. 12. 1920. Ausschnitt: STAA: Zeitungsausschnittsammlung Nr. 7: Bistum Aachen.
[58] Diözesansynode Köln, S. 93.
[59] Ebd. S. 94.

Eine Dienstanweisung vom 27. Dez. 1922 erinnerte die Dechanten daran, daß sie „für ihre Bezirke Gehilfen des Bischofs in der Verwaltung der Diözese" seien[60]. Die Bemühungen um eine neue, zeitgemäße Dekanatseinteilung wurden besonders von der kirchlichen Verwaltung gefördert. Auf der Diözesankonferenz von 1924 führte Prälat Paschen u. a. aus: „Weil der Pflichtenkreis der Dechanten ein so weiter geworden ist und weil die Dechanten in unserer übergroßen Erzdiözese die kirchliche Zentralverwaltung wirksam entlasten müssen, dürfen viele Dekanate ihre bisherige Ausdehnung nicht behalten"[61]. In seinem Erzbischöflichen Erlaß vom 18. Jan. 1925 über die Neuumgrenzung der Dekanate betonte Schulte, daß diese Neuregelung um einer geordneten, übersichtlichen Verwaltung willen erfolgt sei[62].
Die Überlastung der Diözesanverwaltung war augenscheinlich. Die zahlreichen Entlastungsmaßnahmen brachten zwar für den Augenblick eine Erleichterung, blieben aber letzten Endes nur Ersatzlösungen, weil der weitaus größte Teil der Verwaltungsarbeit weiterhin im Generalvikariat bewältigt werden mußte. Bei weit über drei Millionen Gläubigen, über 1 000 Pfarreien und mehr als 3 000 Priestern war die Teilung der Erzdiözesse – von der Verwaltung her gesehen – die einzig sinnvolle Lösung.

[60] Dumont, S. 49.
[61] Bericht Diözesan-Konferenz, S. 16.
[62] KA, (1925), Nr. 27, S. 18 ff.; Corsten, Sammlung, I, S. 59.

ZUNAHME DER SEELSORGEAUFGABEN

Als die Kölner Erzdiözese wiedererrichtet wurde, hatten die seelsorglichen Anliegen noch nicht die Gewichtigkeit, die man ihnen später beimaß. Was wir heute unter Seelsorge verstehen, war zu dieser Zeit noch weitgehend durch Brauchtum abgesichert. So sah man auch das Bistum nicht vorrangig als Seelsorgseinheit. Es war vielmehr notwendig zur verwaltungstechnischen Aufgliederung der Gesamtkirche. Demnach war auch der Bischof mehr in Verwaltungs- und Repräsentationsaufgaben engagiert als in der Seelsorge. Die Erzbischöfliche Behörde war in den ersten Jahrzehnten nach der Wiedererrichtung fast ausschließlich mit Verwaltungs- und Organisationsarbeiten beschäftigt. Darum konnte der Gedanke, die Erzdiözese aus seelsorglichen Gründen zu teilen, vorerst noch gar nicht aufkommen.

Die vier Phasen der seelsorglichen Entwicklung im 19. Jahrhundert nach A. Schrott

Alois Schrott unterscheidet vier Phasen der seelsorglichen Entwicklung im 19. Jahrhundert[1]. Die Anfangsphase während des ersten Drittels ist

[1] Schrott, S. 162–194 passim.

gekennzeichnet durch eine Ernüchterung der kirchlichen Aufklärung, durch ein neues Glaubensbewußtsein und die aufstrebende Theologie. Die folgende Phase ist die Zeit der katholischen Restauration. Die Seelsorgsmethoden der nachtridentinischen Zeit erleben eine neue Blüte. Exerzitien und Volksmissionen werden neu belebt. Die Marien- und Herz-Jesu-Verehrung finden einen neuen Aufschwung. Als dritte Phase zählt Schrott die Zeit des Vereinskatholizismus seit 1848. Seelsorglich gesehen hatten die meisten Vereine des vorigen Jahrhunderts Schutz- und Verteidigungsfunktionen. Sie sahen die Gefahr der Vermassung und Entchristlichung in den schnell wachsenden Großstädten und stellten sich einer glaubensfeindlichen Propaganda entgegen. Diese Vereinsarbeit leitete nach Beendigung des Kulturkampfes die vierte Phase ein, die im letzten Jahrzehnt eine Intensivierung und Zentralisation der Seelsorge vorbereitete. Neue Bemühungen setzten in den pastoralen Anliegen andere Schwerpunkte. Die eucharistische sowie die liturgische Bewegung und die katholische Aktion waren Ausdruck dieser vertieften seelsorglichen Bestrebungen.
Auf diesem Hintergrund ist es verständlich, daß der Aachener Wunsch, die Erzdiözese aus seelsorglichen Gründen zu teilen, in der ersten Hälfte des vorigen Jahrhunderts nicht aufgetaucht ist. Die ersten Bedenken in dieser Richtung äußerte wiederum Prisac.

Die beschwerlichen Firmungsreisen

Für die Kölner Oberhirten war es schon in den ersten Jahrzehnten nach der Wiedererrichtung schwierig, einen Überblick über die große Erzdiözese zu gewinnen. Selbst auf den langen und beschwerlichen Firmungsreisen war es nicht möglich, alle Pfarreien zu besuchen. Ihre Zahl war zu groß, die Verkehrsverbindungen zu schlecht. Viele Gläubige sahen nur ein einziges Mal in ihrem Leben einen Bischof, bei ihrer Firmung.
Zudem waren die Firmfeiern langdauernde und anstrengende Massenveranstaltungen. In den Städten firmte der Erzbischof jeweils mehrere Tage hintereinander, aber zumeist nur in einer Kirche. Die Firmlinge aus den Dörfern mußten zur Firmung in eine große Kirche des jeweiligen Dekanates gehen. Die Zahl der Firmlinge war an jedem Tag unwahrscheinlich groß. So firmte Spiegel vom 7.—10. Juli 1827 in der Stiftskirche zu Aachen 10 616 Personen. Auf der gleichen Reise firmte er am 12. Juli in Kornelimünster 1402, am 14. Juli in Monschau 1906, am 16. Juli in Malmedy 2004 und am 18. Juli in St. Vith 2104 Personen[2]. Vom 27.—29. Sept. 1831 firmte Spiegel 5689 Gläubige im Aachener Münster[3]. Diese enorme Zahl der Firmlinge verringerte sich auch in den folgenden Jahrzehnten nicht. Geissel firmte in der Regel über 1000, oft sogar über

[2] Handbuch Köln, 2 (1830), S. 174. Vgl. Lipgens, S. 351 f.
[3] Handbuch Köln, 3 (1833), S. 152.

2000 Personen an einem Vormittag[4]. In der Woche vom 20.–25. Juni 1857 spendete er etwa 9000 Gläubigen in der Aachener Münsterkirche das Sakrament der heiligen Firmung[5].

Noch schwieriger wurde die Lage während des Kulturkampfes, als Melchers sein Amt nicht mehr ausüben konnte[6]. Weihbischof Baudri[7] war alt und hoffnungslos überlastet. So kam von 1872–1886 kein Bischof zur Firmung nach Aachen. Während dieser Zeit firmte Bischof Laurent[8] in Simpelveld Tausende Aachener Kinder. Der aus Burtscheid stammende Missionsbischof Jünger firmte im Jahre 1885 die Aachener Stiftsschüler im holländischen Kirchrath. Als Krementz am 15. Dez. 1885 in Köln inthronisiert wurde, normalisierten sich die Verhältnisse wieder. Anläßlich seines ersten Besuchs in Aachen vom 14.–23. Juni 1886 firmte er etwa 8500 Kinder und Erwachsene[9].

Seitdem kamen die Kölner Erz- oder Weihbischöfe regelmäßig nach Aachen. Die Firmung fand immer in der Stiftskirche statt. Die Pfarren, Schulen und Heime wurden so aufgestellt, daß an jedem Tag etwa 1000 Kinder gefirmt wurden. Die Liturgiefeier begann zumeist um 7 Uhr und dauerte bei etwa 1000 Firmlingen bis 10.15 Uhr[10].

Die Firmungsreisen waren für die Bischöfe anstrengend und kräfteraubend. Neben der Spendung des Sakraments füllten zahlreiche Verpflichtungen den Terminkalender, wie die Visitation von Kirchen und Klöstern, der Besuch von Schulen und Anstalten, Grundsteinlegungen, Konsekrationen, Empfänge, Besichtigungen und zahlreiche Höflichkeitsbesuche. Schon damals beanspruchten die Firmungsreisen sehr viel Zeit. Andere wichtige Anliegen mußten darunter leiden.

Zudem griffen die fast unverantwortlichen Strapazen dieser Reisen die Gesundheit der Bischöfe an. Geissel erzählte einmal von einer Firmungsreise, die ihn im Jahre 1860 nach Mönchengladbach führte. Er sprach ausdrücklich von einer Firmreise, „bei der alles vortrefflich vonstatten ging. Als ich jedoch an deren Ende, nachdem ich an einem Tag 2000 gefirmt, zweimal gepredigt, ein Krankenhaus[11] eingeweiht, ein Klosterpensionat besucht und einen Fackelzug haranguiert hatte, noch am selben Abend auch eine Stadtillumination von 10–11.15 Uhr zu Fuße anschauen mußte, verkältete ich mich dabei so gründlich, daß ich sofort

[4] Pfülf, Geissel, I, S. 273; Baudri, S. 77.

[5] Pfülf, Geissel, II, S. 412; „EdG", 22. Juni 1857, Nr. 169; GAiD, Juni 1857, S. 171.

[6] Vgl. Ludwigs, S. 48 ff.

[7] Zu Baudri: Vgl. S. 175.

[8] Zu Laurent: Vgl. S. 204 ff.

[9] Schiffers, Aachen, S. 93; Möller, III, S. 174 f.; „EdG", 27. Sept. 1891, Nr. 227, 4, Blatt; GAiD, Juni 1886, S. 212.

[10] „EdG": 14. und 15. 10. 1890 (Nr. 241 und 242); 24., 27. und 29. 9. 1891 (Nr. 224, 227 und 228); 4., 6. und 18. 6. 1893 (Nr. 127, 128 und 139).

[11] „Maria-Hilf-Krankenhaus".

nach meiner Heimreise während 14 Tagen das Bett zu hüten mich gezwungen sah"[12]. Dieses Beispiel bedarf keines weiteren Kommentars.

Die Weihbischöfe als Helfer der Erzbischöfe

Einen Teil der anfallenden Aufgaben übertrugen die Oberhirten ihrem Weihbischof. Zeitweise standen sogar zwei Weihbischöfe zur Verfügung. Alle in Köln tätigen Bischöfe aber waren stets überlastet und überfordert, zumal zahlreiche zeitbedingte Schwierigkeiten ein fruchtbares Wirken erschwerten oder gar unmöglich machten.
Die Bulle „De salute animarum" vom 16. Juli 1821 hatte der Kölner Erzdiözese einen Weihbischof zugestanden[13]. Aber diese Stelle war schlecht dotiert. Baudri, der 43 Jahre lang dieses Amt verwaltete, schreibt darüber: „Das geringe Gehalt des Weihbischofs, welches in der Bulle normiert war, setzte voraus und bedingte, daß der dazu Auserwählte entweder schon eine Dignität oder andere Stelle bekleide, die ihn anständig besolde, oder daß er hinreichend eigenes Vermögen besitze; denn es reichte kaum hin, die Repräsentationskosten und die mit dem bischöflichen Amt verbundenen besonderen Auslagen zu bestreiten. Daher bestimmt die Bulle, daß der Bischof für die Besetzung dieser weihbischöflichen Stelle dem Hl. Vater einen mit den gehörigen Eigenschaften versehenen Priester vorschlagen solle, dem ein standesgemäßes Einkommen gesichert sei"[14].
Mehrmals hatte die Kölner Kirche, bedingt durch die ungünstigen Zeitverhältnisse, jahrelang keinen amtierenden Oberhirten oder auch keinen Weihbischof. Nach der Gefangennahme des Erzbischofs Klemens August am 20. Nov. 1837 fielen alle Pontifikalhandlungen an Karl Adalbert von Beyer. Er war der erste Weihbischof der wiedererrichteten Erzdiözese und zu diesem Zeitpunkt schon 73 Jahre alt.
Erst vier Jahre später traten in Köln wieder halbwegs geordnete Verhältnisse ein. Durch Breve vom 24. Sept. 1841 bestimmte Gregor XVI. Geissel zum Koadjutor Droste-Vischerings und zum Administrator des Erzbistums. Am 4. März 1842 übernahm er die Leitung. Wenige Wochen später, am 21. April 1842 starb Beyer[15].
Zu den großen Schwierigkeiten, die Geissel bei seinem Amtsantritt in Köln vorfand, kam jetzt hinzu, daß er fast drei Jahre ohne Weihbischof auskommen mußte. Erst am 19. Jan. 1845 empfing der Dompropst Anton

[12] Pfülf, Geissel, II, S. 453, vgl. Baudri, S. 243.
[13] Podlech, S. 539: Aus der deutschen Übersetzung: „Da es in Anbetracht der weiten Ausdehnung der preußischen Bistümer und der großen Zahl der Diözesanen für die Bischöfe sehr schwierig wäre, den Gläubigen das Sakrament der hl. Firmung zu spenden und die anderen Pontifikalhandlungen zu verrichten ohne Hilfe eines anderen Bischofs, so stellen wir für die Kölner Kirche das Amt eines Suffraganbischofs her . .". Vgl. Lipgens, S. 362 ff.
[14] Baudri, S. 142.
[15] Pfülf, Geissel, I, S. 169 ff.

Gottfried Claessen im Kölner Dom die Bischofsweihe[16]. Aber er konnte sein Amt nur kurze Zeit ausüben. Schon bald nach der Weihe quälte ihn ein Leiden, das zu seinem frühen Tode führte. Claessen starb schon am 29. Sept. 1847 im Alter von 58 Jahren. Die Hilfe, die sich der Koadjutor erhofft hatte, war ausgeblieben[17].

Die Ernennung des Nachfolgers nahm erneut lange Zeit in Anspruch. Wiederum war Geissel über 2½ Jahre ohne Weihbischof. Diesmal trugen die verwirrten Verhältnisse in Rom die Schuld. Papst Pius IX. war am 24. Nov. 1848 nach Gaeta geflohen. Am 28. Sept. 1849 hielt er dort ein Konsistorium (Versammlung der Kardinäle), in dem der neue Kölner Weihbischof, Johann Anton Friedrich Baudri, ernannt wurde. Geissel konsekrierte seinen bisherigen Generalvikar am 25. Febr. 1850 im Kölner Dom[18]. Über 40 Jahre übte er sein Amt als Weihbischof aus. Sein Wirken als Bischof aber war eingeengt, weil er auch nach der Konsekration sein Amt als Generalvikar beibehielt. Nach dem Tod Geissels wurde Baudri zum Kapitularvikar gewählt und vom neuen Erzbischof Paulus Melchers erneut zum Generalvikar ernannt. Dieses Amt bekleidete er bis zur Auflösung des Generalvikariats infolge der Wirren des Kulturkampfes im Jahre 1876.

Melchers, der am 8. Mai 1866 inthronisiert worden war, legte großen Wert darauf, persönlich mit seinen Priestern und den Gläubigen der Erzdiözese Kontakt aufzunehmen[19]. Schon im ersten Jahr seines Wirkens in Köln führte er durch einen Erlaß vom 14. Dez. 1866 Pastoralkonferenzen in der Erzdiözese ein. Außer den jährlichen Dekanats- und Definitionskonferenzen sollten alle Seelsorgspriester monatlich oder wenigstens alle zwei Monate zu einem Vortrag mit anschließender Aussprache zusammenkommen. Fragen der Theologie, der Pädagogik und der Kunst sollten besprochen werden. Politische Themen wurden eigens ausgeklammert[20].

Wie schon vorher als Bischof von Osnabrück, so unternahm Melchers auch zu Beginn seiner Amtszeit in Köln ausgedehnte Firmungsreisen, auf denen er die einzelnen Pfarren visitierte und besonders auch die Schulen besuchte[21]. So gewann er einen Überblick über die Größe seiner Erzdiözese, die zu dieser Zeit schon über anderthalb Millionen Gläubige zählte. Auf diesen Reisen reifte seine Überzeugung, daß es notwendig sei, die Erzdiözese zu teilen oder gar drei Bistümer daraus zu bilden[22].

Die Teilnahme am ersten Vatikanischen Konzil und die bald darauf einsetzenden Kulturkampfmaßnahmen hinderten ihn daran, diese erfolgversprechenden seelsorglichen Bemühungen fortzusetzen. Am 31. März

[16] Baudri, S. 77.
[17] Pfülf, Geissel, I, S. 273; Baudri, S. 77.
[18] Pfülf, Geissel, I, S. 668 f.; II, S. 462 ff.; Baudri, S. 142.
[19] Ley, S. 558.
[20] Cronenberg, S. 857.
[21] Ludwigs, S. 18 ff.; Ley, S. 558.
[22] Vgl. S. 48.

1874 wurde Melchers verhaftet und in den Kölner Klingelpütz gebracht[23]. Seitdem war der Erzbischöfliche Stuhl über zehn Jahre verwaist. Weihbischof Baudri war allein. Bis zur Aufhebung der Erzbischöflichen Behörde im Jahre 1876 nahm ihn sein Amt als Generalvikar stark in Anspruch. In der Folgezeit verhinderten die Kulturkampfgesetze ein erfolgreiches Wirken als Bischof. Zudem war er schon über 70 Jahre alt. Die Folgen für die Erzdiözese waren erschreckend. Aus einem Brief, den Melchers am 8. Jan. 1881 aus seinem Verbannungsort schrieb, geht hervor, daß zu dieser Zeit 199 Pfarreien seiner Erzdiözese verwaist waren. Ein Drittel davon hatte keinen Priester mehr[24].

Als die Kulturkampfgesetze allmählich rückgängig gemacht wurden, resignierte Melchers am 27. Juli 1885 und ging als Kurienkardinal nach Rom[25]. Nachfolger wurde sein Freund Philippus Krementz, Bischof von Ermland. Am 15. Dez. 1885 wurde er im Dom zu Köln inthronisiert. „Eine Riesenarbeit erwartete den neuen Oberhirten. Zahlreiche Pfarreien und sonstige geistliche Stellen waren unbesetzt, etwa 500 000 Firmlinge harrten der Spendung des hl. Sakramentes, das Priesterseminar war noch immer dem Zutritt neuer Kandidaten des geistlichen Standes verschlossen und befand sich überdies in ungenügenden baulichen Verhältnissen, die theologische Fakultät zu Bonn war zum Teil mit altkatholischen Professoren besetzt, die soziale Frage hatte gerade im Kölner Erzbistum wegen des dort stark ausgebreiteten Fabrikwesens einen brennenden Charakter angenommen“[26].

Vor dieser fast nicht zu bewältigenden Arbeit stand Krementz ohne nennenswerte Hilfe seines Weihbischofs, der schon 81 Jahre alt war. Allein aber konnte er die angefallenen Aufgaben nicht schaffen. Deshalb bat er Leo XIII. um einen zweiten Weihbischof. Nach dem geltenden Recht konnte der Papst diesen Weihbischof ohne Mitwirkung der Regierung ernennen[27]. Trotzdem wollte der Hl. Vater wissen, ob der vorgesehene Kandidat der Regierung genehm war[28]. Zuerst hatte Krementz an Domkapitular Dr. Heuser gedacht, der sein engster Berater war. Dieser aber lehnte es ab, Weihbischof zu werden[29]. Dann hatte der Erzbischof den Generalpräses der Kolpingfamilie, Sebastian Georg Schaeffer, ausersehen. Diesen jedoch und auch den Pfarrverwalter an St. Gereon. Heinrich Schumacher, ließ er bald wieder als Kandidaten fallen, weil er das Placet der Regierung nicht einholen wollte[30].

Am 26. Nov. 1888 teilte Krementz dem Koblenzer Oberpräsidenten lediglich mit, daß der Papst beabsichtige, den Religions- und Oberlehrer am Gymnasium zu Essen, Dr. Antonius Fischer, zum Weihbischof der Erzdiö-

[23] Ludwigs, S. 36 ff.
[24] Ebd. S. 63.
[25] Ebd. S. 71 ff.; AA: IA, IIE, 11, Bd. 1 und 3.
[26] Ley, S. 571.
[27] Vgl. Weber, S. 174.
[28] Trippen, S. 273.
[29] Trippen, S. 271 ff.
[30] Trippen, S. 273; vgl. STAK: Abt. 403, Nr. 7480.

zese zu bestellen. Das sei notwendig, da Baudri nicht mehr imstande sei, bei den Pontifikalhandlungen zu helfen. Krementz bat, Fischer vom Schuldienst freizustellen[31].

Am 14. Febr. 1889 wurde Fischer zum Weihbischof ernannt und am 1. Mai im Kölner Dom konsekriert[32]. Erst am 6. Juni teilte Krementz dem Preußischen Minister für geistliche, Unterrichts- und Medizinalangelegenheiten, Dr. von Goßler, die Weihe Fischers mit. Er entschuldigte die Verzögerung mit einer Firm- und Visitationsreise. In einem Brief an Bismarck deutete Goßler diese verspätete Mitteilung als ein wenig rücksichtsvolles Verhalten des Kölner Erzbischofs gegenüber den Staatsbehörden[33].

Bei seiner Weihe stand Fischer im 50. Lebensjahr. Er hatte die Kraft, den Erzbischof tatkräftig zu unterstützen. Aber auch diese Hilfe reichte nicht aus, um den immer zahlreicher werdenden bischöflichen Verpflichtungen nachkommen zu können. Eine fast unmenschliche Arbeitsfülle kam auf den neuen Weihbischof zu. „Seit mehr als einem Dezennium war infolge der traurigen Zeitverhältnisse in der Erzdiözese nicht mehr gefirmt, waren keine Kirchen und Altäre mehr konsekriert, keine Pfarreien mehr visitiert worden. Der Hauptanteil dieser Riesenaufgabe fiel dem neuernannten Weihbischof zu“[34].

Aus einem Briefwechsel zwischen Krementz und Melchers geht hervor, wie sehr der amtierende Erzbischof unter diesen Zuständen litt, ja, daß er daran dachte, einen Koadjutor zu erbitten[35]. Melchers aber war der Überzeugung, nur eine Teilung des Erzbistums in drei Diözesen könnte eine wirksame Entlastung bringen. Da ihm dieser Plan jedoch in Preußen zur Zeit nicht realisierbar erschien, setzte er sich auf Bitten von Krementz für weitere Weihbischöfe in Köln ein. Leo XIII. war bereit, auf diese Bitten einzugehen, wollte aber vorher die Dotationsfrage geklärt sehen[36], doch gerade darin bestand die größte Schwierigkeit.

Der Ruf nach einem weiteren Weihbischof wurde immer lauter. Am 27. Nov. 1892 schlug Kardinal-Staatssekretär Rampolla dem Breslauer Fürstbischof Kopp den Oberlehrer am Kölner Realgymnasium, Hespers[37], für dieses Amt vor. Die Regierung hatte gegen diesen Kandidaten keine Bedenken. Das teilte der Minister für geistliche Angelegenheiten Bosse am 7. Dez. 1892 dem Außenminister mit. Gleichzeitig jedoch betonte Bosse, daß er nicht wisse, woher die Dotation für diesen dritten Kölner Weihbischof kommen solle[38].

31 STAK: Abt. 403, Nr. 7480.
32 Schmitz, S. 73 ff.
33 AA: Abt. IA, Preußen 2, Nr. 2b, Bd. 3.
34 Totenzettel von Kard. Fischer.
35 AEK: CR II 13: Brief Melchers an Krementz, 7. 1. 1891. Vgl. S. 48.
36 Vgl. S. 48 f.; AEK: CR II 13: Brief Melchers an Krementz, 5. 11. 1891.
37 Vgl. S. 146.
38 AA: Abt. IA, Preußen 2, Nr. 2b, Bd. 3.

Am 29. Juni 1893 starb Baudri im Alter von 89 Jahren. Sofort nach seinem Tode bemühte sich Krementz, der im Januar dieses Jahres mit dem Kardinalspurpur ausgezeichnet worden war, um einen zweiten Weihbischof. Leo XIII. entsprach diesem Wunsch und präkonisierte den Krefelder Pfarrer Dr. Hermann Josef Schmitz schon am 25. August dieses Jahres als Titularbischof von Zela. Auch über diese Ernennung hatte der Erzbischof die Regierung vorher nicht unterrichtet[39].

Obwohl Schmitz für die Regierung persona grata war, fühlte sie sich übergangen. Sie war der Meinung, der Hl. Stuhl müsse sich vor der Präkonisation von neuen Weihbischöfen in preußischen Diözesen mit ihr in Verbindung setzen. Eine nachträgliche Information galt als unbefriedigend und abweichend von der bisherigen Praxis. Das geht aus einem Briefwechsel hervor, den der Preußische Vatikangesandte Bülow mit seiner Regierung in Berlin führte. Der Gesandte wurde beauftragt, die Frage der Ernennung der preußischen Weihbischöfe grundsätzlich mit Rampolla zu klären. Am 14. Okt. 1893 teilte er dem Außenminister die Meinung Roms zu dieser Frage mit. Demnach galt die Ernennung von Weihbischöfen als kirchliches Internum. Aber wenn der Staat finanzielle Beihilfe leiste, sei es dem jeweiligen Bischof anheimgestellt, mit der Regierung in Verbindung zu treten. Das sei jedoch nicht Sache der Kurie. Rampolla betonte, daß der Hl. Stuhl diese Praxis auch mit anderen Ländern pflege[40].

Bischof Leopold Haffner von Mainz weihte Schmitz am 30. Nov. 1893 zum Bischof. Krementz konnte diese Weihe selbst nicht vornehmen, weil er krank war[41]. In Schreiben vom 1. Dez. 1893 an Bosse und vom 4. Dez. an den Koblenzer Oberpräsidenten Nasse teilte der Kardinal die Weihe von Schmitz mit und begründete darin die Notwendigkeit eines zweiten Weihbischofs für die Erzdiözese. Hierin heißt es: „Da wegen der erheblichen Zunahme der Katholiken der Erzdiözese Köln, deren Zahl seit Erlaß der Bulle „De salute animarum“ von 800 000 auf mehr als 2 000 000 gestiegen ist, die erforderlichen Pontifikalfunktionen bei der Aushilfe nur eines Weihbischofs nicht vorgenommen werden können, so hat seine Heiligkeit Papst Leo XIII. den früheren Pfarrer an St. Dionysius, jetzigen Domkapitular an der Kathedrale zu Köln, Herrn Dr. theol. und iur. can. Hermann Joseph Schmitz, auf mein Ersuchen mittels Breve vom 25. Aug. d. J. unter Ernennung zum Titularbischof von Zela als zweiten Weihbischof für die Erzdiözese Köln zu bestellen geruht“[42].

Nun hatte Krementz zwei Weihbischöfe[43], aber ihn selbst verließen seit diesem Jahr die Körperkräfte immer häufiger und immer mehr[44]. Von

[39] Trippen, S. 276 f.
[40] AA: Abt. IA, Preußen 2, Nr. 2b, Bd. 4.
[41] „EdG“, 1. Dez. 1893, Nr. 278.
[42] AA: Abt. IA, Preußen 2, Nr. 2b, Bd. 4; STAK: Abt. 403, Nr. 7480.
[43] Schmitz, S. 76.
[44] Vgl. Ley, S. 573; Trippen, S. 276 ff.

Jahr zu Jahr wurde es schwieriger, die Erzdiözese zu überblicken, zumal die seelsorglichen Aufgaben immer reichhaltiger und differenzierter wurden. Darum begrüßte Krementz die Teilung der Erzdiözese[45]. Sein Freund Theodor Mooren, der in Berlin die Aachener Belange vertrat, und sein Pfarrer Dauzenberg aus Kaiserswerth brachten diese Frage in der Sitzung vom 11. März 1899 vor den Preußischen Landtag[46]. Das ist sicherlich nicht ohne Wissen und Wollen des Erzbischofs geschehen.
Krementz starb am 6. Mai 1899. Nur drei Monate später, am 21. Aug., folgte ihm Schmitz in die Ewigkeit. Fischer stand allein als Weihbischof der riesigen Erzdiözese. Diese Zeit des augenscheinlichen Notstandes nutzte die Aachener Stadtverordnetenversammlung zu ihrer zweiten Denkschrift an den Preußischen Minister für geistliche, Unterrichts- und Medizinalangelegenheiten und an den Hl. Vater[47].
Erst am 20. Febr. 1900 wurde der Bischof von Paderborn, Hubertus Simar, im Kölner Dom inthronisiert und mit dem Pallium bekleidet[48]. Der neue Erzbischof hatte nur einen Weihbischof. Schmitz fand keinen Nachfolger. Nur zwei Jahre konnte Simar in Köln wirken. Er starb schon am 24. Mai 1902 im Alter von 66 Jahren.
Am 6. Nov. 1902 wurde der bisherige Weihbischof Fischer als Nachfolger gewählt und am 19. März des folgenden Jahres inthronisiert[49]. In den ersten Monaten hatte der neue Erzbischof keinen Weihbischof. Dieses Amt übernahm dann Dr. Josephus Müller, der am 7. Juni 1903 konsekriert wurde[50].
Über elf Jahre lang mußte Fischer die Pontifikalfunktionen mit nur einem Weihbischof teilen, und das in einer Diözese, die mittlerweile fast drei Millionen Gläubige zählte und damit zu den größten der Welt gehörte. Wie überlastet und überfordert ein Weihbischof in einer solchen riesigen Diözese war, hatte Fischer in den 13 Jahren, in denen er dieses Amt bekleidet hatte, am eigenen Leib erfahren. „Nach einer amtlichen Zusammenstellung seiner Pontifikalien hat Antonius II. von 1889–1902 das Sakrament der Firmung 666 572 Personen[51] gespendet, 952 Priester geweiht, fünfmal die Bischofsweihe vorgenommen, 193 Kirchen und 572 Altäre konsekriert[52]." Dabei muß man berücksichtigen, daß Schmitz von 1893–1899 zusätzlich als zweiter Weihbischof in der Erzdiözese tätig war.
Die Aufgaben, die von drei Bischöfen kaum zu bewältigen waren, lasteten in Zukunft auf zweien, da Fischer während seiner ganzen Zeit als

[45] Vgl. S. 48 f.
[46] Sten. Ber., (1898/99), II, S. 1346 ff.; vgl. S. 431 ff.
[47] Vgl. S. 57 ff.
[48] Vgl. Trippen, S. 294 ff.; STAK: Abt. 403, Nr. 15924.
[49] Trippen, S. 358 ff.; Schmitz, S. 84 ff.
[50] Handbuch Köln, 21 (1911), S. 2.
[51] Das sind rund 1000 Personen pro Woche.
[52] Ley, S. 578; Schmitz, S. 171.

Erzbischof nur einen Weihbischof zur Unterstützung hatte. Diese Tatsachen spielten eine gewichtige Rolle bei den verstärkten Aachener Bemühungen um die Teilung der Erzdiözese im Jahre 1902[53].
Fischer litt unter diesem Zustand und war deswegen einer Teilung der Erzdiözese nicht abgeneigt[54]. Auch mit der Bestellung eines zweiten Weihbischofs konnte die Misere nicht mehr zufriedenstellend gelöst werden. Diese Auffassung vertrat auch ein unbekannter Verfasser in einem Artikel zur Bistumsfrage, den die „Rheinisch-Westfälische Zeitung" am 6. März 1907[55] veröffentlichte. Darin heißt es: „Auch wenn in Köln neben dem Kardinal zwei Weihbischöfe bestimmt werden, so reicht das immer noch nicht hin, um diese große Diözese zu übersehen und den wünschenswerten Einfluß des Bischofs auf den Klerus zu erlangen."
Genau elf Jahre war die Erzdiözese ohne einen zweiten Weihbischof. Erst am 29. Juni 1914 konsekrierte Hartmann, der Nachfolger Fischers, den in Höngen bei Aachen geborenen Peter Josef Lausberg zum zweiten Weihbischof der Erzdiözese, die mittlerweile weit über drei Millionen Katholiken zählte[56]. Darum konnte dieser Schritt ebensowenig als zufriedenstellende und endgültige Lösung angesehen werden wie die Maßnahme des Jahres 1921, als Bornewasser nach Aachen kam, um dort als Kölner Weihbischof zu residieren[57]. Diese Ersatzlösung reichte nicht mehr aus. Zu sehr hatte sich die Situation der Kirche und damit der Aufgabenbereich und die Verpflichtungen der Bischöfe in der Zeit nach dem Kulturkampf gewandelt.
Auf die Überlastung eines Kölner Weihbischofs wies auch Professor Wilhelm Neuß hin, dessen Freund, Dr. Joseph Stoffels, dieses Amt nur kurze Zeit bekleidete[58]. Nach dem Tode Lausbergs am 30. Sept. 1922 hatte Stoffels am 17. Dez. dieses Jahres die Bischofsweihe empfangen. Als er einen ersten Einblick in seinen neuen Wirkungskreis gewonnen hatte, schrieb er ein am 22. Jan. 1923 datiertes Gesuch an den Erzbischof, das er aber nicht abschickte. „In ihm bat er um Entlastung, da zu viele Arbeiten sich gehäuft hatten. Er zählte sie auf: 1. Diözesanpräsidium der katholischen Frauen- und Müttervereine; 2. Schriftleitung der Kölner Seelsorgeblätter; 3. Leitung der Wissenschaftlich-Pastoralen Vereinigung; 4. Zentrale der Pastoralkonferenzen und Durchsicht der Dekanatsarbeiten; 5. Vorarbeiten für das neue Diözesangebetbuch und die collectio rituum; 6. Strafanstalts-Seelsorge; 7. Stellvertretender Vorsitz der St. Elisabeths-Hilfe, d. h. der Sorge für den Gesundheitszustand der Ordensschwestern; 8. Tätigkeit als Klosterkommissar der Kölner Ursulinen- und der Drittordensschwestern in Essen und Beichtvater der Kölner

[53] Vgl. S. 68 ff.
[54] Vgl. Schreiben des Aachener OB Veltman an EB, 6. Aug. 1909, in: STAA: OB Reg. 81/9; vgl. S. 84.
[55] A. a. O., Nr. 227, Abendausgabe.
[56] AA: Abt. IA, Preußen 2, Nr. 2b, Bd. 9.
[57] Vgl. S. 101.
[58] Vgl. Neuß.

Kind-Jesu-Schwestern; 9. Tätigkeit für die Freie Vereinigung von Kölner Katholiken; 10. Leitung der Kölner Diözesanpräsides-Konferenzen zur Behandlung grundsätzlicher Fragen des Vereinswesens; 11. Vorsitz in der Freien Vereinigung für Seelsorgehilfe in Freiburg i. Br.; 12. Einzelarbeiten; 13. Tätigkeit als Weihbischof[59]." Ein solches Arbeitspensum übersteigt menschliche Kräfte. Stoffels verstarb nach zehnmonatiger Tätigkeit im Alter von erst 43 Jahren.

Die Notwendigkeit einer individualisierten und differenzierten Seelsorge

Der Wunsch, die Kölner Erzdiözese zu teilen und in Aachen ein neues Bistum zu errichten, wurde seit den neunziger Jahren von Aachener Seite immer mehr mit pastoralen Argumenten begründet. Die seelsorglichen Aufgaben und Arbeiten hatten sich in den Jahren nach dem Kulturkampf stark vermehrt und verändert.

Viele neue katholische Vereine befruchteten nun das kirchliche Leben, brachten aber auch den ohnehin schon überlasteten Seelsorgern zusätzliche Arbeit. So entstanden zu dieser Zeit zahlreiche neue Vereine zur Pflege des religiös-kirchlichen Lebens, karitative Vereine, Vereine für die Pflege der Volksbildung, Wissenschaft und Kultur sowie neue katholische Standes- und Berufsvereine[60].

Aus den Handbüchern der Erzdiözese Köln geht hervor, daß das katholische Vereinswesen und besonders die karitativen Einrichtungen im Gebiet des Erzbistums immer zahlreicher und differenzierter wurden. Deshalb erschienen ab 1. Juli 1920 zusammen mit dem „Kirchlichen Anzeiger" als Sonderbeilage je nach Bedarf die „Mitteilungen aus der kirchlichen Vereinstätigkeit". Es handelte sich um Veröffentlichungen der verschiedenen Diözesanverbände, die das kirchliche Vereinsleben fördern und anregen, die Zusammenarbeit erleichtern und dem Seelsorgeklerus eine leichte und regelmäßige Orientierung über die Entwicklung der einzelnen Diözesanverbände ermöglichen wollten. Erzbischof Schulte, der am 25. März 1920 sein Amt angetreten hatte, errichtete noch im gleichen Jahr ein eigenes Dezernat für Vereinsarbeit und Seelsorge. Er ernannte den erfahrenen Großstadtseelsorger Joseph Stoffels von St. Peter in Köln zum Domkapitular und betraute ihn mit der Leitung dieser neuen Abteilung[61].

Ludwig Andreas Veit nennt in seinem Werk „Die Kirche im Zeitalter des Individualismus"[62] die bisherige Form der Pastoration: Massen- und Gesellschaftsseelsorge, weil sie zuerst die Gemeinschaft der Gläubigen sah und den einzelnen nur in dieser ansprach. Die üblichen Formen dieser Seelsorge wie Volksunterricht, Sonntagschristenlehre, Wallfahrten, Missionen, Prozessionen, kirchliche Vereine und Bruderschaften reich-

[59] Neuß, S. 52 f.
[60] Bihlmeyer — Tüchle, III[15], S. 447 f.
[61] Neuß S. 43 f.
[62] Veit, S. 195 f.

ten bald nicht mehr aus. Jetzt trat der Einzelne immer mehr in Erscheinung. „Der vergemeinschaftete Mensch der Vergangenheit ist zum Einzelmenschen geworden, der nun auch im religiösen Leben für seine Individualität mehr Raum, mehr Anerkennung und Rücksicht verlangt und erwartet als vordem[63]." Der einzelne Gläubige wollte nicht mehr nur auf dem Umweg über die Gemeinschaft angesprochen werden, sondern auch unmittelbar.

Cornelius Krieg begründete in seiner Pastoraltheologie die Notwendigkeit der individuellen Seelsorge aus der individuellen Prägung jeder Persönlichkeit, dem individuellen Charakter, den Gott neben dem universellen in Christus dem Christentum verliehen habe und mit einem Hinweis auf Jesus, der selbst individuelle Seelsorge geübt habe[64]. Dieser Ansatz bedingte eine neue Konzeption der Seelsorge.

Die Päpste stellten sich als erste und oberste Seelsorger an die Spitze dieser Erneuerungsbewegung. Papst Leo XIII. rief in seinen Enzykliken die Gläubigen zur aktiven Mitarbeit an den kultur- und sozialpolitischen Aufgaben auf. Besonders der große Seelsorgepapst Pius X. mit dem Wahlspruch „Instaurare omnia in Christo" förderte die Bewältigung der neuen Seelsorgsaufgaben durch zeitgemäße Reformen[65].

Diese Reformen durften nicht auf dem Papier bleiben. Bischöfe und Pfarrer mußten sie in ihren Bistümern und Pfarreien verwirklichen. Das jedoch stieß auf enorme Schwierigkeiten. Die Bekämpfung jeder öffentlichen Tätigkeit der Kirche während des Kulturkampfes sowie das gewaltige Ansteigen der Bevölkerungszahl hatten dazu geführt, daß besonders viele Gläubige in den Städten der Kirche entfremdet und von ihr nicht mehr erreicht wurden. Diese Tatsache veranlaßte J. B. Rady im Jahre 1884 zu einem Artikel im „Katholik"[66]. Er wollte die Grundsätze, die das Tridentinum[67] für die Pfarrseelsorge aufgestellt hatte, wieder in Erinnerung bringen, zumal die pastorale Reform des Konzils von Trient die seelsorglichen Gesichtspunkte weit über die formalrechtlichen und wirtschaftlichen gestellt hatte[68]. Demnach sollten sich die Gläubigen in ihrem Pfarrbezirk um ihren Seelsorger scharen, der bei ihnen sein und jeden kennen sollte. Das jedoch bedingte kleine, überschaubare seelsorgliche Bereiche. Deswegen bezeichnete Rady die damaligen, vielhundertjährigen, nie veränderten Parochialverhältnisse in manchen Diözesen als reinste Ironie auf eine dem Geiste der Kirche und den Anforderungen des Tridentinums entsprechende Seelsorge. Er forderte, keine Arbeit und kein Geld zu scheuen, um die Riesenpfarren in viele kleine, überschaubare Pfarrgemeinden zu unterteilen[69]. Das war das Gebot der Stunde für jede fruchtbare seelsorgliche Arbeit.

[63] Ebd. S. 196.
[64] Krieg, I, S. 84.
[65] Schrott, S. 193 ff.
[66] Rady, S. 298 ff.
[67] Sess. XXIV, cap. 13.
[68] Pfliegler, S. 81.
[69] Rady, S. 303.

Dieses Problem griff auch Heinrich Swoboda in seiner pastoraltheologischen Studie „Großstadtseelsorge" auf. Er erarbeitete eine Bestandsaufnahme der seelsorglichen Bemühungen in den verschiedenen Ländern der katholischen Welt und prüfte „in erster Linie die äußeren organisatorischen Vorbedingungen"[70] für eine zeitgemäße Seelsorge.
Der Schrei nach einer Verlebendigung und Verinnerlichung des Christentums sollte durch die Seelsorge beantwortet werden[71]. Die moderne Pastoral sollte deshalb insbesondere den einzelnen Christen erfassen. Darum sah Swoboda im Hausbesuch das non plus ultra für den modernen Seelsorger. Der persönliche Kontakt, die Seele der Seelsorge, wurde als unumgängliche Prämisse für eine fruchtbare pastorale Betreuung geradezu gefordert[72]. Das „Ite ad oves", das bisher durchweg nur bei Volksmissionen üblich war, zählte nun zu den vornehmsten Pflichten eines jeden Seelsorgers[73]. Deshalb wurde von den deutschen Diözesansynoden nach 1918 die planmäßige Hausseelsorge empfohlen und mindestens ein Familienbesuch im Jahr vorgeschrieben[74]. Vorbedingung für diese intensive Art der Seelsorge waren eine gut geführte Pfarrkartothek und vor allem überschaubare Pfarreien.
Bei seiner Rundreise durch viele Großstädte der katholischen Welt besuchte Swoboda auch Köln. Er fand hier ein blühendes und reich entfaltetes Vereinswesen und in der religiösen Fürsorge ein regeres Leben als in anderen vergleichbaren Großstädten. Ein pastoraler Rundgang vor Ostern war in allen Pfarren vorgeschrieben, um mit den Gläubigen ins Gespräch zu kommen. Dieser gute Vorsatz scheiterte jedoch oft an den zu großen Pfarreien und an der zu schnell wachsenden Zahl der Gläubigen. Um einen persönlichen Kontakt zu ermöglichen, waren die Verantwortlichen in Köln bestrebt, die Seelenzahl für eine Stadtpfarre in den Grenzen von 5 000 bis höchstens 8 000 Seelen zu halten. Leider blieb aber auch dieses Vorhaben ein unerfüllbarer Wunsch. Obwohl Köln im Bau von Notkirchen, in der Errichtung neuer Pfarreien und in der Abtrennung von Rektoraten als Übergangsstadium für viele andere Diözesen als Vorbild hingestellt wurde, waren doch die Großstadtentwicklung und die Bevölkerungszunahme mächtiger und schneller als die Organisation der Seelsorge. Zwei Pfarreien der Stadt Köln, Nippes und Ehrenfeld, zählten über 20 000 Seelen, 13 weitere hatten mehr als 10 000 Gläubige. Allein in einem Jahr, von 1905 bis 1906, stieg in Groß-Köln die durchschnittliche Seelenzahl pro Pfarre von 7 788 auf 8 520 an[75].

[70] Swoboda, S. IV.
[71] Ebd. S. 40.
[72] Ebd. S. 44, 93, 262, 463.
[73] Auch neuere religionssoziologische Untersuchungen gehen von dem Grundsatz aus, daß der Hirt seine Schafe kennen soll, wie es das Tridentinum ausdrücklich gefordert hatte. Dieser Grundsatz führte zu einer Norm von einem Pfarrseelsorger für 1000 Katholiken. Vgl. Dellepoort-Greinacher-Menges, S. 57.
[74] Veit, S. 196.
[75] Swoboda, S. 193 ff.

Auch die eifrigsten Seelsorger standen in den großen Stadtpfarreien bei diesen Größenordnungen hilflos vor den zu bewältigenden Aufgaben der Individualseelsorge. Bedenkt man weiterhin, daß die Zahl der Priester prozentual immer mehr hinter dem Anwachsen der katholischen Bevölkerung zurückblieb, so mußte sich das besonders in den großen Stadtpfarreien verhängnisvoll auswirken. Nach der Kölner Praxis konnte zu dieser Zeit erst bei 15 000 Seelen ein dritter Kaplan zugeteilt werden[76].
Stieß schon die neue Konzeption der Seelsorge in den großen Pfarreien auf kaum zu überbrückende Schwierigkeiten, so galt das in besonderer Weise für den Bischof und seine Diözese. Die Individualseelsorge war ja nicht nur Aufgabe des Pfarrklerus, sondern auch des Bischofs. Immer wieder betonte Swoboda die Rolle des Oberhirten als des ersten und eigentlichen Seelsorgers seiner Diözese[77]. Das Trienter Konzil hatte diese altkirchliche Auffassung besonders herausgestellt[78]. Schrott sieht sogar einen Grundgedanken der tridentinischen Reformdekrete darin, daß der Bischof primär der Seelsorger seiner Diözese ist[79].
Diese großartige Idee scheiterte aber an der Wirklichkeit. Swoboda wehrte sich entschieden dagegen, die falsche Praxis mit einer neuen Theorie zu rechtfertigen. Er stellte fest: „Einige der neuen Pastoralbücher haben (aber) den Standpunkt verschoben, wenn sie die seelsorglichen Prinzipien nur für sacerdotes secundi ordinis, als wären diese allein die eigentlichen Seelsorger, gelten lassen wollen[80]."
Vom Bischof als dem eigentlichen Seelsorger erwarteten viele jetzt pastorale Richtlinien für die priesterliche Arbeit in den Stadt- und Landgemeinden. Dazu mußte der Bischof seine Diözese und besonders auch seine Priester kennen. Aber gerade das verhinderte in Köln die Größe des unüberschaubar gewordenen Erzbistums.
Peter Höveler betont in seinem Charakterbild des Kardinals Krementz, daß dieser Erzbischof es als großen Mangel empfunden habe, „daß es ihm wegen der Größe der Erzdiözese und der damit von selbst gegebenen Menge schon rein formaler Verwaltungsgeschäfte, die seine Mitwirkung verlangten, unmöglich blieb, den einzelnen Persönlichkeiten seines Klerus und dem gläubigen Volke so nahe zu treten, als es ihm Herzenswunsch und Hirtenbedürfnis war"[81]. Von Krementz, der aus Ermland nach Köln gekommen war, berichtet Höveler weiter: „Er, der als Kaplan, Pfarrer und Bischof einer kleinen Diözese gewohnt war, mit seinen Gläubigen und mitarbeitenden Priestern in möglichst engem persönlichen Kontakt zu bleiben und, so gerne von Mund zu Mund verhandeln

[76] Ebd. S. 332.
[77] Ebd. S. 247, 253, 281.
[78] Trid. Sess. XXIII de ref. c. 1; Trid. Sess. XXIV de ref. c. 13.
[79] Schrott, S. 79 ff.
[80] Swoboda, S. 253.
[81] Höveler, S. 10.

wollte, sah in der neuen Diözese unter einem Berg von täglich einlaufenden und zu erledigenden Aktenstücken seine Persönlichkeit gleichsam untertauchen, und hunderte Male war die Hand, die er gerne in väterlicher Liebe und Güte seinem jüngsten Vikar gereicht, zum bloßen Schreiben des Namen Philippus verurteilt[82]." Kardinal Krementz war ein moderner Seelsorger. Das hatte er schon als Pfarrer an St. Kastor in Koblenz unter Beweis gestellt. Seine vielfältigen pastoralen und karitativen Ideen und Initiativen hatten das kirchliche Leben in Ermland entscheidend befruchtet[83]. In der dreimal größeren Kölner Erzdiözese konnte er seinen seelsorglichen Vorstellungen und Anliegen nur schwer gerecht werden[84].

Das spiegelt sich in den Argumenten, mit denen von seiten Aachens immer wieder die Teilung der Erzdiözese gefordert wurde. In dem Brief, den Bock am 8. Dez. 1900 an den Kardinal-Staatssekretär schrieb[85], heißt es: „Es ist Tatsache, daß die Erzdiözese Köln in einem Maße an Bevölkerung zugenommen hat, daß sie schon jetzt weit über zwei Millionen Katholiken zählt und daß bei der stetig andauernden und rapid anwachsenden Vermehrung der Bevölkerung die dritte Million schon in den nächsten Jahren erreicht wird. Ist es wohl denkbar, daß eine so große Anzahl von Gläubigen von e i n e r Stelle aus seelsorglich überwacht werden kann? Ist es denkbar, daß e i n Bischof die Aufgabe zu erfüllen imstande ist, den Tausenden von Klerikern in nahezu tausend Pfarren als Oberhirte so nahe zu treten, wie es sein erhabenes Hirtenamt von ihm fordert?"

Auch die Laien erwarteten in steigendem Maße Kontakt mit ihrem Bischof. Das geht aus der Bittschrift hervor, die Aachener Laien, Mitglieder der katholischen Kirchengemeinden der Stadt, über den Oberbürgermeister an Leo XIII. richten wollten[86]. Dieser Brief aus dem März 1901 ist zwar nicht abgeschickt worden, zeigt aber dennoch, was die Gläubigen von ihrem Bischof erwarteten. Darin heißt es: „Die Kraft e i n e s Bischofs kann nicht ausreichen, um eine Diözese von solchem Umfang so zu verwalten, wie es dem Willen Seiner päpstlichen Heiligkeit entspricht. Die Teilung der Bürde der Diözesanverwaltung würde nicht allein dem Bischof, sondern auch den Gläubigen zum Vorteil gereichen, da durch dieselbe eine eingehendere Einwirkung der Bischöfe auf die ihnen unterstellten geistlichen Behörden ermöglicht und der geistliche Einfluß der Bischöfe auf die gesamten Diözesanangehörigen wirksamer würde[87]."

Der Wunsch nach einem stärkeren Einfluß und intensiverer Einwirkung des Bischofs auf die Gläubigen spricht auch aus den Briefen, die Velt-

[82] Ebd. S. 16.
[83] Gatz, Krementz, S. 114 f.
[84] Gatz, Neubesetzung, S. 214 f., 236.
[85] Kopie im Besitz von H. Heusch, Aachen.
[86] Vgl. S. 67.
[87] STAA: OB Reg. 81/9.

man am 23. Juli 1902 an Rampolla und am 24. Juli 1902 an Nicotra sandte[88].

Obwohl die Kölner Erzbischöfe eifrigst bemüht waren, ihren seelsorglichen Auftrag zu erfüllen, waren sie durch den riesigen Verwaltungsapparat in Gefahr, isoliert zu werden und in der Hauptsache repräsentative Pflichten erfüllen zu müssen. Dagegen wehrte sich Schulte ganz entschieden. Schon zu Beginn seiner Amtszeit mehrten sich ungemein die Fälle, daß der Erzbischof oder auch ein Stellvertreter gebeten wurden, an kirchlichen und religiösen Feierlichkeiten teilzunehmen. Deshalb bat er im „Kirchlichen Anzeiger" darum, nur noch bei besonders bedeutsamen Anlässen um das persönliche Erscheinen oder um die Entsendung eines Vertreters anzufragen[89].

Viele Jahre jedoch sollten noch vergehen, bis die Gunst der weltlichen Macht dem seelsorglichen Anliegen einer Verkleinerung der Erzdiözese Köln entgegenkam. In der Regierungsbegründung zum Preußischen Konkordat heißt es in Art. 2: „Beachtliche Wünsche auf Änderung der seit einem Jahrhundert bestehenden Zirkumskription ergeben sich (sodann) daraus, daß einzelne Diözesen wegen des außerordentlichen Umfangs, ihrer Größe oder ihrer Seelenzahl dringend einer Entlastung bedürfen. Im Westen kann diesem Bedürfnis unschwer durch die Wiedererrichtung des Bischöflichen Stuhles in Aachen unter Umwandlung des dortigen Kollegiats- in ein Kathedralkapitel abgeholfen werden[90]."

Zahlreiche Aufsätze und Artikel nach der Verabschiedung des Preußischen Konkordats und der Wiedererrichtung des Bistums Aachen begründeten die Teilung der Erzdiözese an erster Stelle mit der seelsorglichen Notwendigkeit. Huyskens schrieb: „Das Konkordat brachte ... eine im Interesse einer intensiveren Seelsorge geforderte Verkleinerung der an Seelenzahl infolge der industriellen Entwicklung übergroß gewordenen Erzdiözese Köln[91]." Sträter argumentierte ähnlich: „Das Erzbistum Köln war allmählich so überaus groß geworden, daß es im Interesse einer zielbewußten und tatkräftigen Seelsorge und einer übersichtlichen Verwaltung lag, die Erzdiözese zu teilen[92]."

[88] STAA: OB Reg. 81/9; vgl. S. 73 f.
[89] KA, (1921), Nr. 184, S. 93.
[90] Drucksache Nr. 2732 des Preuß. Landtags, 3. Wahlperiode, Bd. 4, 1930; Weber, S. 81.
[91] „Kölner Stadtanzeiger", 19. März 1931, Nr. 142.
[92] Bistum Aachen, S. 11.

Die Begründungen und Argumente, die für eine Teilung der Kölner Erzdiözese vorgebracht wurden, waren stichhaltig und überzeugend. Schon um die Jahrhundertwende zählte das Erzbistum zweieinhalb Millionen Gläubige. Eine solche Größenordnung aber ist für einen Bischof nicht mehr zu überschauen und deshalb nicht zu verantworten. Die Zahl der Pfarreien wuchs ständig, die der Priester nahm ab. Die häufige Veränderung der Dekanatsverfassung ist ein Symptom für die Hilflosigkeit, mit der man dieser stets wachsenden Größenordnung zu begegnen versuchte. Die bloße Teilung zu groß gewordener Dekanate erwies sich in den meisten Fällen als unbefriedigende Lösung. Das stete Anwachsen der Seelenzahl, der Pfarreien und der Dekanate bedingte, daß auch die Verwaltungsaufgaben zunahmen und von einer Stelle kaum zu bewältigen waren. Entlastungsmaßnahmen erwiesen sich letztlich als unbefriedigende Ersatzlösungen. Den zunehmend betonten Bedürfnissen einer individualisierten und differenzierten Heilsorge konnten die für die Erzdiözese Verantwortlichen immer weniger gerecht werden. Der Erzbischof als erster und eigentlicher Seelsorger einer Diözese mit über drei Millionen Katholiken, über 1000 Pfarreien und über 3000 Priestern war hoffnungslos überfordert.
Diese Größenordnung der Kölner Erzdiözese verlangte einen Zentralismus, der zur Unfruchtbarkeit führen mußte. Viele Probleme konnten und können nicht organisatorisch bewältigt werden. So blieb auch der immer lauter werdende Ruf nach Dezentralisation unbeantwortet, weil man nicht wußte, wie sie erfolgversprechend durchgeführt werden könnte. Die einzige sinnvolle und konsequente Lösung war die Teilung der Erzdiözese.

Notwendigkeit der Errichtung eines Bistums in Aachen

GRÜNDE UND ARGUMENTE FÜR DIE ERRICHTUNG EINES BISTUMS IN AACHEN

Die folgenden Ausführungen wollen darlegen, warum gerade Aachen Sitz des neuen Bistums im Westen Deutschlands wurde. Dabei ließ es sich nicht vermeiden, einige schon in anderem Zusammenhang erwähnte Tatsachen zu wiederholen.
Je größer die Seelenzahl in der Erzdiözese Köln wurde, desto intensiver trat die Frage einer Teilung in den Vordergrund. Die aktivsten Befürworter eines zweiten Bistums saßen im Aachener Raum. Deshalb war es für sie nie eine Frage, daß die neue Diözese ihren Sitz in der Stadt Karls des Großen erhalten sollte.
Nicht in erster Linie pastorale Überlegungen gaben den Anlaß, das immer größer werdende Erzbistum zu teilen. Sehr stark wirkte sich das Prestigedenken der Aachener aus, die ihrer Stadt mit einem Bischofssitz neuen Glanz zu geben versuchten, um im Konkurrenzkampf mit den anderen Städten der Rheinprovinz nicht zu kurz zu kommen. Dann jedoch sammelten die führenden Männer Aachens Argumente, welche die Notwendigkeit einer Teilung der Erzdiözese nachweisen und ihre Stadt als günstigsten Sitz für das neu zu errichtende Bistum aufzeigen sollten. In diesem Zusammenhang hatten pastorale Gesichtspunkte dann eine gewichtige Bedeutung.
Tatsächlich konnte Aachen günstige Voraussetzungen für den Sitz einer Diözese aufweisen. Doch auch andere Städte boten sich an und wurden zuweilen in der Diskussion erwähnt.
Neben Aachen war von Xanten und Essen die Rede. In der Sitzung des Preußischen Landtags vom 7. März 1894 warf Mooren die Frage auf, ob man bei einer neuen Zirkumskription der Bistümer nicht nur in Aachen, sondern auch in Xanten eine neue Diözese errichten solle[1]. Auch am 11. März 1899 sprach Mooren von einer Drittelung der Erzdiözese und hatte damit zweifellos Xanten neben Aachen als weiteren Bischofssitz im Auge[2]. Xanten sollte also nicht als Alternativvorschlag zu Aachen gelten. Mooren führte Xanten als dritten Bistumssitz nur an, um den Plan einer Teilung der Erzdiözese als überreif, ja fast schon als überholt zu bezeichnen.
Während der Verhandlungen für das Preußische Konkordat setzte sich der Bischof von Münster, Johannes Poggenburg, zeitweilig für die Errichtung eines Bistums in Xanten ein, gab diesen Plan aber bald wieder auf.

[1] Sten. Ber., (1893/94), II, S. 930.
[2] Sten. Ber., (1898/99), II, S. 1347.

Auch die preußischen Unterhändler sprachen sich eindeutig gegen ein niederrheinisches Bistum aus[3]. Unklar bleibt, ob in Xanten ähnliche Initiativen ergriffen wurden wie in Aachen. Jedenfalls tauchte Xanten als Bischofssitz in den weiteren ernsthaften Diskussionen nicht mehr auf.

Seit dem Jahre 1920 spielte auch die Stadt Essen in Zeitungsberichten eine gewichtige Rolle, wenn nach Dezentralisation und Entlastung der Kölner Behörden gerufen wurde. Durch die immense industrielle Entwicklung und durch großzügige Eingemeindungen hatte diese Stadt den größten Bevölkerungszuwachs im Gebiet der Erzdiözese zu verzeichnen[4].

Am 2. Dez. 1918 hatte Erzbischof von Hartmann den Essener Dechanten Euskirchen zum Generalvikar für die rechte Rheinseite bestellt, aber nur für den Notfall und solange der Verkehr mit dem Kölner Generalvikariat infolge der Besetzung des linken Rheinufers behindert sein sollte[5]. Auf diesen Erlaß spielte ein Artikel an, den der Aachener „Volksfreund" am 30. Nov. 1920[6] verbreitete. Demnach sollten im Zuge der Dezentralisation und wegen Überlastung der Kölner Behörde in Aachen und Essen zwei selbständige Generalvikariate errichtet werden. Noch am gleichen Tag dementierte die „Kölnische Volkszeitung" diesen Bericht und wies die darin aufgestellten Behauptungen auf Grund einer Information der zuständigen Stelle als unrichtig zurück[7].

Bei den Verhandlungen um das Preußische Konkordat setzten sich die Bischöfe für ein neues Bistum im rheinisch-westfälischen Industriegebiet ein. Dieser Plan eines Ruhrbistums, das seinen Sitz in Essen haben sollte, fand aber nicht das Wohlwollen der preußischen Unterhändler. Nuntius Pacelli brachte einen Vermittlungsvorschlag ein, der eine Erzbischöfliche Delegatur mit einem Weihbischof in Essen vorsah, hatte aber damit auch keinen Erfolg. Zudem führte die Frage der Abgrenzung dieses Ruhrbistums zu Unstimmigkeiten bei den Bischöfen, so daß dieser Plan nicht mehr ernsthaft erwogen wurde[8].

Dr. Franz Hengsbach, der erste Bischof des im Jahre 1957 errichteten Bistums Essen, betonte in der Predigt anläßlich seiner Inthronisationsfeier, diese Gründung sei ein jahrzehntelanges besonderes Anliegen des Hl. Vaters gewesen[9]. Der damalige Ministerpräsident des Landes Nordrhein-Westfalen, Fritz Steinhoff, hob in seiner Erwiderung auf die Ansprache Hengsbachs bei der Vereidigung am 19. Dez. 1957 hervor, daß die von Pius XII. als Nuntius begonnene Neuordnung der Diözesanorganisation der katholischen Kirche in Deutschland die Errichtung eines Bistums

[3] Golombek, S. 74; vgl. S. 113.
[4] Vgl. Tabelle S. 150; Swoboda, S. 200 ff.
[5] KA (1918), Nr. 243, S. 149.
[6] A. a. O., Nr. 274. Ausschnitt: STAA: OB Reg. 81/9.
[7] A. a. O., Nr. 938; vgl. S. 170.
[8] Golombek, S. 73 ff.; vgl. S. 114.
[9] Kreuz über Kohle und Eisen, S. 189.

mit dem Sitz in Essen vorgesehen hatte[10]. Auch Kardinal Frings schrieb in seinem Abschiedswort an die Priester und Laien der an das Ruhrbistum abgetretenen Gebiete, daß Pius XII. als Nuntius für Deutschland schon den Plan gefaßt hatte, ein Ruhrbistum zu gründen[11].
Die Verhandlungen, die 1957 zur Errichtung des Essener Bistums führten, wurden im Jahre 1954 aufgenommen, als sich der Hl. Stuhl auf Grund des Reichskonkordates an die nordrhein-westfälische Landesregierung wegen der Errichtung eines Bistums in Essen wandte[12].

[10] Ebd. S. 171.
[11] Ebd. S. 182.
[12] Ebd. S. 188. Das betonte der Apostolische Nuntius, EB Aloysius Muench, in seiner Ansprache anläßlich der Inthronisationsfeier von Bischof Hengsbach.

AACHENS INITIATIVE

Aachen wurde immer zuerst und vorrangig als Sitz einer neuen Diözese im Gebiet des Kölner Erzbistums genannt. Das war ohne Zweifel der Tatkraft einflußreicher Bürger und Freunde der Stadt zuzuschreiben, die schon früh und immer wieder für eine Bistumsgründung in der alten Kaiserstadt die Initiative ergriffen.
Der Aachener Kanonikus Prisac hatte mit seiner Broschüre im Jahre 1856 die Diskussion eröffnet[1], aber kein Echo gefunden, weil die Teilung der Erzdiözese zu diesem Zeitpunkt noch keine unbedingte Notwendigkeit war.
Nach Beendigung des Kulturkampfes jedoch hatte sich die Situation wesentlich geändert. Die Zahl der Katholiken und der Pfarreien im Bereich der Erzdiözese war erheblich gestiegen. Das kirchliche Leben konnte sich wieder freier entfalten. Das ist der Hintergrund für die ersten ernsthaften Bemühungen in der Aachener Bistumsfrage.
Nicht die Geistlichen der Stadt oder das Aachener Stiftskapitel stellten sich an die Spitze dieser Bewegung, wie es nach dem ersten Vorstoß Prisacs vielleicht zu erwarten war. Die entscheidenden Impulse gingen in den neunziger Jahren vielmehr von den führenden Männern der Stadt aus und wurden vorangetrieben von denen, die in Berlin und Rom den meisten Einfluß hatten. Immer wieder versuchten Wilhelm Leopold Janssen, Theodor Mooren und Adam Bock an den entscheidenden Stellen die Aachener Bistumsfrage anklingen zu lassen[2]. An die Spitze dieser Bewegung aber stellten sich von Anfang an die Aachener Oberbürgermeister Veltman (1896—1916), Farwick (1916—1928) und Rombach (1928—1933)[3].

[1] Vgl. S. 35 ff.
[2] Vgl. S. 43 ff.
[3] Vgl. S. 46, 89 f., 114.

Bei ihnen liefen die Fäden zusammen. Von ihnen gingen stets neue Impulse aus. Freilich wollten die Oberbürgermeister durch die Errichtung eines Bistums das Prestige ihrer Stadt stärken, aber man darf nicht übersehen, daß alle drei sich als bewußt und überzeugt katholische Männer auch persönlich hinter dieses Anliegen stellten[4].
Auch die Aachener Stadtverordneten, einschließlich der evangelischen Ratsmitglieder, wünschten einstimmig die Errichtung eines Bistums in ihrer Heimatstadt. Sie stellten sich geschlossen hinter die Bittschriften, besorgten frühzeitig eine Wohnung für den Bischof und erklärten mehrmals ihre Bereitschaft, die Errichtung eines Bistums in Aachen auch finanziell großzügig zu unterstützen[5]. Dieser Initiative und diesem Wohlwollen der Stadt verdankt das Aachener Bistum in erheblichem Maße seine Wiedererrichtung.

[4] STAA: OB Reg. 81/9; STAA: OB Reg. 44/1c, Vol. 5.
[5] STAA: OB Reg. 81/9; vgl. S. 57 ff., 73 ff.

HISTORISCHE BEDEUTUNG DER ALTEN KAISERSTADT

Die geschichtliche Bedeutung der Stadt und des Domes war mit ausschlaggebend für die Wiedererrichtung des Bistums Aachen. In jeder Bittschrift wurden diese Vorzüge aufgezählt. Das Aachener Münster, eins der hervorragendsten Bauwerke Deutschlands, birgt das Grab Karls des Großen. Es hütet verehrungswürdige Heiligtümer und zählt zu den ältesten deutschen Wallfahrtskirchen[1]. Im Mittelalter war das Aachener Münster Krönungsstätte vieler deutscher Könige gewesen.
Dieser alte Glanz, der vom Dom auf die Stadt übergestrahlt war, leuchtete in der Neuzeit nur noch matt. In allen Hinweisen auf die ruhmreiche Vergangenheit klang der Wunsch an, der Stadt wieder einen neuen Aufschwung zu ermöglichen. So wie im Mittelalter das Münster die Stadt berühmt gemacht hatte, glaubte man auch jetzt an einen Prestigegewinn durch die Wiedererrichtung eines Bistums. Diesem Wunsche der Aachener Stadtväter standen einflußreiche Kreise der Kölner Bevölkerung entgegen, weil sie durch eine Verkleinerung des Erzbistums einen Prestigeverlust ihrer Stadt befürchteten. Die rivalisierenden Interessen der Rheinprovinzstädte spielten in der zweiten Hälfte des 19. und in den beiden ersten Jahrzehnten des 20. Jahrhunderts in der Aachener Bistumsfrage eine bedeutende Rolle[2].
Weil die geschichtliche Bedeutung einer Stadt bei der Festlegung der Bischofssitze immer mitberücksichtigt wurde, brauchte Aachen im Gebiet der Kölner Erzdiözese keine Konkurrenz zu fürchten.

[1] Handbuch Aachen, S. 40.
[2] „EdG“, 23. Okt. 1851, Nr. 155; vgl. S. 32 ff.; Huyskens, Gründung, S. 24 ff.; vgl. S. 38 f. „EdG“, 17. Juli 1902, Nr. 513; vgl. S. 72 f.; Sten. Ber., (1904/05), V. Sp. 7372 ff.; vgl. S. 80 f.

DIE GEOGRAPHISCHE LAGE DER GRENZSTADT

Die Stadt Aachen lag im Westen der Erzdiözese, nahe der belgischen und niederländischen Grenze. Daher konnte Aachen als Mittelpunkt eines Bistums niemals zentral liegen wie die Stadt Köln für das Gebiet der Erzdiözese. Aber gerade diese geographische Lage war mitentscheidend, daß Aachen Sitz des neuen Bistums wurde.

Über die Abgrenzung des neu zu errichtenden Bistums lagen in den neunziger Jahren des vorigen und im ersten Jahrzehnt des jetzigen Jahrhunderts noch keine konkreten Pläne vor[1]. So sahen die Aachener die geographische Lage ihrer Stadt als vorteilhaft für eine neue Diözese im westlichen Teil des Erzbistums an. Das betonten die zweite Aachener Denkschrift[2], die nicht abgesandte Bittschrift, die Vertreter der Aachener Kirchengemeinden im März 1901 an den Hl. Vater schicken wollten[3], sowie die beiden Schreiben, die Veltman im Juli 1902 an Rampolla und Nicotra richtete[4].

Seit der Besatzungszeit nach dem ersten Weltkrieg zog Aachen als Grenzstadt wieder die Blicke der Öffentlichkeit auf sich. Besonders Farwick verstand es geschickt, die westlichste preußische Stadt als Vorposten des Deutschtums an der Grenze herauszustellen. In einem Schreiben, das er am 25. Sept. 1920, nach dem Tode des Aachener Stiftspropstes Kaufmann, an den Preußischen Finanzminister und an den Minister für Kunst, Wissenschaft und Volksbildung richtete, bat er um eine höhere Besoldung der Aachener Stiftsgeistlichen[5]. Darin betonte Farwick, Kaufmann habe „seinen Einfluß und sein Ansehen geschickt und nachhaltig dazu benutzt, ein Hort der vaterländischen Gesinnung und Haltung hier an der äußersten Grenze des Reiches, an einem kulturell und wirtschaftlich still aber zäh und heiß umstrittenen Punkte zu sein". Dieser Hinweis führte zum Erfolg. Die Preußische Staatsregierung hat „in Erkenntnis und Würdigung der großen Bedeutung Aachens für das Deutschtum an der Grenze mitgeholfen, daß die Stelle des Stiftspropstes in Aachen mit einem Weihbischof besetzt wurde". So schrieb Farwick am 14. April 1925 an den Minister für Wissenschaft, Kunst und Volksbildung[6]. Auch Rombach sprach in einem Dankschreiben zur Unterzeichnung des Konkordats an Minister Becker von einem kulturpolitisch hochbedeutsamen Werk und versprach, daß die Stadt Aachen „in der Erfüllung ihrer eigensten Aufgabe als Vorposten des Deutschtums nicht erlahmen" werde[7]. Als aber der antikatholisch eingestellte „Kölner

[1] Den ersten konkreten Plan einer eventuellen Abgrenzung unterbreitete Kardinal von Hartmann dem Aachener OB Farwick in einer Unterredung am 8. Juli 1918: STAA: OB Reg. 81/9; vgl. S. 92.

[2] STAA: OB Reg. 81/9; vgl. S. 57 f.

[3] STAA: OB Reg. 81/9; vgl. S. 67.

[4] STAA: OB Reg. 81/9; vgl. S. 74.

[5] STAA: OB Reg. 84/1, Bd. 3.

[6] STAA: OB Reg. 44/1c, Vol. 4.

[7] STAA: OB Reg. 81/9: Dankschreiben 13. Juli 1929.

Stadtanzeiger" nach der Einführung von Bischof Vogt die Aachener Diözese als „ein Vorwerk deutschen Wesens im Westen" begrüßte, wies das „Grenzecho"[8] in einer scharfen Glosse diesen „frommen Wunsch" zurück.

[8] A.a.O., 15. April 1931: Aachens Bistum ein „preußisches" Vorwerk?

AACHEN, DIE KATHOLISCHE STADT

Aachen war eine katholische Stadt, in der ein lebendiger kirchlicher Geist wehte. Das ist ein weiterer entscheidender Grund für die Errichtung eines Bistums in der Stadt Karls des Großen. „Als eine von höchster kirchlicher Stelle gezollte Anerkennung für die treukirchliche Gesinnung der katholischen Bevölkerung unseres Gebietes", bezeichnete Weihbischof Sträter die Wiedererrichtung der Diözese[1].

Das katholische Aachen galt als Hochburg des Ultramontanismus

Die Bevölkerung der Stadt Aachen hat sich im 19. Jahrhundert mehr als verfünffacht. Im Jahre 1800 wohnten knapp 24 000 Einwohner in der Kaiserstadt. Als die Rheinlande im Jahre 1815 zu Preußen kamen, zählte Aachen 32 000 und 1825 bei der Aufhebung des ersten Bistums 35 000 Einwohner. 50 000 Menschen bewohnten die Stadt um 1850. Hatte sich die Bevölkerung in der ersten Hälfte des Jahrhunderts schon mehr als verdoppelt, so wuchs sie bis zur Jahrhundertwende auf etwa 135 000 Einwohner an. Bei der Wiedererrichtung des Bistums im Jahre 1930 wohnten etwa 160 000 Menschen in Aachen[2].
Der überwiegend große Teil der Aachener Bevölkerung war katholisch. In der ersten Hälfte des neunzehnten Jahrhunderts zählte man in Aachen acht Pfarreien für die Katholiken. Diesen stand je eine evangelische und israelitische Gemeinde gegenüber[3].
In der ersten Hälfte des vorigen Jahrhunderts waren in Aachen etwa 95% der Bevölkerung katholisch, gegen Ende des Jahrhunderts noch über 90%.
Ähnlich wie in der Stadt Aachen war auch im Landkreis und im Regierungsbezirk das Zahlenverhältnis der Katholiken, Protestanten und Ju-

[1] Bistum Aachen, S. 11. Mit diesem Schlagwort „Ultramontanismus" bezeichnete man im 19. Jh. die Haltung der Anhänger des Papstes der römischen Kirche. Besonders die nationalen Tendenzen prangerten den Ultramontanismus als klerikalistisch, aufklärungsfeindlich und antipatriotisch an.

[2] Zur Bevölkerungsstatistik und Entwicklung: Reinick, S. 128 ff.; Heuser, S. 42 ff.; Wacker, S. 65 ff.; Heimatgeschichte, S. 86 f.; Mendelson, S. 3 ff.; Aufz. Kraemers; Zusammenstellung von Frl. Janssen vom STAA.

[3] Kaltenbach, S. 336.

den. Das numerische Verhältnis der Konfessionen und Religionen hat sich von 1816—1861 nur ganz unwesentlich verschoben[4]:

	1816	*1861*
Katholiken	96,4%	95,5%
Protestanten	3,1%	3,8%
Juden	0,5%	0,7%

Von der Gesamtbevölkerung waren im Jahre 1861[5]:

	kath.	*ev.*	*jüd.*
Reg.-Bez. Aachen	95,5%	3,8%	0,7%
Reg.-Bez. Köln	84,6%	14,1%	1,3%
Reg.-Bez. Düsseldorf	59,5%	39,5%	0,9%
Reg.-Bez. Koblenz	66,6%	31,6%	1,7%
Reg.-Bez. Trier	84,3%	14,7%	1,0%
Rheinprovinz	74,4%	24,3%	1,1%
Preußen	37,4%	61,1%	1,3%

Nach der Eingemeindung von Burtscheid zählte die Bevölkerung der Stadt Aachen am 31. Dez. 1897 132 444 Personen. Davon waren[6]:

122 394 = 92,4% katholisch
8 226 = 6,2% evangelisch
1 707 = 1,3% jüdisch
117 = 0,1% einer anderen Religion zugehörig oder religionslos

Die Bittschrift, die Veltman am 30. Juni 1899 an den Preußischen Kultusminister richtete, betonte, daß der katholische Bevölkerungsanteil in Aachen 91,98% betrage und daß die Errichtung eines Bistums in der Stadt Karls des Großen keine Interessen oder Empfindungen anderer Konfessionen verletze. Ausdrücklich erwähnte er, daß der einstimmige Beschluß der Stadtverordnetenversammlung vom 26. März unter Mitwirkung der evangelischen Ratsmitglieder gefaßt worden sei[7].

Auf Grund dieser fast einmaligen Voraussetzungen konnte sich das katholische Leben in Aachen fruchtbarer entfalten als in anderen Städten. Weihbischof Baudri beschrieb diese Situation im Jahre 1881 so: „Aachen ist die zweitgrößte Stadt der Erzdiözese mit weit weniger fremden Elementen untermischt als die Stadt Köln, mit einer durchaus katholisch ausgeprägten Bevölkerung, was besonders bei kirchlichen Festlichkeiten, in vorzüglichem Grade bei der Heiligtumsfahrt, an den Tag tritt[8]."

Auch im Gebiet des wiedererrichteten Bistums war der Anteil der katholischen Bevölkerung unwahrscheinlich groß. In den Städten zählte man etwa 10%, in den Landkreisen 5% Gläubige anderer Konfessionen oder Religionen[9].

[4] Reinick, S. 150.
[5] Ebd.
[6] Heuser, S. 42.
[7] STAA: OB Reg. 81/9.
[8] Baudri, S. 87.
[9] Jansen, S. 6; Plum, S. 16.

Seit Beginn der preußischen Zeit galt Aachen als Hochburg des Ultramontanismus[10]. Nicht allein der hohe Prozentsatz an Katholiken, mehr noch der in dieser Stadt waltende Geist gewährte Aachen eine Sonderstellung unter den Städten der Rheinprovinz. Die innerkirchliche Erneuerung, die seit den zwanziger Jahren den deutschen Katholizismus prägte[11], führte in Aachen zu einer besonders dogmenstrengen und romtreuen Richtung, die sich selbst „ultramontan" nannte[12]. Führer dieser Partei in Aachen waren Generalvikar Fonck und nach ihm Oberpfarrer Nellessen und Bischof Laurent. „Unter allen Städten des Erzbistums Köln war keine weniger vom Hermesianismus und dem Geiste Spiegelscher Verwaltung berührt und zeigte keine stärkeres religiöses Leben und Kirchlichkeit alten Stils als Aachen." Von dieser Stadt pflegte Laurent zu sagen, daß nach der Petersstadt keine Stadt auf Erden eine so warme katholische Temperatur habe[13]; sie war nach dem Ausdrucke des Aachener Polizeidirektors Lüdemann der Mittelpunkt des „rücksichtslosesten Katholizismus". Dieser bemerkt: „Das Volk hört niemand als seine Kleriker, es liest nicht, es versteht und begreift niemand anders[14]." Gegen alle Neuerungen kämpften die führenden Aachener Kreise mit großer Entschiedenheit[15].

Aachen fühlte sich als Hauptsitz der treukirchlichen Richtung in der preußischen Rheinprovinz und war stolz darauf. Dieser Stolz spricht aus einem Begrüßungsgedicht für Erzbischof Geissel, der die Kaiserstadt im August 1842 besuchte. Hierin heißt es: „Aachen begrüßt Dich froh, das alte in Frommsinn bewährte, ..."[16]. „Daß Aachen sich einen kirchlichen, katholischen Geist bewahrt hat", hob Mooren in der Sitzung des Preußischen Landtags am 7. März 1894 als besondere Empfehlung für die Errichtung eines Bistums in der Kaiserstadt hervor[17]. In einem Willkommengruß zur 59. Generalversammlung der Katholiken Deutschlands, die vom 11. bis 15. Aug. 1912 in Aachen stattfand, wird betont: „Was auch über Aachen hereinbrach, es blieb allezeit eine treukatholische Stadt, in der wahrer Christensinn, echte Frömmigkeit und opferfrohe Nächstenliebe fruchtbaren Boden fanden . . . Bei der Heiligtümerfahrt strömen die Katholiken aller Zungen in unzählbarer Menge zur Stadt christlicher Liebeswerke, zur Stadt, in welcher Franziska Schervier den Orden der Schwestern vom hl. Franziskus schuf, Klara Fey die Schwesterngemeinschaft vom Kinde Jesu ins Leben rief und Pauline von Mallinckrodt die Schwestern von der christlichen Liebe um sich scharte, wo Luise Hensel ihr unsterbliches Abendgebet sang. Hier setzte Lingens das

10 Zum Namen „ultramontane Partei": Schrörs, Katholiken, II, S. 61 ff. Vgl. Weber, S. 4 ff.

11 Vgl. Huber, Verfassungsgeschichte, I, S. 406 ff.

12 Ebd. II, S. 188 f.

13 Möller, I, S. 39; Brecher, S. 205.

14 Schrörs, Katholiken, II, S. 1 f.

15 Schrörs, Fakultät, S. 134, 155 ff.

16 BDA: Ala Aachen, Stadt 18.

17 Sten. Ber., (1893/94), II, S. 930.

erste Reis des Vinzenzvereins in deutschen Boden, dieses im Stillen mit heiligem Eifer wirkenden Vereins, dessen Segen nun an zahllosen deutschen Orten über tausende und abertausende notleidende Mitmenschen unaufhörlich herniedertaut. Von hier aus ergoß sich auch das Heil der Missionen in fremde Länder, hier fand der Missionsgedanke eine sorgsam gehegte Pflanzstätte. Reges katholisches Leben erfüllte die ganze Stadt in wahrhaft vorbildlicher Weise. Ja, Aachen ist eine echt katholische Stadt"[18].

Dieses stolze Bewußtsein der Aachener Bevölkerung löste in liberalen und protestantischen Kreisen zuweilen Mißtrauen aus. Im Streit um den Sitz der Technischen Hochschule in der Rheinprovinz trat dieses Unbehagen offen zu Tage.

Der Prinzregent Wilhelm wollte diese Schule in Aachen errichten, um die Stadt dadurch für den Verlust zu entschädigen, den sie seit der Schließung der Spielbank im Jahre 1854 empfindlich spürte[19]. Handelsminister von der Heydt aber setzte sich für Köln als Sitz dieser Anstalt ein. In einem Immediatbericht, den er am 11. Mai 1859 dem Prinzregenten erstattete, führte er Gründe an, die gegen die Errichtung in Aachen sprachen. Ausschlaggebend war für ihn, daß Aachen „Sitz der vorzugsweise ultramontanen Richtung" sei, die alles versuchen würde, die Anstalt in den Kreis ihres Einflusses zu ziehen. Der Handelsminister befürchtete Schwierigkeiten für evangelische Lehrer, Proselytenmacherei und wünschte die Anstalt aus dem Strudel konfessioneller Konflikte fern zu halten[20].

In der Order vom 28. Mai 1859 gab der Prinzregent zu, daß die ultramontanen Bestrebungen in Aachen ihren Mittelpunkt hätten, hielt aber die angeführten Gründe nicht für ausschlaggebend und bat den Handelsminister, erneute Erwägungen anzustellen.

Diese Überlegungen teilte von der Heydt dem Staatsministerium am 4. Juni 1859 mit. Sie sind interessant, weil sie einen Vergleich der beiden rivalisierenden „katholischen" Städte Köln und Aachen enthalten. Der Handelsminister meinte, die ultramontane Richtung, von der er einen nachteiligen Einfluß auf die Schule erwarte, könnte zwar auch in Köln zum Zuge kommen, allein, während sie in Aachen die Herrschaft habe und diese aller Wahrscheinlichkeit nach auch behalte, habe sie diese in Köln nicht und werde sie, wofür die Geschichte des letzten Jahrhunderts eine Gewähr gebe, wohl auch nicht erlangen. In Köln mache zudem die evangelische Bevölkerung ein Achtel, in Aachen noch nicht ein Zwanzigstel aus[21]. Eine Aachener Denkschrift bemühte sich zwar, diese konfes-

[18] „EdG", 10. Aug. 1912, Nr. 187.
[19] Huyskens, Gründung, S. 29; Düwell, S. 37; vgl. Schmitz, Robert Cremer, S. 112 f.
[20] Huyskens, S. 35 ff.; Düwell, S. 32.
[21] Huyskens, S. 38 ff.

sionellen Gründe und Vorurteile zu entkräften[22], der Handelsminister aber war nach wie vor der Meinung, daß die in Aachen dominierende Richtung unpreußisch sei und eine Schwächung des ultramontanen Elements im Interesse der Regierung liegen müsse. Zudem erwartete er weitere Gefahren von der Nähe des „ganz papistischen Belgien"[23].

Zur Zeit des Kulturkampfes, am 10. Nov. 1874, wählten die Aachener Stadtverordneten den Landrat von Heinsberg, Leopold Wilhelm Janssen, mit 16 gegen 12 Stimmen zum Nachfolger des scheidenden Oberbürgermeisters Contzen. Weil diese 16 Stimmen von den „klerikalen" Stadtverordneten stammten, weil Janssen überzeugter Katholik war und diese Wahl im „katholischen" Aachen stattfand, bestätigte die Regierung diese Wahl nicht[24].

Dieser Ruf haftete Aachen auch in der folgenden Zeit an. Immer wieder, wenn die Aachener Bistumsfrage in der Presse diskutiert wurde, erhoben die liberalen Zeitungen ihre Stimme gegen das „schwarze Aachen". Als das „Echo der Gegenwart" am 1. Mai 1902 den ersten ausführlichen Bericht zur Bistumsfrage brachte, nahmen die anderen Blätter Stellung dazu. Am 11. Mai 1902 brachte das „Echo" einige Pressestimmen zu seinem Bericht vom 1. Mai[25]. Es zitierte u. a. den Beitrag der „Berliner Börsenzeitung", die es nicht für nötig hielt, „in den bestehenden Verhältnissen lediglich im Interesse gewisser örtlicher klerikaler Aspiranten eine Änderung eintreten zu lassen". Weiterhin heißt es in diesem Bericht: „Der klerikale Einfluß ist schon übermächtig genug in der Stadt Karls des Großen".

Als die Aachener Wahlgesellschaft Constantia[26] fünf Wochen später, am 15. Juli 1902, die Zentrumsabgeordneten, die anläßlich der Heiligtumsfahrt nach Aachen gekommen waren, zu einer Festveranstaltung einlud, ergriff auch der Kölner Justizrat Trimborn das Wort. In seiner spritzigen und humorvollen Rede nahm er die Bemühungen der Aachener um einen eigenen Bischof aufs Korn[27].

Als die Aachener Bistumsfrage nach dem Tod des Stiftspropstes Bellesheim am 5. Febr. 1912 wieder für kurze Zeit hochgespielt wurde, nahm auch das katholikenfeindliche „Berliner Tageblatt"[28] in einem Artikel mit der Überschrift „Mehr Kirchenregiment in Deutschland" dazu Stellung. Es betonte, daß die Aachener Bemühungen in protestantischen und liberalen Kreisen größtes Mißfallen erregt hätten, weil man befürchten müsse, daß der ohnehin in Aachen so ausgeprägte Klerikalismus durch die Errichtung eines Bistums noch stärker würde[29].

[22] Ebd. S. 43.
[23] Ebd. S. 49.
[24] Heusch, S. 102, 104; vgl. S. 43 f.
[25] „EdG", 11. Mai 1902, Nr. 341; vgl. S. 71 f.
[26] Vgl. S. 214 ff.
[27] „EdG", 17. Juni 1902, Nr. 513; vgl. S. 73.
[28] A.a.O., 2. April 1912, Nr. 171.
[29] Vgl. S. 86.

Wurzeln und Früchte des treukirchlichen Lebens in Aachen

Wie kam Aachen zu diesem Ruf, Hochburg des Katholizismus in der Rheinprovinz, ja in ganz Preußen und Deutschland zu sein? Warum blühte das kirchliche Leben in Aachen mehr als in anderen deutschen Städten? Joseph Vogt, der erste Bischof der neuen Diözese, gab in einem Geleitwort zu dem Buch „Das Bistum Aachen" folgende treffende Antwort: „Kenner der Aachener Geschichte und Beobachter des Aachener Volkslebens haben es oft ausgesprochen, daß der Geist der kirchlichen Treue, der namentlich im 19. Jahrhundert in Aachen so herrliche Blüten religiösen und karitativen Eifers zeitigte und bis heute aus der Bevölkerung nicht verschwunden ist, zu nicht geringem Teil auf den Bestand des alten Bistums zurückzuführen ist"[30].

Gelegentlich begegnet man der Meinung, Aachen habe den Aufschwung des kirchlichen Lebens im 19. Jahrhundert wesentlich seinem Lütticher Erbe zu verdanken. Diese Frage ist noch nicht bearbeitet. Ihre Antwort zählt zu den Desideraten der Aachener Kirchengeschichte. Sicher ist, daß führende und einflußreiche Katholiken der Kaiserstadt engen Kontakt mit Freunden jenseits der Grenze pflegten. Sie bewunderten vor allem die konservative, treukirchliche Haltung ihrer niederländischen und später belgischen Gesinnungsgenossen. Besonders zur Zeit der Wirren infolge des Kölner Ereignisses und des Hermesianismus galt Lüttich als Hort des romtreuen Katholizismus, der auch in Aachen beheimatet war und in der Kaiserstadt einzigartige Früchte brachte. Fraglich ist jedoch, ob und inwieweit diese Blütezeit des treukirchlichen Lebens auf den Lütticher Einfluß zurückgeht oder ob die Eigenständigkeit des Aachener Katholizismus andere Wurzeln hat. Die Stadt Karls des Großen hob im Laufe der Geschichte wieder und wieder ihren besonderen Charakter hervor. Dieses Bestreben läßt sich auch im kirchlichen Bereich feststellen. Bis zur Errichtung des ersten Bistums gehörte die Stadt Aachen zum Territorium des Bischofs von Lüttich. Die Aachener Erzpriester aber betonten immer wieder ihre Selbständigkeit. Einige haben sogar versucht, diese Abhängigkeit zu vertuschen[31]. Auch als die Kaiserstadt nach der Auflösung des ersten Bistums der Erzdiözese Köln eingegliedert wurde, waren die Aachener bemüht, ihren eigenen Charakter zu bewahren[32]. Der folgende Überblick will diese Eigenständigkeit und Einzigartigkeit des kirchlichen Lebens im 19. Jahrhundert aufweisen. Die Hauptinitiativen sollen erläutert, die führenden Männer und Frauen vorgestellt und ihre Bemühungen und Erfolge dankbar gewürdigt werden.

[30] Bistum Aachen, S. 3.
[31] Vgl. Klauser.
[32] Vgl. S. 32 ff.

Fonck und die Gebrüder Claessen

Heinrich Schiffers verweist auf den Totenzettel von Generalvikar Martin Fonck[33] und sieht in ihm „den ersten Erneuerer des kirchlichen Lebens in Aachen". Fonck hatte zweifellos große Verdienste daran, daß gerade Aachen Mittelpunkt und Sitz der treukirchlichen Richtung im Rheinland wurde[34].

Die Erinnerung der Aachener Bevölkerung schrieb Fonck einen größeren Einfluß zu als Berdolet und Camus. „Er war der episcopus verus, Berdolet und Le Camus die episcopi nominati des einstigen Bistums Aachen."[35] Nach einem in Aachen üblichen geflügelten Wort genügte seine Perücke, um die Leute in Respekt zu halten[36]. Friedrich hat diese Auffassung korrigiert und nachgewiesen, daß die entscheidenden Impulse von Berdolet ausgingen[37].

Im Jahre 1825, nach der endgültigen Aufhebung des ersten Aachener Bistums, wurde Fonck nach Köln berufen. Spiegel ernannte ihn zum Dompropst und zum Generalvikar für das linksrheinische Gebiet des Erzbistums. Wegen seines hohen Alters lehnte Fonck den Bischofsstuhl von Lüttich, der ihm 1828 angeboten wurde, ab. Er starb in Köln am 30. Juni 1830 an den Folgen eines Schlaganfalles[38].

An die Spitze des am 28. Jan. 1826 durch Spiegel neu installierten Kollegiatstiftes trat Johann Matthias Claessen als Stiftspropst[39]. Er galt als Wortführer der gemäßigt liberalen Richtung im Klerus, die nicht dem Hermesianismus anhing[40]. Er war eine umstrittene Persönlichkeit. Einmal sah man in ihm einen Freund, dann wieder einen Feind der ultramontanen Richtung[41]. Bis zu seiner Berufung nach Aachen hatte er als Kantonspfarrer in Geilenkirchen gewirkt.

Propst Claessen hatte einen gewichtigen Einfluß im Erzbistum. Das geht aus den Briefen hervor, die er als erzbischöflicher Kommissar und als Stadtdechant von Aachen an Spiegel schrieb[42].

Als Stiftspropst und Dechant war er der ranghöchste Geistliche in Aachen. Er bemühte sich um einen Ausgleich zwischen der von Pfarrer Nellessen angeführten integralen Partei und der von hermesianischen

33 Hüffer, S. 198 f.; Vogel, S. 6; Torsy, S. 101 f.; Brecher, S. 64; Trippen, S. 28 ff.; vgl. S. 30 ff.; Müller, passim. Einfluß Foncks auf die kath. theol. Fakultät in Bonn: Schrörs, Fakultät.

34 Schiffers, Aachen, S. 86; Ders., Diözesangebiet, S. 53.

35 Pick, S. 30.

36 Schrörs, Katholiken, S. 2.

37 Friedrich, Marc Antoine Berdolet.

38 Schiffers, Generalvikare; Brecher, S. 124; GAiD, Juli 1821, S. 117.

39 Vgl. S. 33.

40 Schrörs, Bewegungen, S. 22.

41 Schwahn, S. 21.

42 Etwa 180 Briefe im DAA: Nr. 22; vgl. Lipgens, S. 785, Nr. 382. Als Stadtdechant wollte Claessen Nachfolger des ehemaligen Aachener Erzpriesters sein. Vgl. Klauser, S. 289, Anm. 14.

Ideen beherrschten Richtung[43]. Große Verdienste erwarb er sich um das Schulwesen im Aachener Raum. Er nahm Einfluß auf die Stellenbesetzung. Er trug Sorge um den Priesternachwuchs und bemühte sich um Stipendien für bedürftige Theologiestudenten. Er organisierte die Seelsorge der Gefangenen und kümmerte sich um einen Prediger für den Gottesdienst der etwa 400 Wallonen, die in Aachen wohnten. Immer wieder unterbreitete er dem Erzbischof Vorschläge und Pläne und war dessen einflußreichster Berater für die Seelsorge im Aachener Raum[44].

Trotz seiner einflußreichen Stellung spielte Claessen in Aachen selbst eine zwielichtige Rolle. Der ehrgeizige Stiftspropst, als Stadtdechant Führer des Aachener Klerus, stand im Schatten des viel angeseheneren Oberpfarrers Nellessen von St. Nikolaus. Ständige Denunziationen seines „Konkurrenten" und überaus scharfe Urteile über die anderen Mitbrüder in den Jahresberichten an den Erzbischof verschärften den Gegensatz zwischen dem Stadtdechanten und den anderen Geistlichen der Stadt[45]. Obwohl kein Beweis für ein Sympathisieren des Aachener Propstes mit dem Hermesianismus erbracht werden konnte[46], hielt sich dieses Gerücht bis um die Jahrhundertwende. Der Aachener Kanonikus Dr. Kessel, der die Briefe Claessens an den Erzbischof sammelte, betonte in seinem dazu geschriebenen Vorwort am 10. April 1880 nach intensiver Prüfung, alle diesbezüglichen Vorwürfe müßten als Verleumdung und Ehrabschneidung angesehen werden[47]. Daß Claessen nicht Bischof von Trier wurde, ist wahrscheinlich auf diese Gerüchte zurückzuführen[48].

Nach Claessens Tod im Jahre 1839 wurde sein Bruder Anton Gottfried Stiftspropst. Auch er hatte einen großen Einfluß und befruchtete fast jeden Zweig des religiösen und kulturellen Lebens in Aachen.

Am 29. Mai 1843 schlug der Kaiser Anton Gottfried Claessen zum Dompropst in Köln vor. Im Januar 1845 konsekrierte ihn Geissel zum Weihbischof. Kurze Zeit später wurde er schwer krank und starb schon am 29. Sept. 1847.

Pfarrer Nellessen und der Aachener Kreis

Schon bald nach der Wiedererrichtung der Erzdiözese stand das kirchliche Leben Aachens in Blüte. Das war nicht nur dem Einfluß Foncks und der beiden Pröpste Claessen zuzuschreiben. Mehrere fähige und eifrige

[43] Lill, Beilegung, S. 39.
[44] Vgl. seine Briefe: DAA: Nr. 22.
[45] Brecher, S. 74 f., 125 f.
[46] Ebd. S. 167.
[47] DAA: Nr. 22.
[48] Vgl. Briefe Laurents an Möller, in: Schrörs, Quellen, S. 70: vom 10. Jan. 1838; S. 74: vom 12. März 1838. Für Laurent war Claessen „in den hermesianischen Sachen nicht zuverlässig". Deshalb war er nicht gut auf ihn zu sprechen.

Priester sowie aktive Laien, Männer und Frauen, scharten sich um Leonard Nellessen (1783–1859), den Pfarrer von St. Nikolaus[49].
Dieser sogenannte „Aachener Kreis“[50] hat in den dreißiger und vierziger Jahren des vorigen Jahrhunderts das kirchliche Denken und Leben der Kaiserstadt entscheidend beeinflußt und geprägt. Die Geschichte dieses Kreises hat A. Brecher aus den Quellen erarbeitet[51].
Viele ältere und jüngere Aachener Geistliche, aber auch einflußreiche Laien scharten sich um Nellessen. Treffpunkt war zumeist das Haus der Witwe Katharina Fey in der Bendelstraße. Nach dem frühen Tod ihres Mannes Ludwig Fey im Jahre 1820 war sie allein für die Erziehung ihrer fünf Kinder verantwortlich. Ein Sohn dieses Hauses, Andreas Fey, galt als Nellessens rechte Hand; sein Bruder Joseph trat 1836 dem Redemptoristenorden bei. Der beiden Schwester Klara[52] gründete die Genossenschaft der Schwestern vom armen Kinde Jesu.
Auch die Verbindung zu gleichgesinnten Katholiken aus anderen Städten des Rheinlandes und dem benachbarten Belgien wurde im Hause Fey gepflegt[53]. Häufig zu Gast waren Laurent[54], Möller, Lammertz, Windischmann sowie die Redemptoristen Passerat, Held, Heilig und Dechamps.
Die führenden Männer des Aachener Kreises sollen kurz vorgestellt werden.
Der am 17. Jan. 1783 in Aachen geborene Fabrikantensohn Leonard Aloys Josef *Nellessen* wurde im November 1816 Oberpfarrer von St. Nikolaus. Als hervorragender Kanzelredner und gelegentlicher Schriftsteller gewann er bald großen Einfluß weit über Aachen hinaus. Nach der Berufung seines Freundes Martin Fonck nach Köln wurde Nellessen die einflußreichste Persönlichkeit des Aachener Priesterkreises und Wortführer der streng kirchlichen Richtung seiner Vaterstadt. Seit den zwanziger Jahren zählte er zu den entschiedensten Ultramontanen der Erzdiözese. Nach der Gefangennahme des Erzbischofs im Jahre 1837 war Nellessen der härteste und heftigste Gegner des Kölner Metropolitankapitels. Mit Bischof Laurent und anderen Kreisen in Belgien stand er in ständiger

[49] Möller, I, S. 250; Vogel, S. 95; Kißling, I, S. 138 ff.; Schrörs, Katholiken: AHVN, 107, (1923), S. 21, 86 f.; AHVN: 108, (1926), S. 3 ff.; Bachem, I, S. 73; Pschmadt, Pfarrer Nellessen, in: Aachener Heimatgeschichte, Aachen 1924, S. 320 ff.; Schiffers, Diözesangebiet, S. 54 ff.; Ders., Aachen, S. 86 ff.; Ders., Kaatzer, S. 54 ff.; Hashagen, S. 202; Müller, S. 50, 167 f., 230 f., 324 ff.; Brecher, Pfarrer L. A. Nellessen und sein Freundeskreis, in: Mariologische Studien, Bd. 1: Schrift und Tradition, hrsg. v. d. deutschen Arbeitsgem. f. Mariologie, Essen 1962, S. 227 ff.; Gatz, Istas, S. 210 ff.

[50] Vgl. Gatz, Krankenpflege, S. 359 ff.

[51] S. Lit.-Verzeichnis.

[52] Klara Fey, vgl. S. 208 f.

[53] Brecher, S. 84 ff., 87 f.

[54] Zu Laurent: S. 204 ff.

Beziehung[55]. Zu seinem 50jährigen Priesterjubiläum am 3. Okt. 1858 verlieh ihm die Löwener Universität die Theologische Ehrendoktorwürde. Nellessen starb im Jahre darauf am 18. Mai 1859. Durch seine Gelehrsamkeit und seinen Eifer in allen Zweigen der Seelsorge hatte er einen großen Einfluß auf mehrere seiner geistlichen Mitbrüder, die auch zum Aachener Kreis zählten[56].

Peter *Keller,* geboren am 6. Okt. 1801 in Fulda, war von 1828–1833 Kaplan an St. Nikolaus bei Nellessen. Am 1. Sept. 1833 wurde er Pfarrer an St. Johann in Burtscheid und blieb es bis zu seinem Tod am 10. Febr. 1882. Seit dem Kölner Ereignis zählte er zu den Stützen der katholischen Bewegung in Aachen. Als Geissel noch Coadjutor war, wollte er Kellers Treue, kirchliche Gesinnung und seinen Eifer belohnen. Er hatte ihn als Kanonikus des Metropolitankapitels vorgeschlagen und wollte Keller zu seinem Generalvikar bestellen. Die Regierung aber verweigerte das Placet wegen der Haltung des Burtscheider Pfarrers während der Kölner Wirren[57]. Nach dem Tode des Paderborner Bischofs Drepper im November 1855 stand Keller auf der Kandidatenliste, die dem Ministerium zur Begutachtung vorgelegt werden mußte. Sein Name jedoch wurde von der Regierung gestrichen[58]. Im neugegründeten Xaveriusverein zur Unterstützung der katholischen Missionen wurde er Mitglied des Verwaltungsrats[59]. Im Jahre 1845 wohnte der Brüsseler Nuntius Pecci, der spätere Papst Leo XIII., drei Tage lang in seinem Burtscheider Pfarrhaus[60]. Zusammen mit seinem Nachbarn Wilhelm Sartorius, dem Pfarrer von St. Michael, gründete er im Jahre 1850 das Burtscheider Marienhospital, das erste private, katholische Krankenhaus im Aachener Regierungsbezirk[61].

Wilhelm *Sartorius,* eine weitere Stütze der katholischen Bewegung in Aachen, war im Jahre 1805 in Bedburdyck bei Grevenbroich geboren. Als Kaplan an St. Foillan zählte er zum Aachener Priester- und Karitaskreis. Die im Jahre 1838 in St. Foillan gegründete Armenküche geht auf seine Initiative zurück. Dieser Funke sprang auf die Nachbarpfarre St. Paul über, an der sein Mitbruder Josef Istas zwei Jahre später eine Armenspeisung organisierte. Aus diesem karitativen Engagement erwuchs 1845 die Genossenschaft von Franziska Schervier.

Im Jahre 1842 führte Sartorius in St. Foillan die Maiandachten ein, die sich schnell im rheinischen Raum großer Beliebtheit erfreuten. In den

[55] Brecher, S. 72; Schwahn, S. 19 ff.; Scharfe Kritik an Schwahns Ausführungen übt Schrörs, Katholiken: AHVN, 107, (1923), S. 32 ff.; AHVN, 108, (1926), S. 5 ff.; vgl. Vogel, S. 5 ff., 94 f.

[56] Schiffers, Diözesangebiet, S. 54; Ders., Aachen, S. 86.

[57] Pfülf, Geissel, I, S. 195, 338 ff.

[58] Pfülf, Geissel, II, S. 263 ff.

[59] GAiD, Jan. 1842, S. 144.

[60] Schiffers, Diözesangebiet, S. 55; Ders., Aachen, S. 86; Brecher, S. 77.

[61] Gatz, Marienhospital, S. 35 ff.; Ders., Istas, S. 221.

Jahren 1845/46 war er wesentlich mitbeteiligt an der Einführung des Kindheit-Jesu-Vereins in Deutschland[62]. Am 16. Jan. 1849 wurde er Oberpfarrer an St. Michael in Burtscheid und wirkte dort bis zu seinem Tode am 31. März 1880[63].

Zum Kreis der Priester um Nellessen zählte auch Josef *Istas,* der am 10. Aug. 1807 in Hülchrath, Kreis Grevenbroich, geboren wurde, aber schon bald, nach dem frühen Tod der Mutter, nach Aachen zu seiner Großmutter kam. Hier besuchte er das Kaiser-Karls-Gymnasium und studierte nach dem Abitur im Jahre 1825 Theologie in Bonn und Tübingen. Nach seiner Priesterweihe am 16. Sept. 1831 in Köln wirkte er drei Jahre im Aachener Waisenhaus, anschließend von 1834 bis zu seinem Tod am 26. Mai 1843 als Kaplan an St. Paul.

Kaplan Istas engagierte sich für die Freiheit der Kirche und für die Entlassung des verhafteten Erzbischofs Droste-Vischering. Er wurde zu einer Schlüsselfigur des Aachener Karitaskreises. Im Jahre 1841 organisierte er eine Armenspeisung in St. Paul, aus der die „Johannis-Küche" hervorging. Franziska Schervier war eine seiner treuesten Helferinnen. Nach seinem frühen Tod führte sie sein Werk weiter, das schon zwei Jahre später die Gründung der Genossenschaft der Armen-Schwestern vom heiligen Franziskus zur Folge hatte[64].

Zum Aachener Priesterkreis gehörte auch Andreas *Fey* (1806—1887), ein Bruder der Ordensstifterin Klara Fey. Er galt als rechte Hand Nellessens und genoß den Ruf, der beste Kanzelredner von Aachen zu sein. Nach seiner Priesterweihe am 27. Sept. 1830 wirkte er zunächst als Kaplan an St. Paul und war später Direktor des von seiner Schwester gegründeten Ordens der Schwestern vom armen Kinde Jesu[65].

Die meisten anderen Priester der Stadt Aachen sympathisierten mit der von Nellessen angeführten ultramontanen Richtung. Im Gegensatz zur Geistlichkeit in Köln, Düsseldorf, Bonn und Koblenz nahm der Aachener Klerus im großen und ganzen eine einheitliche, geschlossene Haltung ein[66].

Bischof Laurent

Ein Ziel des Aachener Kreises war die Freiheit der Kirche von der staatlichen Bevormundung[67]. Schon früh verurteilte dieser Kreis die

[62] Jansen, Missionswerk, S. 30 ff.

[63] Ebd. S. 29—36; Solzbacher, Freundschaft, S. 15 f.; Schiffers, Diözesangebiet, S. 55; Ders., Aachen, S. 87; Pfülf, Fey, S. 161 ff.; Brecher, S. 78; GAiD: zu den angegebenen Daten; Gatz, Istas, S. 220 f.; Ders., Marienhospital, S. 35 ff.

[64] Lauenroth, Andreas Fey, S. 26 ff.; Brosch, S. 12 ff.; Gatz, Schervier, S. 140, Ders., Krankenpflege, S. 375 f.; Ders., Istas, S. 207 ff.

[65] Zur Erinnerung an den Herrn Direktor Andreas Fey, in: „EdG", 14. Okt. 1887, Nr. 237; Schiffers, Diözesangebiet, S. 55; Ders., Aachen, S. 86 f.; Brecher, S. 76 ff.; Pfülf, Fey, S. 154 ff.; Solzbacher, Freundschaft, S. 21 f.

[66] Schwahn, S. 22 f.; Schrörs, Katholiken: AHVN, 108, (1926), Anm. auf S. 1.

[67] Schiffers, Diözesangebiet, S. 56; Ders. Aachen, S. 88.

Grundsätze der preußischen Kirchenpolitik. Mehrere Bemühungen, eine katholische Zeitung zu gründen, scheiterten in den dreißiger Jahren. Die durch das Kölner Ereignis von 1837 aufgezwungene Kampfstellung steigerte die Anteilnahme der Katholiken am kirchlichen Leben und die Aktivität der führenden Männer um Nellessen. Dieser erste preußische Kulturkampf am Rhein veranlaßte den Aachener Kreis, sich noch mehr als bisher kirchenpolitisch zu engagieren. Bei diesem Bemühen spielte Johann Theodor Laurent eine gewichtige Rolle. Er gilt als Begründer des politischen Katholizismus am Rhein[68]. Zu seiner Zeit wurde Aachen neben Düsseldorf und Koblenz zu einem Zentrum des politischen Katholizismus im Rheinland[69].

Laurent wurde am 6. Juli 1804 in Aachen geboren. Im Jahre 1829 wurde er in Lüttich zum Priester geweiht. Von 1829 bis 1835 wirkte er als Kaplan in Heerlen. Dann wurde er Pfarrer von Gemmenich, unweit von Aachen gelegen, auf belgischem Gebiet. Seit dieser Zeit pflegte er den Kontakt mit dem Aachener Kreis. Im Jahre 1839 wurde Laurent Bischof von Chersones und Apostolischer Vikar für die nordischen Missionen. Ungeahnte Schwierigkeiten aber verhinderten sein bischöfliches Wirken im Norden. So wurde er Apostolischer Vikar von Luxemburg. Hier residierte er seit 1841. Durch die Wirren des Revolutionsjahres 1848 vertrieben, kehrte er nach Aachen zurück. Seitdem wohnte und wirkte er über 30 Jahre in seiner Heimatstadt.

Laurent befruchtete das Bemühen des Aachener Karitaskreises, indem er sich besonders der Gründung und dem Aufbau verschiedener Kongregationen und Anstalten widmete. Im Jahre 1867 wurde er geistlicher Direktor der Schwestern vom armen Kinde Jesu. Die Gründung dieser Genossenschaft hatte er angeregt. Mit der Stifterin Klara Fey stand er zeit seines Lebens in engem Kontakt. Infolge des Klostergesetzes wurden die Schwestern im Jahre 1878 aus Preußen ausgewiesen. Laurent blieb vorerst in Aachen wohnen, besuchte aber regelmäßig die Schwestern in Simpelveld, wo sie ein neues Mutterhaus errichtet hatten. Erst als er nach einer schweren Krankheit diese Besuche nicht mehr abstatten konnte, siedelte er im Sept. 1879 ganz nach Simpelveld über. Hier starb er am 20. Febr. 1884 im 80. Lebensjahr[70].

[68] Hashagen, S. 222 f.; Schwahn, S. 16 ff. Schwahns scharfe Kritik: Schrörs, Katholiken: AHVN, 107, S. 53 f. u. 108, S. 24 ff.

[69] Schiffers, Diözesangebiet, S. 55.

[70] Biographie: Möller, Goedert. Zusammenfassungen bzw. Überblick: Foesser, S. 153 ff.; Lebensbilder, 1. Aufl. S. 89 ff.; Erinnerung; ADB, 51, S. 602 ff.; Pfülf, Geissel, I, S. 631 ff.; Ders., Fey, S. 145 ff.; Heimatgeschichte, S. 315 f.; Schroers, Quellen, S. 1 ff.; Ders., Katholiken: AHVN, 108, S. 24 ff., S. 64 ff.; Ders., Wirren, S. 286 ff.; Schiffers, Diözesangebiet, S. 55 f.; Ders., Aachen, S. 87 f.; Lauenroth, passim; Fassbinder, S. 20 ff.; Solzbacher, S. 275 ff.; Ders., Freundschaft, S. 127 ff.; Brecher, S. 79 ff.; Waach, passim; Gatz, Krankenpflege, S. 365 ff.; Ders., Istas, S. 221 f.; Ders., Schervier, S. 142.

Laurent entfaltete eine reiche literarische Tätigkeit für die kirchliche Erneuerungsbewegung. Mit Nellessen und Binterim aus Bilk vertrat er die streng katholische Richtung zuweilen übertrieben fanatisch. Selbst der kleinsten Regung des Hermesianismus begegnete er mit unerbittlicher Schärfe[71]. „Degen Roms" wurde er wegen seiner Begeisterung für Papst und Kirche genannt[72].

Initiativen Aachener Laien

Die Bemühungen der Geistlichen wurden in Aachen von einer erstaunlich hohen Zahl aktiver und verantwortungsbewußter Laien unterstützt und mitgetragen. Auf verschiedenen Gebieten ergriffen Männer und Frauen die Initiative und fanden bei vielen ihrer überzeugt katholischen Mitbürger ein begeistertes Echo. Diese unermüdliche Laienarbeit hat das kirchliche Leben im Aachener Gebiet entscheidend geprägt und befruchtet. Die Ausstrahlungskraft dieser Bemühungen war die herrlichste Blüte des Aachener Katholizismus im vorigen Jahrhundert. In diesem kurzen Überblick können nur die auffallendsten Initiativen kurz beleuchtet werden.

Peter Kaatzer und das „Echo der Gegenwart"

Am 9. April 1848, schon wenige Tage nach der Gewährung der Pressefreiheit, erschien in Aachen die erste Ausgabe des „Echo der Gegenwart"[73]. Dieses Blatt war eine der ältesten katholischen Zeitungen Preußens und galt als Organ des Aachener Katholizismus. Die Gründung war eine Frucht langjährigen Bemühens. Die Initiative Peter Kaatzers war belohnt worden.

„Vor dem ‚Echo der Gegenwart' entstand als katholisches Blatt lediglich im Jahre 1846 die Breslauer ‚Allgemeine Oder-Zeitung', die aber schon während der achtundvierziger Revolution die katholische Grundlage aufgab und im Jahre 1855 ganz verschwand. Die übrigen Pressegründungen des Jahres 1848 kamen alle später zustande . . [74]"

Der am 23. Sept. 1808 geborene Peter Kaatzer errichtete schon im Jahre 1827 in der Buchhandlung seines Vaters ein Leseinstitut und eine Leihbibliothek, die sich bald größten Zuspruchs erfreuten. Dieses Leseinstitut wurde ein Mittel- und Sammelpunkt des Aachener Kreises, in dem Peter Kaatzer eine bedeutende Rolle spielte.

Die politische Aktivität der führenden Aachener Katholiken entfaltete sich besonders nach dem Kölner Ereignis von 1837. Schon lange bevor eine katholische Partei gegründet wurde, drängte Kaatzer den Aachener Kreis zu politischem Engagement. Die im Jahre 1845 gegründete Constantia war ein erster Versuch, die katholischen Bewegungen in Aachen zu

[71] Lill, Beilegung, S. 111.
[72] Foesser, S. 154.
[73] Schiffers, Echo; Ders., Kaatzer.
[74] Schiffers, Echo.

organisieren. Um die Interessen seiner Gesinnungsfreunde wirksam vertreten zu können, kandidierte Kaatzer auch selbst. Am 22. Juni 1846, bei der ersten Wahl der Gemeindeverordneten gemäß der Gemeindeverordnung für die Rheinprovinz vom 23. Juli 1845, wurde der Aachener Buchhändler als Abgeordneter gewählt[75].

Mit den Kaplänen des Aachener Kreises, Fey, Schümmer und Istas, mit den Pastören Nellessen und Keller sowie mit Bischof Laurent stand Peter Kaatzer in enger Beziehung. Mehrere Versuche, eine katholische Zeitung zu gründen, waren in den dreißiger Jahren gescheitert[76]. Erst nach Ausbruch der Revolution im Jahre 1848 konnte der lange vorbereitete Plan realisiert werden. Das „Echo der Gegenwart" vertrat seitdem entschieden und konsequent die katholischen Belange. Daß Aachen im vorigen Jahrhundert zu einer Hochburg des rheinischen Katholizismus wurde, ist zu einem wesentlichen Teil ein Verdienst des „Echo der Gegenwart" und seines Gründers Peter Kaatzer, der am 14. Nov. 1870 starb. Sein Schwiegersohn Rodrigo Weyers übernahm den Verlag und führte das „Echo" im Geiste des Gründers weiter.

Dr. Heinrich Hahn

„Ein Apostel im Laienkleide" war der Aachener Arzt Dr. med. Heinrich Hahn, der am 29. Aug. 1800 geboren wurde und am 11. März 1882 verstarb[77]. Er verhalf dem Missionsgedanken auf deutschem Boden zu einem neuen Durchbruch. Dank seiner Initiative ist Aachen bis heute ein Zentrum der kirchlichen Missionsarbeit.

Im Jahre 1837 legte Hahn den Grund für den Xaveriusverein zur Unterstützung der katholischen Missionen. Am 14. Jan. 1842 erhielt sein Werk die kirchliche Genehmigung. Bis zu seinem Tod blieb er als Gründer Sekretär dieses Vereins, der schon bald eine großartige Breitenwirkung erzielte.

Hahn zählte zum Aachener Karitaskreis. Im Jahre 1838 gewann er die Borromäerinnen für das Josefinische Institut, das schon bald über die Stadt hinaus einen großen Einfluß hatte[88].

Auch für die Interessen seiner Heimatstadt setzte sich Hahn vorbildlich ein. 35 Jahre lang war er Mitglied des Stadtrates. Die Constantia, der Pius- und der Michaelsverein verdanken seiner unermüdlichen Tatkraft wirksame und entscheidende Impulse[89].

[75] GAiD, Juni 1846, S. 150.

[76] Vogel, S. 72 f.

[77] Baeumker, Hahn, 1930; Ders., Hahn, 1957; Ders., Heilige, S. 44 ff.; Schiffers, Diözesangebiet, S. 55; Ders., Aachen, S. 87; GAiD: Unter den angeg. Jahreszahlen.

Die Anmerkungsnummern 78 bis 87 wurden irrtümlich ausgelassen.

[88] Baeumker, Hahn, 1930, S. 116 ff.; Gatz, Istas, S. 220.

[89] Vgl. S. 214 ff.

Die Aachener Genossenschaftsgründungen

Friedrich Wilhelm IV. (1840–1861) war den Katholiken besser gesonnen als seine Vorgänger. Deshalb nahm das kirchenpolitische Engagement des Katholizismus in seiner Regierungszeit immer mehr ab. Die Ereignisse des Revolutionsjahres 1848 brachten der Kirche in Preußen größere Freiheiten[90]. Als Folge verlagerten sich auch in Aachen die Bemühungen der aktiven katholischen Männer und Frauen immer mehr von der Religionspolitik auf den sozialen und karitativen Bereich[91].

Hauptsächlich von Laien gingen neue, schöpferische Kräfte aus. In Aachen waren es besonders Frauen, von denen machtvolle Impulse ausstrahlten. Neue Genossenschaften gaben ein Zeugnis von der karitativen Gesinnung des Aachener Kreises. Sie sind eine weitere Blüte des Aachener Katholizismus im vorigen Jahrhundert[92].

Die Wurzeln dieser Bewegung gehen zurück in die Zeit von 1827–1832, in der die Dichterin und Konvertitin *Luise Hensel* als Lehrerin an der Aachener Töchterschule St. Leonhard tätig war. Während dieser Zeit schloß sie sich dem Aachener Kreis an. Nellessen war ihr Beichtvater und Berater. Drei ihrer Schülerinnen von St. Leonhard gründeten in späteren Jahren blühende Genossenschaften. Luise Hensel hatte in ihnen Interesse und Eifer für karitatives Bemühen geweckt. Bevor sie nach Aachen übersiedelte, hatte sie im Koblenzer Bürgerhospital gearbeitet. Hier konnte sie als „Barmherzige Schwester“ wirken, ohne einem Orden beizutreten. Der Koblenzer Karitaskreis, besonders sein Hauptvertreter Hermann Joseph Dietz, hatte sie entscheidend geprägt. Diese Erfahrungen befähigten sie, in Aachen eine planmäßige und organisierte Karitasarbeit anzuregen[93].

Klara Fey[94], Schülerin Luise Hensels, war am 11. April 1815 geboren. Schon mit fünf Jahren verlor sie ihren Vater. Seitdem stand ihre Mutter Katharina dem Hauswesen vor[95].

Im Jahre 1837 errichtete Klara eine Armenschule, um der religiösen und sittlichen Verwahrlosung der Kinder aus Arbeiterkreisen entgegenzuwirken. Zudem sorgte sie sich um viele Waisenkinder. Schwierigkeiten bei der Einstellung und Bezahlung des Betreuungspersonals veranlaßten Laurent, die Gründung einer klösterlichen Genossenschaft anzuregen. Am Lichtmeßtag des Jahres 1844 gründete Klara Fey daraufhin die

90 Storz, S. 78 ff.

91 Schiffers, Diözesangebiet, S. 56; Ritter.

92 Brecher, S. 189 ff.

93 Gatz, Krankenpflege, S. 354 ff.; Ders., Istas, S. 211 f.; 220; Ders., Schervier, S. 138. Ders., Krankenpflege, S. 354 ff.

94 Lit.: Pfülf; Watterott; Heimatgeschichte, S. 305 f.; Schumacher, Zur Familiengeschichte der Ordensgründerin Klara Fey, in: Mitteilungen der Westdeutschen Gesellschaft für Familienkunde, Bd. VIII, 1933–36, Sp. 53 ff.; Schiffers, Diözesangebiet, S. 57; Ders., Aachen, S. 90; Lauenroth; Baeumker, Heilige, S. 33 ff.; Gatz, Istas, S. 220; Solzbacher, Freundschaft, passim.

95 Vgl. S. 202.

Genossenschaft der Schwestern vom armen Kinde Jesu zur Pflege und Erziehung der armen katholischen Jugend. Nach der Genehmigung durch Friedrich Wilhelm IV. erfolgte am Karlsfest des Jahres 1848 die kirchliche Bestätigung durch Erzbischof von Geissel. Diese Genossenschaft entwickelte sich einzigartig. Ihre Gründerin starb am 8. Mai 1894 in Simpelveld.

Franziska Schervier[96], eine Freundin Klara Feys, wurde am 3. Jan. 1819 geboren. Auch sie war Tochter eines Aachener Fabrikanten und ehemalige Schülerin von Luise Hensel an St. Leonhard.

Schon früh schlug ihr Herz für die Kranken und Bettler, in denen sie Christus sah. In vielen Häusern half sie regelmäßig aus, zum Teil auch gegen den Willen ihrer Angehörigen. Die von Kaplan Istas an St. Paul organisierte Armenküche schätzte sie als eifrigste Helferin. Nach dem frühen Tod des Kaplans im Jahre 1843 führte Franziska diese „Johannisküche" fort. Aus dieser Wurzel erwuchs ihre Genossenschaft.

Nach dem frühen Tode von Vater und Mutter bezog sie 1845 mit vier gleichgesinnten Gefährtinnen ein kleines Haus vor dem Jakobstor. Das war der Ausgangspunkt der Armenschwestern vom hl. Franziskus. Am 2. Juli 1851 wurde die neue Genossenschaft durch Geissel bestätigt. Das Hauptanliegen dieser Gemeinschaft bestand darin, Arme und Kranke zu unterstützen und zu pflegen sowie gefallene Mädchen zu betreuen und auf den rechten Weg zurückzuführen.

Auch diese Genossenschaft hatte eine gewaltige Ausstrahlungskraft. Ihre Gründerin starb am 14. Dez. 1876. In einer Gedenkrede vor der Stadtverordnetenversammlung sagte Dr. Hahn am 19. Dez.: „Sie hatte es sich zur Lebensaufgabe gemacht, die Armen zu pflegen, mit den Armen zu leben, sich den Armen hinzugeben[97]." Franziska Schervier wurde am 28. April 1974 seliggesprochen.

Die dritte Aachener Schülerin Luise Hensels, die eine neue religiöse Genossenschaft gründete, war *Pauline von Mallinckrodt*[98]. Sie wurde im Jahre 1818 in Minden geboren. Im Alter von fünf Jahren verzog sie mit ihrer Familie nach Aachen, wo ihr protestantischer Vater das Amt des Regierungsvizepräsidenten antrat. Ihre katholische Mutter fand bald Anschluß an den Aachener Kreis. Pauline erhielt hier die Anregung für ihre

[96] Lit.: Pfülf, Geissel, I. S. 441; Heimatgeschichte, S. 330 f.; Jeiler; Lebensbilder, 3. Aufl., I, S. 330 ff.; Gossens, Die gottselige Mutter Franziska Schervier, Stifterin der Genossenschaft der Armen-Schwestern vom Hl. Franziskus zu Aachen, München 1932; Schiffers, Diözesangebiet, S. 57; Ders., Aachen, S. 90; Baeumker, Heilige, S. 30 ff.; Brosch; Gatz, Krankenpflege, S. 373 ff.; Ders., Schervier; Ders., Marienhospital, S. 35, 37.

[97] GAiD, Dez. 1876, S. 196.

[98] Lit.: Hüffer; Lebensbilder, 3. Aufl., I, S. 317 ff.; Schiffers, Diözesangebiet, S. 58; Ders., Aachen, S. 91; Schmittdiel; Gatz, Krankenpflege, S. 366 ff.; Ders., Karitative Bemühungen im Bistum Paderborn während des 19. Jahrhunderts, in: Paderbornensis Ecclesia (Festschrift für Kardinal Jäger), München — Paderborn — Wien 1972, S. 482 ff.

spätere Genossenschaftsgründung. Nach der Pensionierung ihres Vaters im Jahre 1840 siedelte die Familie nach Paderborn über. Dort gründete Pauline 1850 die Genossenschaft der Schwestern von der christlichen Liebe, die sich in besonderer Weise der blinden Kinder annahm. Die Gründerin starb am 30. April 1881. Ihr Bruder Hermann war der große Katholikenführer.

In diesem Zusammenhang muß die Gründung einer weiteren Genossenschaft erwähnt werden, die ebenfalls in Aachen ihren Ursprung hatte und eine starke Verbreitung fand. Sie geht zurück auf *Philipp Höver*[99], der am 10. Nov. 1816 auf Hof Oberste Höhe bei Neuhonrath im Siegkreis geboren wurde. Im Jahre 1843 wurde er als Lehrer an der Freischule der Aachener Arbeiterpfarre St. Peter angestellt. Der plötzliche Tod seiner Frau veranlaßte ihn, sein weiteres Leben in den Dienst der Caritas zu stellen. Auf Anregung von Franziska Schervier hin gründete er am Heiligabend des Jahres 1857 die Genossenschaft der armen Brüder vom hl. Franziskus, die sich der Erziehung armer und verlassener Jungen verschrieb. Diese Genossenschaft erhielt am 5. Jan. 1861 die Bestätigung durch den Erzbischof. Der Gründer konnte nur noch den Anfang der Ausstrahlung seines Werkes erleben. Philipp Höver starb schon am 13. Juli 1864 als Bruder Johannes.

Neben diesen neu gegründeten Genossenschaften ließen sich nach 1848 viele der alten Männer- und Frauenorden erstmals oder wieder in der Kaiserstadt nieder. Auch sie fanden in Aachen ein fruchtbares Betätigungsfeld und waren eine weitere Bereicherung für das kirchliche Leben[100].

Die folgenden Tabellen — zusammengestellt nach den Handbüchern der Erzdiözese Köln — bieten einen Überblick über die Niederlassungen und die Zahl der Mitglieder der weiblichen und männlichen Orden bzw. Kongregationen in der Stadt Aachen von 1827—1920.

Abkürzungen: In ( ) erste Niederlassung in Aachen

Chr.	—	Christenserinnen (13. Jhd.)
El.	—	Elisabethinnen (1622)
Sth.	—	Stephanshof (13. Jhd.)
AKJ	—	Schwestern vom Armen Kinde Jesu (1848)
GH	—	Schwestern vom Guten Hirten (1848)
Bor.	—	Barmherzige Schwestern vom Hl. Karl Borromäus (1838)
AS	—	Armen-Schwestern vom Hl. Franziskus (1851)
Urs.	—	Ursulinen (1848)
Kar.	—	Karmelitessen (1859)
Vin.	—	Vinzentinerinnen (1900)
THG	—	Töchter vom Hl. Geist (1903)

[99] Lit.: Heimatgeschichte, S. 312 f.; Philipp Höver, Selbstbiographie, Bleyerheide 1926; Schiffers, Höver; Ders., Diözesangebiet, S. 58; Ders., Aachen, S. 90; Gossens, Joh. Höver, Aachen 1934; Baeumker, Heilige, S. 40 ff.; Brosch, S. 56 ff.; Hümmeler, Joh. Philipp Höver, Aachen 1964.

[100] Schiffers, Diözesangebiet, S. 57; Ders., Aachen, S. 91 f.; Gatz, Krankenpflege, passim.

FRAUEN (einschl. Novizinnen, Laienschwestern und Postulantinnen)

	Chr.	El.	Sth.	AKJ	GH	Bor.	AS	Urs.	Kar.	Vin.	THG
1827:	9	12	4								
1830:	11	13	4								
1833:	12	13	4								
1840:	11	13	5								
1846:	11	14	3								
1850:	11	14	3	23	8						
1854:	11	17	3	46	9	12	32				
1857:	9	27	3	91	11	12	54	16			
1860:	11	37	3	91	17	16	72	18	8		
1863:	12	40	2	72	18	15	81	21	10		
1866:	10	46	2	146	20	20	84	19	12		
1869:	13	55	8	141	20	20	93	34	15		
1872:	15	58	5	151	19	28	119	33	20		
1878:	13	70	–	190	18	27	127	33	20		
1888:	17	87	–	–	39	37	118	–	–		
1892:	18	80	–	35	52	45	146	17	14		
1895:	20	110	–	75	78	54	156	27	19		
1901:	25	126	–	173	43	55	238	36	18		
1905:	27	165	–	175	42	55	279	44	19	17	17
1908:	33	154	–	170	55	56	287	42	22	60	28
1911:	37	155	–	177	59	49	310	42	22	60	33
1920:	40	174	–	115	68	45	318	60	21	67	38

MÄNNER (Patres und Brüder)

	Alex.	SJ	CSSR	OFM	Franz.Br.	OFMCap.
1827:	11					
1830:	11					
1833:	12					
1840:	11					
1846:	11					
1850:	11					
1854:	12	8				
1857:	15	7				
1860:	14	13				
1863:	11	18	6	6	12	
1866:	21	14	9	7	21	
1869:	24	16	10	8	25	
1872:	22	17	15	7	32	
1878:	27	17	15	7	38	
1888:	55	–	–	8	–	
1892:	82	–	–	12	28	
1895:	52	–	–	7	34	6
1901:	57	–	16	33	37	5
1905:	62	–	20	17	36	7
1908:	57	–	20	19	37	9
1911:	52	–	21	21	40	8
1920:	48	4	21	25	37	12

Abkürzungen:

Alex. – Alexianerbrüder (14. Jhd.)
SJ – Jesuiten (1852)
CSSR – Redemptoristen (1859)
OFM – Franziskaner (1860)
Franz.Br. – Arme Brüder vom Hl. Franziskus (1857)
OFMCap. – Kapuziner (1893)

Katholische Vereinigungen und Vereine in Aachen

Einflußreiche Gemeinschaften und Vereine bestimmen das Bild und das Leben einer Stadt entscheidend mit. Das trifft für Aachen ganz besonders zu. Eine Vielzahl religiöser Vereinigungen prägte von jeher das kirchliche Leben in der Kaiserstadt. Als Erzbischof Melchers im Jahre 1883 sein 25jähriges Bischofsjubiläum im Exil feierte, überbrachte der Präsident der Constantia, Heinrich Oster, eine von 23 katholischen Vereinen in Aachen unterschriebene Ergebenheitsadresse[101]. Die Zielvorstellungen, Organisationsformen, Aktivitäten und Anforderungen an die Mitglieder waren bei den Vereinigungen zum Teil sehr verschieden, allen gemeinsam jedoch war das Grundanliegen: der katholische Glaube sollte bezeugt, gelebt und getan werden.

Bei den „katholischen Vereinen" pflegt man zu unterscheiden zwischen Glaubensgemeinschaften, Standesvereinen und Vereinigungen, die sich nur ideell der Kirche verbunden fühlen[102]. Zu den Glaubensgemeinschaften zählen vor allem die kirchlichen Bruderschaften. Sie sind der Kirche organisatorisch vollständig eingegliedert und bemühen sich um die ideelle und materielle Förderung von Glaubensanliegen. Die Standesvereine sind zwar unabhängig von der Kirche organisiert, bedürfen aber der Approbation des Bischofs, um als katholische Vereine anerkannt zu sein. Damit erhält der Ordinarius ein Aufsichts- und Weisungsrecht. Die Vereinigungen, die sich ideell mit der Kirche verbunden fühlen, orientieren sich bewußt an den Grundsätzen des Glaubens, verfolgen aber ihre eigenen Ziele, ohne an Aufsicht und Weisung der kirchlichen Obrigkeit gebunden zu sein. Zum Teil aber suchen auch diese Vereine eine ganz enge Bindung an die Kirche[103].

In seiner 1632 gedruckten „Aacher Chronick" schreibt Johannes Noppius, Aachen habe von jeher „ein sonderlich Wohlgefallen gehabt, mit Bruderschaften sich zu verknüpfen"[104]. Die ersten Spuren kirchlicher Bruderschaften sind in Aachen schon im 13. Jahrhundert festzustellen[105]. Seitdem mehrte sich ihre Zahl so sehr, daß an jeder Kirche meist mehrere Bruderschaften angesiedelt waren.

Jede Bruderschaft betonte ein eigenes Anliegen und verpflichtete ihre Mitglieder zu gemeinsamen Gottesdiensten, regelmäßigen Gebetsübungen und zu Werken der Nächstenliebe. Einige dieser Vereinigungen nahmen nur Priester auf, andere nur Männer, wieder andere Männer und Frauen. Die Zahl der Mitglieder war zum Teil genau festgelegt. So durften die Dreikönigen- und Erdbebenbruderschaft von St. Foillan und die Apostelbruderschaft von St. Adalbert nur 12, die Johannispriesterbruder-

[101] Wahrmuth, S. 78; vgl. S. 26.
[102] Plum, S. 104 ff., 300 Anlage 21.
[103] Ebd.
[104] Gaspers, S. 2.
[105] Ebd., 6 ff.

schaft am Münster 24 und die Sakramentsbruderschaft von St. Foillan nur 30 Mitglieder zählen[106].

Die im Spätmittelalter entstandenen Bruderschaften wurden zumeist von Laien geleitet und inspiriert. Nach den neuen Richtlinien jedoch, die Papst Clemens VIII. am 7. Dez. 1604 über die Errichtung von Bruderschaften erließ, sollten diese von einem geistlichen Leiter und einigen Brudermeistern geführt werden[107].

Viele Bruderschaften waren kurzlebig, andere mehrere hundert Jahre alt. Die Sakramentsbruderschaft von St. Foillan feierte 1921 ihr 400jähriges Jubiläum. Die Zeit der Aufklärung und der französischen Revolution war dem Bruderschaftsgedanken nicht wohl gesonnen[108]. Neuen Aufschwung jedoch bekam er wieder durch die straffe Organisation des ersten Aachener Bistums[109].

Erst die 1848 gewährte Vereinsfreiheit ermöglichte die Gründung von kirchlichen Standesvereinen und anderen ideell mit der Kirche verbundenen Gemeinschaften und Vereinigungen. Die Kongregationen für die verschiedenen Stände gewannen in der zweiten Hälfte des 19. Jahrhunderts immer mehr an Einfluß. Sie unterschieden sich von den Bruderschaften durch ihre besonders strengen Regeln und ihren hohen Verpflichtungsgrad.

Die am 3. Febr. 1856 – inspiriert durch P. Eck S.J. – gegründete Marianische Männer-Kongregation betrachtete sich als „geistliches Kriegsheer", als „heilige Liga" für Aachen gegen die Umsturzideen der damaligen Zeit[110]. Jeder Kongregationist verpflichtete sich, täglich ein Gesetz des Rosenkranzes zu beten, sonntags von 14.00 bis 15.00 Uhr die Kongregationsandacht in St. Nikolaus zu besuchen, einmal im Monat in seiner Pfarrkirche die hl. Kommunion zu empfangen und den vom Präses jeweils vorgestellten heiligen „Monatspatron" als Vorbild zu nehmen[111]. Diese regelmäßigen Übungen sollten helfen, christliche Grundsätze unter dem Schutz der Gottesmutter im Alltag zu verwirklichen[112]. Bei der Gründung der Männer-Kongregation wurden 58 Mitglieder aufgenommen, zu Beginn des nächsten Jahres war die Zahl schon auf über 900 angestiegen. Den Höhepunkt erreichte die Mitgliederzahl im Jahre 1871 mit 2083. Bei der Feier des goldenen Jubelfestes im Jahre 1906 waren es noch 1516[113].

Von den Aktivitäten der anderen Standesvereine und Kongregationen (Frauen und Mütter, Jungmänner, Jungfrauen, Gesellen, Beamten) müßte ähnliches berichtet werden. In diesem kurzen Überblick jedoch können nur einige der in Aachen tätigen katholischen Vereine erwähnt und vorgestellt werden. Eine eingehende Darstellung würde den gesteckten

[106] Ebd. S. 3 ff.
[107] Gaspers, S. 10, 18.
[108] Ebd. S. 17.
[109] Schiffers, Aachen, S. 85.
[110] Janssen, S. 19, 22.
[111] Ebd. S. 26 ff.
[112] Ebd. S. 15.
[113] Ebd. S. 39, 47, 93.

Rahmen sprengen, ist aber ein Desiderat der Aachener Geschichtsschreibung. Zusammenfassend darf man sagen, daß der Einfluß und das Wirken der Bruderschaften und der katholischen Standesvereine kaum überschätzt werden kann.
Das gilt auch für viele nur ideell mit der Kirche verbundene Vereine, die in der zweiten Hälfte des vorigen Jahrhunderts gegründet wurden und das katholische wie das städtische Leben in Aachen wesentlich befruchteten und prägten. Einige Vereine verdienen wegen ihrer Ausstrahlungskraft eine besondere Erwähnung[114].

Dr. Joseph Lingens und die Vinzenzvereine

Ein Charakteristikum für Aachen ist das Entstehen und die erfolgreiche Arbeit der Vinzenzvereine. Wiederum war es ein Laie, dessen Initiative und Engagement eine erstaunliche Breitenwirkung folgte. Der Aachener Anwalt Dr. Joseph Lingens hatte als Student in Paris das Werk Ozanams kennengelernt und wollte es auch in seiner Heimatstadt einführen[115]. Erst nach Gewährung der Vereinsfreiheit gelang ihm sein Vorhaben. Am 30. April 1849 gründete er mit acht Männern den Aachener Vinzenzverein. Dieses Werk hatte einen solchen Erfolg, daß der auf Stadtebene gegründete Verein noch vor Jahresende in Pfarrkonferenzen aufgegliedert und bald auch in vielen anderen Städten eingeführt wurde. Die Elisabethenvereine für Frauen hatten ähnlichen Erfolg.
Joseph Lingens war einer der vielen Aachener Laien, die im kirchlichen wie im öffentlichen Leben ihren Mann standen. In fast allen katholischen Vereinen seiner Heimatstadt war er aktiv. Er war lange Jahre Stadtverordneter, Mitglied des Hauses der Abgeordneten und später des Reichstages. Er leitete den Bauverein zur Errichtung der Marienkirche[116], war im Ortskomitee der 14. Generalversammlung der katholischen Vereine Deutschlands, die im Sept. 1862 in Aachen stattfand, und Vorsitzender des Ortskomitees, als die 26. Generalversammlung der Katholiken Deutschlands im Sept. 1879 wiederum in Aachen tagte.

Die Constantia — der einflußreichste katholische Verein Aachens

Die Constantia, einer der ältesten katholischen Vereine Deutschlands, hatte in Aachen entscheidenden Einfluß. Alle führenden Katholiken und fast alle nennenswerten Erfolge des Aachener Katholizismus waren eng mit der Constantia verbunden[117].

[114] Das Handbuch der Erzdiözese Köln von 1892 bietet erstmalig ein Verzeichnis der im Erzbistum bestehenden kath. Vereine. In den weiteren Handbüchern wird dem kath. Vereinswesen immer mehr Platz eingeräumt.
[115] Schiffers, Diözesangebiet, S. 56; Ders., Aachen, S. 88; GAiD: zu den angeführten Daten.
[116] Lingens, Die Marienvotivkirche in Aachen, Aachen 1870.
[117] Wahrmuth, S. 3 f.

Ausschlaggebend für die Gründung war ein Ereignis im Jahre 1844. Die Ausstellung des Hl. Rockes in Trier vom 18. Aug. bis zum 6. Okt. dieses Jahres offenbarte die Glaubenstreue der Katholiken und den Aufschwung des kirchlichen Lebens, aber auch den Haß und die Abneigung der Liberalen und Andersgläubigen. Zielscheibe für deren Hohn und Spott war der Trierer Bischof Arnoldi, der noch in diesem Jahr zu einem Besuch nach Aachen kam. Nach einem großartigen Fackelzug, der dem Bischof Genugtuung für die vielen Beleidigungen leisten sollte, trafen sich die führenden katholischen Männer Aachens im Hotel Nuellens und faßten dort den Beschluß, „eine Gesellschaft zu gründen, durch welche dem katholischen Sinn der Aachener, wo es erforderlich und wünschenswert sei, Rechenschaft zu geben sei"[118]. So formulierte es der langjährige Vorsitzende Dr. Hahn bei einer Würdigung des Vereins aus Anlaß des 25jährigen Bestehens. Die Constantia wollte die Interessen der Aachener Katholiken bewußt machen und sie an den zuständigen Stellen nachdrücklich betonen und vertreten[119].
Nur die tüchtigsten Kräfte des Klerus und Laien, die durch ihre amtliche oder gesellschaftliche Stellung Einfluß hatten, konnten Mitglieder werden. Die Constantia war lange Zeit das Herz des katholischen Aachen, von dem viele fruchtbare Impulse und entscheidende Initiativen ausgingen. Die karitative Tätigkeit dieses Vereins führte im Jahre 1849 zur Gründung des Aachener Vinzenzvereins, der von Lingens angeregt und mit Mitgliedern der Constantia ins Leben gerufen wurde[120].
Die Sorge der Constantiamitglieder um die notwendigen Mittel für die Ausbesserung des Domes führte am 15. Okt. 1849 zur Gründung des „Karlsvereins zur Restauration des Aachener Münsters"[121].
Gemeinsame Bemühungen der Constantia und der Arbeitervereinigung „Sonntagsgesellschaft" veranlaßten am 3. April 1848 die Gründung des Piusvereins[122]. Dieser nach Papst Pius IX. benannte Verein sollte in den Wirren dieses Revolutionsjahres bei den häufigen Volksversammlungen den Radikalen gegenüber die katholischen Belange vertreten. Die Mitglieder des Piusvereins traten für die Unabhängigkeit der Kirche ein und kämpften gegen alle kirchenfeindlichen Bestrebungen. Da die Constantia vorrangig ein geselliger und nicht ein politischer Verein sein wollte, blieb sie selbst im Hintergrund. Der Piusverein vertrat ihr kirchenpolitisches Konzept. Hahn als erster Vorsitzender des Piusvereins und Lingens als Schriftführer, beide auch führende Mitglieder in der Constantia, garantierten eine gute Zusammenarbeit. Das Anliegen des Piusvereins fand starkes Interesse. Das zeigt die große Zahl von 700 Mitglie-

118 Wahrmuth, S. 7.
119 Ebd.
120 Ebd., S. 13 f.
121 Ebd., S. 17 f.
122 Kißling, I, S. 187 ff.

dern, die sich diesem Verein schon bei der Gründung anschlossen[123].
Auch die Idee, nach der dogmatischen Entscheidung über die Unbefleckte Empfängnis der Gottesmutter in Aachen eine Marienkirche zu bauen, wurde in der Constantia geboren und führte im März 1855 zur Gründung des „Aachener Kirchbauvereins" unter dem Vorsitz von Advokatanwalt Lingens[124].
Kanonikus Prisac und andere Mitglieder der Constantia förderten im Jahre 1860 die Gründung des Michaels-Vereins zur Unterstützung des Hl. Vaters. Sogar bei der Konstituierung des Zentralverbandes für die Erzdiözese war der Aachener Verein beteiligt. Erzbischof Geissel übernahm die von der Constantia entworfenen Satzungen für das ganze Erzbistum[125].
Im Laufe der Zeit entwickelte sich die Constantia immer mehr zu einem Wahlverein. Seit dem 21. Okt. 1891 führte sie den neuen Namen „Katholischer Bürger- und Wahlverein Constantia". Sie unterstützte das Zentrum ideell und finanziell und sah ihre Hauptaufgabe fortan in der Auswahl und Aufstellung der katholischen Kandidaten für die Stadtverordnetenversammlung, den Preußischen Landtag und den Reichstag[126].
Obwohl die Constantia auch auf politischem Gebiet erfolgreich die katholischen Interessen vertrat, verblaßte ihre Ausstrahlungskraft und ihre Breitenwirkung, die sie in den ersten 25 Jahren ihres Bestehens so ausgezeichnet hatten, in der Folgezeit immer mehr[127].

Bemühungen um die Arbeiterschaft

Die in Aachen wurzelnden Bemühungen um die katholische Arbeiterschaft verdienen eine besondere Erwähnung. Nur durch das Vereinswesen konnten die Katholiken in der zweiten Hälfte des 19. Jahrhunderts politisch Einfluß ausüben. Engagierte Kreise und Persönlichkeiten erkannten diese Chance und versuchten sie für die Arbeiter ihrer Vaterstadt zu nutzen. Auf den Erfolg beim 1848 gegründeten Piusverein wurde schon in anderem Zusammenhang hingewiesen. Adolf Kolping gründete im Mai 1851 persönlich den katholischen Gesellenverein in Aachen, der zuerst in der Trichtergasse sein Versammlungslokal hatte[128]. Als Kölner Domvikar hielt er weiterhin Kontakt zu diesem Verein. Anläßlich der 14. Generalversammlung der katholischen Vereine Deutschlands in

[123] Wahrmuth, S. 21 ff.; Immelen; Nießner, S. 124 f., 150 f.; Bachem, II, S. 8 ff.
[124] Wahrmuth, S. 45; Lingens, S. 2.
[125] Wahrmuth, S. 62 f.; Pfülf, Geissel, II, S. 423.
[126] Wahrmuth, S. 89 f.
[127] Auseinandersetzung der Constantia mit dem Paulusverein: Lepper, Cronenberg, S. 82 ff.
[128] GAiD, Mai 1851, S. 161.

Aachen leitete Präses Kolping am 10. Sept. 1862 die Tagung der Gesellenvereine im Gemeinderatssaal des Rathauses[129].
Als in den sechziger Jahren die von Ketteler inspirierten christlich-sozialen Arbeitervereine an Einfluß gewannen, entstand in Aachen ein Zentrum des „christlichen Sozialismus". Diese christlich-sozialen Vereine wollten die sozialistischen Bestrebungen sowie die liberale Wirtschaftsauffassung und ihre Folgen bekämpfen. Sie legten großen Wert auf die religiöse und sittliche Erziehung und Bildung ihrer Mitglieder, pflegten die Geselligkeit und gründeten Unterstützungseinrichtungen wie Baugenossenschaften, Sparkassen und Konsumvereine[130].
Die Zielvorstellung, die Organisation und die Aktivität dieser christlich-sozialen Vereine waren zum Teil sehr unterschiedlich[131]. Selbst im Aachener Raum gingen die Auffassungen über Wesen und Verwirklichung des so problematischen „christlichen Sozialismus" auseinander.
Ein Schrittmacher dieser christlich-sozialen Arbeiterbewegung war Joseph Schings aus Aachen. Ihm ging es um „die bewußte Einigung der christlich-sozialen Bestrebungen unter einheitlicher Leitung gegenüber den unchristlichen sozialen Parteien, zu bestimmten den christlich-sozialen Vereinen eigentümlichen Zwecken"[132]. Um dieses Ziel zu erreichen, gab er seit März 1868 im Selbstverlag als erstes christlich-soziales Organ des deutschen Katholizismus die „Christlich-sozialen Blätter"[133] heraus, die führend in dieser Bewegung wurden.
Schings stand in Aachen jedoch im Schatten seines Mitbruders Franz Peter Eduard Cronenberg, der am 8. Sept. 1869 den „Arbeiter-Verein zum hl. Paulus für Aachen und Burtscheid", später Paulusverein genannt, gegründet hatte und sein Präses war. Dieser Verein erfreute sich regen Zuspruchs. Kurz nach seiner Gründung zählte er bereits über 1000 Mitglieder, 1875 waren es schon 5000[134]. Zusammen mit seinem Freund Johannes Laaf und seit 1872 mit Hermann Joseph Litzinger wollte Cronenberg die Arbeiterfrage im Aachener Raum angehen und aus christlichem Geist eine Lösung suchen. Herbert Lepper hat die Geschichte dieser christlich-sozialen Bewegung in Aachen geschrieben, die für kurze Zeit staunenswerte Erfolge erreichte, aber mit der Person ihres Führers stand und fiel[135].
Im Anschluß an die 26. General-Versammlung der katholischen Vereine Deutschlands, die vom 8. bis zum 11. Sept. 1879 in der Kaiserstadt tagte, wurde der Verband „Arbeiterwohl" gegründet, der zunächst seinen Sitz

[129] GAiD, Sept. 1862, S. 176.
[130] Kaiser, S. 17 ff.; Plum, S. 81 f.
[131] Lepper, Cronenberg, S. 61 f.
[132] Kaiser, S. 18.
[133] Nr. 1: 19. März 1868. GAiD März 1868. s. Zeitungs-Verz.
[134] Lepper, Cronenberg, S. 66 f.
[135] Ebd. S. 148.

in Aachen hatte. Katholische Unternehmer schlossen sich in diesem Verband zusammen, um ihre Arbeiter besser unterstützen und wirksameren Einfluß auf die Sozialpolitik nehmen zu können. Die endgültige Konstituierung erfolgte am 20. Mai 1880 im Aachener Karlshaus. Erster Vorsitzender wurde Franz Brandts, zweiter Freiherr von Hertling und dritter Klemens Sträter aus Aachen. Zum erweiterten Vorstand zählten der Aachener Nadelfabrikant Louis Beissel sowie der Direktor der Vereinigungsgesellschaft für Steinkohlenbau im Wurmrevier, Karl Joseph Hilt. Noch im Jahre 1880 wurde die Zentrale nach Mönchengladbach verlegt[136]. Sprachrohr dieser Unternehmerinitiative war die Zeitschrift „Arbeiterwohl". Erste Früchte dieses Verbandes auf Aachener Boden waren die Eröffnung eines Arbeiterinnenhospizes am 1. Dez. 1880 und die Gründung des Arbeiterinnen-Vereins am 27. Febr. 1881[137].
Die engagierten katholischen Unternehmer begnügten sich nicht mit ihrem Interessenverband. Sie regten die Gründung neuer Arbeitervereine an, die sie großzügig unterstützten. Die christlich-sozialen Vereine hatten die Kulturkampfzeit nicht überstanden. Anknüpfend an ihre Tradition jedoch bildeten sich in den achtziger und neunziger Jahren die „katholischen Arbeitervereine"[138]. Fußend auf den Grundlagen des katholischen Glaubens waren sie bemüht, „in den Mitgliedern einen politischen Willen zu schaffen, der getragen ist von einer verantwortungsvollen, opferfreudigen und gläubigen Gesinnung"[139].
Diese katholischen Arbeitervereine sagten der erstarkten sozialistischen Arbeiterbewegung den Kampf an, der sie durch eine gezielte, systematische, politische Erziehung und Bildung ihrer Mitglieder begegnen wollten[140]. Auch auf die religiöse Weiterbildung legten diese katholischen Arbeitervereine großen Wert. Sie wollten bewußt auf konfessioneller Basis wirken und verwehrten deshalb – im Gegensatz zu den christlich-sozialen Vereinen – protestantischen Arbeitern die Mitgliedschaft[141]. Die meisten Arbeitervereine wurden von kirchlich engagierten Laien und Priestern gegründet und von geistlichen Präsides geleitet. Sie wollten jedoch keine Kongregation sein, die nur innerhalb der Kirche und von ihr abhängig wirken konnte. Die Arbeitervereine betrachteten sich als mit der Kirche verbundene, jedoch von ihr unabhängig organisierte Standesvereine[142].

136 GAiD, Sept. 1879, S. 201.
137 Janssen, Das Arbeiterinnen-Hospiz in Aachen, Festschrift zur Feier des 25jährigen Jubiläums am 1. Dez. 1905, Aachen o. J.
138 Plum, S. 80 ff.
139 Gickler, Arbeitervereine und Politik, in: Festschrift aus Anlaß des 30jährigen Bestehens des Bezirksverbandes Aachen der katholischen Arbeitervereine, Würselen 1928, S. 6.
140 Ebd. S. 5; Plum, S. 80.
141 Kaiser, S. 22.
142 Plum, S. 81.

Eine enge Verbindung pflegten diese Vereine mit den sich gleichzeitig bildenden christlichen Gewerkschaften und mit der Zentrumspartei[143]. Vereint sagten sie allen sozialistischen Bestrebungen den Kampf an. Nach der Jahrhundertwende richtete sich ihr gemeinsames Bemühen auf die gleichberechtigte Integration der Arbeiterschaft in den Staat, ein Anliegen, das 1918 verwirklicht wurde[144].
Der erste katholische Arbeiterverein in Aachen wurde im Jahre 1890 gegründet[145]. Er unterhielt ein Auskunftsbüro sowie eine Krankengeldzuschuß- und eine Sterbekasse. 1893 schlossen sich die katholischen Arbeitervereine im Aachener Raum zu einem Bezirksverband zusammen[146]. Die einzelnen Bezirksverbände erfaßte das Erzbistum Köln 1898 in einem Diözesanverband der katholischen Arbeitervereine[147]. Erster Diözesanpräses war Dr. Pieper aus Mönchengladbach.

Volksmissionen

Das kirchliche Engagement blieb in Aachen keineswegs auf die Männer und Frauen beschränkt, die sich an die Spitze der verschiedenen Bewegungen stellten. Die Ausstrahlungskraft war erstaunlich machtvoll und erfaßte die breite Schar der Gläubigen. Das zeigte sich in den außerordentlich großen Erfolgen der Volksmissionen, die nach fünfzigjähriger Unterbrechung seit 1848 wieder durchgeführt wurden[148].
Diese neue, erfolgversprechende Form der Seelsorge inspirierte drei Aachener Geistliche zur Gründung der deutschen Lazaristenprovinz. Die drei Kapläne Wilhelm Müngersdorf von St. Jakob, Konrad Ströver von St. Paul und Heinrich Richen von St. Michael Burtscheid waren begeistert von den Volksmissionen der Redemptoristen und wollten eine ähnliche Genossenschaft für Volksmissionare gründen. Oberpfarrer Sartorius von St. Michael-B. lenkte ihren Blick auf die Lazaristen. Nach einem Besuch im Pariser Mutterhaus legten sie dann das Fundament für diese Gründung des hl. Vinzenz von Paul im Rheinland[149].

Heiligtumsfahrten

Machtvolle Demonstrationen der treukirchlichen Gesinnung der Katholiken im Aachener Raum waren die Heiligtumsfahrten, die in der Regel alle sieben Jahre stattfanden. Besonders in Zeiten, in denen die staatliche Kirchenpolitik die Katholiken zum Widerstand herausforderte, weckten Heiligtumsfahrten ein katholisches Massenbewußtsein.

143 Ebd. S. 80, 86 ff.; Kaiser, S. 23; Schiffers, Aachen, S. 95.
144 Kaiser, S. 23.
145 Ebd. S. 25.
146 GAiD, Ende 1890, S. 218.
147 Vgl. Plum, S. 81; Krischer, Der Bezirksverband, in: Festschrift, vgl. Anm. 139, S. 27 ff.
148 Schiffers, Diözesangebiet, S. 56; Gatz, Volksmission, S. 73, 93 ff., passim.
149 Schiffers, Aachen, S. 91; Gatz, Volksmission, S. 100.

Hunderttausende Pilger kamen im Jahre 1839 nach Aachen und bekundeten damit ihre Glaubenstreue und ihren Unwillen über die kirchenpolitische Einstellung der staatlichen Macht, die im Zusammenhang mit dem Kölner Ereignis von 1837 ganz deutlich zutage getreten war.
Noch großartiger waren die Demonstrationen während des Kulturkampfes anläßlich der Heiligtumsfahrten in den Jahren 1874 und 1881. Über eine Million auswärtiger Pilger zählte die Polizei bei der Heiligtumsfahrt von 1881[150].

Generalversammlungen der Katholiken Deutschlands in Aachen

Der lebendige katholische Geist, der in Aachen wehte, fand seine Anerkennung auch durch die „Katholikentage", die in genau 50 Jahren allein dreimal in der Stadt Karls des Großen gefeiert wurden. Es waren die 14. Generalversammlung der katholischen Vereine Deutschlands vom 8.—11. Sept. 1862[151], die 26. Generalversammlung der Katholiken Deutschlands vom 8.—11. Sept. 1879[152] und die 59. Generalversammlung der deutschen Katholiken vom 11.—15. Aug. 1912[153].
Während der Kriegsjahre von 1914—1918 bot sich keine Möglichkeit zu einer solchen Veranstaltung. Da die politischen Verhältnisse im Jahre 1919 wiederum eine Generalversammlung der Katholiken Deutschlands unmöglich machten, regte das Zentralkommitee an, Teilversammlungen abzuhalten. Dieser Wunsch fand in Aachen ein begeisterndes Echo. Dank der Initiativen der Geistlichen und Laien wurde die Aachener Katholikenversammlung am 5. und 6. Okt. 1919 zu einem glanzvollen und aufmunternden Ereignis[154].

Priesternachwuchs

Diese Blüte des katholischen Lebens blieb nicht auf die Stadt Aachen beschränkt. Die Impulse und Initiativen, die von hier ausgingen, schlugen weite Wellen und brachten auch in der fast rein katholischen Umgebung reiche Frucht.
Das zeigte sich in auffallender Weise im Priesternachwuchs. Aktive und seeleneifrige Priester warben für ihren Beruf und fanden bei jungen Männern ein offenes Ohr. Als der Raerener Pfarrer Kahlen im Jahre 1915 die Herkunft der in der Kölner Erzdiözese geborenen Weltpriester untersuchte, schnitt der relativ kleine Aachener Regierungsbezirk weitaus am besten ab[155].

[150] Schiffers, Kulturkampf, S. 135.
[151] Kißling, I, S. 385 ff.
[152] Ebd. II, S. 61 ff.; Lepper, Generalversammlung, S. 235 ff.
[153] BDA: Ala Aachen, Stadt 9; „EdG", 12. Juli 1912, Nr. 162; Kißling, II, S. 334 ff.; Schiffers, Diözesangebiet, S. 58.
[154] Katholikenversammlung.
[155] Kahlen, Klerus, Sp. 1 ff.

Von den 2105 in der Erzdiözese geborenen und tätigen Weltpriestern stammten aus dem Regierungsbezirk Aachen: 822, Regierungsbezirk Köln: 637, Regierungsbezirk Düsseldorf: 609, Regierungsbezirk Trier: 4, Koblenz: 32, Arnsberg: 1. Nach dem Stand vom 1. Dezember 1910 wohnten im Regierungsbezirk Aachen: 662 275 Katholiken, Regierungsbezirk Köln: 1 002 868 Katholiken, Regierungsbezirk Düsseldorf: 1 393 801 Katholiken.

In seinen Abschiedsworten, die Kardinal Schulte am 15. Februar 1931 an die aus seinem Diözesanverband scheidenden Aachener Katholiken richtete, sprach er von dem reichen Segen, der besonders im letzten Jahrhundert aus diesem Gebiet der Kölner Kirche zugeflossen sei. Dabei erwähnte er ausdrücklich, daß Tausende von Priestern aus dem Aachener Raume stammten[156].

Verantwortungsbewußte Laienspiritualität

Der Aufschwung und die reiche Entfaltung des katholischen Lebens ging zu einem Großteil auf aktive Laien zurück, die schon vor, besonders aber nach 1848 auf vielen Gebieten die neuen Freiheiten für die Kirche nutzten und entschlossen und mutig Initiativen ergriffen. Charakteristisch für das kirchliche Leben in Aachen war es, daß auffallend viele Laien bereit waren, Verantwortung zu tragen und den Priestern an Aktivität nicht nachstanden, diese oft sogar in den Schatten stellten[157].

Die Denkschrift, die Erzbischof Geissel anläßlich der Würzburger Bischofskonferenz im Herbst des Jahres 1848 erließ, hatte die mutige Arbeit der katholischen Laien in das rechte Licht gerückt, ihren neuerwachten Eifer besonders bei der politischen Arbeit in Frankfurt und Berlin gelobt und sie zu weiterem Einsatz ermutigt[158].

In dem Promemoria, das Geissel am 1. Okt. 1848 jeder Einladung zur Würzburger Bischofskonferenz beilegte, ging er auf die wichtigsten anstehenden Probleme ein. Zu den drängenden innerkirchlichen Fragen zählte er die Arbeit der Laien. In diesem Promemoria wies er seine Mitbrüder im Bischofsamt darauf hin, „daß seit den Kölner Wirren und noch mehr seit dem Ausbruch der Revolution viele Laien tatkräftig für die Kirche eingetreten waren. Die Bischöfe sollten diese Entwicklung fördern und überlegen, ob und wie vielleicht den Laien aus den gebildeten Ständen eine mitwirkende und engere Teilnahme an dem kirchlichen Organismus verschafft werden könnte. Konkrete Möglichkeiten sah der Erzbischof in der Herausgabe von Zeitungen und Unterrichtsbüchern, der Leitung religiöser Vereine und der Beteiligung an der Verwaltung des Kirchenvermögens“[159].

[156] KA, (1931), Nr. 2, S. 23 f.; Corsten, Sammlung, II, S. 569; „Der Sonntag“, Wochenschrift für katholisches Denken und Leben, 26. Jg., 22. März 1931, Nr. 12.
[157] Hashagen, S. 202 f.; Hegel, Erzbischöfe, S. 207 f.
[158] Baudri, S. 112; Text der Denkschrift: Coll. Lac. V, p. 1133–1137; vgl. Lill, Bischofskonferenzen, S. 45 ff.
[159] Lill, Bischofskonferenzen, S. 22; Text des Promemoria: Coll. Lac. V, p. 946–958.

Dieser Wunsch fiel in Aachen auf guten Boden. Der Ruf nach Laienaposteln bestätigte die einen in ihrem Bemühen und ermunterte die anderen zu verantwortungsbewußter Mitarbeit. Eine gelebte Laienspiritualität zeichnete besonders die führenden Männer Aachens aus, die dort, wo sie im öffentlichen Leben standen, mutig und verantwortungsbewußt aus einer gläubigen Haltung heraus die Interessen und Rechte der Katholiken vertraten. Einige Beispiele sollen das erhellen und erläutern.

Die Aachener Oberbürgermeister waren durchweg kernige katholische Männer, die auch in der Öffentlichkeit für ihren Glauben und ihre Überzeugung eintraten. So richteten Contzen und 16 Stadtverordnete in der Sitzung vom 21. Jan. 1873 eine scharfe Petition an das Abgeordneten- und an das Herrenhaus, in der sie dazu aufriefen, die vom Minister für Unterricht und geistliche Angelegenheiten erlassenen Kulturkampfgesetzentwürfe zu verwerfen. Wörtlich heißt es in diesem Schreiben: „Für katholische Laien, die ihre Religion ernst nehmen und zu derselben halten, ist es über allen Zweifel erhaben, daß die in Rede stehenden Gesetzentwürfe .... die Gewissensfreiheit aufheben, das kirchliche Recht verkehren und zerstören, ja daß sie abzielen, die katholische Kirche in ihrem organischen Bestand aufzulösen und abzuschaffen“[160].

Als Erzbischof Melchers im folgenden Jahr mit seiner Verhaftung rechnete, fuhren etwa 300 katholische Männer und Frauen aus Aachen und Eilendorf am 20. März 1874 nach Köln, um ihm und Weihbischof Baudri ihre Treue, Verehrung und Anteilnahme zu bekunden. Bei einer kurzen Ansprache erinnerte ein Laie, der Aachener Justizrat Statz, an die Stelle der Hl. Schrift, wo Mose unterstützt wurde, weil seine Arme ermüdeten (Ex. 17.12). So wollte der Sprecher die angebotene Hilfe der Laien verstanden wissen[161].

Ein beredtes Beispiel dafür, daß Laien bereit waren, selbständig und nicht nur als verlängerter Arm des Klerus, Verantwortung zu tragen, gab Mooren in der Sitzung des Preußischen Landtags vom 7. März 1894[162]. Er hatte in seiner Rede die Teilung der Erzdiözese und die Errichtung eines Bistums in Aachen angeregt. Anschließend meldete sich sein Zentrumskollege Pfarrer Dauzenberg zu Wort. Dieser bezeichnete die von Mooren angeführten Tatsachen als richtig, bestritt ihm als Laien aber das Recht, in einer so gewichtigen Frage die Initiative zu ergreifen. Wörtlich erklärte Dauzenberg: „Ich lege Wert darauf, zu erklären — ich glaube, das brauche ich nicht bloß in meinem Namen zu tun, sondern ich habe die weitaus meisten, wenn nicht alle Mitglieder der Zentrumspartei hinter mir, — daß wir in diesen und ähnlichen Angelegenheiten den Entschließungen des Episkopats der katholischen Kirche nicht vorgreifen sollen und wollen (lebhafte Zustimmung im Zentrum), daß wir es den

[160] STAA: OB Reg. 81/6, Vol. 1.
[161] „EdG“, 24. März 1874, Nr. 82; Wahrmuth, S. 76.
[162] Vgl. S. 52.

Herren Bischöfen überlassen, die Organisation zu treffen, die sie für notwendig halten, und sich dann mit der Königlichen Staatsregierung in Verbindung setzen. (Lebhafter Beifall im Zentrum)". Mooren bat daraufhin ums Wort und verteidigte in einer kurzen Erwiderung die Mündigkeit des katholischen Laien. Er führte aus: „Meine Herren, es kann nicht meine Absicht sein, mit meinem Fraktionsgenossen Dauzenberg, mit dem ich übrigens bezüglich der inneren Auffassung der Frage in voller Harmonie bin, hier zu debattieren. Das aber darf ich mit Vergnügen konstatieren, wenn aus geistlichem Munde – seitens des verehrten Herrn Kollegen ausdrücklich anerkannt worden ist, daß in der Erzdiözese Köln die Tatsachen so liegen, wie ich sie vorgetragen habe, darin meine beste Rechtfertigung liegt. Übrigens glaube ich, daß eine Anregung dieser Frage auch einem katholischen Laien nicht versagt werden darf. Die Kirchengeschichte bietet dafür viele Beweise. Wir befassen uns nun hier einmal nach der Gestaltung unseres Staatsrechts mit wandelbaren äußeren Verhältnissen unserer großen Religionsgemeinschaften. Zeigen sich in dieser Sphäre menschliche Erscheinungen, welche unsere Aufmerksamkeit beschäftigen, so dürfen wir sie doch in redlicher Absicht zur Sprache bringen, ohne damit ein Dogma zu berühren. Und wenn ein Katholik, der in etwa orientiert ist, ausdrücklich vorausschickt, es geschieht in aller Ehrerbietung unter selbstverständlicher Anerkennung aller Rechte des Kirchenregiments, so kann darin prinzipiell nichts Unzulässiges gefunden werden. Lediglich aus diesem Gesichtspunkt habe ich mich verpflichtet erachtet, meinem verehrten geistlichen Freunde Dauzenberg ein paar Worte zu erwidern". Was Dauzenberg aber von der Mündigkeit und Zuständigkeit der Laien hielt, geht aus der Entgegnung hervor, zu der er im Anschluß an die Erwiderung Moorens um das Wort bat. Er meinte: „Ich habe ja eben bei meinen kurzen Erwägungen dem Herrn Kollegen Mooren gegenüber ausdrücklich gesagt, daß ich wohl sachlich mit ihm einverstanden wäre, daß nach der Seite hin wohl Bedürfnisse vorliegen könnten, aber ich halte es sogar für einen Laien nicht bloß für gefährlich, sondern sogar für unstatthaft, solche Angelegenheit hier in der Landesvertretung anzuregen, ohne daß vorher die Bischöfe der katholischen Kirche Stellung zu einer solchen Sache genommen haben"[163].

Das Verantwortungsbewußtsein und die mutige Mündigkeit der Laien waren auch für die anderen Befürworter eines Bistums Aachen charakteristisch. Auffallend ist, daß der Aachener Klerus sich in der Bistumsfrage sehr zurückhielt. Weder das Stiftskapitel noch die Geistlichen der Stadt haben sich in der Öffentlichkeit für die Errichtung eines Bistums in Aachen eingesetzt. Kanonikus Prisac, der die Diskussion um die Bistumsgründung eröffnet hatte, fand unter seinen geistlichen Mitbrüdern

[163] Sten. Ber., (1893/94), II, S. 932.

keinen Nachfolger. Sie überließen die Initiative in dieser Frage den Laien.
Neben Mooren verdienen Janssen, Bock sowie die Oberbürgermeister Veltman, Farwick und Rombach besondere Anerkennung für ihre Bemühungen. Diese einflußreichen Männer aber wollten einen noch größeren Laienkreis für ihr Anliegen begeistern. So kam es zu der Bittschrift vom März 1901, die Mitglieder der katholischen Kirchengemeinden der Stadt Aachen an den Hl. Vater richteten[164]. In diesem Brief heißt es: „Wir möchten uns gleichwohl gestatten, die folgenden vom Standpunkt des Laien aus für die Teilung unserer Erzdiözese sprechenden Gründe anzuführen". Wenn auch diese Bittschrift nicht abgeschickt worden ist, so zeigt sie dennoch das Engagement der Aachener Laien. Sie erwarteten von einer Teilung einen Vorteil für die Gläubigen durch einen wirksameren Einfluß der Bischöfe auf alle Diözesanangehörigen.
Diese Beispiele sind charakteristisch für die in Aachen gelebte Laienspiritualität. In einem solchen Boden konnte das kirchliche Leben Wurzeln schlagen, blühen und Frucht bringen. Deshalb bot sich Aachen als Mittelpunkt und Sitz einer neu zu errichtenden Diözese geradezu an.

[164] STAA: OB Reg. 81/9.

ERINNERUNG AN DAS ERSTE BISTUM IN AACHEN

Bei der Frage, warum gerade Aachen nach der Teilung der Erzdiözese Sitz des neuen Bistums wurde, spielte nicht zuletzt der Gesichtspunkt, daß die Stadt Karls des Großen zur Franzosenzeit schon einmal Bistumssitz war, eine gewichtige Rolle[1].
Die Erinnerung an das erste Bistum war in Aachen lebendig geblieben, obwohl es nur 19 Jahre (1802–1821) bestanden hatte und immer mit dem Odium der Fremdherrschaft behaftet blieb. Schiffers weist darauf hin, daß die straffe Organisation des ersten Bistums einen neuen Aufschwung im Aachener Gebiet eher ermöglichte als in anderen Gegenden. So wurden besonders die beiden ersten Jahrzehnte des 19. Jahrhunderts grundlegend für die spätere Blütezeit und Fruchtbarkeit des Aachener Katholizismus[2]. Zu diesem Ergebnis kommt auch Friedrich, der Berdolet als Vorläufer der sozialen Bewegung in Aachen bezeichnet[3].
Die Hoffnung, wieder Sitz einer Diözese zu werden, war in Aachen niemals geschwunden. „Ein katholisches Bistum in Aachen wäre nicht bloß ein Bedürfnis der Rheinlande, es ist auch einer der vorzüglichsten Wünsche der katholischen Bewohner hiesiger Stadt", so schrieb Prisac im Jahre 1856[4]. Er hob am Ende seiner Darlegungen noch einmal mit

[1] Bistum Aachen, S. 62.
[2] Schiffers, Aachen, S. 85.
[3] Friedrich, S. 297.
[4] Prisac, Bistum, S. 37.

Nachdruck hervor, daß dieser schon lange gehegte Wunsch der Bevölkerung auch weiterhin unerschütterliche Hoffnung bleiben werde[5].
So betonten auch alle Bitt- und Denkschriften, daß Aachen schon einmal Diözese war und aus diesem Grunde besonders geeignet sei, wiederum Sitz eines Bistums zu werden.
Auf diesem Hintergrund tauchte die Frage auf, ob das Aachener Bistum neu- oder wiedererrichtet werden sollte[6]. Man konnte und wollte aber diese Frage nicht entscheiden. Selbst in den offiziellen staatlichen und kirchlichen Verlautbarungen wechselten die Begriffe „Neuerrichtung" und „Wiedererrichtung".
Alle Aachener Bittschriften, die Reden von Mooren und Dauzenberg im Landtag sowie der gesamte Schriftverkehr von Janssen, Bock und den Oberbürgermeistern, wiesen zwar immer auf das erste Bistum hin, sprachen aber nur von der Neu- bzw. Errichtung einer Diözese in Aachen. Von der Errichtung eines neuen Bistums sprachen auch die päpstliche Zirkumskriptionsbulle „Pastoralis Officii Nostri" vom 13. Aug. 1930[7] sowie das Dekret des Apostolischen Nuntius vom 31. Aug. 1930, das die genaue Umschreibung des Bistums Aachen beinhaltete und den Kölner Erzbischof mit der Durchführung dieser Bestimmungen betraute[8].
Im Text des Konkordates aber heißt es in Art. 2 (2): „In Aachen wird wieder(!) ein Bischöflicher Stuhl errichtet ...."[9]. Auch die Regierungsbegründung zum Preußischen Konkordat sprach von der „Wiedererrichtung des Bischöflichen Stuhls in Aachen"[10]. In einem Telegramm, das Pacelli am 13. Juli 1929 an Weihbischof Sträter richtete, gratulierte er zur „Wiedererrichtung des Bistums Aachen"[11].
Wenn auch zwischen dem alten und dem neuen Bistum kein innerer Zusammenhang bestand[12], so war dennoch der Traditionsgedanke gewichtig, wenn nicht entscheidend dafür, daß das Preußische Konkordat in Aachen wieder einen Bischöflichen Stuhl errichtete. Auch das Aachener Domkapitel knüpfte in pietätvoller Weise an die Tradition des ersten Bistums an, als es den Termin für das Kirchweihfest der Kathedrale auf den 17. Juli legte[13].

[5] Ebd.
[6] „Berliner Tageblatt", 2. April 1912, Nr. 171.
[7] AAS, 23, (1931), p. 34 ff.; Realschematismus S. 25; Diözesansynode Aachen, III, S. 6. Text: Territorium ab archidioecesi Coloniensi . . . avulsum in novam erigimus dioecesim . . .
[8] Realschematismus S. 29; KA, (1930), Nr. 19, S. 115. Hier heißt es:. . . .invenimus pro ea parte territorii, quae a Tua archidioecesi avulsa in novam dioecesim eriganda erit, . . .
[9] Preußische Gesetzessammlung, (1929), S. 152; Realschematismus, S. 19; Diözesansynode Aachen, III, S. 606; Weber, S. 68.
[10] Drucksache Nr. 2732 des Preußischen Landtags, 3. Wahlperiode, Bd. 4, 1930; vgl. Weber, S. 81.
[11] DAA: A 1a III.
[12] Vgl. Huyskens, Geschichtsbild.
[13] Vgl. S. 125.

Die Ausgangsfrage, warum gerade Aachen Sitz des neuen Bistums wurde, läßt sich jetzt zusammenfassend beantworten. Die frühe und unermüdliche Initiative der führenden und einflußreichsten Männer der Stadt, die immer wieder den Blick der Öffentlichkeit auf Aachen lenkten, ist trotz vieler Rückschläge schließlich belohnt worden. Die Geschichte der alten Kaiserstadt und ihre Grenzlage hatten eine gewichtige Bedeutung. Ausschlaggebend jedoch waren die Tatsachen, daß Aachen schon einmal Sitz eines Bistums gewesen war und daß seitdem in dieser Stadt ein lebendiges und ideenreiches kirchliches Leben pulste, das leuchtende Früchte zeitigte und ein tragfähiges Fundament für das erfolgreiche Wirken einer neuen Diözese versprach.

Ausblick: Neue Überlegungen zur Teilung des heutigen Bistums Aachen

Das erste Bistum Aachen bestand von 1802 bis 1821. Gut 100 Jahre nach seiner Auflösung führten jahrzehntelange Bemühungen um die Wiedererrichtung zum Erfolg. Das Preußische Konkordat (1929) trennte das Territorium dieser neuen Diözese vom Gebiet des Kölner Erzbistums ab. In unseren Tagen, nicht einmal 50 Jahre nach der Wiedererrichtung, tauchen Überlegungen auf, die anregen, die heutige Aachener Diözese zu teilen und im Raum Krefeld-Mönchengladbach ein eigenes Bistum zu errichten[1].

Dieser Plan ist ein Teilergebnis grundlegender Gedanken zur Neuordnung der Diözesangrenzen in der Bundesrepublik und zur Neugliederung der Bistümer in Nordrhein-Westfalen. Ein Vergleich der Bemühungen um die Wiedererrichtung des Bistums Aachen mit den derzeitigen Überlegungen bietet interessante Aspekte und offenbart einen ganz neuen Denkansatz für die Errichtung künftiger Bistümer.

Entscheidend für die Initiativen, die zur Wiedererrichtung des Bistums Aachen führten, waren das Prestigedenken und der Lokalpatriotismus der einflußreichsten Männer der Stadt. Trotz intensivster Bemühungen scheiterte ihr Plan jahrzehntelang an der unnachgiebigen Haltung der Preußischen Regierung, die durch ihr starres Prinzipdenken blind und taub war für untragbare kirchliche Verhältnisse und pastorale Fragen. Voraussetzungen für die Wiedererrichtung des Bistums Aachen im Jahre 1929 waren: das wesentlich günstigere Verhältnis von Staat und Kirche in der Weimarer Republik, der Einfluß des Zentrums, die Gunst der damaligen Regierung, die Zustimmung des Kölner Erzbischofs und das zähe Ringen der kirchlichen Unterhändler bei den Konkordatsverhandlungen. Pacelli hatte eine viel weitgehendere Neuordnung der Diözesanverhältnisse in Preußen gewünscht, so daß die Bistumsgründungen in Aachen und Berlin aufs Ganze gesehen ein minimaler Erfolg und ein unbefriedigendes Ergebnis waren.

Glückliche Umstände sowie die Gunst der weltlichen und kirchlichen Obrigkeit sind zweifellos willkommene Hilfen bei der Errichtung von Diözesen. Primär und ausschlaggebend jedoch müßten allgemein anerkannte Grundsätze, Kriterien und Richtlinien für die Errichtung, Auflösung, Teilung oder Neuumschreibung von Bistümern sein. Die auf diesem Hintergrund ungenügende Begründung für die Diözese Aachen fordert ein neues, durchsichtiges, pastoraltheologisches Konzept für die Abgrenzung der Diözesen.

[1] „Westdeutsche Zeitung", 20. April 1974, Nr. 92: Neues Bistum Mönchengladbach-Krefeld im Gespräch: Bischofssitz auf dem Abteiberg? Diözese Aachen: 1. Jan. 1975 rund 1 490 000 Katholiken.

Das Unbehagen an der Umschreibung der Bistümer dauerte nach dem Preußischen Konkordat an. Es war der Ausgangspunkt für neue Überlegungen, die nicht mehr die Errichtung einzelner Diözesen befürworteten, sondern die Überprüfung der Bistumsgrenzen insgesamt forderten. Die vertiefte Erkenntnis, daß Strukturprobleme für eine fruchtbare Seelsorge von entscheidender Bedeutung sein können, führte zu einer neuen Sicht der diözesanen Kirche. Die Erarbeitung bestimmter Grundsätze über das Wesen, die Funktion, die Aufgaben und den Gebietsumfang eines Bistums lassen die Umrisse mehrerer Konzepte erkennen, die eine rechtzeitige Vorausplanung und eine großräumige Neuregelung ermöglichen sollen.

Im Dekret über die Hirtenaufgabe der Bischöfe in der Kirche („Christus Dominus") des zweiten Vatikanischen Konzils befaßt sich ein eigener Abschnitt mit der Abgrenzung der Diözesen[2]. Ausgehend von dem Leitgedanken, daß das Wesen der Kirche im Gottesvolk, das zur Diözese gehört, deutlich sichtbar werden soll[3], werden allgemeine Richtlinien für die Überprüfung der Diözesanabgrenzungen genannt. Demnach „soll jede Diözese aus einem zusammenhängenden Gebiet bestehen". „Die verschiedenartige Zusammensetzung des Gottesvolkes" soll bei einer Neuordnung ebenso berücksichtigt werden wie „die Grenzen der staatlichen Bezirke" und „die besonderen Eigenheiten der Menschen und Grenzen, z. B. psychologischer, wirtschaftlicher, geographischer oder geschichtlicher Art". Die Größenordnung der Diözese muß es dem Oberhirten ermöglichen, „die bischöflichen Amtshandlungen und die Pastoralvisitationen gebührend vorzunehmen, die gesamte Seelsorgstätigkeit der Diözese in gehöriger Weise zu leiten und zu koordinieren, vor allem aber seine Priester kennenzulernen und auch die Ordensleute und Laien, die in der Diözesanarbeit tätig sind. Andererseits aber soll ein hinreichendes und geeignetes Arbeitsfeld zur Verfügung stehen, in dem sowohl der Bischof wie auch die Kleriker alle ihre Kräfte nutzbringend für den kirchlichen Dienst einsetzen können"[4].

Genaue Festlegungen haben die Konzilsväter nicht getroffen. Ihre Vorstellungen über das Territorium und die Funktion des Bistums gingen in der Diskussion schon bei grundsätzlichen Fragen weit auseinander[5]. Ein konkreter Vorschlag zur Größenordnung der Diözesen, die höchstens 500 000 und in Europa nicht weniger als 200 000 Gläubige zählen sollten, fand keine Beachtung[6]. Die Bischofskonferenzen wurden ersucht, die Diözesangrenzen ihres Bereichs zu prüfen, gegebenenfalls eine besonde-

[2] LThK, II. Erg.Bd., S. 188 ff.
[3] Ebd. Art. 22.
[4] Ebd. Art. 23; vgl. Klostermann, II, S. 14.
[5] Klaus Mörsdorf in LThK, II. Erg. Bd., S. 138.
[6] Ebd.

re Bischofskommission einzusetzen und ihre Vorschläge und Wünsche dem Apostolischen Stuhl zu unterbreiten[7].
Die Gemeinsame Synode der Bistümer in der Bundesrepublik Deutschland griff diese Anregung auf. Eine erste von der Sachkommission IX („Ordnung pastoraler Strukturen") erarbeitete „Rahmenordnung für die pastoralen Strukturen im Bistum", die der Vollversammlung im Mai 1972 vorgelegt wurde, befaßte sich jedoch nicht mit dieser Problematik[8]. Die Sachkommission IX erarbeitete eine neue Vorlage: „Rahmenordnung für die pastoralen Strukturen und für die Leitung und Verwaltung der Bistümer in der Bundesrepublik Deutschland"[9]. Dieser Entwurf, der ausdrücklich an Nr. 22 des Konzilsdekrets über die Hirtenaufgabe der Bischöfe in der Kirche anknüpft[10], wurde am 26. Mai 1974 von der in Würzburg tagenden Synode verabschiedet[11]. Diese Rahmenordnung, die sich mit der unteren, mittleren und oberen pastoralen Ebene befaßt, geht auf die Situation der heutigen Bistumsgrenzen in der Bundesrepublik ein.
Die seelsorglichen Erfordernisse sind demnach ausschlaggebend für die Größe eines Bistums. Wie im Konzilsdekret, fehlen auch im Synodenbeschluß konkrete Zahlenangaben. Wohl aber wird eine Ober- und eine Untergrenze für die Bistumsgröße festgelegt, wiederum in Anlehnung an die Ausführungen in „Christus Dominus". „Die Größe eines Bistums nach Gebietsumfang, Bevölkerungs- und Katholikenzahl hat eine obere Begrenzung: der Bischof muß in der Lage sein, seine Entscheidungen sachgerecht und in engem Kontakt mit den Gläubigen seines Bistums und seinen Mitarbeitern zu treffen ... Die Untergrenze der Größe eines Bistums wird dadurch bestimmt, daß die spezialisierten pastoralen Dienste durch qualifizierte Kräfte und rationelle Ausnutzung der notwendigen Einrichtungen angeboten werden können". Aber auch „innerhalb dieser Ober- und Untergrenze läßt sich die Größe der Bistümer nicht einheitlich festlegen, weil die örtlichen Gegebenheiten in der Bundesrepublik — etwa nach Besiedelungsdichte, Katholikenanteil und Verkehrsstruktur — zu unterschiedlich sind". Auch „geschichtlich gewachsene Bindungen" und die „Wirtschaftskraft eines Bistums" müssen berücksichtigt werden. Pastorale Gesichtspunkte aber sollen in jedem Falle vorrangig sein[12].
Auf dem Hintergrund dieser Kriterien betont die Rahmenordnung die Reformbedürftigkeit der derzeitigen Bistumsgrenzen. Die „Verwirklichung einer sinnvollen Neuordnung" aber stoße „zur Zeit auf eine Fülle politischer, rechtlicher, pastoraler und menschlicher Probleme". Insbesondere stehe „die seit langem geplante Neugliederung des Bundesge-

[7] „Christus Dominus", Art. 24.
[8] Synode, 3/1972, S. 9 ff.
[9] Synode, 1/1974, S. 37 ff.
[10] Ebd. S. 58: Aus dem Bericht zur Vorlage, 4.5.
[11] Text: Synode, 5/1974, S. 1 ff.
[12] Synode, 5/1974, S. 10; 1/1974, S. 45 f.

bietes noch aus". Bis zu einer allgemeinen Neuordnung der Bistumsgrenzen sollen „pastoral praktikable Übergangslösungen verwirklicht werden"[13].

Sowohl das Konzil als auch die Synode beklagen die derzeitige Umschreibung der Diözesen. Eine grundlegende, großräumige Änderung wird einmütig als dringend notwendig erachtet. Damit haben beide Versammlungen den Reformanstoß gegeben. Ihre Zielvorstellungen von einer solchen Neuordnung aber sind leider verschwommen, zu dehnbar und zu wenig konkret. Teilziele werden nicht genannt, ebenso kein „modus procedendi". Die Gewichtigkeit und Vorrangigkeit der angeführten Kriterien und Richtlinien bleiben weitgehend unklar. Der Konzilstext forderte die zuständigen Bischofskonferenzen zur Prüfung einer eventuell notwendigen Umgestaltung oder Neuerrichtung von Diözesen auf[14], der Synodenbeschluß erwähnt nicht, wer initiativ werden soll.

In der Diskussion um die optimale Größenordnung heutiger Diözesen zeigen sich zwei entgegengesetzte Tendenzen[15]. Die eine Richtung sieht die Diözese primär als Teilkirche, in der das Ganze der Kirche präsent und sichtbar sein müßte. Das Territorium eines Bistums sollte so groß sein, daß neben den Grundfunktionen alle Charismen wirksam werden können. Gefordert wird eine eigene theologische Schule, eine eigene Priesterbildung und -weiterbildung, ein eigenes Kulturleben, eine eigene Presse, Verwaltung usf. Etwa eine Million Katholiken postuliert dieses Konzept für eine Diözese[16]. Die andere Richtung betont den ortskirchlichen Charakter der Diözesen, um dem Bischof einen intensiven Kontakt mit seinen Priestern und Gläubigen zu ermöglichen. Demnach sollte die Autarkie der großen Bistümer aufgegeben und die höheren Bedürfnisse der wesentlich kleineren Diözesen auf der Metropolitanebene gedeckt werden. „Als Durchschnittsgröße nennt man meist 150 000 bis 250 000 Katholiken. Exeler nennt eine Höchstzahl von 400 000"[17].

Im Hinblick auf beide Konzepte gibt es viele Für und Wider. Ein allgemein gültiges pastorales Rezept für die Neuordnung der Diözesangrenzen in der Gesamtkirche wird und kann es nie geben. Für überschaubare Gebiete aber – etwa eines Landes oder einer Bischofskonferenz – könnten Modelle entwickelt werden, die eine gezielte, planmäßige und großräumige Neugliederung vorbereiten.

Alle konkreten Versuche, die heutigen Diözesangrenzen in der Bundesrepublik zu ändern, werden auf einem Kompromiß beruhen, der zwischen den beiden Richtungen zu suchen ist. Radikale Konzepte gehen zumeist an der Wirklichkeit vorbei. Nur praktikable Modelle führen weiter.

[13] Ebd.
[14] LThK, II. Erg.Bd., S. 193, Nr. 24.
[15] Klostermann, II, S. 12 ff. Hier weitere Literaturangaben.
[16] Ebd. S. 12.
[17] Ebd. S. 13.

Grundsätzliche Überlegungen dieser Art regte Professor Exeler im Rahmen eines Doktorandenkolloquiums des Seminars für Pastoraltheologie an der Universität Münster an[18]. Das Ergebnis verdient es, vorgestellt und bedacht zu werden. Auf dem Hintergrund der vom Konzil und der Synode erarbeiteten Richtlinien für eine Neuordnung der Bistumsgrenzen schreit die Situation der Diözesen in der Bundesrepublik nach Reform. Die Zahl der Katholiken und auch der für die interdiözesane Kommunikation bedeutende Gebietsumfang sind in den 22 Bistümern der Bundesrepublik sehr unterschiedlich.

Das Erzbistum Köln zählt 2 675 000 Katholiken und ist mehr als sechsmal größer als das kleinste Bistum Eichstätt mit 400 000. Die Diözese Osnabrück ist mit 45 400 qkm etwa vierundzwanzigmal größer als das kleinste Bistum Essen mit 1872 qkm[19]

Die Flächen einzelner Diözesen (Freiburg, Augsburg) haben auf der Landkarte ein eigenartiges Aussehen. Mehrere Bistümer weisen zerstükkelte Territorien auf. Mainz, Münster, Osnabrück und Paderborn bestehen aus zwei nicht zusammenhängenden Gebietsteilen. Enklaven mitten im Territorium anderer Diözesen haben die Bistümer Fulda, München, Paderborn und Trier[20]. Auch die fast unverständliche topographische Lage einiger Bischofssitze (Eichstätt, Limburg, Rottenburg), das sehr unterschiedliche Kirchensteueraufkommen und die häufigen Überschneidungen von kirchlichen und staatlichen Grenzen müßten bei einer Reform bedacht werden[21].

Das alles ruft nach Reform. Wo aber sind überzeugende, konkrete Kriterien für eine Neuordnung? Wo soll angesetzt werden? Ein theologischer Ansatz, der von den Grundfunktionen der Kirche oder vom Wesen und der Aufgabe eines Bistums ausgeht, ist zu allgemein[22]. Theologische Richtlinien für die Umschreibung oder Neuordnung von Diözesangrenzen gibt es nicht. Auch das CIC (= kath. kirchliches Gesetzbuch) befaßt sich nicht mit dem Territorium der Diözesen[23].

Der erwähnte Arbeitskreis um Exeler versuchte, aus dem Bereich der profanen Raumordnung und Raumplanung Gesichtspunkte und Kriterien für eine Reform der Diözesanumschreibung zu gewinnen[24] und über-

[18] Ausgearbeitet von Bartsch — Sieverding, Neuordnung. Dies., Neugliederung/NRW. Dort weitere Lit. Das in Diakonia, (1973), Heft 2, S. 108, Anm., angekündigte größere Werk über kirchliche Raumplanung ist — nach freundlicher Auskunft Prof. Exelers — nicht erschienen. Exeler veröffentlichte in KNA, (1973) Nr. 20, S. 1 ff. einen Artikel zu diesem Thema.

[19] Kirchliches Handbuch. Amtliches statistisches Jahrbuch der katholischen Kirche Deutschlands, hrsg. von Groner, Bd. XXVII, (1969—1974), Köln 1975; vgl. Bartsch-Sieverding, Neuordnung, S. 109 f.

[20] Ebd. S. 110 f.

[21] Ebd. S. 111.

[22] Ebd. S. 112 f.

[23] Ebd. S. 114.

[24] Ebd. S. 114.

nahm den Ansatz des Diskussionspapiers „Kirche und Raumstruktur"[25], das ein Arbeitskreis des Kommissariats der deutschen Bischöfe in Bonn vorgelegt hat[26]. Dieser Ansatz ist berechtigt, weil bei der Neuordnung der Diözesen vorrangig nach einem Raum gefragt wird, in dem ein Bistum als Teil- oder Ortskirche seine Sendung und Aufgabe optimal erfüllen kann[27]. Zudem kann die Kirche ihre gesellschaftliche Funktion wirkungsvoller ausüben, wenn kirchliche und staatliche Strukturen möglichst übereinstimmen[28].
Die Raumplanung sieht den Raum nicht als Verwaltungsgebiet sondern als Lebensraum. „Hauptgliederungsprinzip ist dabei die Zentralität. Als Zentralität wird der Bedeutungsüberschuß der Einrichtungen eines Ortes (zentraler Ort) über den Bedarf der ortsansässigen Bevölkerung hinaus gewertet"[29]. Man unterscheidet drei Zentralitätsstufen: Nahbereiche, Mittelbereiche, Oberbereiche[30]. Im Nahbereich soll der tägliche Bedarf befriedigt werden können. Mehrere Nahbereiche brauchen ein Mittelzentrum, das gehobene Bedarfsansprüche deckt. Mehrere Mittelbereiche bilden einen Oberbereich mit einem Oberzentrum, das höhere und spezielle Wünsche erfüllen soll[31]. Diese zentralörtliche Gliederung könnte für die kirchliche Raumplanung einen konkreten Ansatz bieten.
In den meisten Bundesländern existieren schon Raumordnungspläne, auch wenn die vom Grundgesetz in Artikel 29 geforderte Neuordnung der Länder noch nicht durchgeführt ist[32]. Nordrhein-Westfalen gilt auf dem Gebiet der Raumplanung als besonders fortschrittlich. Die Gliederung nach zentralörtlichen Bereichen ist bereits durchgeführt, und bei der geplanten Grenzreform sind in diesem Bundesland keine wesentlichen Änderungen zu erwarten. Nordrhein-Westfalen bietet sich deshalb für eine Neuumschreibung der Bistumsgrenzen geradezu als Modell und Beispiel an[33].
Der Kreis um Exeler griff diese Anregung auf und erarbeitete zwei konkrete Vorschläge zur Neugliederung der Bistümer in Nordrhein-Westfalen[34]. Der erste Plan legt die Gliederung nach zentralörtlichen Gesichtspunkten zugrunde. Der zweite Vorschlag geht von den Verwaltungsbereichen aus.

[25] Kirche und Raumstruktur. Notwendigkeit und Möglichkeiten einer Neustrukturierung im Bereich der katholischen Kirche, in: Raum und Siedlung, Heft 6, Juni 1971, S. 139 ff.
[26] Vgl. Bartsch-Sieverding, Neuordnung, S. 108, Anm. 2; S. 114, Anm. 23.
[27] Ebd. S. 114, Anm. 24.
[28] Ebd. S. 112.
[29] Ebd. S. 115.
[30] Terminologie von der Ministerkonferenz für Raumordnung übernommen: Ebd. S. 115, Anm. 30.
[31] Ebd. S. 115. Hier weitere Literatur.
[32] Ebd. 116.
[33] Bartsch-Sieverding, Neugliederung/NRW, S. 193.
[34] Ebd. S. 193 ff.

Die Gliederung Nordrhein-Westfalens nach zentralörtlichen Bereichen sieht 15 Teilräume vor: Aachen, Bielefeld, Bonn, Dortmund, Düsseldorf, Duisburg, Essen, Hagen, Köln, Krefeld, Mönchengladbach, Münster, Paderborn, Siegen, Wuppertal[35].

Drei dieser Teilräume bilden weitgehend das Territorium des derzeitigen Bistums Aachen:

Teilraum Aachen mit dem Stadtkreis Aachen und den Kreisen Aachen, Düren, Jülich, Monschau, Schleiden, Geilenkirchen-Heinsberg und Erkelenz:
1 016 390 Einwohner, davon
817 251 Katholiken.

Teilraum Mönchengladbach mit den Stadtkreisen Mönchengladbach, Rheydt und Viersen:
251 167 Einwohner, davon
178 678 Katholiken.

Teilraum Krefeld mit dem Stadtkreis Krefeld und den Kreisen Kempen-Krefeld und Geldern:
566 669 Einwohner, davon
403 911 Katholiken[36].

Wegen der geringen Katholikenzahl im Teilraum Mönchengladbach und der fortschreitenden wirtschaftlichen und kulturellen Integration der beiden Teilräume Krefeld und Mönchengladbach rät der Münsteraner Kreis zu einer Zusammenfassung und befürwortet die Errichtung e i n e s Bistums Krefeld-Mönchengladbach[37]. Die Gliederung nach zentralörtlichen Bereichen sieht demnach für Nordrhein-Westfalen 14 Bistümer vor.

[35] Ebd. S. 193.

[36] Ebd. S. 194: Übersicht I. Stichtag für Zahlenangaben: 27. Mai 1970. In der Übersicht I, S. 194, zählen Bartsch und Sieverding den Kreis Erkelenz noch zum Teilraum Mönchengladbach. Nach der kommunalen Neugliederung muß jedoch der Kreis Erkelenz (96 659 Einwohner, davon 71 713 Katholiken), obwohl er zum Oberzentrum Mönchengladbach tendiert, zum Teilraum Aachen gerechnet werden (vgl. S. 196). Die Tabelle S. 195 berücksichtigt diese Änderung, weist aber bei der Bevölkerungszahl der Teilräume Krefeld-Mönchengladbach einen Fehler auf. In diesem Raum wohnten am 25. Mai 1970 nicht 717 836 sondern 817 836 Einwohner.

[37] Ebd. S. 196.

Die Zahl der Bevölkerung und der Katholiken verteilt sich auf diese Territorien wie folgt[38]:

Bistum	*Katholiken*	*Bevölkerung*
1. Essen	1 516 966	3 022 869
2. Köln	1 252 343	2 005 252
3. Münster	918 142	1 241 229
4. Dortmund	837 797	1 777 014
5. Aachen	817 251	1 016 390

[38] Zahlenangaben (Stand 27. Mai 1970) aus der Tabelle bei Bartsch-Sieverding, Neugliederung/NRW, S. 195.

Bistum	*Katholiken*	*Bevölkerung*
6. Krefeld-M.Gladbach	582 589	817 836
7. Düsseldorf	563 735	1 165 929
8. Duisburg	557 287	1 168 470
9. Bonn	523 664	773 413
10. Paderborn	362 832	452 490
11. Wuppertal	287 322	970 603
12. Bielefeld	264 592	1 392 541
13. Hagen	191 870	705 179
14. Siegen	167 077	404 489

Ein zweiter Vorschlag des Münsteraner Kreises geht von der kommunalen und staatlichen Verwaltungsstruktur aus. Schon das Konzil hatte geraten, bei einer Neuordnung der Diözesen „die Grenzen der staatlichen Bezirke" zu beachten[39]. Nach dem Beschluß der Synode soll ein Bistum „die Grenzen staatlicher und kommunaler Verwaltungsgliederungen nach Möglichkeit nicht überschneiden"[40].

Der in Nordrhein-Westfalen unternommene Versuch einer grundsätzlichen Neugliederung der Verwaltungsbezirke ist bezüglich der Neuumschreibung der Gemeinden und Kreise weitgehend abgeschlossen. Die Kreise und die kreisfreien Städte haben in der Regel eine Mindestgröße von 150 000 bis 200 000 Einwohnern[41]. Von den bisher sechs Regierungsbezirken in Nordrhein-Westfalen bleiben nurmehr vier bestehen, und zwar je zwei für den rheinischen und den westfälischen Landesteil[42].

Legt man diese Verwaltungsbereiche für eine Neugliederung der Bistümer zu Grunde, dann erweist sich die Basis der Kreise und der kreisfreien Städte als zu schmal, die der Regierungsbezirke als zu groß. Als Ausgangspunkt könnten die Oberzentren eines Regierungsbezirks dienen. Da ein oberzentraler Bereich jedoch keine Verwaltungseinheit ist, gibt es Kreise, die zu verschiedenen Oberzentren gehören. Der Neugliederungsvorschlag nach Maßgabe der Verwaltungsbereiche weicht deshalb dort von der oberzentralen Gliederung ab, wo Kreisgrenzen durchschnitten werden; denn Kreise sollen einheitlich zum Territorium eines Bistums gehören[43].

Aufgrund dieser Vorraussetzungen bietet der zweite Vorschlag für die Neuumschreibung der Bistümer in Nordrhein-Westfalen folgendes Bild:

[39] „Christus Dominus", Nr. 23.
[40] Synode, 5/1974, S. 10, 3.1.
[41] Bartsch-Sieverding, Neugliederung/NRW, S. 196.
[42] Ebd. S. 197.
[43] Ebd. S. 197.

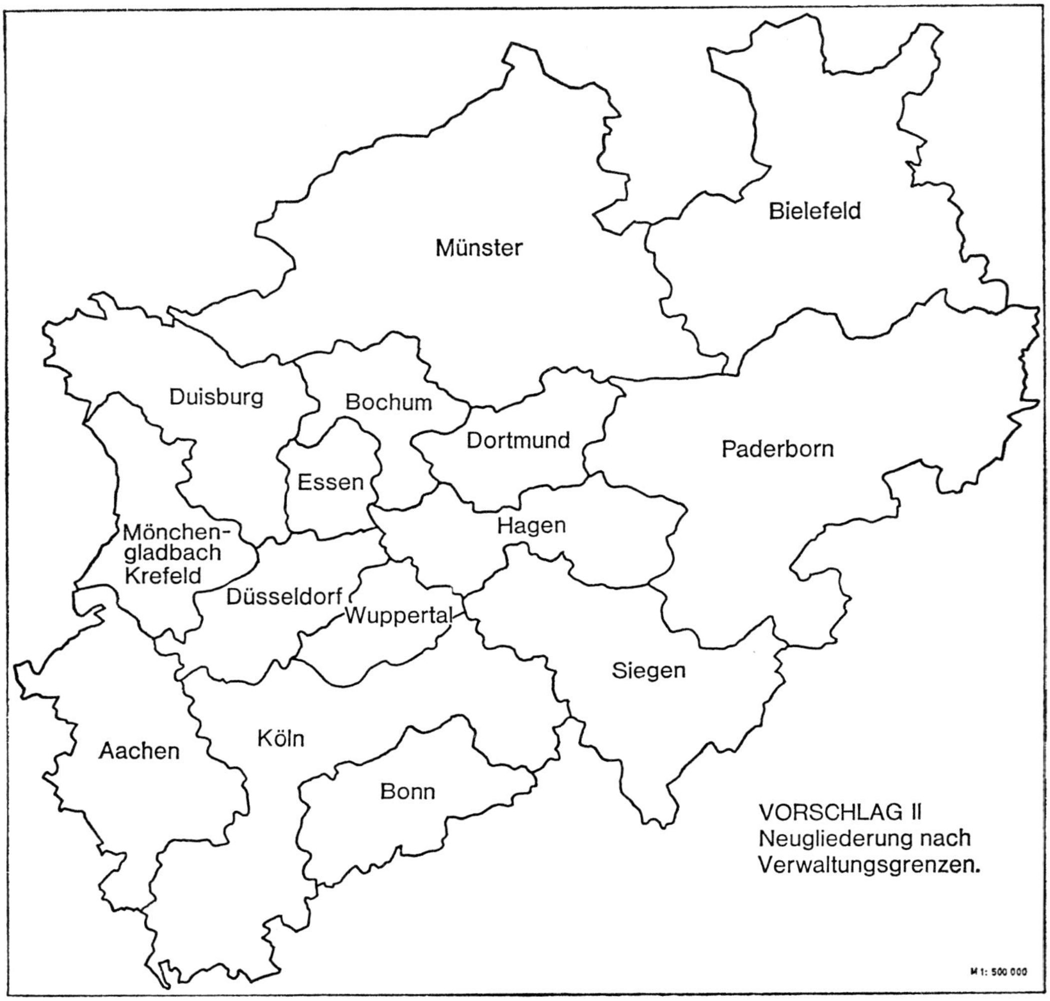

Bistum	*Katholiken*	*Bevölkerung (ungef.)*
1. Köln	1 175 000	1 826 000
2. Münster	1 043 000	1 386 000
3. Essen	833 000	1 675 000
4. Aachen	759 000	952 000
5. Düsseldorf	740 000	1 425 000
6. Duisburg	587 000	1 169 000
7. Krefeld-M.Gladbach	583 000	818 000
8. Paderborn	557 000	839 000
9. Bochum	533 000	1 106 000

Die nach diesem Vorschlag abgegrenzten Diözesen hätten folgende Größenordnung[44]:

Bistum	*Katholiken*	*Bevölkerung (ungef.)*
10. Bonn	425 000	651 000
11. Dortmund	421 000	1 107 000
12. Hagen	382 000	966 000
13. Wuppertal	344 000	1 078 000
14. Bielefeld	264 000	1 392 000
15. Siegen	227 000	645 000

Beide Vorschläge zeigen eine verblüffende Übereinstimmung hinsichtlich der Zahl und der Zentren der Bistümer. Zum Teil beträchtliche Abweichungen ergeben sich bei der Abgrenzung und der Größenordnung. Ein weiterer Vergleich dieser Neugliederungsvorschläge und ein Abwägen des Für und Wider beider Pläne würden den Rahmen dieser Darstellung sprengen[45].

Wie weit die Vorstellungen des Münsteraner Kreises praktikabel sind, wird erst die Zukunft beweisen müssen.

Das Fragezeichen, das die „Westdeutsche Zeitung" hinter ihre mehrzeilige Überschrift „Bischofssitz auf dem Abteiberg?" setzte, muß auch weiterhin bestehen bleiben[46]. Optimistische Ideen aber stehen am Anfang jedes Veränderungsprozesses, und die Idee ist geboren.

[44] Zahlen aus der Tabelle bei Bartsch-Sieverding, Neugliederung/NRW, S. 198.
[45] Dazu: Ebd. S. 198 ff.
[46] A.a.O., 20. April 1974, Nr. 92.

Biographisches Register

Beissel, Louis 218
✱ 24. Sept. 1842 Aachen, † 23. Juni 1914
Nadelfabrikant, Geh. Kommerzienrat, 1880–1914 Stadtverordneter, Mitbegründer Arbeiterinnenhospiz, Louis-Beissel-Straße Aachen. (GAiD, Juni 1914, S. 260; Club Aachener Casino, Nr. 608, S. 186).

Bellesheim, Alfons 63, 72, **78 f.,** 85, 87, 198

Papst **Benedikt XV** (Giacomo della Chiesa) 96 f., 100 f.
✱ 21. Nov. 1851 Genua, † 22. Jan. 1922
1878 Priester, 1883 Nuntiatursekretär, 1887 an der röm. Kurie, 1907 EB Bologna, 1914 Kardinal, Sept. 1914 Papst. (LThK, II, Sp. 178 f.).

Berdolet, Marcus Antonius 28, 147, 200, 224
✱ 13. Sept. 1770 Rougemont/Elsaß, † 13. Aug. 1809
Kpl. Belfort, 30 Jahre Pfr. Pfaffans, 1796 konstitutioneller Bischof Diözese Oberrhein/Elsaß, 1802–1809 Bischof v. Aachen. (Schiffers, Aachen, S. 84 f.; Friedrich).

Berg, Msgr. Prof. Dr. theol. Ludwig 90 f.
✱ 7. Dez. 1874 Saarbrücken, † 6. Jan. 1939
1902–1935 Rel.-Lehrer Hindenburgschule Aachen, 1915–1918 Feldgeistlicher Großes Hauptquartier. (GAiD, Jan. 1939, S. 323. L. Berg, Ein Kirchenfürst im Felde, Köln 1916).

Bergen, Diego von 97, 100
✱ 30. Okt. 1872 Bangkok, † 7. Okt. 1944 Wiesbaden
✱ 30. Okt. 1872 Bangkok, † 7. Okt. 1944 Wiesbaden
beim Hl. Stuhl. (Hanus, S. 406 ff.; NDB, 2, S. 78).

Berlage, Franz Karl 59
✱ 28. Aug. 1835 Salzbergen, † 27. Jan. 1917 Köln
1859 Priesterweihe Trient, Konviktpräses u. Gymnasiallehrer Meppen, 1864 Pfr. Kopenhagen, 1870 Domvikar Osnabrück, 1880 Reg.-Rat Straßburg, 1886 Domprobst Köln. (Kosch, I, Sp. 165; Weber, S. 112 mit Anm. 18; Trippen, S. 266 f.).

Berrenrath, Dr. theol. et. phil. Christian 124
✱ 10. März 1857 Bachem b. Köln, † 1. Jan. 1941
1884 Priester, 1889 Seminarprof. f. Dogmatik u. Moral, 1912 Subregens, 1914 Präses Priesterseminar, 1921 Domkapitular, 1930–1937 Offizial. (Hecker, S. 243 f.).

Beyer, Karl Adalbert, Freiherr von 174
✱ 29. Febr. 1764 Herzogenbusch, † 21. Apr. 1842
1787 Priester, 1790 Abt Hamborn, nach Aufhebung der Abtei nach Düsseldorf, 1827 Weihbischof Köln, 1831 Dompropst. (Handbuch Köln. 21 [1911], S. XL).

Binterim, Anton Josef 164, 168, 206
✱ 19. Sept. 1779 Düsseldorf, † 17. Mai 1855 Bilk
1796 Eintritt Franziskanerorden, theol. Studium Aachen, 1802 Priester, 1805 Pfr. Bilk. (Schönig, Anton Josef Binterim [1779–1855] als Kirchenpolitiker und Gelehrter, Düsseldorf 1933; ADB, 2, S. 652; NDB, 2, S. 249; Kosch, I, Sp. 183 f.; Müller, S. 342 ff.).

Bismarck, Otto Fürst von 177
✱ 1. April 1815, † 30. Juli 1898
Preuß. Ministerpräsident 1862–1890, Reichskanzler 1871. (Brockhaus).

Bock, Dr. jur. Adam 42 f., 45, 49, 53, 60, 63, 65 f., 185, 191, 224 f.
✱ 21. Nov. 1830, † 1. Nov. 1912
Päpstl. Geheimkämmerer, 1877 Reichstagsabg. f. Wahlkreis Aachen – Eupen. (GAiD, Nov. 1877, S. 198, Nov. 1910, S. 253).

Bornewasser, Dr. theol. Franz Rudolf 101 f., 105, 119, 180
✶ 12. März 1866, † 20. Dez. 1951 Trier
1894 Priester, Tit.-Bischof v. Bita u. Weihbischof v. Köln, 1921 Stiftspropst Aachen, 1922 Bischof Trier, 1944 Tit.-Erzbischof (Hecker, S. 247).

Bosse, Julius Robert 51, 60, 62, 177 f.
✶ 12. Juli 1832 Quedlinburg, † 31. Juli 1901 Berlin
1872 Oberpräsidialrat Hannover, 1876 vortr. Rat Kultusministerium Berlin, 1889 Unterstaatssekretär Reichsamt des Inneren, 1891 Staatssekretär Reichsjustizamt, 1892–1899 Kultusminister. (Lüdicke, S. 11; NDB, 2, S. 484).

Brandts, Franz 218
✶ 12. Nov. 1834 Mönchengladbach, † 5. Okt. 1914 ebd.
Einführung der maschinellen Textilindustrie am Niederrhein, 1880 erster Vors. d. Verbandes Arbeiterwohl, 1890 erster Vors. d. Volksvereins f. d. kath. Deutschland (Kosch-Kuri, I, S. 151).

Braun, Otto 115
✶ 28. Jan. 1872 Königsberg, † 14. Dez. 1955 Lugano
Sozialdemokrat, seit 1918 wiederholt Minister, 1920–1932 mit kurzer Unterbrechung Preuß. Ministerpräsident, 1933 Flucht in die Schweiz (Kosch-Kuri, I, S. 155).

Brecher, Dr. theol. August 202
✶ 30. Sept. 1920
1947 Priester, Studiendirektor Stolberg, Fachleiter für kath. Religionslehre.

Brinkmann, Johann Bernhard 42
✶ 4. Febr. 1813 Everswinkel b. Münster, † 13. Apr. 1889 Münster
1839 Priester, Seelsorger Beckum, Münster, Kevelaer, 1857 Generalvikar Münster, 1870 Bischof ebd., wegen Nichtbeachtung der Maigesetze verurteilt, 1875 vom Gerichtshof f. kirchl. Angelegenheiten abgesetzt, 1875–1884 freiwillige Verbannung Holland, 1884 Rückkehr nach Münster (Aufhebung des Absetzungsdekrets durch Wilhelm I) (Kosch, I, Sp. 255; Schürmann, Johann Bernhard Brinkmann, Bischof von Münster, im Kulturkampf, Münster 1906²).

Brugger, Philipp 97
✶ 28. Mai 1865 Wiesloch/Baden, † 16. Okt. 1943 Konstanz
1891 Gerichtsreferendar Bautzen, 1898 Bürgermeister Oppeln, 1900–1907 Beigeordneter Stadt Köln, 1907 Geh. Reg.-Rat Kultusministerium Berlin, 1919–1921 Reg.-Präsident Köln. (Lüdicke, S. 117; Klein, Die Kölner Regierungspräsidenten, 1816–1966 – Ihr Leben und Wirken, in: 150 Jahre Regierungsbezirk Köln, Berlin 1966, S. 106 f.; Kosch, I, Sp. 267).

Buchkremer, Prof. Dr. h. c. Joseph 92, 103
✶ 27. Okt. 1864 Aachen, † 11. Jan. 1949
Münsterbaumeister, Kunsthistoriker, 17. Febr. 1949 Buchkremerstraße (vorm. Edelstr.) (Kosch, I, Sp. 276; GAiD, Jan. 1949, S. 358; BDA: Totenzettel).

Bülow, Bernhard Heinrich Martin Karl Graf von 39, 66, 76 ff., 178
✶ 3. Mai 1849 Klein-Flottbeck/Holstein, † 28. Okt. 1929 Rom
1874 Auswärtiges Amt, 1888 Gesandter Bukarest, 1893 Botschafter beim Quirinal, 1897 Staatssekretär des Auswärtigen Amtes, Oktober 1900 Reichskanzler u. Preuß. Ministerpräsident, „weißer Bülow" zur Unterscheidung von seinem Bruder Otto, 22. Juni 1899 Grafenstand.

Bülow, Otto Hans Theodor 49 f.
✶ 28. Dez. 1827 Frankfurt/M., † 22. Nov. 1901 Rom
seit dt.-franz. Krieg als Vertreter des Ausw. Amtes Reisebegleiter Kaiser Wilhelm I, 1881 Gesandter Stuttgart, 1882 dsgl. Bern, 1892–1898 preuß. Vatikangesandter, „schwarzer Bülow" (Hanus, S. 382 ff.).

Buschmann, Johannes Joseph **45,** 57, 70, 72, 80, 85

Camus, Jean Denis François 28, 31, 200
✱ 28. Febr. 1752 Chartres, † 26. Apr. 1814 Paris
Generalvikar Nancy bis Revolutionsausbruch, 1806 Generalvikar Meaux, 1810 Bischof Aachen, jedoch wegen Konflikt zwischen Pius VII und Napoleon nicht bestätigt, keine Bischofsweihe (Handbuch Aachen, S. 35).

Caprara, Giovanni Battista 27
✱ 29. Mai 1733 Bologna, † 21. Juni 1810 Paris
1758 Vizelegat Ravenna, 1767–1775 Nuntius Köln, 1775–1785 dsgl. Luzern, 1785–1793 dsgl. Wien, 1792 Kardinal, 1800 Bischof Jesi, 1802 EB Mailand (LThK, II, Sp. 930 f.).

Caprivi, de Caprera Montecuculi, Leo Graf von 49
✱ 24. Febr. 1831 Berlin, † 6. Febr. 1899 Skyren b. Crossen
1883–1888 Chef d. Admiralität, 1890–1892 Preuß. Ministerpräsident, 1890–1894 Reichskanzler (ADB, 47, S. 445 ff.; NDB, 3, S. 134 f.).

Claessen, Anton Gottfried 175, 200 f.
✱ 11. Dez. 1788 Gangelt, † 29. Sept. 1847 Köln
1812 Priester, 1840 Stiftspropst Aachen (Nachfolger von Bruder Joh. Matthias), Reg.-Rat, Stadtdechant, 1844 Dompropst Köln, 1845 Weihbischof Köln (Sträter, Anton Gottfried Claessen (1788–1847), undat. Ausschnitt aus unbek. Zeitung, Jan./Febr. 1927?, in: Sträter, Sammlung, I, S. 62–65; Handbuch Köln, 21 [1911], S. XL).

Claessen, Johann Matthias 33, 200 f.
✱ 24. Aug. 1784 Gangelt, † 9. Aug. 1839 Aachen
1810 Priester, Vikar Doveren, 1814 Pfr. Gilrath, 1820 Pfr. Geilenkirchen, 28. Jan. 1826 erster Propst Kollegiatstift (Sträter, Johann Matthias Claessen, erster Propst des erneuerten Stiftskapitels in Aachen [1826–1839], undat. Ausschnitt aus unbek. Zeitung, in: Sträter, Sammlung, I, S. 23–26; GAiD, Jan. 1826, S. 122; Brecher, Oberpfarrer Nellessen, passim.

Papst **Clemens VIII** (Ippolito Aldobrandini) 213
✱ 24. Febr. 1536 Fano, † 5. März 1605
hervorragender Jurist, 1585 Kardinal, Legat Polen, 1592–1605 Papst (LThK, II, Sp. 1226 f.).

Contzen, Johann 37, 198, 222
✱ 25. Okt. 1809 Aachen, † 18. Jan. 1875 Aachen
1829 Abitur, 1. Jan. 1848 Polizeidirektor Aachen, Mai 1848 Wahl in preuß. Nationalvers., 1849 Vertreter OB Pelzer, 1851 verwaltender Bürgermeister, 1851–1874 OB Aachen: (GAiD: zu den angegeb. Daten; ADB, 4, S. 455 ff.; Kosch, I, Sp. 354).

Cronenberg, Franz Peter Eduard 217
✱ 6. Okt. 1836 Düren, † 10. Dez. 1897
1864 Priester, Rektor höhere Schule Lindlar, 1868 Kpl. St. Adalbert, Aachen, 8. Sept. 1869 Gründer Paulusverein, 1887 Pfarrvikar Schiefbahn, 1894 Rektor Kapelle Vorst/Pfarre Büttgen. (Lepper, Cronenberg: GAiD, Apr. 1870, S. 185).

Custodis, Carl 104
✱ 24. Jan. 1875 Köln, † 4. Jan. 1944 Oberwinter
17. Juni 1906 Heirat mit Julie Heimann, Rechtsanwalt Köln, Vors. d. Aufsichtsrats Kölner Bürgergesellschaft AG, Präsident Rechtsanwaltskammer Köln, Domsyndikus. (Für diese Angaben bedanke ich mich bei Dr. August Custodis, Kassel).

Dalwigk zu Lichtenfels, Landrat Adolf Freiherr von 102
✳ 3. Juli 1860 Boisdorf, † 20. Nov. 1924
1917–1922 Reg.-Präsident Aachen (GAiD, Okt. 1917, S. 266).

Daniels, Wilhelm 29
✳ 7. Febr. 1778 Düren, † 15. Febr. 1845
8. 1. 1820 zweiter Beig. Bürgermeister Aachen, 6. März Städt. Verwaltung mit Dr. med. M. Solders (Friedrich Wilhelm III hat Rücktritt von OB Guaita angenommen, Stelle nicht neu besetzt), 1826 erster Beigeord. u. Wahrnehmung der OB Geschäfte (bis Okt. 1831), 1820–1826 u. 1830–1831 Vors. Handelskammer (GAiD, Jan. u. März 1820, S. 116).

Dauzenberg, Johann Aloys 52, 54 ff., 69, 167, 179, 222 f.
✳ 15. Apr. 1831 Burtscheid, † 22. Dez. 1907
1854 Priester, 1855 Kpl. Raeren, 1860 Seelsorger Irrenanstalt Siegburg, 1868 Pfr. Kaiserswerth.

Deboeur, Anton Wilhelm 31
✳ 30. Nov. 1765 Aachen, † 14. Jan. 1847
1788 Priester, Kanoniker St. Peter, Lüttich, später Sekretär Generalvikariat, Aachen, Domkapitular. (Janssen-Lohmann, I, Sp. 286, Nr. 108; BDA: Totenzettel).

Dechamps, Victor-Auguste (CSSR) 202
✳ 6. Okt. 1810 Melle b. Gent, † 29. Sept. 1883 Mecheln
1834 Priester, 1835 Ordenseintritt, Lektor Theologie Wittem/Limburg, Volksmissionar, Kanzelredner, Rel.-Lehrer d. Kinder Leopolds I. v. Belgien, 1865 Bischof Namur, 1867 EB Mecheln u. Primas Belgien, 1875 Kardinal, 1. Vatik. Konzil mit Kardinal Menning Führer der Infallibilisten (LThK, III, Sp. 183 f.)

Deitmer, Joseph Carl Maria 121
✳ 12. Aug. 1865 Münster, † 16. Jan. 1929 Berlin
1887 Priester, Kpl. Kevelaer, 1920 Propst St. Hedwig Berlin u. Fürstbischöfl. Delegat, 1923 Weihbischof Diözese Breslau. (Sitz Berlin). (Weihbischof Dr. Deitmer, ein Lebensbild, Berlin 1929; Kosch, I, Sp. 412).

Dietz, Hermann Joseph 208
✳ 20. Mai 1782 Koblenz, † 22. Okt. 1862 Koblenz
Stadtrat, Freund von Jos. v. Görres, Gründer von Wohltätigkeitsanstalten u. christl. Vereinen, Einführung der Barmherzigen Schwestern vom hl. Karl Borromäus in Koblenz

Drepper, Johannes Franziskus 203
✳ 3. Okt. 1787 Mellrich, † 9. Nov. 1855
1809 Priester, 1845 Bischof Paderborn (Eubel, VII, S. 296).

Droste zu Vischering, Klemens August, Freiherr 34, 160, 174, 204
✳ 21. Jan. 1773 Münster, † 19. Okt. 1845 Münster
1798 Priester, 1807 General- u. Kapitelsvikar Münster, 1827 Koadjutor seines Bruders Kaspar Max, Bischof v. Münster, 1835 EB Köln, 1837 Gefangennahme. (Handbuch Köln, 21 [1911], S. XXX).

Dubelmann, Johann Peter Franz 79
✳ 17. Apr. 1819 Köln, † 10. Nov. 1895
1842 Priester, 1886 Domkapitular.

Ebert, Friedrich 96
✳ 4. Febr. 1871 Heidelberg, † 28. Febr. 1925 Berlin
Sozialdemokrat, seit 1912 Reichstag, 1913 Nachfolger Bebels als Parteiführer, 1918 Reichskanzler, 1919 Reichspräsident (NDB, 4, S. 254 ff.).

Fonck, Martin Wilhelm 28, 30 f., 196, 200 ff.
* 28. Okt. 1752 Goch, † 26. Juni 1830 Köln
1776 Priester, Kanonikus Kranenburg, 1781 Vikar Goch, 1803 Generalvikar Aachen, 1825 Dompropst Köln: GAiD (zu den angegebenen Daten; Handbuch Aachen, S. 37 f.; Friedrich, S. 169 ff.).

Friedrich, Dr. theol. Klaus 28, 200, 224
* 18. Okt. 1938
Laientheologe

Friedrich III. 85
* 18. Okt. 1831, † 15. Juni 1888
1888 für 99 Tage König von Preußen und Kaiser von Deutschland

Friedrich Wilhelm III. 29
* 3. Aug. 1770, † 7. Juni 1840
Preußischer König 1797–1840

Friedrich Wilhelm IV. 34, 208 f.
* 15. Okt. 1795, † 2. Jan. 1861
König von Preußen 1840–1861

Frings, Joseph 191
* 6. Febr. 1887 Neuß
1910 Priester, 1910–1913 Kpl. St. Pius Köln-Zollstock, 1915–1922 Pfarrektor Köln-Fühlingen, 1924–1937 Pfr. Köln-Braunsfeld, 1937–1942 Regens, 1942 EB Köln, 1946 Kardinal, 1969 Resignation

Fuchs, Johannes 105
* 30. Sept. 1874 Bickendorf/Bitburg, † 9. Sept. 1956 Cochem
1920 Reg.-Präsident Trier, 1922–1923 Oberpräsident Rheinprovinz, Ausweisung durch Frankreich, 1923 Reichsminister für die besetzten Gebiete, 1923–1933 Oberpräsident Rheinprovinz, 1945 Oberpräsident Koblenz, Zentrumspolitiker. (Kosch, I, Sp. 874).

Gatzen, Heinrich 92
* 30. Sept. 1843 Aachen, † 21. Febr. 1929 Aachen
Justizrat (Club Aachener Casino, Nr. 938, S. 238).

Gehrmann, Eduard (SVD) 111
* 20. Sept. 1888 Schalmey b. Braunsberg, † 3. Dez. 1960 Siegburg
1915 Priester, 1923 Leiter Päpstl. Hilfsmission f. Rußland in Moskau, 1925 Sekretär Nuntius Pacelli Berlin, 1930 dsgl. Nuntius Orsenigo, nach dem 2. Weltkrieg Leiter Missionshaus St. Rupert Bischofshofen, 1947–1950 Leiter Missionsh. Varone, Norditalien, 1950 Seelsorger Krankenhaus Siegburg (Steyler Missionschronik 1962, S. 205).

Geissel, Johannes von 36 f., 139 f., 143, 148 f., 156 f., 160 ff., 172 ff., 196, 201, 203, 209, 216, 221
* 5. Febr. 1796 Gimmeldingen/Rheinpfalz, † 8. Sept. 1864 Köln
1818 Priester, 1822 Domkapitular Speyer, 1836 Domdechant, 1836 Bischof Speyer, 1841 Koadjutor des EB Klemens Aug. Köln, 1846 EB Köln, 1850 Kardinal (Handbuch Köln, 21 [1911], S. XXX; Lill, Geissel; ADB, 8, S. 520 ff.; NDB, 6, S. 157 f.; Kosch, I, Sp. 962 ff.).

Hardenberg, Karl August Fürst von 28
* 31. Mai 1750 Essenrode, † 26. Nov. 1822 Genua
1770 hannov. Rat Reichskammergericht, 1778 Gesandter im Haag, 1782–1790 in braunschw. Diensten, 1790 Minister d. frank. Fürstentümer, ebd. 1791 in preuß. Verw. übernommen, 1804 Minister des Auswärtigen, 1810 Staatskanzler (ADB, 10, S. 572 ff.; NDB, 7, S. 658 ff.; vgl. Hanus, S. 154 ff.).

Hartmann, Felix von 88, 90 ff., 96 f., 128, 151, 169, 180, 189
* 15. Dez. 1851 Münster, † 11. Nov. 1919 Köln
1874 Priester, 1905 Generalvikar Münster, 1911 Bischof Münster, Okt. 1912 Wahl EB Köln, Apr. 1913 Inthronisation, 1914 Kardinal (Kosch, I, Sp. 1365; NDB, 7, S. 741 f.).

Hartmann, Julian von 46, 75, 90
* 20. Juni 1842 Münster, † 6. März 1916 Münster
1892–1907 Reg.-Präsident Aachen, später Wirkl. Geh. O. Reg.-Rat (GAiD, Apr. 1892, S. 220).

Heilig, Michael (CSSR) 202
* 7. Sept. 1808 Winterbach/Württemberg, † Sept. 1887 Vaals
1836 Priester, 1839 Rektor des Hauses Wittem/Holland, Gründer von Niederlassungen in Koblenz, Aachen Vaals, Erbauer des Juvenatshauses Vaals (1883) während seinem zweiten Provinzialat. (Kosch, I, Sp. 1449).

Held, Friedrich (CSSR) 202
* 17. Juli 1799 Brunn b. Wien, † 20. Apr. 1881 Vaals
als Student Begegnung mit Clemens Maria Hofbauer u. Eintritt in dessen Genossenschaft, 1823 Priester, befreundet mit Bischof Laurent (Kosch, I, Sp. 1480 f.).

Hengsbach, Dr. Franz 190
* 10. Sept. 1910 Velmede/Sauerland
1937 Priester, 1947 Seelsorgeamt Paderborn, 1957 erster Bischof Essen.

Hensel, Luise 196, 208 f.
* 30. März 1798 Linum/Brandenburg, † 18. Dez. 1876 Paderborn
Vater ev. Prediger, 1818 Konversion zum kath. Glauben, 1819 Gesellschafterin Fürstin Salm Münster, 1821 dsgl. Witwe Graf Stolberg, 1827–1832 Lehrerin u. Erzieherin Aachen. (Lit.: Reinkens; Binder; Arens, Hensel; Ders., Dichterin Hensel; Cardauns, Hensel; Schiffers, Diözesangebiet, S. 57; Ders., Aachen, S. 89; Brecher, S. 82 f.; Gatz, Krankenpflege, S. 357 f.; BDA: Totenzettel. Werke: Briefe: „Katholik“, 1878, S. 76 ff.).

Hermes, Georg 160
* 22. Apr. 1775 Dreierwalde/Westf., † 26. Mai 1831 Bonn
1798 Gymnasiallehrer, 1799 Priester, 1807 Prof. Dogmatik Münster, 1819 Berufung nach Bonn. (ADB, 12, S. 192 ff.; NDB, 8, S. 671; Kosch, I, Sp. 1537 f.).

Hertling, Freiherr Georg von 218
* 31. Aug. 1834 Darmstadt, † 4. Jan. 1919 Ruhpolding
1867 Privatdozent Bonn, 1875 Wahl in Reichstag, 1880 Prof. Philosophie München, Febr. 1912 Bayer. Ministerpräsident, 1914 Graf, Okt. 1917 Preuß. Ministerpräsident u. Dt. Reichskanzler, Sept. 1918 Rücktritt (Kosch-Kuri, S. 515 f.).

Hespers, Franz Karl 146, 177
* 12. Okt. 1846 Lank, † 12. Dez. 1915 Köln
1870 Priester, 1888 Gründer Afrikaverein, 1906 Domkapitular Köln (Kosch, I, Sp. 1559).

Heusch, Albert 91 f., 102
✶ 14. April 1868, † 28. Okt. 1944
1911 Stadtverordneter, 1915–1920 Mitgl. Provinziallandtag, Mitgl. Präsidium IHK, 1924–1944 Vors. Caritasverband Stadt Aachen. (BDA Totenzettel).

Heusch, Hermann 24
✶ 23. Juni 1906
1945 Präsident IHK, 1946 Mitgl. Stadtrat Aachen, 1952–1973 OB Aachen. (GAiD, Juni 1945, S. 343; Nov. 1952, S. 372; März 1954, S. 376).

Heuser, Dr. jur. Kaspar Anton 176
✶ 6. Jan. 1822 Düsseldorf, † 3. Apr. 1891 Köln
1844 Priester, 1848 Kuratpriester Bilk, Anhänger Binterims, seit 1849 Mitarbeiter Kolpings bei „Rhein. Kirchenblatt", 1854 Prof. Priesterseminar, 1863 Subregens, 1868 Konsultator 1. Vat. Konzil, 1869 Domkapitular, Ordinariats- u. Generalvikariatsrat, 1886 Offizial (Hecker, S. 182 f.; Kosch, I, Sp. 1571).

Heydt, Freiherr August von der 197
✶ 15. Febr. 1801 Elberfeld, † 13. Juni 1874 Berlin
1848–1862 Preuß. Handelsminister, 1862 Finanzminister, 1866–1869 dsgl.: (ADB, 12, S. 358 ff.; NDB, 9, S. 74 ff.).

Heyer, Prof. Dr. Friedrich 105, 109 ff.
✶ 26. Juni 1878 Mönchengladbach, † 14. Juli 1973 Bonn
1919 Privatdozent Bonn, 1921 Prof. Kirchen-, Staats- u. Vermögensrecht Breslau, 1928 Prof. Bonn, staatl. Verhandlungskommissar beim Preuß. Konkordat (Kosch, I, Sp. 1573; Kosch-Kuri, S. 525).

Hilt, Karl Joseph 218
✶ 15. Aug. 1835 Simmern, † 15. Apr. 1888
1870 Spezialdirektor Vereinigungsgesellschaft für Steinkohlenbau im Wurmrevier, Vors. Knappschaft (GAiD, Apr. 1888, S. 215; Schunder, Geschichte des Aachener Steinkohlenbergbaus, Essen 1968, S. 192 ff.; Franz Hitze, Nekrolog, in: „Arbeiterwohl", Juni 1888).

Höpker-Aschoff, Hermann 115
✶ 31. Jan. 1883 Herford, † 15. Jan. 1954 Karlsruhe
1921 Oberlandesgericht Hamm u. Mitgl. Preuß. Landtag, 1925–1931 Finanzminister, 1945–1946 Generalreferent West. Provinzialreg., 1951 Präsident Bundesverfassungsgericht. (Kosch-Kuri, I, S. 548).

Höveler, Peter 184
✶ 17. Sept. 1847 Kreitz/Holzheim, † 6. Apr. 1927
1872 Priester, Kpl. St. Kunibert Köln, 1896 Rektor Friedhofskapelle Köln-Melaten, 1915 Rektor Kloster vom Guten Hirten Köln. (vgl. Handbücher Köln).

Höver, Philipp 210

Hohenlohe-Schillingfürst, Chlodwig Fürst von 61 f.
✶ 31. März 1819 Rothenburg an der Fulda, † 6. Juli 1901 Ragaz/Schweiz
1866 bayer. Ministerpräsident, 1874–1885 dt. Botschafter Paris, 1885–1894 Statthalter Elsaß-Lothringen, 1894–1900 Reichskanzler, Preuß. Ministerpräsident u. Außenminister. (NDB, 9, S. 484 ff.; Kosch, I, Sp. 1699).

Hohenzollern, Joseph Wilhelm Prinz von 30
✶ 20. Mai 1776 Troppau, † 26. Sept. 1836 Oliva
1800 Priester, 1803 Abt von Oliva, 1808 Wahl zum Fürstabt von Ermland, 1817 Präkonisation, 1818 Konsekration. (ADB, 12 [1880], S. 702 f.; Kosch, II, Sp. 1931 f.).

Kahlen, Johann Josef Hubert Ignaz 157, 220
✶ 3. Sept. 1868 Aachen, † 18. Juni 1929
1892 Priester, Kpl. Köln, Viersen, 1908 Pfr. Raeren, 1917 Pfr. Essen, Mariä Geburt, 1928 Pfr. Mönchengladbach, Mariä Geburt. (Handbuch Köln, 21 [1911], S. 166; BDA: Totenzettel).

Keller, Peter **203**, 207

Kerff, Wilhelm 108
✶ 1. Mai 1897 Vaalserquartier b. Aachen,
Lehrer, seit 1925 Mitgl. Preuß. Landtag (KP), Wahlkreis Köln-Aachen (Handbuch für den Preuß. Landtag 1928, S. 544; dass. 1932, S. 450).

Kessel, Dr. theol. Johann Hubert 201
✶ 3. März 1828 Hubbelrath b. Düsseldorf, † 12. Juli 1891 Astenet
1873 Kanonikus Kollegiatstift, Mitbegründer Aachener Geschichtsverein, Veröffentlichungen von geschichtl. Arbeiten (GAiD, Mai 1873, S. 191).

Ketteler, Wilhelm Emmanuel Freiherr von 217
✶ 25. Dez. 1811 Münster, † 13. Juli 1877 Burghausen/Oberbayern
jurist. Studien, 1835 Referendar, 1838 aus Protest gegen Verhalten Preußens im Kölner Ereignis Austritt, 1844 Priester, 1848 Abg. Frankfurter Nationalvers., 1849 Propst St. Hedwig Berlin, 1850 Bischof Mainz, 1871 Zentrumsabg. Reichstag, 1872 Mandatsniederlegung (LThK, VI, Sp. 128 ff.).

Klingemann, Prof. D. 105, 113
✶ 29. Nov. 1859 London, † 1. Febr. 1946
1883–1890 Pfr. dt. ev. Gemeinde Alexandrien, 1891 Pfr. Essen, 1900 Superintendent Kreissynode Essen, 1913 Generalsuperintendent, 1928–1946 Prof. Bonn (Rosenkranz, Das evangelische Deutschland, Bd. II, Düsseldorf 1958; D. Klingemann, Zum achtzigsten Geburtstag am 29. Nov. 1939, Essen 1939).

Klinkenberg, Michael, 28, 30 f.
✶ 21. Nov. 1752 Großhau b. Düren, † 12. März 1822
Eintritt in Prämonstratenserabtei Steinfeld, 1779 Priester, Lektor Philosophie, Theologie Steinfeld, 1803 Pfr. St. Maria Himmelfahrt Köln, 1807 zweiter Generalvikar Aachen (Handbuch Aachen, S. 38; Friedrich S. 171).

Kolping, Adolf 216 f.
✶ 8. Dez. 1813 Kerpen b. Köln, † 4. Dez. 1865 Köln
1845 Priester, Kpl. Elberfeld, 1848 Domvikar Köln, 1849 Gründung Gesellenverein, Rektor Minoritenkirche (Kosch, II, S. 2278 ff.; Kosch-Kuri, S. 690; LThK, VI, Sp. 401 f.).

Kopp, Georg von 61, 77, 177
✶ 25. Juli 1837 Duderstadt, † 4. März 1914 Troppau
1862 Priester, 1872 Domherr u. Generalvikar Hildesheim, 1881 Bischof Fulda, 1884 Mitgl. Preuß. Staatsrat, 1887 lebenslängl. Mitgl. Preuß. Herrenhaus, 1887 Fürstbischof Breslau, 1893 Kardinal, 1906 geadelt. Kosch, II, Sp. 2286 f.; LThK, VI, Sp. 537; Morsey, Georg Kardinal Kopp, in: Zeitgeschichte in Lebensbildern, Mainz 1973, S. 13 ff.).

Korff, Fritz Freiherr von 102
✶ 2. Aug. 1865 Wesel, † 10. März 1928 Kassel
1907–1920 Landrat Malmedy, 1920 Polizeipräsident Aachen, 1923 durch Besatzung ausgewiesen (GAiD, Febr. 1920, S. 274).

Krementz, Philipp 43, 48 ff., 57, 62, 64, 70, 79, 88, 127, 135, 149 ff., 173
* 1. Dez. 1819 Koblenz, † 6. Mai 1899 Köln
1842 Priester, 1867 Bischof Ermland, 1885 EB Köln, 1893 Kardinal (Kosch, II, Sp. 2351 f.; Weber, S. 10 ff.; Knopp, Dr. Philippus Krementz, Erzbischof von Köln, Trier 1885; Höveler, Kardinal Erzbischof Philippus Krementz, Düsseldorf 1899; Trippen, S. 257 ff.; Gatz, Neubesetzung, S. 207 ff.; Ders., in: Rheinische Lebensbilder, Bd. 6, S. 121–147, Köln 1975).

Kreutzwald, Dr. iur. utr. Peter Karl Aloys 39, 167
* 21. Sept. 1850 Kommern, † 28. Mai 1918
1876 Priesterweihe Eichstätt, Seelsorge Bistum Augsburg, Kpl. am Campo Santo Rom, 1879–1886 Hilfsseelsorger Kommern, 1886–1892 Seminarprof. f. Kirchenrecht, 1892–1895 Offizial, 1894 Generalvikar, 1895 Domkapitular (Hecker, S. 210 f.; Kosch, II, Sp. 2360; Handbuch Köln, 26 [1966], S. 67.

Krieg, Kornelius 182
* 12. Sept. 1838 Weisenbach/Murgtal, † 24. Jan. 1911 Freiburg i. Br.
1866 Priester, 1870 Gymnasiallehrer, 1884 a. o., 1888 o. Prof. f. Pastoraltheologie u. Pädagogik Freiburg, Nachfolger von Alban Stolz. (Kosch, II, Sp. 2366 f.).

Laaf, Johannes 217
* 22. Febr. 1840 Binsfeld b. Düren, † 29. Juni 1906
1866 Priester, Kpl. St. Michael Aachen, 1872 St. Joh. Bapt. Essen, 1887 Pfarrvikar Würselen St. Sebastian, 1889 Vikar Elsdorf, beurlaubt Alexianerkloster Neuß, 1900 Pfr. Berg/Kr. Schleiden, 1905 Pfr. Angelsdorf/Kr. Bergheim (vgl. Handbücher Köln)

Lammers, Alois 104 f.
* 22. Dez. 1877 Peterswaldau/Schlesien, † 27. Juni 1966
1905 Gerichtsassessor, 1909 Staatsanwalt, 1921 Ministerialrat Preuß. Ministerium f. Wissenschaft, Kunst u. Volksbildung, 1925 Staatssekretär (erster kath. Staatssekr. seit Gründung des Kultusministeriums 1817), 1933 Entlassung aus Staatsdienst, 1933–1945 i.R., 1946 Leiter Kulturabt. Oberpräsidium Nordrhein-Provinz (HSTAD: RWN 93, Nr. 8).

Lammertz, Johann Heinrich 202
* 22. Okt. 1804 Burtscheid, † 18. Okt. 1883
1831 Priester, Kpl. Lich, Neuwerk, Pfr. Kessenich, 1852 Pfr. Dietkirchen, 1865 Landdechant, 1869 Ehrendomherr (vgl. Handbücher Köln).

Laurent, Johann Theodor 173, 196, 202, **204 ff.**

Lausberg, Dr. theol. h. c. Peter Joseph 88, 180
* 30. Nov. 1852 Höngen, † 30. Sept. 1922 Köln
1875 Priester, 1876–1880 Kpl. Fouron, Bistum Lüttich, 1880–1889 Rel.-Lehrer, 1889 Domvikar Köln u. Kanzlist Generalvikariat, 1893 Pfr. St. Mariä Empfängnis Düsseldorf, 1900 Seminarpräses Köln (Pastoral, Homiletik, Katechetik), Jan. 1914 Domkapitular, Mai 1914 Weihbischof Köln, Juni Bischofsweihe, 1921 Domdechant. (Kosch, II, Sp. 2513; Handbuch Köln, 26 [1966], S. 59; Hecker, S. 229 f.).

Lauscher, Prof. Dr. Albert 106, 109, 114
* 18. Febr. 1872 Roetgen, † 23. Mai 1944
1897 Priester, 1897–1904 Kpl. Essen, Köln St. Gereon, 1904 Rel.- u. Oberlehrer Essen-Borbeck, 1908 dsgl. Friedrich-Wilhelm-Gymn. Köln, 1917 Prof. Theologie Bonn, 1919 Preuß. Landtag, 1920 Reichstag (Zentrum), 1931 nichtresidierender Domkapitular Köln (Kosch, II, Sp. 2513 f.).

Papst **Leo XII** (Annibale della Genga) 144
✳ 22. Aug. 1760 Schloß Genga b. Spoleto, † 10. Febr. 1829
Geh.-Kämmerer Pius VI., 1793 Tit.-EB Tyros, 1794 Nuntius Köln, 1814 dsgl. Paris, 1816 Bischof Senigallia u. Kardinal, 1820 Vikar Rom, 1823–1829 Papst (LThK, VI, Sp. 952 f.).

Papst **Leo XIII** (Gioacchino Pecci) 43, 46, 59, 63 ff., 78, 82, 176 ff., 203
✳ 2. März 1810 Carpineto, † 20. Juli 1903
1837 Priester, 1838 Delegat Benevent, 1841 Delegat Perugia, 1843–1846 Nuntius Belgien, 1846–1878 Bischof Perugia, 1853 Kardinal, 1878–1903 Papst (LThK, VI, Sp. 953 ff.).

Lepper, Dr. phil. Herbert 217
✳ 9. Juli 1935
Stadtarchivdir. Aachen

Lill, Dr. theol. Rudolf 161
✳ 12. Okt. 1934
Prof. für Geschichte Univ. Köln.

Lingens, Dr. Joseph 196, 214 ff.
✳ 10. Aug. 1818 Aachen, † 31. Okt. 1902 Aachen
1840 Advokat, Dr. iur. h. c. Löwen, 1852 Mitgl. Preuß. Abgeordnetenhaus, Mitbegründer Kath. Fraktion, seit 1871 führender Zentrumspolitiker im Reichstag, zuletzt Alterspräsident (GAiD, Sept. 1858, S. 173; Kosch, II, Sp. 2623).

Linneborn, Prof. Dr. Dr. Johannes 106, 109, 111
✳ 5. März 1867 Hagen b. Arnsberg, † 22. Jan. 1933 Paderborn
1910 Professor Paderborn, 1918 Prof. f. Kirchenrecht, Bonn, 1922 Dompropst Paderborn, 1924–1933 Mitgl. Preuß. Landtag (Kosch, II, Sp. 2629 f.).

Litzinger, Dr. theol. et iur. can. Hermann Joseph Anton 217
✳ 11. Nov. 1839 Essen, † 24. Nov. 1889
1864 Priester, Pfarrvikar Wesseling, beurlaubt zum Weiterstudium, 1871 Kpl. Aachen St. Foillan, 1888 Stiftsherr Aachen. (vgl. Handbücher Köln).

Ludwig (I.) von Bayern 139
✳ 25. Aug. 1786, † 29. Febr. 1868
König 1825–1848.

Lüdemann, Georg Wilhelm von 196
✳ 1796, † 1863
1835–1843 Polizeidirektor Aachen, 1843 Reg.-Rat Liegnitz, Autor von Romanen u. Schilderungen über Städte u. Länder (GAiD, Okt. 1835, S. 134).

Mallinckrodt, Hermann von 210
✳ 5. Febr. 1821 Minden, † 26. Mai 1874 Berlin
1841 Auskulator Paderborn, 1849 Assessor Minden, später Erfurt, Stralsund, Frankfurt/Oder, 1859 Hilfsarbeiter Innenministerium, 1860 Reg.-Rat Düsseldorf, 1867 dsgl. Merseburg, 1872 i. R., seit 1852 Mitgl. Preuß. Abgeordnetenhaus, 1871 Reichstag, führender Zentrumspolitiker. (Kosch, II, Sp. 2755 f.; Kosch-Kuri, II, S. 806 f.).

Mallinckrodt, Pauline von 196, **209**

Maximilian Herzog zu Sachsen, Dr. theol. et iur. utr. 86
✳ 7. Nov. 1870 Dresden, † 12. Jan. 1951 Freiburg/Schweiz
1896 Priester, 1897 Kaplan Eichstätt, 1900 Theologieprof. in Freiburg/Schweiz, 1912 Prof. Priesterseminar Köln, 1921 Prof. Freiburg/Schweiz. (Kosch, II, Sp. 2847 ff.; H. J. Hecker, S. 234 ff.).

Melchers, Paulus 42, 45, 46, 48 f., 53, 61, 70, 79, 135, 147, 149, 151, 173, 175 ff., 212, 222
* 6. Jan. 1813 Münster, † 14. Dez. 1895 Rom
Jurist, 1841 Priester, 1845 Subregens Münster, 1852 Generalvikar ebd., 1857 Bischof Osnabrück, 1866 EB Köln, März–Okt. in Haft, 1875 Leiter der Erzdiözese von Maastricht aus, 1885 auf Wunsch des Papstes Resignation, Kurienkardinal Rom, 1892 Eintritt in Gesellschaft Jesu. (Kosch, II, Sp. 2917 f.; s. auch AA: Abt. IA, II E 11, Bde. 1–3; Zur Neubesetzung des Erzbistums Köln 1885: Gatz, Neubesetzung, S. 207; Ders., Paulus Melchers als Seelsorger, in: AHVN, 177 [1975], S. 144 ff. [dort weitere Lit.] – Krit. Biographie fehlt noch).

Middendorf, Arnold 97, 104
* 4. Apr. 1867 Freren/Hannover, † 5. Jan. 1930 Köln
1891 Priester Brixen, Kpl. Berlin, 1895 Garnisonspfr. Spandau, 1914 Militäroberpfr. f. Belgien in Brüssel, 1915 Feldoberpfr. f. westl. Kriegsschauplatz, 1917 Dompropst Köln (Kosch, II, S. 2993).

Miquel, Johannes von 62
* 21. Febr. 1828 Neuenhaus/Hannover, † 8. Sept. 1901 Frankfurt/M.
1855 Rechtsanwalt Göttingen, 1865 Bürgermeister Osnabrück, 1880 OB Frankfurt/M., 1890 Preuß. Finanzminister.

Möller, Johannes 202
* 1806 Münster, † 11. Dez. 1862 Löwen
Sohn des Philosophen Nikolaus Möller, der im Stolberger Kreis konvertierte, 1834 Prof. Löwen (Kosch, II, Sp. 3032).

Montel, Johannes de, Edler von Treuenfest 48, 61
* 13. Juni 1831 Rovereto, † 21. Nov. 1910 Rom
1855 Priester, 1856–1865 Kpl. an der Anima, 1865 Advokat der Rota, später Konsultor mehrerer Kardinalskongregationen, einflußreich im Vatikan, Kontakt mit Persönlichkeiten der Kirchenpolitik in Deutschland u. Österreich (Weber, passim; ders., Quellen und Studien zur Kurie und zur vatikanischen Politik unter Leo XIII, Tübingen 1973, S. 14 ff. u. passim; Hanus, S. 330 ff., 393 ff.; Gatz, Neubesetzung, S. 209, Anm. 11).

Mooren, Theodor **44,** 47, 50 ff., 60 ff., 68 f., 80 f., 135, 166 f., 179, 189, 191, 196, 222 ff.

Müller, Joseph 78, 101, 179
* 27. Sept. 1845 Sievernich b. Düren, † 21. März 1921 Köln
1869 Priester, 1876–1898 Rel.-Lehrer Apostelgymn. Köln, Apr. 1903 Domdechant, Juni 1903 Weihbischof Köln. (Handbuch Köln, 26 [1966], S. 59; Kosch, II, Sp. 3120).

Müngersdorf, Wilhelm 219
* 22. Febr. 1822 Köln, † 18. Mai 1902 Graz
1846 Priester, Kpl. Aachen St. Jakob, 1850 Eintritt in Kongregation der Lazaristen, 1857–1865 Visitator der dt. Provinz, 1865–1902 dsgl. der österr. Provinz (100 Jahre Lazaristen in Österreich, Graz, 1953, S. 20 ff.).

Müssener, Dr. Hermann 24
* 7. Apr. 1886 Arzheim/Kr. Koblenz, † 6. Sept. 1970 Aachen
1910 Priester, Kpl. Köln St. Maternus, 1914 Domvikar u. Sekretär Generalvikariat Köln, 1931 Bistumssekretär der wiedererrichteten Diözese Aachen, 1933 Prof. f. Kirchenrecht Priesterseminar Aachen, 1935 Domkapitular, 1939 Päpstl. Hausprälat, Offizial, 1943 Dompropst, 1943–1967 Generalvikar, 1967 Bischöfl. Vikar. (Handbuch Aachen, S. 727).

Passerat, Joseph Amand (CSSR) 202
✶ 30. Apr. 1772 Joinville/Champagne, † 30. Okt. 1858 Tournai
1792 Flucht aus franz. Armee, Studium Deutschland, 1796 Redemptorist Warschau, 1797 Priesterweihe Augsburg, 1820 Nachfolger Hofbauers Wien, Gründer von über 40 Niederlassungen in Europa u. Amerika, 1848 wegen Revolution nach Belgien, 1901 Einleitung Seligsprechungsprozeß (LThK, VIII, Sp. 142 f.).

Pastor, Ludwig Freiherr (seit 1916) von 88
✶ 31. Jan. 1854 Aachen, † 30. Sept. 1928 Innsbruck
Studium Löwen, Bonn, Berlin, Wien, Graz, 1881 Privatdozent f. Geschichte Innsbruck, 1887 Prof., 1901 Direktor Österr. Histor. Institut Rom, 1920 Gesandter Österreichs beim Vatikan (Kosch-Kuri, II, S. 958).

Pecci, s. Leo XIII.

Pelzer, Ludwig 49, 98
✶ 11. Juni 1835 Hamm, † 1. März 1915
Rechtsanwalt, 1871–1874 Zentrumsmitgl. Reichstag, 1884–1896 OB Aachen, nach ihm „Pelzerturm" Aachener Wald (GAiD, März 1884, S. 209; Juli 1899, S. 231; Kosch, II, Sp. 3465).

Pesch, Dr. phil. et theol. Rudolf 35
✶ 1936
Professor für Neues Testament in Frankfurt

Papst **Pius VI** (Graf Giovanni Angelo Braschi) 144
✶ 25. Dez. 1717 Cesena, † 29. Aug. 1799 Valence
1758 Priester, 1766 Schatzmeister Apostol. Kammer, 1773 Kardinal, 21. Febr. 1755 Bischof, 22. Febr. Papst – 1799. (LThK, VIII, Sp. 532 f.).

Papst **Pius VII** (Graf Luigi Barnaba Chiaramonti), OSB 28, 34
✶ 14. Aug. 1742 Cesena/Romagna, † 20. Aug. 1823
1766–1775 Prof. Theologie Parma, 1775–1782 Rom, 1782 Bischof Tivoli, 1785 Bischof Imola u. Kardinal, 1800–1823 Papst (LThK, VIII, Sp. 533 ff.).

Papst **Pius IX** (Graf Giovanni Maria Mastai-Ferretti) 175, 215
✶ 13. Mai 1792 Sinigaglia, † 7. Febr. 1878
1819 Priester, 1823–1825 Auditor Südamerika, 1827 EB Spoleto, 1832 Bischof Imola, 1840 Kardinal, 1846–1878 Papst (LThK, VIII, Sp. 536 ff.).

Papst **Pius X** (Giuseppe Sarto) 81, 88, 90, 182
✶ 2. Juni 1835 Riese/Treviso, † 20. Aug. 1914
1858 Priester, 1884 Bischof Mantua, 1893 Patriarch Venedig u. Kardinal, 1903–1914 Papst, 1951 Selig-, 1954 Heiligsprechung (LThK, VIII, Sp. 538 ff.).

Papst **Pius XI** (Achille Ratti) 121 ff.
✶ 31. März 1857 Desio b. Monza, † 10. Februar 1939
1879 Priester, 1882 Prof. Priesterseminar Mailand, 1907 Präfekt der Ambrosiana ebd., 1914 Präfekt Vatikan. Bibliothek, 1919 Nuntius Polen, 1921 EB Mailand u. Kardinal, 1922–1939 Papst (LThK, VIII, Sp. 540 ff.).

Papst **Pius XII** (Eugenio Pacelli) 95 f., 105, 109 ff., 190 f., 225, 227
✶ 2. März 1876 Rom, † 9. Okt. 1958
1899 Priester, 1901 Staatssekretariat, 1909–1914 Prof. f. kirchl. Diplomatie, 1917 Bischof (Tit.-Erzbischof Sardes) u. Apostol. Nuntius bayr. Hof, 1920 Nuntius beim Reich, 1929 Kardinal, 1930 Staatssekretär, 1939 Papst (LThK, VIII, Sp. 542 ff.).

Pfliegler, Dr. theol. Michael 143
✶ 26. Jan. 1891, Priester 1915

Pfülf, Otto (SJ) 160 f.
✶ 28. Jan. 1856 Speyer, † 21. Mai 1946 Pullach
1875 Eintritt in Gesellschaft Jesu, 1884 Priester, Prof. f. Kirchengeschichte Ditton-Hall (Verbannungsort der dt. Ordensprovinz), später Luxemburg u. Valkenburg, 1889–1913 Mitgl. Schriftleitung der „Stimmen aus Maria Laach", 1913–1918 Seelsorger Mainz, Münster, Innsbruck, Rom, Spiritual der Germaniker, 1932 Spiritual Berchmannskolleg Pullach (Kosch, II, Sp. 3550).

Philipp von Schwaben 41
✶ um 1178, † 1208 in Bamberg
1198–1208 Deutscher König

Pohlschneider, Dr. theol. et phil. Johannes 23
✶ 18. April 1899 Osterfeine
1924 Priester, 1925 Vikar Lünen, 1929 Kapl. Osternburg, 1940 Offizial des B. Münster in Vechta, 1945 Domkap., 1948 Generalvikar Münster, 1954–1975 Bischof v. Aachen.

Pieper, Dr. August 219
✶ 14. März 1866 Eversberg/Sauerland, † 25. Sept. 1942 Paderborn
1889 Priester, Dr. theol. et phil., 1892 Arbeit f. Volksverein, 1903–1919 Generaldirektor ebd., 1906–1918 Mitgl. Preuß. Abgeordnetenhaus f. Köln-Land, 1907–1918 Zentrumsmitgl. Reichstag f. Krefeld (Kosch-Kuri, I, S. 981).

Podlech, Peter-Ernst 168
✶ 13. Juni 1842 Bonn, † Datum unbekannt
1870 Priester, Hausgeistl. Schloß Elsum, 1885 i. R., 1888 aus dem Diözesanverband ausgeschieden, Privatgeistl. Brühl

Poggenburg, Johannes 113, 189
✶ 12. Mai 1862 Ostbevern, † 5. Jan. 1933 Münster
1889 Priester, Kpl. Bocholt, Rektor Unter-Meiderich, 1906 Leiter Gymnasialkonvikt Ludgerianum Münster, 1911 Domkapitular u. Generalvikar, 1913 Bischof Münster, 1930 Tit.-Erzbischof Nicopsis (Kosch, II, Sp. 3637).

Porsch, Dr. Felix 116
✶ 30. Apr. 1853 Ratibor, † 8. Dez. 1930 Breslau
Rechtsanwalt u. Notar, 1881–1893 Mitgl. Reichstag, 1884–1930 Mitgl. Preuß. Landtag, Vors. Zentrum, Mitgl. Zentralkommitee der Katholikentage (Kosch, II, Sp. 3656; Helmut Neubach, Felix Porsch [1853–1930], in: Zeitgeschichte in Lebensbildern, hrsg. v. Morsey, Mainz 1973, S. 113 ff.).

Prisac, Wilhelm 24, **35 ff.,** 134, 162, 165 f., 168, 172, 191, 216, 223 f.

Ramboux, Johann Anton 36
✶ 5. Okt. 1790 Trier, † 2. Okt. 1866 Köln
Ausbildung in Zeichnen u. Malen Florenville/Luxemburg, Paris, München, 1816–1822, 1832–1842 Italien, 1843 Konservator Wallraf-Richartz-Museum Köln. (Kosch, II, Sp. 3780).

Rampolla del Tindaro, Mariano 42, 48, 53, 59 f., 63, 65 f., 74 ff., 177 f., 186, 193
✶ 17. Aug. 1843 Polizzi/Sizilien, † 16. Dez. 1913 Rom
1866 Priester, 1875 Rat Nuntiatur Madrid, 1882 Nuntius daselbst, 1887–1903 Kardinal u. Staatssekretär, bedeutendster Mitarbeiter Leo XIII. (LThK, VIII, Sp. 985 f.).

Reichartz, Heinrich 102
✶ 24. Dez. 1867 Dorsten, † 12. Mai 1932 Köln
1899 Staatsanwalt Saarbrücken, 1917–1922 Präsident Landgericht Aachen, 1922 dsgl. Oberlandesgericht Köln (GAiD, Okt. 1917, S. 266; Kosch, III, Sp. 3845).

Reimann, August von 32
getauft 22. Aug. 1771 Kleve, † 1847 Berlin
1799 Kriegs- u. Domänenrat, 1808 Präfekt Werra-Departement Marburg, 1812 Staatsrat Oker-Departement Braunschweig, 1816–1834 Reg.-Präsident Aachen (GAiD, März 1816, S. 109; Poll, Regierungspräsident August von Reimann [1771–1847], in: 150 Jahre Regierung und Regierungsbezirk Aachen, Aachen 1967, S. 293 ff.).

Renvers, Ludwig Ignaz Josef von 34 ff.
✳ 17. Dez. 1855 Aachen
Reg.- u. vortr. Rat Ministerium der geistl. Unterrichts- u. Medizinalangelegenheiten, 1901 Reg.-Präsident Arnsberg, 1903 Landeshauptmann Rheinprovinz, 1912 Wirkl. Geh. Oberreg.-Rat (Lüdicke, S. 93).

Reumont, Alfred von 40
✳ 15. Aug. 1808 Aachen, † 27. Apr. 1887 Aachen
1830 Privatsekretär der preuß. Gesandten Martens u. Schaffgotsch Florenz, 1835 Angestellter Ausw. Amt, 1843–1847 Sekretär Friedrich Wilhelm IV., 1846 geadelt, 1849 Legationssekretär Rom, 1851 Geschäftsträger Florenz, 1854 dsgl. Parma u. Modena, 1861 nach ital. Revolution i. R. in Bonn (1867–1877) u. Aachen (187701887). (BDA: Totenzettel; ADB, 28 [1889], S. 284 ff.; Kosch. III., Sp. 3921 f.; Jedin, Alfred von Reumont, [1808–1887], in: Rheinische Lebensbilder, Bd. 5, Bonn 1973, S. 95 ff.).

Rey, Anton 98
✳ 27. Jan. 1875 Merberen
1899–1931 Burgpächter Dürboslar, danach Köln? (Geschichte des Namens und der Familie Rey, Aachen 1966², S. 229).

Richen, Heinrich Ludolf 219
✳ 8. Juni 1822 Neuß, † 5. März 1887 Köln
1845 Priester, Kpl. Aachen u. Erkelenz, 1850 Eintritt bei Lazaristen Paris, seit 1851 Beteiligung an Volksmissionen im Rheinland, 1855 Superior Neudorf, 1857 dsgl. Wien, 1859 Köln, Volksmissionen Deutschland, 1873 Paris, 1874–1878 Prof. f. Moral Meaux, 1878–1887 Theux. (Für Überlassung des Totenzettels P. Richen u. Kopien der Personalakten Müngersdorf, Stroever u. Richen danke ich P. Herbert Glowatzki, Kölner Provinzialat).

Richen, Nikolaus Josef Lorenz 100
✳ 6. Dez. 1855 Neuß, † 14. Nov. 1926 Düsseldorf
1875–1887 wegen Kulturkampf ins Ausland, 1879 Priesterweihe Trient, Prof. f. Philosophie Priesterseminar Glasgow, 1887 Pfr. Viersen St. Peter, 1908 Generalsekretär Verein v. Hl. Land, 1917 Stiftsherr Aachen (BDA: Totenzettel).

Rochefoucauld, Dominique de La 144
✳ 1713 St. Elpis, † 2. Sept. 1800 Münster
1747 EB Albi, 1759 EB Rouen, 1778 Kardinal, Vorkämpfer des Gallikanismus, 1792 als Flüchtling in Deutschland. (Kirchliches Handlexikon, Freiburg 1912, II, Sp. 565).

Rombach, Dr. Wilhelm 24, 112, 114 ff., 191, 193, 224
✳ 20. Juli 1884 Roetgen, † 18. Sept. 1973 Aachen
1920 Landrat Düren, 1923–1928 Reg.-Präsident Aachen, 1928–1933 u. 1945 OB Aachen, 1948–1952 Ministerialdirektor u. Staatssekretär Innenministerium NRW, nach Versetzung i. R. 1952–1954 Staatskommissar f. Verwaltungsreform NRW, 1955 Vors. Personalgutachterausschuß f. die Streitkräfte Bonn (vgl. Fehrmann, Die Regierungspräsidenten seit 1923, in: Festschrift 150 Jahre Regierung und Regierungsbezirk Aachen, Aachen 1967, S. 329 ff.).

Rotenhan, Wolfram Freiherr von 48, 60 ff., 66, 76 ff.
✶ 20. Apr. 1845 Ansbach, † 2. Juni 1912 Berlin
1870–1876 Reg.-Assessor Hagenau u. Straßburg, ab 1876 Ausw. Amt u. diplomat. Dienst Paris, Petersburg, Rom, Buenos Aires, 1890 Unterstaatssekretär Ausw. Amt, 1897 Gesandter Bern, 1898–1908 Vatikangesandter (Hanus, S. 390 ff.; Deutscher Nekrolog, 18 [1917], Sp. 54).

Sambucetti, Cesare 45
✶ 15. Febr. 1838 Rom, 12. Apr. 1911
1882 Nuntius Bolivien, Ecuador, Peru, 1900–1901 dsgl. Bayern (Guiseppe de Marchi, Le Nunziature Apostoliche dal 1800 al 1956, Roma 1957, S. 58, 69, 78, 111, 203).

Sattler, Dr. phil. Karl 56
✶ 26. Jan. 1850 Varrel/Sulingen, † 13. Juli 1906
1885 nationalliberaler Abg. Preuß. Landtag, 1884–1888 u. seit 1898 Mitgl. Reichstag (Handbuch für das Preußische Abgeordnetenhaus, [1904], S. 352; [1904–1908], zweiter Nachtrag, [1908], S. 143).

Sartorius, Wilhelm **203,** 219

Sassen 105
✶ 8. März 1886 Krefeld-Fischeln, † 18. Sept. 1937 Köln
1920 Landrat Krefeld, 1922 Reg.-Präsident Trier, Jan. 1923 von Besatzung ausgewiesen, 1924 Rückkehr, 1936 i. R. (STAK: Personalakten, Best. 442, Nr. 9828–9835. Für diese Angaben danke ich Dr. Böhm, Landeshauptarchiv Koblenz).

Sauer, (Jakob) Stephan 129 Anm.
✶ 5. Febr. 1874, Priester 31. März 1900, † 21. Sept. 1955
2. Abt des Trappistenklosters Mariawald 1929–1939.

Savelsberg, Prof. Dr. Wilhelm Heinrich 90 f. Anm.
✶ 28. Mai 1861 Aachen, † 1. März 1950 Aachen
Kaiser-Karl-Gymn., Studium klass. Philologie München, Bonn, Tübingen, 1886 Lehrer KKG, 1888 Kaiser-Wilhelm-Gymn. (Einhard-G.), 1906 Professorentitel, 1926 i. R., Betätigung in Liedertafel, Karlsverein, Geschichtsverein (Huyskens, Zum Gedenken an unseren Ehrenvorsitzenden Professor Heinrich Savelsberg [† 1. 3. 1950], in: ZAGV, 63 [1951], S. 176 ff.; Kosch, III, Sp. 4176).

Schaeffer, Sebastian Georg 176
✶ 16. Apr. 1828 Koblenz, † 19. Nov. 1901 Köln
1852 Priester, Kpl. Trier St. Gangolf, Präses Kolpingfamilie, 1866 auf Betreiben EB Melchers Generalpräses als Nachfolger Kolpings, 1891 Domkapitular Köln (Kosch, III, Sp. 4195 f.).

Schaffgotsch, Gräfin Maria Josephina von (Schwester Gertrud) 18
✶ 22. Aug. 1850 Bonn, † 27. Mai 1922 Trier
1874 Eintritt in Genossenschaft vom Armen Kinde Jesu Aachen, 1875 Noviziat, 1876 erste Profeß, 1879 zweite Profeß, 1891 Gründung Schwestern vom hl. Josef Trier, Verfasserin der dreibändigen Biographie über Bischof Laurent (hrsg. v. Möller) (Solzbacher, Freundschaft, S. 127 Anm.; Waach).

Schellberg, Johann Lambert Wilhelm 99 f.
✶ 7. Aug. 1830 Essen, † 19. Okt. 1937 Mönchengladbach
zuerst im höheren Schuldienst, 1914 Direktor Realgymn. Aachen, 1919 vortr. Rat Preuß. Kultusministerium, 1934 i. R. (Lüdicke, S. 144; Kosch, III, Sp. 4241).

Schervier, Franziska 196, 203 f., **209 f.**

Schumacher, Johann Adam 31
✳ 13. Aug. 1774 Aachen, † 21. Sept. 1841
1801 Priester, später Domkapitular Aachen, 1825 Kanoniker Kollegiatstift (Janssen-Lohmann, III, S. 1344, Nr. 1135; Rey, S. 204 ff.; BDA: Totenzettel).

Schwartzkopff, Philipp Wilhelm 69
✳ 21. Okt. 1858 Magdeburg, † 30. Juni 1914 Koebnitz/Posen
1883 Reg.-Referendar Düsseldorf, 1887 Hilfsarbeiter Ministerium der geistl., Unterrichts- u. Medizinalangelegenheiten, 1895 Geh. Reg. u. vortr. Rat, 1899 Ministerialdirektor, 1910 Unterstaatssekretär, Kultusministerium, 1911 Oberpräsident Posen. (Lüdicke, S. 20 f.).

Seydewitz, Friedrich, Ferdinand Leopold von 30
✳ 14. Febr. 1887 Niemeck, † 7. Juli 1872 Roitzsch
1804–1813 in anhalt-dessauischen Diensten, 1813 preuß. Dienst, 1818 Geh. Oberreg.- u. vortr. Rat Ministerium der geistl., Unterrichts- u. Medizinalangelegenheiten, 1834 Reg.-Präsident Stralsund (Lüdicke, S. 42).

Simar, Hubertus Theophil 65 f., 72 f., 80, 88, 103, 150, 167, 179
✳ 14. Dez. 1835 Eupen, † 24. Mai 1902
1859 Priester, 1860 Privatdozent f. NT Bonn, 1864 a.o. Prof. f. Moraltheologie ebd., 1880 Ordinarius f. Dogmatik, 1891 Bischof Paderborn, 1899 EB Köln (betr. Wahl zum EB: Trippen, S. 294 ff.; kurze Biographien: Schmitz u. Bernards).

Spiegel, Ferdinand August Freiherr von 30 ff., 147, 160, 166, 172, 200
✳ 25. Dez. 1764 Schloß Canstein, † 2. Aug. 1835 Köln
1799 Priester u. Domdechant Münster, 1813 v. Napoleon zum Bischof Münster ernannt, v. Papst nicht bestätigt, 1817 Mitgl. preuß. Staatsrat, 1821 staatlicherseits zum EB Köln ernannt, erst nach päpstl. Ernennung Amtsantritt, 1825 Inthronisation. (Lipgens; ADB, 35, S. 149 ff.).

Statz, Johann Franz Xaver 222
✳ 22. Juli 1814 Kerpen, † 17. Dez. 1889 Aachen
Justizrat, Studium Bonn, 1842 Advokat Aachen, 1873 Mitgl. Preuß. Abgeordnetenhaus f. Wahlkreis Rheinbach-Bonn, viele Jahre Stadtverordneter Aachen, Vors. Kirchenvorstand u. Präsident Vinzenzkonferenz Aachen St. Paul.

Steffens, Dr. Wilhelm 106, 109
✳ 22. Aug. 1883 Braunschweig
1910–1918 Oberlehrer Berlin-Wilmersdorf, 1918 Direktor Städt. Lyzeum Bartenstein/Ostpreußen, 1924 dsgl. staatl. Gymn. Marienburg/Westpreußen, seit 1921 Mitgl. Preuß. Landtag (Dt. Volkspartei). (Wer ist's, 9 [1928], S. 1508).

Stein zum Altenstein, Karl Freiherr von 30, 32
✳ 1. Okt. 1770 Ansbach, † 14. Mai 1840 Berlin
1799 vortr. Ministerialrat Berlin, 1808 Finanzminister, 1813 Zivilgouverneur Schlesien, 1817 Unterrichtsminister. (ADB, 35 [1890], S. 645; NDB, 1, S. 216 f.; Lüdicke, S. 4).

Steinhoff, Fritz 190
✳ 23. Nov. 1897 Wickede b. Dortmund, † 22. Okt. 1969 Hagen
Bergmann, SPD Politiker, Gewerkschaftler, 1945–1961 MdL NRW, 1950 Minister f. Wiederaufbau NRW, 1945–1956 OB Hagen, 1956–1958 Ministerpräsident NRW, 1961 MdB.

Steinhuber, Andreas (SJ) 53, 59, 63, 79 f.
✳ 11. Nov. 1825 Uttlau b. Passau, † 15. Okt. 1907 Rom
1851 Priester, 1860 Prof. Philosophie, 1866 Prof. Dogmatik Innsbruck, 1867–1880 Rektor des Germanikums, gleichzeitig Konsultor mehrerer Kongregationen, 1894 Kardinal, 1896 Präfekt Indexkongregation (LThK, IX, Sp. 1034).

Stieler, Georg 125, 130
✶ 22. Okt. 1886 Setzelbach/Hessen-Nassau, † 15. Mai 1955 Fulda
Vorstandmitgl. Preuß. Zentrumspartei, Polizeipräsident Bochum, 1929–1933 Reg.-Präsident Aachen, 1933 aus politischen Gründen beurlaubt, i. R. (GAiD, Jan. 1929, S. 299).

Stoffels, Joseph 180
✶ 2. Okt. 1879 Ruhrort, † 17. Okt. 1923
1903 Priester, 1922 Weihbischof Köln (Neuß, Ein Priester unserer Zeit, Joseph Stoffels, Weihbischof von Köln 1879–1923, Köln 1934).

Sträter, Dr. Hermann Joseph **103,** 105, 111 f., 117 ff., 186, 194, 225

Sträter, Klemens 218
✶ 1. Apr. 1845, † 12. Febr. 1922 Nymwegen
1871 Heirat mit Elise Roderburg aus Aachen (Diese Angaben verdanke ich Frl. Janssen Aachen).

Stroever, Conrad Peter 219
✶ 30. Aug. 1823 Köln, † 1. Okt. 1891
1846 Priester, Kpl. Aachen St. Paul, 1850 Eintritt in Genossenschaft der Lazaristen Paris, 1874 Konstantinopel. Gründer u. erster Superior Missionshaus St. Georg Konstantinopel (100 Jahre Lazaristen in Österreich, Graz 1953, S. 94 ff.).

Studt, Konrad von 39, 76 ff., 86
✶ 5. Okt. 1838 Schweidnitz, † 29. Okt. 1921
1868 Landrat Obornik/Posen, 1882 Reg.-Präsident Königsberg, 1889 Oberpräsident Westf., 1899–1907 Kultusminister (Landsmann, Konrad von Studt, ein preußischer Kultusminister, Berlin 1908, Lüdicke, S. 12).

Swoboda, Heinrich 135, 144, 183 f.
✶ 28. Juni 1861 Wien, † 7. Mai 1923 Wien
1884 Priester, 1895 a. o., 1899 o. Prof. f. Pastoraltheologie u. Katechetik Wien. (LThK, [1937]², IX, Sp. 919).

Thier, Dr. med. Carl Wilhelm 86
✶ 13. Mai 1858 Rees/Niederrhein, † 22. Apr. 1931 Aachen
seit 1886 als Augenarzt in Aachen, auch am Marienhospital (Club Aachener Casino. S. 201, Nr. 710).

Thyssen, August 92
✶ 17. März 1842 Eschweiler, † 4. Apr. 1926 Schloß Landsberg
Sohn des Aacheners Friedrich Thyssen, 1856–1859 höhere Bürgerschule Aachen, 1867 Gründung Eisenwalzwerk Duisburg, 1871 dsgl. Mülheim/Ruhr, Einführung der Großwirtschaft in dt. Eisenindustrie (GAiD, 1856–1859, S. 170 f.).

Torsy, Dr. theol. Jakob 28
✶ 9. Juni 1908 Köln, 1933 Priester
Archivar des Erzbistums Köln.

Trendelenburg, Friedrich Adolf Albrecht 104 f., 109 ff.
✶ 10. Okt. 1878 Rostock, † 10. Dez. 1962
1908 Hilfsarbeiter Justizministerium, 1910 Amtsrichter Düsseldorf, 1915 Reg.-Rat, 1922 Ministerialrat, 1924 Ministerialdirektor, wesentl. Anteil an Verhandlungen des Preuß. Konkordats, 1934 Ministerialdirektor u. Oberrechnungskammerdirektor Oberrechnungskammer Potsdam (Lüdicke, S. 141; Angaben ab 1917: Frau Sabine Preuß, Geh. Staatsarchiv, Preuß. Kulturbesitz, Berlin-Dahlem [dort Nachlaß Trendelenburg]).

Trimborn, Karl 73, 80 f., 198
✶ 2. Dez. 1854 Köln, † 25. Juli 1921 Bonn
1882 Rechtsanwalt Köln, seit 1896 Mitgl. Reichstag u. Preuß. Abgeordnetenhaus, 1914 Vors. „Volksverein f. das kath. Deutschland", 1919 Vors. Zentrumsfraktion u. Partei (Lit.: Cardauns, Trimborn; Ritter, S. 175 f.; Kosch-Kuri, S. 1155; Morsey, Trimborn; Ders. Zentrumspartei, S. 570 ff.; Ders., in: Zeitgeschichte in Lebensbildern, hrsg. v. Morsey, Mainz 1975, S. 81ff.).

Vannutelli, Vincenzo 81 ff.
✶ 5. Dez. 1836 Genazzano, † 9. Juli 1930 Rom
1860 Priester, 1863 Auditor, später Geschäftsträger Brüssel, 1869 Unterstaatssekretär, 1878 Auditor der Rota, 1880 Titularerzbischof Sardes, 1886 Nuntius Lissabon, 1889 Kardinal, 1900 Bischof Palestrina (Herders Konversationslexikon, [1902]³, VIII, Sp. 1057).

Veit, Ludwig Andreas 181
✶ 25. Mai 1879 Finthen b. Mainz, † 25. Apr. 1939 Freiburg
1912–1925 Kpl. u. Pfr. Neckarsteinach, 1928 a. o., 1934 o. Prof. f. Kirchengeschichte Freiburg, Nachfolger E. Göllers.

Veltmann, Philipp **46,** 53, 58 ff., 68, 72 f., 74 ff., 84 f., 88 f, 166, 224

Vogt, Dr. theol. Joseph 113, 120 ff., **127,** 194, 199

Weyers, Rodrigo 207
✶ 24. Okt. 1842 Düsseldorf, † 21. Mai 1926
(GAiD, Nov. 1870, S. 186; BDA: Totenzettel).

Wilhelm I. 197
✶ 22. März 1797 Berlin, † 9. März 1888 Berlin
Sohn Friedrich Wilhelm III. u. Königin Luise, 1861–1888 König v. Preußen, 1871–1888 dt. Kaiser. (ADB, 42 [1897], S. 517 ff.).

Wilhelm II. 44, 72, 85, 90
✶ 27. Jan. 1859, † 4. Juni 1941
König von Preußen, deutscher Kaiser 1888–1918

Winands, Dr. med Johann Martin 102
✶ 5. Febr. 1868 Aachen, † 28. Febr. 1935 Aachen
Sanitätsrat, 1912 Vors. Lokalkommitee der Generalvers. der Katholiken Deutschlands in Aachen, 1919 Vors. Lokalkommitee der Aachener Katholikenvers. (GAiD, zu den angegebenen Daten).

Windischmann, Carl Josef 202
✶ 24. Aug. 1775 Mainz, † 23. Apr. 1839 Bonn
Arzt u. Philosoph, 1818 erster kath. Prof. Philosophie Bonn, Gegner von Hermes (LThK, X, Sp. 1179).

Wolff, Dr. Walther 105, 113
✶ 9. Dez. 1870 Neuwerk/Mönchengladbach, † 26. Aug. 1931
1901 Pfr. ev. Gemeinde Aachen, 1919 Präses Rhein. Provinzialsynode, 1923 Superintendent Synode Aachen, stellvertr. Vors. Senat der Pr. Landeskirche, der Pr. Generalsynode u. des dt. Ev. Kirchentages (GAiD, Juni 1901, S. 236; Aug. 1931, S. 306).

VERÖFFENTLICHUNGEN DES BISCHÖFLICHEN DIÖZESANARCHIVS AACHEN

Band 22

Erwin Gatz

GESCHICHTE DER PFARRE UND GEMEINDE GREFRATH

1964, 142 Seiten, 37 Abbildungen, Ganzleinen, DM 6,—, ISBN 3-87448-059-3

Band 23

Ingeborg Schild

DIE BRÜDER CREMER UND IHRE KIRCHENBAUTEN

1965, 456 Seiten, 196 Abbildungen, Kunstdruck, DM 39,—, ISBN 3-87448-060-7

Band 25

Georg Haskamp

OBER-CYRIN, CHRONIK DER GEMEINDE OBERZIER KREIS DÜREN

1967, 260 Seiten, 91 Abbildungen, Kunstdruck, Ganzleinen, DM 17,70 unverb. empf. Preis, ISBN 3-87448-062-3

Band 26

Hans-Martin Fröhlich

EIN BILDNIS DER SCHWARZEN MUTTERGOTTES VON BRÜNN IN AACHEN

1967, 72 Seiten, 20 Abbildungen, 1 Farbtafel, Kunstdruck, Ganzleinen, DM 9,60, ISBN 3-87448-063-1

Band 28

Klaus Eichenberg

DER STADTBAUMEISTER HEINRICH JOHANN FREYSE

1970, 192 Seiten, 107 Abbildungen, 1 Faltblatt, Kunstdruck, Ganzleinen, DM 27,— unverb. empf. Preis, ISBN 3-87448-002-X

Band 30

Wilhelm Jansen

DAS PÄPSTLICHE MISSIONSWERK DER KINDER IN DEUTSCHLAND

Seine Entstehung und seine Geschichte bis 1945

1970, 112 Seiten, 1 Abbildung vierfarbig, 11 Abbildungen, Kunstdruck, Ganzleinen, DM 9,— unverb. empf. Preis, ISBN 3-87448-067-4

Band 31

Josef Solzbacher

DIE HEILIGE FREUNDSCHAFT ZWISCHEN CLARA FEY UND WILHELM SARTORIUS

1972, 152 Seiten, 8 Abbildungen, 1 Faltblatt, Ganzleinen, DM 13,80 unverb. empf. Preis, ISBN 3-87448-073-9

Band 33

Heinrich Candels

DAS PRÄMONSTRATENSERINNENSTIFT WENAU

2. Auflage

1975, 248 Seiten Text, 24 Bildseiten, 4 Farbtafeln, Ganzleinen, DM 28,— unverb. empf. Preis, ISBN 3-87448-077-1

Band 34

P. Nieveler

CODEX IULIACENSIS

Christina von Stommeln und Petrus von Dacien

1975, 196 Seiten Text, 16 Bildseiten z. T. vierfarbig, Ganzleinen, DM 28,50 ISBN 3-87448-079-8

bK

B. KÜHLEN VERLAG
MÖNCHENGLADBACH